国土空间专项规划

Specialized Planning for Territorial Spaces

张　立 主编

同济大学出版社
TONGJI UNIVERSITY PRESS
·上海·

图书在版编目(CIP)数据

国土空间专项规划 / 张立主编. —上海：同济大学出版社，2023.1
(国土空间规划培训丛书 / 彭震伟总主编；3)
ISBN 978-7-5765-0406-4

Ⅰ. ①国… Ⅱ. ①张… Ⅲ. ①国土规划—中国 Ⅳ. ①F129.9

中国版本图书馆 CIP 数据核字(2022)第 188341 号

国土空间规划培训丛书
国土空间专项规划
张　立　主编

丛书策划　翁　晗
责任编辑　孙　彬
责任校对　徐春莲
封面设计　王　翔

出版发行　同济大学出版社　www.tongjipress.com.cn
(地址:上海市四平路 1239 号　邮编:200092　电话:021－65985622)
经　　销　全国各地新华书店、建筑书店、网络书店
排版制作　南京文脉图文设计制作有限公司
印　　刷　上海安枫印务有限公司
开　　本　787mm×1092mm　1/16
印　　张　24.25
字　　数　605 000
版　　次　2023 年 1 月第 1 版
印　　次　2023 年 2 月第 2 次印刷
书　　号　ISBN 978-7-5765-0406-4
定　　价　198.00 元

国土空间规划培训丛书
编委会

序　一

我国辽阔的陆地和海洋是极其珍贵的财富，保护并充分利用好丰富的国土空间资源，建设富裕美好的家园，实现社会主义现代化强国目标是国土空间规划重要的使命。

随着改革开放逐步深化，与传统的国土规划和区域规划相比，我国的空间规划发生了巨大变化，特别是2019年发布的《中共中央　国务院关于建立国土空间规划体系并监督实施的若干意见》，不仅明确了国土空间开发保护的指导思想、目标和相应的战略，构建了比较完整的规划体系，规划的编制也有重大的发展与突破，体现了党和国家提出的“多规合一”“优化国土空间布局”以及“区域协调发展”等一系列重要的思想和国策，突出了规划战略性、综合性和地方性的特色。

规划的核心是“五级三类”规划编制审批体系。“五级”是空间范围，从全国、省、市、县一直分解到乡镇基层单位，对每个空间层级，规划都提出了不同的要求。“三类”的含义更为丰富，既体现了主体功能区规划、城乡规划、土地利用总体规划的“三规合一”，又包含总体规划、详细规划和多项相关专项规划的内容，涉及多个学科领域。面对这一新的变化，我国高等学校现有的规划专业，乃至各类规划设计队伍和管理机构，如果不按新型国土空间规划的要求进行必要的调整、充实，是难以完成国家赋予的这项重要任务的。

可喜的是，为了适应新形势的发展，普及国土空间规划的基本知识和技术，同济大学在短期内组织力量编写5册共百万余字的“国土空间规划培训丛书”。纵观5个分册的内容，既包含对国土空间规划理论体系的探索，规划核心技术的构架，不同空间层次规划的编制和传导等具有战略性、全局性的议题，还用大量的篇幅提供与详细规划、国土空间规划相关的专项规划在编制过程中的经验和案例。全书基本上覆盖了国土空间规划的方方面面，内容十分丰富。“国土空间规划培训丛书”的出版，不仅有益于需要学习这方面知识、技能的专业读者，同时对正在探索创办国土空间规划专业的高等院校也有重要的借鉴意义。

作为长期从事城乡规划与土地利用总体规划的教育工作者，面对国土空间规划的变化，深感紧跟时代步伐的重要性，那就要扩大视野，不断吸收新鲜事物，拓宽原有的专业领域，与时俱进，决不能吃老本，止步不前。回想20世纪70年代末，北京大学地理系应国家需要创办了城市规划专业，为了弥补原有专业的不足，我曾两度赴同济大学取经，在人才培养、教学计划、课程设置、生产实习等方面获取了大量办学的有益经验。通过院校之间的不断交流，同济大学也吸纳了地理学中的一些理论方法，进一步充实城市规划专业的教学内容。这种理工互补、取长补短的方法，也是我国城乡规划教育界的一种创新。1998年6月，建设部组织专业人员分别对6所工科院校的城市规划专业进行评估。作为评估专家组成员，我有机会再次比较全面地了解同济大学改革开放以来该专业发展变化的过程。为适应国家对城市规划人才的需要，同济大学在保持原有专业特色的同时，根据发展需要增设一些新的课程，如城市地理、城市经济、区域规划、城市生态等，同时还吸纳一部分来自地理院校的人员充实教师队伍，通过校际之间的交流，不断优化城市规划专业。同济大学不仅在传统的规划领域——城市总体规划、详细规划、道路交通规划、城市设计等方面展现自身的优势，而且开拓了新的领域，被学界公认为我国城乡规划最全面、实力最雄厚的高校之一。由此看来，同济大学编写出版"国土空间规划培训丛书"并非偶然，如果没有丰厚的专业基础和长期探索积累结下的硕果，是不可能承担国土空间规划培训任务的。

作为一套普及国土空间规划的培训丛书，当然还有可以提高完善的空间。总的来看，文集式的读本虽然内容丰富，但在系统性上仍可提升。丛书收集的文章风格各异，有可能还存在观点碰撞，这也正是当前国土空间规划改革中的时代特点。

还要看到，当前国土空间规划虽然已经形成较完整的编制审批体系，由于尚未经历实践的检验，加之国土空间规划法规尚未完全出台，在规划编制和实施过程中必然会出现各种各样的变数和问题。举例来说，从宏观层面看，国土空间规划虽然实现了"三规合一"，但如何将空间规划与发展规划整合成为既有分工又相互补充、相互依存的规划体系，如何将城镇群、都市圈的发展规划与中心城市的总体规划融为有机整体等问题仍需要进一步探索。从微观层面看，当前对于城市设计、城市更新、历史文化遗产保护、基础设施建设规划的编制，职能部门之间缺乏明确的分工，造成了不必要的交叉重叠。如何理顺这层关系，加强各职能部门之间的分工协作，对完善空间规划的编制体系至关重要。

总之，当前我国国土空间规划仍处于起步阶段，面临种种机遇与挑战，国土空间规划任重道远。我坚信，今后随着更多的相关学科和规划工作者不断地探索和创新，必然会将我国国土空间规划推向一个又一个的高峰。

董黎明

北京大学城市与环境学院教授

2022年7月

序　二

国土空间规划是在原有的主体功能区规划、土地利用规划、城乡规划等空间规划的基础上，经过“多规合一”试点之后，逐步形成的一类新的空间规划。国土空间规划是“国家空间发展的指南、可持续发展的空间蓝图，是各类开发保护建设活动的基本依据”①。它不是原有各类空间规划的拼合与叠加，而是在“融合”与“化合”后产生的质的飞跃。它具有鲜明的“三全”与“三高”的本质特征与属性。

所谓“三全”指的是“空间规划对象是‘全域、全要素和全行动方略’，涉及山、水、田、林、湖、草、沙、海岛等自然空间要素以及城、镇、村等人工环境的保护、开发利用、修复和治理等”②。所谓“三高”指的是“实现高质量发展、高品质生活、高效能治理”。国务院组建自然资源部，“中央给予自然资源部的职能定位是：履行统一行使全民所有自然资源资产所有者职责，统一行使所有国土空间用途管制和生态保护修复职责。‘两统一’的要求，意味着自然资源部门仅仅做好土地、生态等资源的守护者是不够的，更要转变为一个高效的资产经营者……对国土空间规划而言，就不能只是一个简单解决空间安排、用途管制的问题，而是还要研究如何通过空间规划来促进自然资源的保值增值。”③任何空间的安排与使用都有其正与负的外部效益；因此，在空间资源的配置中必须权衡各类空间使用的需求关系。国土空间规划既要“守底线”，也要“谋发展”，在“生态优先”（刚性管控）的前提下，谋划地方“绿色发展”，并确保规划能用、管用、好用。总之，国土空间规划是国家空间治理行为，是实现国家治理现代化的重要手段，它面临着诸多新的挑战，需要探索。

在以往的各类规划中，好的经验是值得传承的，但更多的经验还需要我们去探索和积累。“国土空间规划培训丛书”正是探索之路上的阶段成果。从理论到实践，包括《国土空间规划理论与前沿》《国土空间规划编制技术》《国土空间专项规划》《城市更新与城市设计》《国土空间精细化治理》5个分册，75个章节可谓博览，是一次理论与实践的大检阅。

当然，面对国土空间规划的“三全”与“三高”，书中有些内容尚未深入涉及，例如“双评价”“三线划定”“一张底图”“海洋及海岸线”“自然保护区”“国家公园”等。要完成国土

---

① 《中共中央 国务院关于建立国土空间规划体系并监督实施的若干意见》[EB/OL].(2019-05-23).http://www.gov.cn/zhengce/2019-05/23/content_5394187.htm.

② 孙施文.从城乡规划到国土空间规划[J].城乡规划学刊，2020(4)：11-17.

③ 张京祥.“国土空间规划体系的战略引领与刚性管控的关系”学术笔谈[J].城乡规划学刊，2021(2)：6-14.

空间规划，必须要在原有城乡规划的基础上，扩充土壤学、农学、林学、海洋学、水利学、生物学等相关专业知识。显然，国土空间规划的编制绝不是一个专业能够完成的，它一定是多专业团队的集体工作。然而，从当前我国各地在编制国土空间规划时的实际状况来看，编制国土空间规划的主力军依旧是原来从事城乡规划的专业人员。也许，其根本原因不仅仅在于知识结构，更在于：①原有的城乡规划人员有着比较强的综合思维能力，已经养成了网状的思维习惯，即一旦触及网上一个点(问题)，他们马上就会针对许多相关问题进行综合分析、比较、权衡、判断。处理城乡规划空间问题，既是二维的——定点的位置，又是三维的——要考虑高度、容积率，同时还要考虑四维的时序，甚至有人说还有“五维”——要想到人，因为人是问题的核心，要以人为本。这种立体的、多维的、动态的思维习惯是要长期培养才能形成的。②城乡规划工作人员有着较强的政策观念，因为规划不是单纯的技术问题，更重要的是为当前的政策服务，是公共政策的体现。

前面提到了国土空间规划的编制需要知识的扩充，在这里要讲一个历史上的经验与教训。1980年，同济大学恢复城市规划专业不久，在联合国教科文组织的资助下，美国波士顿大学华裔教授华昌宜来同济讲学。我们主动邀请他到教学现场(教室)观摩，学生当时正在编制甘肃省平凉市的城市总体规划。他看后十分感慨地说：这跟我10多年前在美国的时候一样，教师就像一个司令员，指挥各个兵种，你负责土地使用，他负责交通、绿化等。可是美国现在不是这样了，不搞城市的总体规划了。在讲课中，他用了一张城市规划知识膨胀图(图1)：第1圈(核心圈)包括建筑、工程、地景；第2圈包括土地使用、交通设计；第3圈包括经济、社会、政治、法律、人口、地理；此外，还有第4、5、6圈。由于城市规划知识的膨胀，许多自称为“城市规划专业”的人士彼此间却不能很好地沟通，原因在于核心圈的内容被空洞化了。这个经验教训对我们今天的国土空间规划有所启示：虽然国土空间规划涉及的内容很丰富，除山、水、田、林、湖、草、沙等信息外，还有海洋知识、农业知识等，但不能失去共同的核心——人与地。

在知识膨胀的大背景底下，重要的不在于你掌握了哪些知识，而是你要知道有哪些相关知识，并且知道可以到哪里去寻找这些知识。本丛书应该就是能找到国土空间规划相关知识的地方之一。

我们已深切地感受到，从马车时代到汽车时代，城乡空间结构和人们的生活方式都发生了巨大的变化。随着科学技术的迅猛发展，信息技术、大数据所构成的虚拟空间、“元宇宙”等概念又会给国土空间规划带来什么问题呢？这些都值得关注——我们永远走在探索的路上。

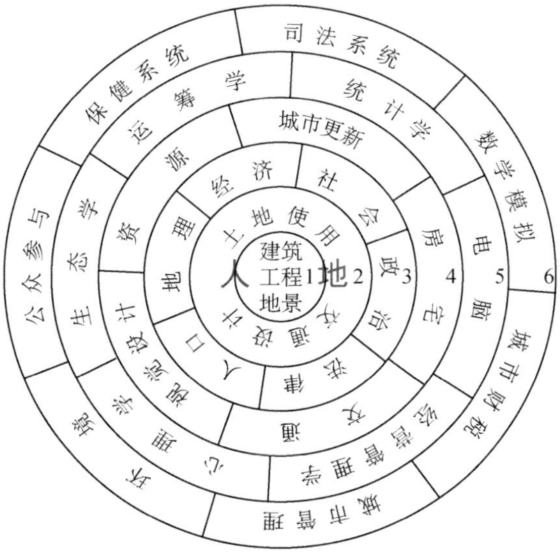

图 1　华昌宜教授课上使用的城市规划知识膨胀图

陈秉钊

同济大学建筑与城市规划学院教授

2022 年 7 月

丛书前言

2019年5月23日,《中共中央 国务院关于建立国土空间规划体系并监督实施的若干意见》(以下简称《若干意见》)发布,标志着中国国土空间规划体系建立和相关改革的正式启动。同年5月30日,自然资源部印发《关于全面开展国土空间规划工作的通知》,要求"各级自然资源主管部门要将思想和行动统一到党中央的决策部署上来,按照《若干意见》要求,主动履职尽责,建立'多规合一'的国土空间规划体系并监督实施"。在自然资源部的大力推动下,全国各地都依据中央和部委文件要求,持续推进国土空间规划的研究与实践。

同济大学作为优势工科引领的世界一流大学建设高校,城乡规划学科发展与人才培养已有百年历史,并在发展中不断拓展与建筑、风景园林、土地规划、环境规划、生态、自然资源开发与利用、海洋工程以及基础设施等相关学科专业的交叉与融合,构建了城乡规划学科专业的教学、科研和实践的一体化发展体系。同济大学积极为国家经济社会发展服务,为全国规划建设系统培训了一批又一批的专业领导干部。自1980年代初期同济大学成立城市建设干部培训中心以来,迄今已为全国培训了3万余名专业领导干部,他们活跃在全国各地城乡规划建设领域,为中国城镇化的健康发展做出了巨大的贡献。

2020年正是推进我国国土空间规划体系建设的重要时刻,但新冠肺炎疫情席卷全国,极大地影响了社会经济的运行,规划专业人员无法赴野外作业。为了慰问武汉市奋战于抗疫前线的规划工作者,同济大学城市建设干部培训中心于2020年3月组织了首场国土空间规划线上公益培训直播活动,点对点为武汉市的规划建设领导干部、专业技术人员、教师及科研群体开设了国土空间规划专题培训班,之后扩展到湖北省,再逐步扩展到全国其他各省。在短短3个月的时间内,邀请了包括中国工程院院士、同济大学吴志强教授在内的国内知名规划专家,共开展了36场线上公益直播培训,累计惠及20余万人。从培训学员反馈来看,这些公益培训课程大大促进了对国土空间规划理论与规划编制技术方法的学习,推动了国土空间管理相关法规与知识的普及,为进一步提高我国国土空间规划体系建设水平作出了贡献。

通过这些公益培训,我们积累了大量宝贵的国土空间规划教学资源。结合这些培训课程的课件和录音录像等资料,并融入最新的国土空间规划发展理念和情境变化,相关授课老师精心打磨形成专题,同时结合国土空间规划的内容结构,增补了少量已在期刊发表的学术论文,形成共计75个章节的"国土空间规划培训丛书"。

丛书5个分册的主题和板块内容分别为：

(1) 国土空间规划理论与前沿(理论探索、技术前沿)；

(2) 国土空间规划编制技术(技术架构、总体规划、详细规划)；

(3) 国土空间专项规划(交通与基础设施、生态系统、历史保护、专项研究)；

(4) 城市更新与城市设计(城市更新、城市设计、实践案例)；

(5) 国土空间精细化治理(大城市、乡村地区、城市社区、建成环境，法规依据和技术支持)。

“国土空间规划培训丛书”的出版能加强我国规划行业的深度交流，在当前国土空间规划体系建设的关键时期，推动规划从业人员业务能力与水平的提升，引导和形成良好的国土空间规划行业发展生态。

彭震伟

同济大学党委副书记、教授

2022年7月

前 言

2019年5月,《中共中央 国务院关于建立国土空间规划体系并监督实施的若干意见》(以下简称《若干意见》)发布,明确提出"实现'多规合一',强化国土空间规划对各专项规划的指导约束作用,是党中央、国务院作出的重大部署",要"分级分类建立国土空间规划"。所谓分级包括国家、省、市、县、乡五级,所谓分类包括总体规划、详细规划和相关专项规划。

《若干意见》指出:"相关专项规划是指在特定区域(流域)、特定领域,为体现特定功能,对空间开发保护利用作出的专门安排,是涉及空间利用的专项规划。国土空间总体规划是详细规划的依据、相关专项规划的基础;相关专项规划要相互协同,并与详细规划做好衔接。"

《若干意见》进一步指出:"强化对专项规划的指导约束作用。海岸带、自然保护地等专项规划及跨行政区域或流域的国土空间规划,由所在区域或上一级自然资源主管部门牵头组织编制,报同级政府审批;涉及空间利用的某一领域专项规划,如交通、能源、水利、农业、信息、市政等基础设施,公共服务设施,军事设施,以及生态环境保护、文物保护、林业草原等专项规划,由相关主管部门组织编制。相关专项规划可在国家、省和市县层级编制,不同层级、不同地区的专项规划可结合实际选择编制的类型和精度。""相关专项规划要遵循国土空间总体规划,不得违背总体规划强制性内容,其主要内容要纳入详细规划。""相关专项规划、详细规划要服从总体规划。""相关专项规划的有关技术标准应与国土空间规划衔接。""相关专项规划在编制和审查过程中应加强与有关国土空间规划的衔接及'一张图'的核对,批复后纳入同级国土空间基础信息平台,叠加到国土空间规划'一张图'上。"

基于上述指引,本书结合公益培训期间的专家授课,从交通与基础设施、生态系统、历史保护三个方面收录了特定领域的12篇国土空间专项规划论述,并纳入了总体城市设计、土地、双评价、大数据和村庄建设领域的5篇"专项研究"成果,以支撑国土空间规划的科学编制。

张 立

同济大学建筑与城市规划学院副教授

目　录

交通与基础设施

生 态 系 统

历 史 保 护

专 项 研 究

交通与基础设施

TRANSPORT AND INFRASTRUCTURE

1 综合交通规划

黄建中 张 乔*

2019 年 5 月,《中共中央 国务院关于建立国土空间规划体系并监督实施的若干意见》(以下简称《若干意见》)正式印发,标志着国土空间规划体系顶层设计和“四梁八柱”基本形成。《若干意见》明确了国土空间规划体系“五级三类四体系”的总体框架,综合交通专项规划是国土空间规划体系中重要的专项规划之一。根据 2010 年住建部发布的《城市综合交通体系规划编制办法》,“城市综合交通体系规划应当与城市总体规划同步编制,相互反馈与协调”。从以往的经验来看,规划行业已经基本形成了对综合交通规划与总体规划同步编制必要性的共识。①②

为更好地适应国土空间规划体系的要求、发挥综合交通规划的作用,本文以促进高质量发展和高品质生活为目标,以协同治理为工作视角,从国土空间规划体系下的综合交通规划“是什么、做什么以及怎么做”三个方面来讨论新时代背景下的综合交通规划转型与应对。

1.1 国土空间规划体系中综合交通规划的定位

在新的国土空间规划体系里,综合交通规划应该有怎样的定位?就是要回答综合交通规划“是什么”的问题。

根据《若干意见》的要求,综合交通规划属于相关专项规划。相关专项规划主要包括特定区域或者流域、特定领域以及为体现特定功能,对空间开发保护利用作出的专门安排,是涉及空间利用的专项规划。同时,《若干意见》提出专项规划要分层级:“相关专项规划可以在国家、省市县层级编制。”虽然没有提到乡镇级,但是提到“不同层级不同地区的专项规划可以结合实际选择编制的类型和精度”,这也给我们的思考与工作留有一些空间和余地。

2019 年 5 月 27 日,时任自然资源部总规划师的庄少勤在国务院新闻办举行的发布会上答记者问时提到:“交通是特定领域的专项规划。”关于综合交通规划的定位和要求,同济大学杨东援教授提出了比较全面的理解和解读。第一,在国土空间规划体系中,综合

---

* 黄建中,同济大学建筑与城市规划学院教授,上海同济城市规划设计研究院有限公司总规划师。邮箱:huang03213@tongji.edu.cn。
张乔,上海同济城市规划设计研究院有限公司高级工程师、主任规划师,中国城市科学研究会新型城镇化与城乡规划研究专业委员会委员。邮箱:zqiao@126.com。

① 曹国华,郑文含,李铭,等.城市总体规划与综合交通体系规划同步编制研究[C]//中国城市规划学会.规划创新——2010 中国城市规划年会论文集.重庆:重庆出版社,2010:5952-5962.

② 张泉.城市总体规划编制工作的思考[J].城市规划,2013,37(1):51-55.

交通规划的任务不应该只是“大局已定”基础上第二层次的专项规划，也不应该是“拼入报告的单独一章”，而应该是有机融入其中的重要构成部分，应该从更高的层次、更宽的视角，采用扩大的概念范畴来讨论问题；第二，交通规划要通过目标和指标来传递价值理念，所有的技术工作应该建立在正确的价值取向基础上，相关的指标体系需要重塑；第三，强调空间规划框架内的联合行动，突破传统行业思维局限，并强调多行业、多团队的协同联动，是综合交通融入空间规划非常显著的特点；第四，在交通规划的决策、分析和支持技术方面，要更加注重空间中的关系、行为、网络以及流与空间质量的关联，特别要研究城市和城市群的空间活动系统的演化趋势。

1.2 综合交通专项规划体系建立的设想

在认识了综合交通规划的定位后，也要回答在新的国土空间规划体系背景下，综合交通规划要“做什么”的问题。

1.2.1 交通理论与综合交通规划发展的简要历程

交通规划行业不是一个年轻的行业，无论是国外还是国内，都经历了一个很长的发展历程。整个行业在不断地求新求变，以适应整个社会经济发展的需求。

1.2.1.1 国外交通理论发展与可持续城市移动性规划

国外的交通理论从发展来看，主要经历了三个阶段。包括以公路运输为基础的理论储备期、以小汽车为核心的交通理论形成期，以及现在形成的以数据驱动的多模式交通理论的发展期①（图 1-1）。

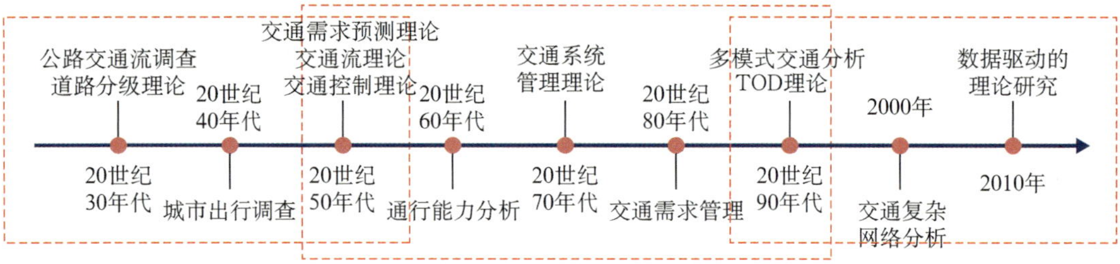

图 1-1 国外交通理论发展的三个阶段

来源：汪光焘，陈小鸿，殷广涛，等. 新常态下城市交通理论创新与发展对策研究——成果概要[J]. 城市交通，2019，17(5)：1-12.

① 汪光焘，陈小鸿，殷广涛，等. 新常态下城市交通理论创新与发展对策研究——成果概要[J]. 城市交通，2019，17(5)：1-12.

欧盟在2014年发布了“可持续城市移动性规划”(Sustainable Urban Mobility Plan，SUMP)的编制与实施导则，作为指导新时期欧盟城市交通发展规划的纲领性文件①。与传统城市交通规划(Urban Transportation Plan，UTP)相比，SUMP提供了一种全新的规划理念和规划范式(图1-2)。SUMP具有以下特点：一是规划视角由交通(traffic/transport)转向人的出行移动(mobility)，从关注“通行能力、移动速度”，转向关注“经济活力、社会公平、公众健康和环境质量等”；二是注重多方参与和多部门决策协调，从“行政管理边界”转向“居民活动空间”，强调与“土地利用、经济发展、环境保护、能源、公众健康”等部门的协调；三是定期监测和评估规划实施效果，通过建立一整套指标体系，监测和评估绩效目标的实现程度，使规划具有可持续性(表1-1、表1-2)。

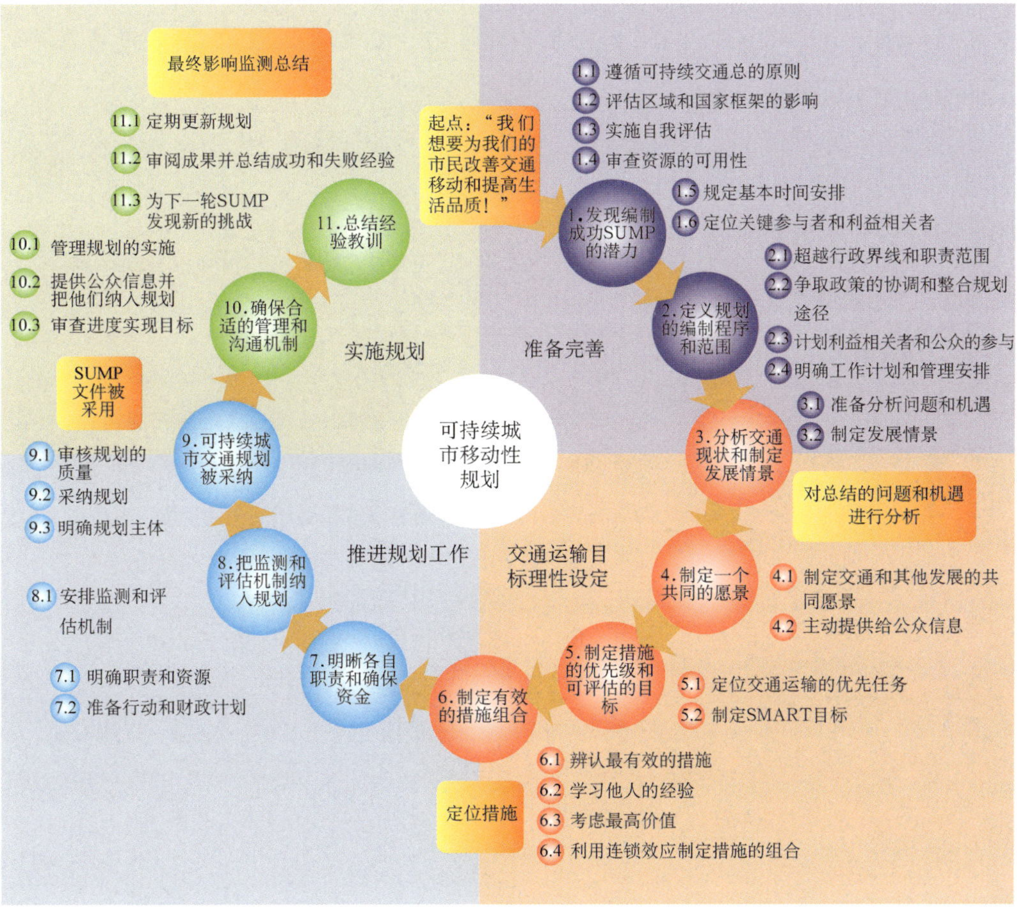

图1-2 SUMP的规划理念和规划范式

来源：段征宇，黄建中. 面向移动性规划的城市交通系统评价方法[R]. 上海：同济—深圳交研中心联合实验室，2019.(本文略有修改)

---

① 段征宇，黄建中. 面向移动性规划的城市交通系统评价方法[R]. 上海：同济—深圳交研中心联合实验室，2019.

表 1-1　SUMP 评估指标——结果指标

目标	核心指标
效率	客运或货运的平均损失时间(每人·km 或吨·km 的平均延误),公交准点率
宜居街道	满意街道安全与步行环境的人群占比,宜居街道占比
环境	碳排放量,污染超标的天数
公平与社会包容性	主要公共服务的非小汽车交通可达性 残障人群的交通可达性
安全性	交通事故死亡和严重受伤的人数,交通事故数
经济增长	人均 GDP,适龄人口的就业率
财政	交通投入与支出资金之比,交通运营的收入与支出之比

来源:段征宇,黄建中.面向移动性规划的城市交通系统评价方法[R].上海:同济—深圳交研中心联合实验室,2019.

表 1-2　SUMP 评估指标——交通活动指标

分类	对应指标
机动化水平	家庭平均拥有车辆数(可细化为不同类型的车辆)
不同交通方式的交通量(包括小汽车、火车、公共交通、自行车以及步行)	城市、分区或通道的客流量或周转量(车·km);高峰或平峰
不同交通方式的出行量	城市、分区或通道的分方式 OD 量;高峰或平峰
出行行为特征	出行频率、出行距离、交通方式分担、出行目的
可持续模式的占比	非机动化出行方式以及公共交通的占比,包括 P+R 方式
客运或货运的交通强度	单位 GDP 产生的客运或货运周转量(人·km 或吨·km)
特定路径的各种交通方式的流量	对于特定路径,由于交通管理政策引起的交通流量变化
特定路径的车速(高峰期或平峰),服务水平(LOS)	对于特定路径,由于交通管理政策引起的车速的变化 低于一定服务水平的路段长度占比
停车空间利用率(全天或高峰时段)	超过一定饱和度阈值(比如:90%或 95%)的停车空间占比
汽车平均载客量	单位小汽车行程的载客人数(全市、分区)
公交平均载客量	单位公交行程的载客人数,可细分为各类公交方式(全市、分区)
公交用户满意度	公交用户中满意人群占比,评价内容包括:可获得性、可靠性、舒适性、清洁度、安全性、票价、信息提供以及客户服务
公交从业人员的福利	公交从业人员中满意人群的占比,评价内容包括:工作条件、司机工作强度以及安全性等
用户对新交通信息系统的接受度	用户中满意人群的占比,评价内容包括:可获得性、可靠性以及可理解性
对于步行以及自行车设施质量的评价	对于步行以及自行车设施表示满意的人群的占比,评价内容包括:可获得性以及安全性
交通设施的现状评价	道路设施质量指标,包括:路面、路侧设施、人行道以及自行车设施

来源:段征宇,黄建中.面向移动性规划的城市交通系统评价方法[R].上海:同济—深圳交研中心联合实验室,2019.

从 SUMP 的评价体系来看，无论是规划的关注点、规划目标、规划思想，还是规划成果、规划编制，以及规划效果与评估调整等方面，都与传统交通规划有着较大的不同，主要体现在以下四个方面：一是居民的公共服务与设施的可获得性（可达性），通过可达性反映空间结构、社会公平、经济活力和生活品质；二是强调人的活动需求，目的不是车辆的移动，而是人的移动，围绕人的出行需求，整合各类交通方式，引导公众选择可持续交通方式；三是强调可持续发展目标的实现，除了“交通效率”，还关注生活品质、环境、社会公平、安全、社会效益和财政状况；四是构建一个自下而上的全过程评价体系，从“资源投入”到“具体措施”，然后是“交通发展策略”，再到“规划目标”实现程度，进行量化评价（表 1-3）。

表 1-3　SUMP 与传统交通规划的差异对比

	传统交通规划	可持续城市移动性规划（SUMP）
规划关注点	交通	人的出行
规划目标	交通流通行能力与移动速度	可达性与生活品质，同时注重可持续性、经济活力、社会公平、公众健康和环境质量
规划思想	分方式的独立系统	不同交通方式协同发展，并向更清洁、更可持续的交通方式转变
规划成果	基础设施建设导向	一系列整合行动计划，成本—效益高的综合解决方案
	行业内部规划报告	与相关行业（如土地利用和空间规划、公共服务体系规划、公众健康规划等）整合、互补的规划报告
	中短期实施规划	与长远目标、战略相协同的中短期实施规划
	基于行政管理边界	基于人的实际活动（尤其是通勤）空间边界
规划编制	交通工程师	多学科背景构成的规划团队
	精英规划	公众和相关利益团体共同参与
规划效果评估与调整	有限的效果评估	定期规划实施效果监测与评估，适时启动规划完善程序

来源：段征宇，黄建中. 面向移动性规划的城市交通系统评价方法[R]. 上海：同济—深圳交研中心联合实验室，2019.

1.2.1.2　国内交通理论研究进展

从国内交通理论的发展来看，从 20 世纪 80 年代早期的探索，到 20 世纪 90 年代的拿来主义，当时的出行调查、交通分析模型，大多照搬国外经验；到 2000 年前后结合中国国情开始对交通战略、政策、发展模式等重大问题进行一些自主性的探索；至 2005 年左右出现多学科的交叉，以及基础理论和应用研究并重；2010 年左右，开始探讨大数据环境下的理论创新，尤其是对于个性活动和出行规律，也包括新技术条件下的交通控制管理等①；

① 王继峰. 城市综合交通体系规划回顾与展望[J]. 城市交通，2017，15(4)：18-24.

直至当前，已经进入国土空间规划体系框架下的理论转型期。在这个过程中，交通规划的标准也在发生变化，从 1995 年的《城市道路交通规划设计规范》（GB 50220—95）到 2010 年出台的《城市综合交通体系规划编制办法》（建城[2010]13 号），再到 2018 年的《城市综合交通体系规划标准》（GB/T 51328—2018），国内交通规划行业的规范标准也在不断改进（图 1-3）。

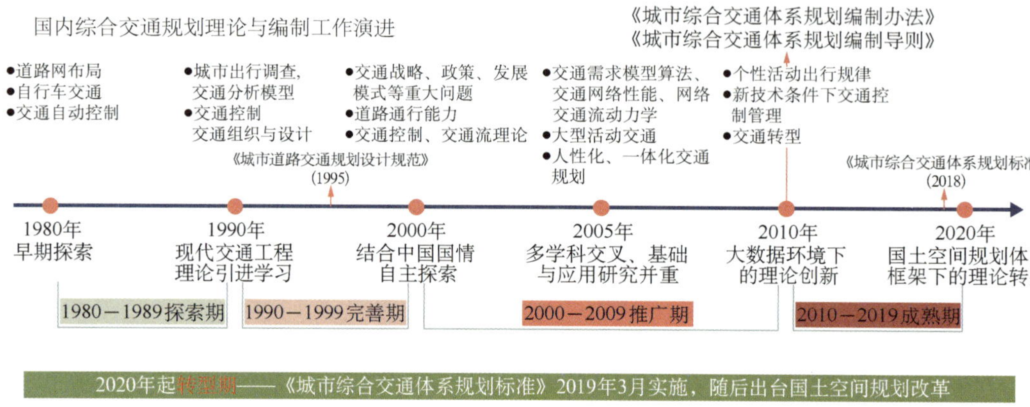

图 1-3　国内综合交通规划理论与编制工作演进

来源：改绘自王继峰. 城市综合交通体系规划回顾与展望[J]. 城市交通，2017，15(4)：18-24.

1.2.1.3　部分专家学者的观点

国内专家学者提出来许多建设性的观点，为我们思考交通规划未来的工作方向带来很多启示，这里做一些介绍。

中国城市规划设计研究院孔令斌副总工程师提出，当前城市交通规划发展有两个背景：一是中国城市进入了存量发展阶段，二是以绿色发展为核心的发展方式转型。① 因此我们面临两个任务：一是在存量空间内应对需求的变化引导城市发展；二是要促进向绿色交通转型的同时提升交通服务的品质，也就是以生态文明建设为基础促进高质量发展。因此城市交通规划面临几个转变，包括从设施主导逐步转向交通组织与政策的主导，由单一目标转向交通、社会、经济等多目标的规划，由工程推进为主转向协商、协调主导的规划。所以在规划实践过程中，最终的方案通常并不是单一综合交通视角的高分方案，而是综合统筹考虑各种主体、各种需求之后的协商方案，这个方案的综合效益可能是最高的，所以要不断强调协商和协调主导的规划过程。

北京交通发展研究中心全永燊教授在理论技术创新和方法探索方面提出一些观点，包括新的应对不确定性的规划模式、交通供给模式的变革、综合交通运输结构体系的重

① 孔令斌. 新空间规划背景下的城市交通规划[J]. 城市交通，2019，17(4)：8-10.

构、规划目标和控制指标，以及公交优先等①。其中“重构‘区域—城市’综合交通运输体系”就是要突破传统区域和城市二元分割的体系，来满足区域的一体化发展及资源整合的需要，符合城市规划—城乡规划—国土空间规划的转变需要。

同济大学汪光焘和陈小鸿教授提出新常态下城市交通理论的创新需求：包括城市交通的研究目标更多应体现公平、多元和绿色；城市交通学的研究核心要体现跨专业多网络的融合，包括融合设施网络、信息网络、社会网络的交通网络构建与运行；同时，城市交通的研究对象应该考虑到城市交通的各个要素的功能以及相互关系，来实现跨方式多系统的融合等②（表 1-4）。上述理论创新需求反映了城市交通研究的变化趋势。

表 1-4　新常态下城市交通理论创新需求

要素		既有理论范式	新的研究范式
时代背景		交通设施大规模建设	以增量为主转向存量优化，有序建设，适度开发
关注点		满足交通工具的移动	满足出行者的需求
理论对象		交通流—交通设施	交通服务—交通网络
基本逻辑		被动适应需求：增加交通设施满足交通流运行需求	适应并主动引导需求：构建、组织、调控交通网络，满足一体化出行服务需求
核心内容		交通基础设施：分方式单一交通物理设施网络独立构建（如道路网、公共汽车网、轨道交通网等）	交通服务体系：多方式符合交通网络（物理设施网络、运输组织网络、信息诱导网络）整体构建与运行调控
应用场景		面向中长期设施建设	既面向中长期设施建设，又面向短期甚至实施管理调控
理论需求	需求理论	基于出行统计的需求预测	基于个体行为决策的需求分析
	供给理论	单一设施网络的交通承载力	多方式复合网络的交通服务能力
	交通流理论	机动车交通流	混合异质交通流
研究手段	数据来源	小规模抽样调查	现代信息技术和移动互联网支撑下的多元大数据
	分析方法	数学解析，仿真模拟	人工智能、计算实验、平行控制
	模型支撑	宏观、中观、微观模型独立构建	宏观—中观—微观一体化模型
	学科交叉	以工程学为核心	综合运用工程、经济、法律、社会等多学科交叉手段

来源：汪光焘，陈小鸿，殷广涛，等. 新常态下城市交通理论创新与发展对策研究——成果概要[J]. 城市交通，2019，17(5)：1-12.

① 全永燊，王婷，余柳. 城市交通若干问题的思考与辨识[J]. 城市交通，2018，16(2)：1-8.

② 汪光焘，陈小鸿，殷广涛，等. 新常态下城市交通理论创新与发展对策研究——成果概要[J]. 城市交通，2019，17(5)：1-12.

1.2.2 综合交通规划面临的挑战

从交通理论的发展以及国土空间规划体系建立的需求来看，当前综合交通规划的发展面临的挑战主要包括以下两个层次：

第一个挑战来自区域层面。在区域一体化的发展趋势下，城镇间的社会和经济联系强度不断增加，城市间的职能分工和协作进一步强化，支撑了城镇群、都市圈的快速发展。原有区域和城市二元分割的结构体系逐步走向融合。在交通网络方面，区域一体化带来国—省—市县—城区多层级交通网络的协调需求，需要区域和城市交通网络深度地叠加与融合，需要不同管理主体、投资主体之间的协调。

与以往城乡规划的视角不同，新的空间规划体系不再面对区域与城市二元分割的结构体系，它包含了城市、市域、都市圈、城市群等多个空间层级，传统交通规划方法体系中的日常空间活动系统和城际空间活动系统，需要在新的空间层级结构中加以适度统一。

第二个挑战来自城市交通层面。城市交通的需求增长，无论是在数量上，还是质量上，未来都将有很大的提升。长期以来围绕着小汽车来进行规划和建设的城市，将难以适应未来对环境、能源以及社会等各方面的需求。城市发展正在面临的各种城市病，包括交通拥堵、城市风貌特色的丧失、空间分化、人性化缺失等，都是从需求端呈现出来的矛盾。

此外，在供给端也面临着很大的困难。国内城市正逐步转入存量更新的发展阶段，将来城市空间的扩展将是缓慢有限的，但在存量空间方面则需要持续的调整，而交通设施由于它的刚性属性，在存量提升上有较大的难度。同时，城市交通模式不仅影响了城市的发展方式和空间格局，也是影响城市居民生活方式和生活品质的重要因素，所以，未来的交通规划应当以存量设施的优化提升来应对交通需求的不断变化。

要实现交通的高质量发展，必须从思路到内容和方式上，对现有的综合交通规划进行创新审视和调整。作为国土空间规划体系框架中特定领域专项规划之一的综合交通规划，也应当构建适合的体系框架来指导未来规划编制与管理工作。

1.2.3 建立综合交通专项规划新体系的设想

在新的国土空间规划体系框架要求下，推进综合交通规划与国土空间总体规划协同编制，是保障综合交通体系与国土空间布局协同发展的重要措施。深化综合交通规划的层级与内容，并与其他专项规划、详细规划有效衔接是实现高质量发展、高品质建设的重要保障。为此，张乔、黄建中等提出有必要建立和国土空间规划体系相适应、相协同、相配合的综合交通专项规划体系。① 希望通过逐级深化和落实的综合交通专项规划体系框架的设想，对现实的国土空间规划编制工作能起到参考借鉴作用。

综合交通专项规划体系框架设想有两个基本原则，一是综合交通规划要分级分类，二是要强化横向协同和纵向传导。综合考虑部分城镇化密集地区跨区域协同发展以及专项体系逐级传导落实的需要，提出建立“五级三类”综合交通专项规划体系的建议（图 1-4）。

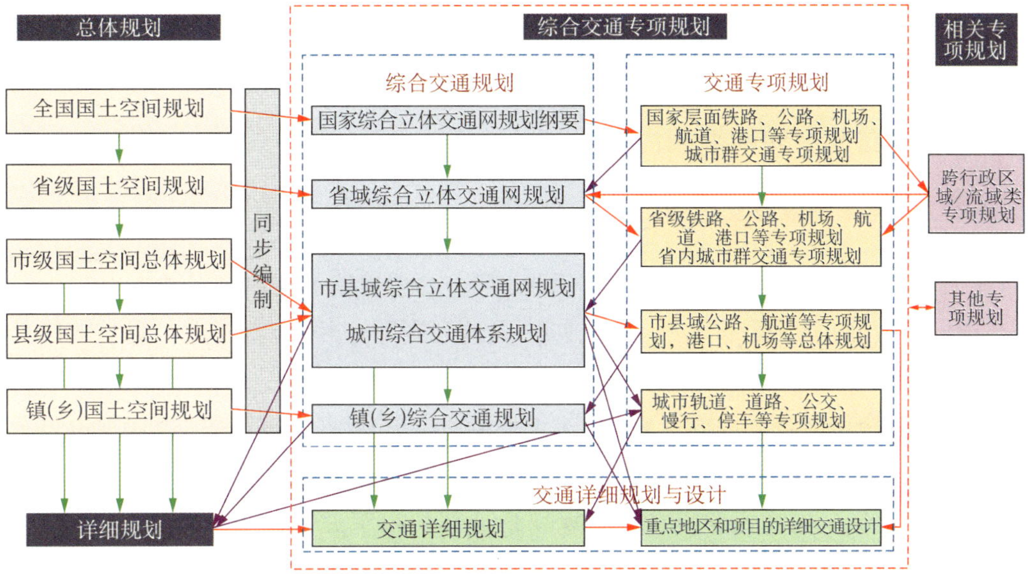

图 1-4 关于综合交通专项规划的“五级三类”体系设想

来源：改绘自张乔，黄建中，马煜箫. 国土空间规划体系下的综合交通规划转型思考[J]. 华中建筑，2020，38(1)：87-91.

“五级”包括国家(含跨省区域)、省(含省内跨县市区域)、市县域(含集中建设区)、镇(主要针对规模较大的乡镇)。其中一些镇规模较大，比如长三角地区、珠三角地区部分镇规模已经远远超过内地一些县市的规模，这类镇可以根据实际需求来编制综合交通规划；对于重点城市的集中建设区，鉴于其综合交通系统的复杂性，以及跟区域交通系统的差异性，有必要编制单独的城市综合交通体系规划，也就是传统城乡规划中所熟悉的综合体系交通规划。

“三类”主要包括综合交通规划、交通专项规划和交通详细规划。综合交通规划是面向全域的，是统筹各类交通系统的综合性规划，如立体交通网规划、市域综合交通规划、城市综合交通体系规划等；交通专项规划是单项交通系统或特定目标的专项类规划，如机场总体规划、公路网规划、轨道线网规划、交通改善规划等；交通详细规划主要指重点地区和项目的详细交通设计。

① 张乔，黄建中，马煜箫. 国土空间规划体系下的综合交通规划转型思考[J]. 华中建筑，2020，38(1)：87-91.

“三类”交通规划既各有侧重，也是分工协作、逐级传导的一个体系。综合交通规划应该更多地强调战略性、政策性和综合性；交通专项规划主要强调技术性、系统性和计划性，其中涉及很多重大项目的计划和安排；交通详细规划则应注重实施性、适应性以及精细化的要求，需要适应当地的特点和需求，同时也是面向精细化治理的需要。以上是“三类”交通规划的重点及其差异，但并不是说交通专项规划就不强调它的政策性、综合交通规划不强调实施性。建立国土空间规划体系的目标，就是面向提升国家治理能力现代化的需求，因此政策性应该在各个规划类型均得到体现。

1.2.4 综合交通规划的编制内容建议

1.2.4.1 如何充实综合交通规划的编制内容

在“五级三类”综合交通专项规划体系框架下，要求规划编制内容既要符合国土空间规划“横向到边”的全域覆盖要求，也要满足“纵向到底”的分级传导要求。应当从四个方面来充实传统综合交通规划的编制内容。

一是做到全域覆盖的内容扩展，综合交通规划应当与国土空间总体规划在覆盖范围上保持一致，以市级规划为例，传统交通规划包括市域综合交通规划和城市综合交通体系规划，分别由交通运输管理部门和城乡规划管理部门组织编制与实施，两个规划各有侧重，需要衔接。进入国土空间规划时代后，综合交通规划也要实现“两规合一”，与国土空间总体规划在范围、内容、深度等方面保持一致，发挥专项规划对总体规划的支撑作用，也在全域范围内充分落实总体规划的目标与意图。

二是构建逐级传导的内容框架，按照《若干意见》要求，“要健全规划实施传导机制，确保规划能用、管用、好用”。综合交通规划不仅要建立综合交通规划体系下的交通专项纵向传导机制，确保交通规划的内容实现逐级传导落实，也要加强与总体规划、其他专项规划之间的横向传导，确保综合交通规划的内容符合总体规划的要求，并在总体规划的统筹下与其他专项规划保持协调。建立横、纵两个方向的逐级传导内容框架，是实现综合规划完整融入国土空间规划体系，并逐级分解并实现规划目标的重要保障。

三是建立互动协调的内容体系，综合交通规划应当在统一的发展目标导向下，与国土空间总体规划及其他相关规划在内容上保持协调，既体现综合交通规划对总体规划相关要求的落实，也能够支撑总体规划与其他相关规划的内容。从规划编制角度出发，应建立与总体规划互通协调的交通规划内容体系，并且在编制过程中采取同步编制的方式，确保不同规划的有效协同。

四是精准对应事权的内容表述。国土空间规划的实施涉及众多部门，其中交通规划的实施就涉及自然资源、交通运输、住建、发改等不同单位。因此，从提高规划实施效率、保障部门之间工作协同的角度出发，在规划内容表述方面，应当针对不同内容涉及不同部门事权的特点，有针对性地表述规划要求，做出相关指引，有助于不同部门在组织规划实施的过程中，精准落实，高效协同。

1.2.4.2 “五级”综合交通规划的编制内容探讨

从全国、省域、市县域到镇，综合交通规划的内容应当从战略、通道、设施、网络等的布局方面，做到逐级传导和深化落实，提出国家层面以下各级综合交通规划编制内容的初步设想供读者参考。

(1) 省域立体综合交通网发展规划主要规划内容包括：综合交通运输体系的构成与协调、综合交通运输通道体系布局、综合交通枢纽布局、综合交通网络布局、综合交通一体化融合发展、应急与专用交通系统布局、绿色交通与交通信息化建设、规划实施与保障等。

(2) 市县域综合交通规划主要内容包括：市县域综合交通发展目标与战略、城市交通需求预测、综合运输通道布局、客货运枢纽布局、综合交通网络布局、应急与专用交通系统布局、绿色交通与交通信息化建设、规划实施与保障等。

(3) 镇综合交通规划主要内容包括：区域运输通道规划与控制、客货运枢纽布局与控制、各类交通专项网络布局与控制、绿色交通与交通信息化建设、镇区道路交通组织、重点建设项目等。

(4) 城市(集中建设区)综合交通体系规划主要内容可参照《城市综合交通体系规划标准》(GB/T 51328—2018)的要求进行编制。

1.3 综合交通规划的工作思维与方式

面对当前国土空间规划体系不断完善的需求，需要从工作思维和工作方式两个方面来回答综合交通规划要“怎么做”的问题。

1.3.1 转变传统综合交通规划编制工作的思维

在全新的国土空间规划体系下，面对转型的挑战，综合交通规划编制工作的思维必须做出相应的转变：

一是牢记生态保护优先的开发思维。生态优先应该是讨论所有规划的逻辑起点，过去的交通规划，比如铁路、公路、高速公路等，更多关注工程标准、可行性与投资等偏工程视角的思维，很少涉及生态红线、开发边界的关系研究，未来则首先应该要体现生态保护优先的开发思维。

二是坚持全域全要素一体化的战略思维。按照国土空间规划体系建立的思路，突破区域—城市二元分割的结构体系，强调全域、全要素的一体化。从全域、全要素视角建立覆盖全层级的综合交通体系规划思维，体现综合交通系统对国土空间规划战略性的支撑与保障。

三是树立交通与空间协同发展的思维。以综合交通系统与各类开发建设空间的协同为导向①，坚持绿色交通优先，发挥交通系统对开发、保护、建设活动的积极作用，推动区域的可持续发展。特别是在城市建成区内部，充分发挥交通与空间的互动机制，在转向存量发展的阶段显得尤为重要。

四是体现以人为本的高质量发展思维。不再只强调交通（traffic）或者运输（transport），而是强调移动性（mobility）。由“车本位”思想向“人本位”思想转变②，从安全体验、街道环境、枢纽效率、网络覆盖、智能智慧等方面提升交通环境品质，实现绿色、可持续及“以人为本”的交通发展理念。

1.3.2 促进综合交通规划与空间规划的协同编制

1.3.2.1 强调综合交通规划与空间规划同步编制的目的

2010年住建部发布的《城市综合交通体系规划编制办法》，要求“城市综合交通体系规划应当与城市总体规划同步编制，相互反馈与协调”。从以往的经验来看，城市规划行业已经基本形成了对综合交通规划与总体规划同步编制必要性的共识③④。而“空间规划是对空间使用的规划”，空间规划的核心是建立并协调各种空间使用之间的关系，并非只是对自然空间的划分；在城市交通日益发达的今天，城市空间的使用一直处于动态变化的状态，空间规划不能局限于静态的空间布局，更需要考虑动态的组织运行。

作为国土空间构成的重要部分，综合交通系统是支撑各种空间使用之间联系的核心要素，所以必须和空间规划的结构与土地用途保持协同。综合交通系统既服务于国土空间中的各种经济活动、社会活动，同时也是国土空间演化的重要因素，是国土空间管控的重要政策工具，应当与空间结构、空间格局的演化一同来考虑。各种专业各具优势，各类编制技术力量也各有所长，在统一的空间规划体系下，各类编制力量应有开放的心态和相互合作的意识，取长补短，形成系统、协调、高效的技术力量⑤。因此，在未来的工作中，除了技术工作之外，要花足够的时间和精力来调整规划的思想、方法、理念，会更加强调不同专业、不同部门的合作意识。

---

① 黄建中，胡刚钰，赵民，等．大城市“空间结构—交通模式”的耦合关系研究——对厦门市的多情景模拟分析和讨论[J]．城市规划学刊，2017(6)：33-42．

② 黄建中，马强，张乔．“慢行交通”的理性回归——重新思考城市交通的“快与慢”[J]．理想空间，2013，59：4-8．

③ 曹国华，郑文含，李铭，等．城市总体规划与综合交通体系规划同步编制研究[C]//中国城市规划学会．规划创新——2010中国城市规划年会论文集．重庆：重庆出版社，2010：5952-5962．

④ 张泉．城市总体规划编制工作的思考[J]．城市规划，2013，37(1)：51-55．

⑤ 王新哲．新时期城市总体规划编制变革的实践特征与思考[J]．城市规划学刊，2018(3)：65-70．

1.3.2.2 促进国土空间总体规划与综合交通规划协同融合的方式

杨东援教授在2019年武汉市交通发展战略研究院科技交流会上作了《空间规划体系框架内的中心城市交通规划》的学术报告，从前置先导、融合协同以及传承落实等视角分析了国土空间总体规划与交通规划的协同性关系，这也是在当前阶段推进国土空间总体规划与交通规划协同编制的过程中应当遵循和思考的重要方式。

一是前置先导性的内容。在国土空间总体规划之前，要重点研究区域空间布局上的重大结构性问题。比如说上层级规划的交通网络传承及控制性要素的布局问题，与不同的层级区域建立联系的战略目标、方式、通道是什么等问题。通过前置先导的问题决策辅助，为总体规划确定总体格局提供特定领域的分析和支撑。

二是融合协同性的内容。要促进总体规划与交通规划的融合协同，需要建立共同的决策话语体系、协同的规划目标以及联合的工作方案。在总体规划和交通规划相互协同的过程中重点应当关注职住关系的空间组织（包括在现状基础上的调控优化）、城市活动（包括对外交流活动）集聚区域与联系网络的关联布局，要协调人本场所空间与保障活力的交通网络之间的关系，最终保障总体规划目标、方案与综合交通规划目标、方案的统一和协调。

三是传承落实性的内容。这也是传统综合交通规划一直在实践的。即在总体规划目标的指导下，综合交通规划要强调规划理念、框架、结构等方面的传承和落实，也就是对总体规划目标提出体系化的专项对策以及指标体系的深化等。其中特别应关注交通网络之间的关系、技术标准使用与实际问题的关系、土地开发和重大交通设施建设时序的关系以及服务标准与工程造价的关系等问题。从规划实施工作的实际需求来看，综合交通规划并非一个单纯技术系统的蓝图，同时也应是一个推进管控过程必要的制度安排，是保障国土空间总体规划实施的重要基础。

在规划编制的实际工作中，不同区位、不同发展阶段的城市在社会经济、交通设施发展水平上有所差异，作为国土空间规划体系中特定领域的专项规划，综合交通规划可以结合当地的实际情况和需求，选择有侧重的视角来重点推动国土空间总体规划和综合交通规划的协同编制。在市县级国土空间总体规划实践中，各地也根据自己的需求采取了不同的方式：有些城市组织了前置性的综合交通专题研究或综合交通战略规划任务，侧重对空间结构与交通发展战略导向的专项研究；有些城市采用与总体规划同步编制专项规划或特定专题研究的方式；还有一些城市侧重于开展对总体规划综合交通发展目标的深化和拓展内容研究，推动总体规划的逐级传导和实施。

1.3.3 《上海市城市总体规划(2017—2035年)》的实践与经验

以《上海市城市总体规划(2017—2035年)》(以下简称《上海2035》)的编制过程为例，无论是编制单位的协同，还是编制内容的协同，以及后续的逐级传导落实，《上海2035》都给了我们很好的经验借鉴。

首先是编制单位的协同。《上海2035》在规划编制之初就邀请了40个研究团队，联合市政府22个委办局、16个区人民政府，开展18项战略专题研究、28个专项规划①(图1-5)。这些相关专题研究在总体规划编制前期开展，专项规划则与总体规划同步开展编制。其中不仅有规土局和交通局参与，还有发改委、铁路局、民航局、邮政局等各个行业的单位来协同参与，还要和江浙两省部分城市的规划和交通管理部门进行合作。

■ 相关战略专题研究

14	上海与长三角区域交通发展战略研究	市规土局、市交通委	江浙两省、近沪地区城市规划和交通部门
17	公共交通优先导向下的城市客运交通发展策略研究	市规土局、市交通委	市建设管理委等

■ 相关专项规划

15	上海市综合交通发展规划	市规土局	市发改委、市交通委、上海铁路局等
16	上海市对外交通规划	市规土局、市交通委	市发改委、市规土局、上海铁路局、民航华东局
17	上海市城市交通规划	市规土局、市交通委	市发改委、市建管委、上海铁路局、市邮政管理局

图1-5 《上海2035》中与综合交通相关的专题研究与专项规划

其次是规划内容上的协同。《上海2035》不同于传统城市总体规划，没有将综合交通的内容完全单独成章，而是将综合交通的内容融入规划的整体结构体系中。《上海2035》的规划报告总共有8章30节，其中只有第五章的两节是关于综合交通专项的，另外则有7节内容跟交通相关，报告将交通的内容融入整个内容体系的不同发展目标中，通过框架与指标的融合体现了综合交通与总体规划的深度协同(图1-6)。例如在“构建15 min社区生活圈”一节中，就有单独一段“建设TOD社区”的内容，将公交、慢行设施、路网密度等交通专项的内容与社区生活圈的要求结合在一起进行表述；在三大发展目标的25个核心指标中，交通相关指标占比达到40%；在实施监测的91个指标中，跟交通有关的指标有18项。

① 上海市人民政府.上海市城市总体规划:2017—2035年[M].上海:上海科学技术出版社,2018.

05 前言
Foreword

07 第一章 "上海2035"概述
Overview of Shanghai 2035
10 第一节 定义
12 第二节 规划转型
13 第三节 开门做规划
15 第四节 成果体系

17 第二章 迈向卓越的全球城市
Striving for the Excellent Global City
20 第一节 回顾和审视
25 第二节 面向未来

33 第三章 紧约束下的睿智发展
Smart Growth under Resource and Environment Constraining
36 第一节 发展模式转型
39 第二节 人口综合调控
42 第三节 国土资源利用

47 第四章 网络化、多中心的空间体系
A Polycentric and Networked Spatial System
50 第一节 引领长三角世界级城市群
61 第二节 构建开放紧凑的市域空间格局
77 第三节 严格空间分区管制
86 第四节 明确空间发展策略

101 第五章 更具活力的繁荣创新之城
A City of Prosperity and Innovation
104 第一节 提升全球城市核心功能
111 第二节 建设更开放的国际枢纽
115 第三节 强化便捷高效的综合交通支撑
120 第四节 营造更具吸引力的就业创业环境

121 第六章 更富魅力的幸福人文之城
A City of Happiness and Humanity
124 第一节 构建15分钟社区生活圈
129 第二节 激发城市文化活力
133 第三节 保护历史文化遗产
138 第四节 彰显城乡风貌特色

145 第七章 更可持续的韧性生态之城
A City of Green and Resiliency
148 第一节 应对全球气候变化
151 第二节 全面提升生态品质
154 第三节 显著改善环境质量
156 第四节 完善城市安全保障

161 第八章 规划实施保障
Ensuring the Implementation of Master Plan
164 第一节 优化空间规划体系
167 第二节 健全政策法规体系
169 第三节 创新空间管理体系
173 第四节 完善社会参与体系
175 第五节 构建规划维护体系

图 1-6 《上海 2035》规划报告中与综合交通相关的章节

来源：上海市人民政府. 上海市城市总体规划：2017—2035 年[M]. 上海：上海科学技术出版社，2018.

《上海 2035》在表述方式上的另外一个重要特点是建立"目标 + 指标"的战略导向指引，再通过一些技术要求往下进行具体措施的传导。比如对公交优先战略的表述，首先明确了公交系统的发展模式和层级，再明确公交出行方式的占比目标、平均通勤时间的目标等，建立了"目标 + 指标"的战略导向指引；其次通过一系列手段，如提升干线道路的服务功能、增加公交和非机动车的专用路权分配、加强静态交通的供应管理等要求，明确对专项规划和下层次规划具体措施的传导要求。

1.4 当前阶段工作推进的思路与经验借鉴

国土空间规划改革至今，尚未有文件明确要求专项规划与国土空间总体规划同步编制。在此情况下，应当如何推进当前的一些工作？以下从前置先导的决策支持、融合协同的互馈机制、传承落实的工作思路三个方面，通过实际案例来介绍当前背景下综合交通规划转型发展与应对的一些思考与经验。

1.4.1 前置先导的决策支持

对于前置先导的决策支持，可以从基于“流空间”分析的区域空间格局预判，在区域大交通条件下的城镇空间发展对策，以及基于职住通勤特征的城市空间布局结构及其优化等方面进行研究。

1.4.1.1 研判区域空间格局及发展趋势

在区域规划层面，城市群综合交通系统研究应作为空间规划体系中的前置引导性内容。在空间规划的立场上，交通网络是塑造流空间的重要政策工具，也是实现空间正义的重要手段；同时，移动通信及位置大数据为跨行政区划和获取更长时间序列数据来探视城市群内在发展规律提供了条件。运用大数据分析，以网络和流诠释空间要素间的关系，以“流”定“形”，能够不仅仅局限于空间发展的表象描述，而有利于进一步发现深层次的内在结构属性。

杨东援教授在2019年世界交通运输大会长三角一体化论坛的报告中，介绍了基于“流空间”分析对长三角城市群的空间结构特征及发展趋势做的研究。该研究利用通信大数据，通过对具有普适规律的客流分布的分析、对周末偶发出行的分析、对重大基础设施旅客分布结构的分析以及对区域就业集聚区域的分析等，解析出长三角区域职住空间的关联特征，进而识别出长三角区域的“社区”结构，以及职住关联核心区域的空间分布。根据以上分析对长三角空间格局基本特征的研判是：长三角城市群的城镇空间体系已经从“中心地模式”向“网络模式”转变，其网络逻辑呈现分布式的功能结构，而不再是传统的层次性等级结构；区域中心城市依然存在，但已非一枝独秀，每个城市在整个体系里都有特定的职能分工、特定的产业联系和人的流动，长三角一体化未来的发展格局将延续网络状分布式的功能结构①(图1-7)。

以“流”定“形”的分析，为长三角一体化发展格局及城市(镇)的发展战略提供了先导性的结论。这类分析提供的研究结论，对位于城市群中的城市未来应当采取何种策略融入区域一体化发展显得十分重要，也是城市确定未来发展战略的重要前置性决策支持要素。

---

① 李玮峰，杨东援.基于“以流定形”的城市交通空间分析逻辑[J].城市交通，2020，18(1)：1-8.

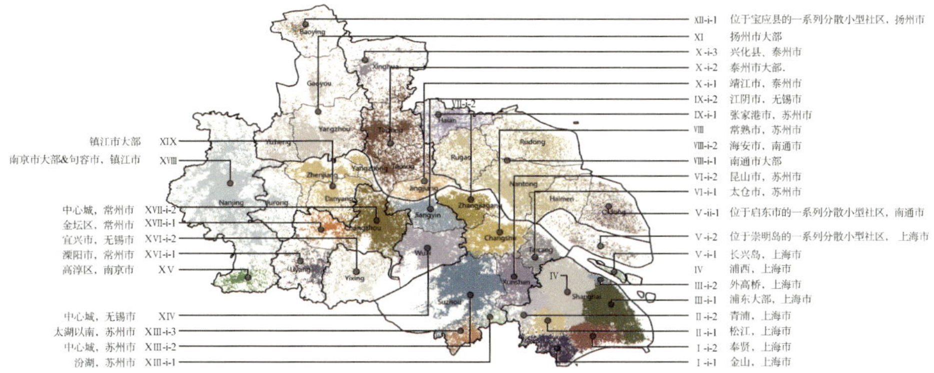

a 第一层次

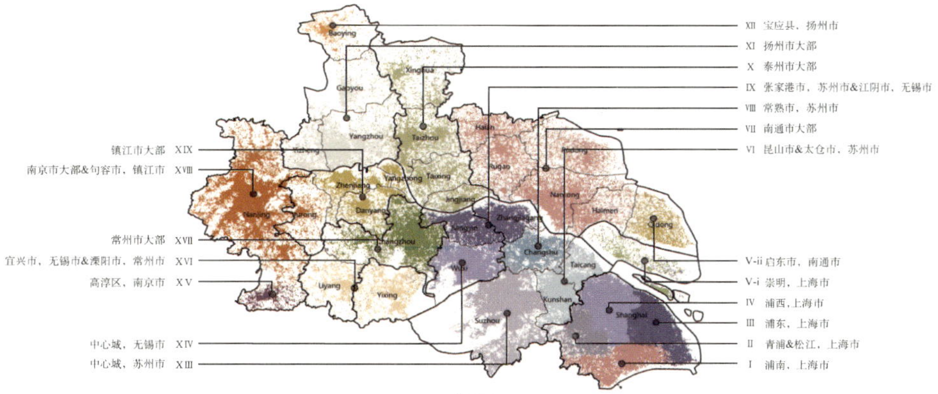

b 第二层次

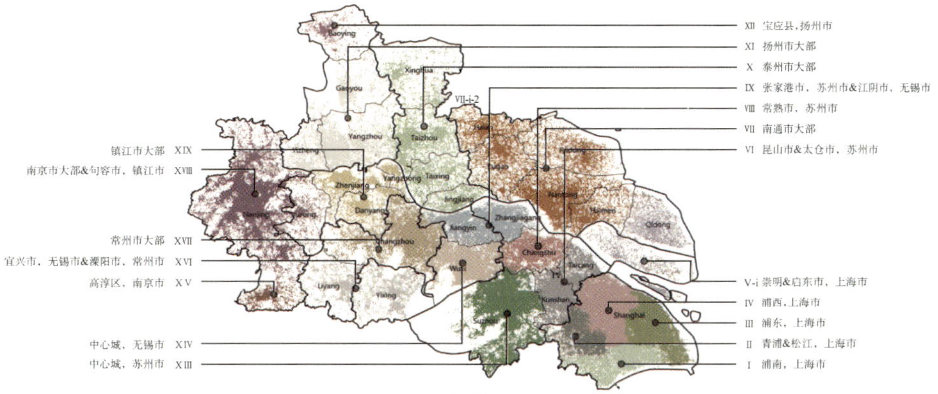

c 第三层次

图 1-7 基于“流空间”分析的长三角城市群空间结构特征画像

来源：李玮峰，杨东援. 基于“以流定形”的城市交通空间分析逻辑[J]. 城市交通，2020，18(1)：1-8.

1.4.1.2 区域大交通条件下城镇空间发展的应对策略

对于一些中小城市，个体的发展与区域交通条件密不可分，对城镇空间格局发展的研判也应当注重区域交通网络发展的影响。

以山东省菏泽市曹县为例，曹县位于菏泽市南部，其中县城位于京九交通走廊，而经济强镇庄寨镇位于鲁南交通走廊（菏泽—开封支线）。通过对曹县历史发展的研判，发现县城与庄寨镇分处不同的交通廊道，其主要的经济、交通往来都是依托各自的区域交通廊道进行的，县城与庄寨镇之间除日常的行政联系以外，其他联系需求比较弱。因此，曹县从空间格局的形态上也是被这些区域廊道所牵引，庄寨镇与县城之间的城镇功能联系轴线与依托区域交通走廊的功能联系轴线相比并不在同一个能级(图 1-8)。

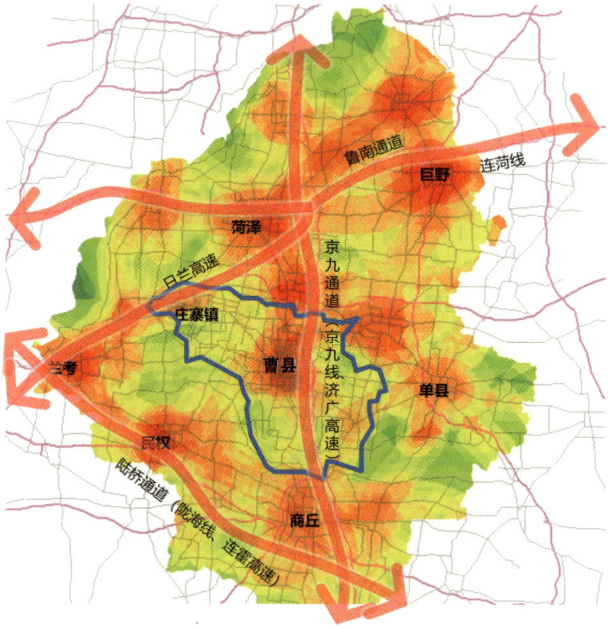

图 1-8 曹县周边区域城镇交通优势度综合评价分析

通过对未来曹县周边区域综合交通网络的发展趋势进行分析，发现区域交通网络将在既有走廊格局的基础上进一步强化。曹县作为区域中经济发展相对弱势的城市，它未来的发展很难摆脱区域的相互关联，也必然要继续依托区域交通廊道，因地制宜融入区域职能分工与合作。因此研究提出对格局前置性的预判：未来曹县的空间格局仍然应当是以县城和庄寨镇作为县域经济的两个中心，依托区域交通走廊的外向型特征，县域内部主要城镇之间的联系强度和需求仍然难以跟区域廊道相比，故不宜强调县域内部的城镇空间或产业经济发展轴线，县域内部宜突出具有地域特色的廊道结构，如沿黄河故道的生态走廊等。

通过以上基于区域交通与城镇发展相互关系的研究与分析得到的结论，为总体规划最终科学确定曹县的总体格局提供了重要的前置性决策支持。对于位于一体化城镇群中的中小城市，由于城市发展高度融入区域经济发展及产业分工，其空间格局也会更多受到区域大交通网络的影响，这种分析对准确判断此类城市的空间格局具有较大的意义。

1.4.1.3 城市总体布局的结构性问题研究

除了研究区域交通发展对城镇发展的影响之外，前置先导的决策支持还包括对城市中心城区总体布局的结构性分析与研究。

以西宁市为例，基于未来基础交通网络条件对城市空间结构的多情景方案进行分析，可以成为城市布局结构决策的重要依据。西宁是典型的多川道带形河谷城市，中心城区的发展空间非常有限，在有限的空间里，什么样的结构模式是更加合理的？在《西宁市城市总体规划（2001—2020 年）》（2015 年修订）修改之前，西宁市先组织编制了《西宁都市区 2030 年战略规划》，重点研究未来西宁市城市总体发展的战略方向和空间格局，并在该项目中编制了前置的综合交通专题，以城市公共服务的均衡性以及更高效的平均出行时间和距离为目标，基于可选择的公平交通方式，模拟不同空间结构模式下的交通的可达性（图 1-9），从而对城市的空间结构进行分析和预判。

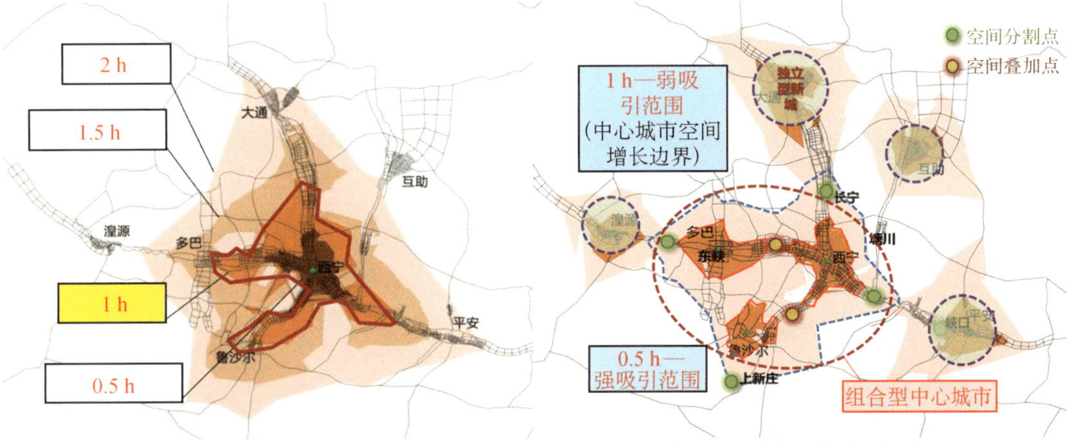

图 1-9　不同空间结构模式下的西宁市交通可达性分析

来源：上海同济城市规划设计研究院．西宁都市区 2030 战略规划[Z]．2013．

通过这个模拟分析可以判断，在单中心和多中心两个不同模式的结构导向下，多中心的结构模式对城区整体服务覆盖水平更高、出行时间和距离更高效；同时也可以判断，在多中心的结构模式下，组团之间的空间分割点或叠加点在哪里、是否符合当地的实际情况等，这些结论为战略规划中城市空间结构布局决策提供了前置性的技术支持。

根据 2019 年同济大学和华中科技大学团队联合自主开展的“大城市职住空间特征的多尺度比较与分析——以武汉为例”课题研究，对于城市中微观问题的深入研究也可以为城市宏观决策提供有价值的研究支撑。在既有的城市空间结构和交通网络条件下，通过对不同尺度职住空间特征的深度分析，能够提出对不同尺度或层级城市空间结构的优化策略，可以对未来总体规划的调整优化决策提供导向与思路。

通常认为，城市职住平衡度水平越低，越容易诱发交通拥堵问题，这是从城市总体层面来说的。武汉三镇被长江、汉江所分割，是一个典型的多中心特大城市，从中心城区总体尺度来看，职住平衡度是比较高的，但是为何还是存在显著的交通拥堵状况？该研究将武汉中心城区分为大区、中区和小区三个不同尺度来研究它的职住平衡关系，通过多尺度的视角来研究武汉市在不同尺度层面空间结构与交通拥堵的关系①(图 1-10)。

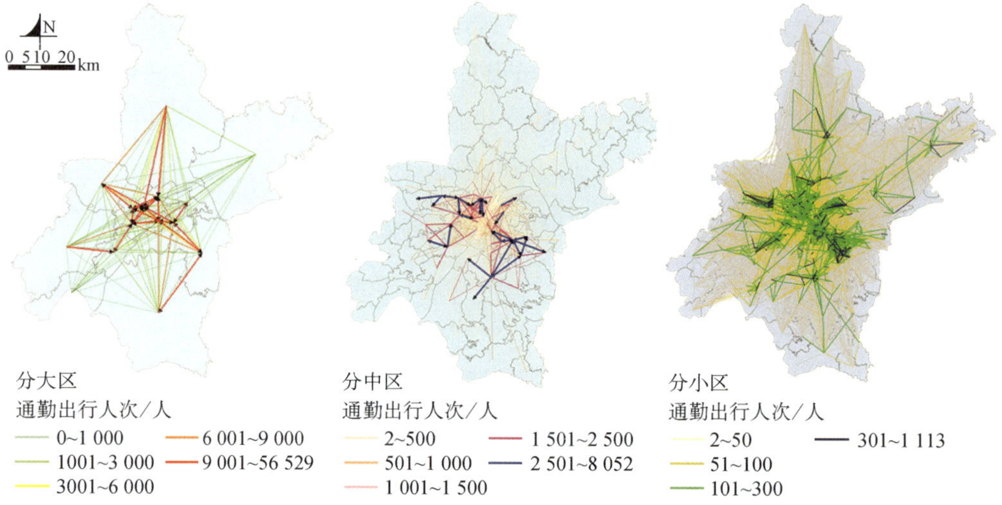

武汉大区、中区、小区尺度通勤出行次数

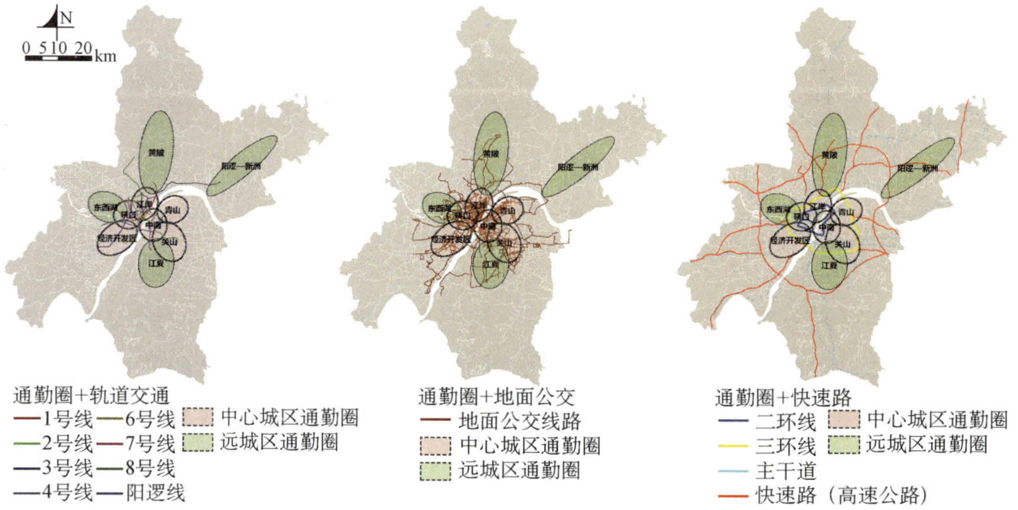

武汉主要通勤圈与交通设施系统布局

图 1-10 武汉市不同尺度下职住特征与交通设施耦合分析

来源：郭亮，毕瑜菲，黄建中，等. 大城市职住空间特征的多尺度比较与分析——以武汉为例[J]. 城市规划学刊，2018(5)：88-97.

① 郭亮，毕瑜菲，黄建中，等. 大城市职住空间特征的多尺度比较与分析——以武汉为例[J]. 城市规划学刊，2018(5)：88-97.

从分析结论来看，在大区层面，也就是中心城区整体的宏观尺度上，职住平衡度和交通联系条件的匹配关系是比较好的，城市通过快速通道及大运量轨道交通的建设应该能够适应跨区的通勤交通需求。在中区层面，由于职住平衡度的逐步降低，跨中区的通勤交通需求大幅增加，在这个空间尺度上，常规公交、中运量公交、非机动车等系统应该发挥更重要的作用；通过对不同中区分区进行空间上的精细化的分析，研究在中区尺度层面通勤交通需求与交通供给条件的匹配程度，发现部分中区之间在通勤交通需求和交通供给条件上缺乏相应的匹配，导致中区之间的通勤需求大量向大区尺度的交通设施集中，造成或加剧了宏观尺度交通网络的拥堵。据此研究提出了"以多尺度通勤圈为基础细化空间结构构成"和"以多模式交通强化通勤圈内外衔接"两条优化策略方向。总的来看，中区尺度层面通勤交通需求与交通供给条件二者耦合关系的优化，对于武汉市优化城市空间结构、缓解城市拥堵具有重要的意义和价值。

1.4.2 融合协同的互馈机制

对于融合协同的互馈机制，可以通过交通与空间结构模式的协同制定以及全过程协同编制等方式来实现。

1.4.2.1 交通与空间结构模式的协同制定

传统城乡规划体系下要求综合交通规划与总体规划的协同编制，重点强调交通设施与土地利用之间的协同发展。在新时代发展背景下，顺应高质量发展和高品质建设的要求，国土空间总体规划与综合交通规划协同编制目标应当更加强调以人为本的绿色发展，推动人的流动与功能、空间组织的协同发展。在空间规划方案形成的过程中，通过对多情景交通与空间协同模式的反复对比，以绿色低碳高效为导向，选择最优的协同发展方案，同步指导空间规划方案和交通系统布局的深化和落实。

以《厦门市城市总体规划(2017—2035 年)》为例，在总体规划编制初期平行安排了很多专题进行同步研究，其中《城市空间形态与结构研究》专题在流空间理论的视角下，将大数据和传统数据相结合，采用交通—空间耦合的分析方式，为城市空间布局方案的选择提供了研究支撑。

厦门是一座海岛城市，具有岛内岛外两个大的区域，空间特征呈现多中心组团式的状态，历版规划也一直坚持"岛内—岛外"的"多中心、组团式"形态布局，但是到目前为止，岛内的向心交通拥堵问题依然日益严重。那么在总体规划开始编制的时候，就要同步研究厦门这种静态的形态上的多中心是不是真正的多中心，有没有达到多中心组团式结构的分析目标。同时面对着人口迅速增长、岛内用地局促、交通承载力的刚性限制等，研究分析认为保障职住通勤的效率，应当是厦门推动人的流动与功能、空间组织的协同发展，保持良好的空间结构绩效的关键。因此，这个专题研究致力于从超越静态的形态框架来提升厦门“多中心”结构空间绩效，用动态同步推进方案模拟分析的方式，为厦门总体规划空间方案的制定提供计量依据。为此，研究做了两个阶段的工作。

第一个阶段是基于LBS画像大数据和人口经济普查、居民出行调查这些传统数据相结合的方法，通过职住静态分布和动态关联分析来认识厦门的岛内岛外的空间结构和运行特征①(图1-11)。

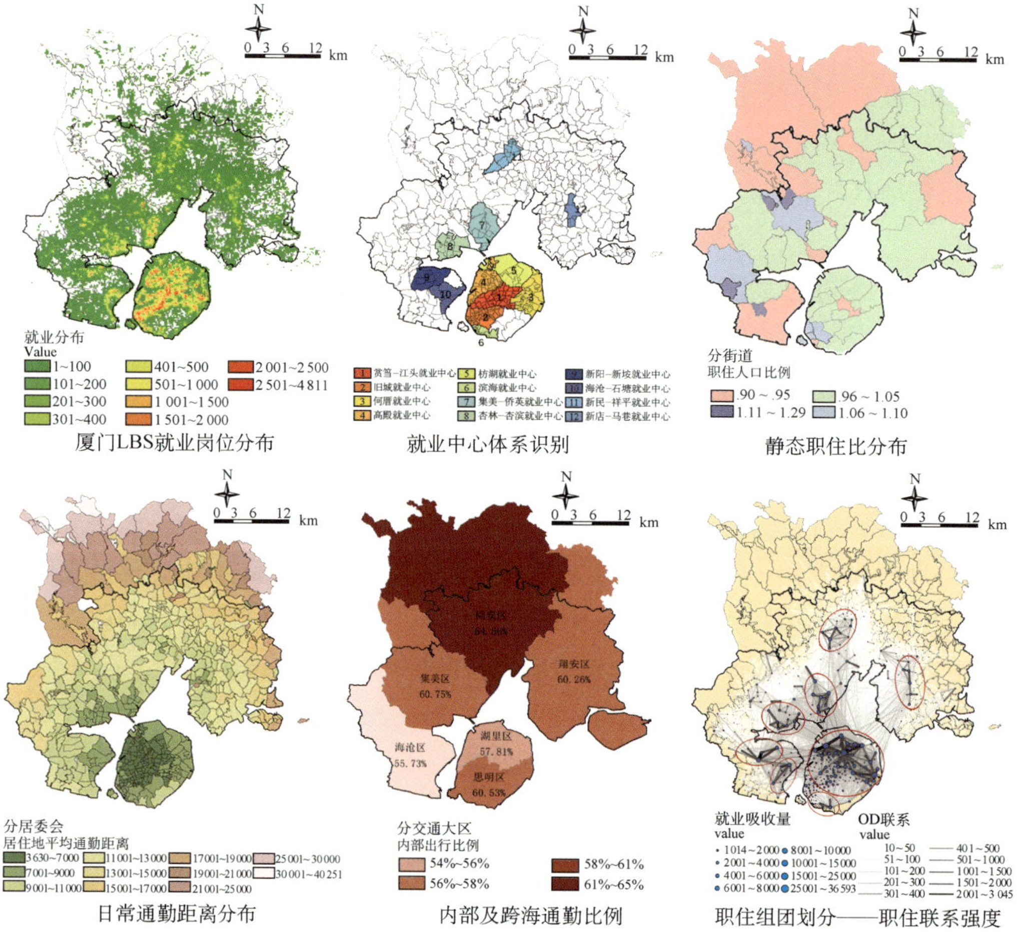

图1-11 厦门市职住静态分布和动态关联分析

来源：黄建中，胡刚钰，赵民，等. 大城市“空间结构—交通模式”的耦合关系研究——对厦门市的多情景模拟分析和讨论[J]. 城市规划学刊，2017(6)：33-42.

职住静态分布分析包括就业岗位、就业中心体系的识别、静态职住比分布等，发现厦门实际上已经基本形成“岛内—岛外”静态职住关系混合的“二元性”特征，即组团式多中心结

① 黄建中，胡刚钰，赵民，等. 大城市“空间结构—交通模式”的耦合关系研究——对厦门市的多情景模拟分析和讨论[J]. 城市规划学刊，2017(6)：33-42.

构与摊大饼单中心结构混合的模式；职住动态关联分析包括日常通勤距离分布、内部及跨海通勤比例、职住组团划分、中心势力范围和争夺区分析等，发现厦门“多中心”格局的实现不仅需要外围大规模新城建设，更在于维持合理的跨海向心联系水平，避免“跨海摊大饼”。

同时也从厦漳泉的一体化的视角来分析人流活动和产业联系特征①②（图 1-12、图 1-13）。发现厦门生产性服务业高度聚集于岛内，导致厦漳泉经济和交通联系仍然是

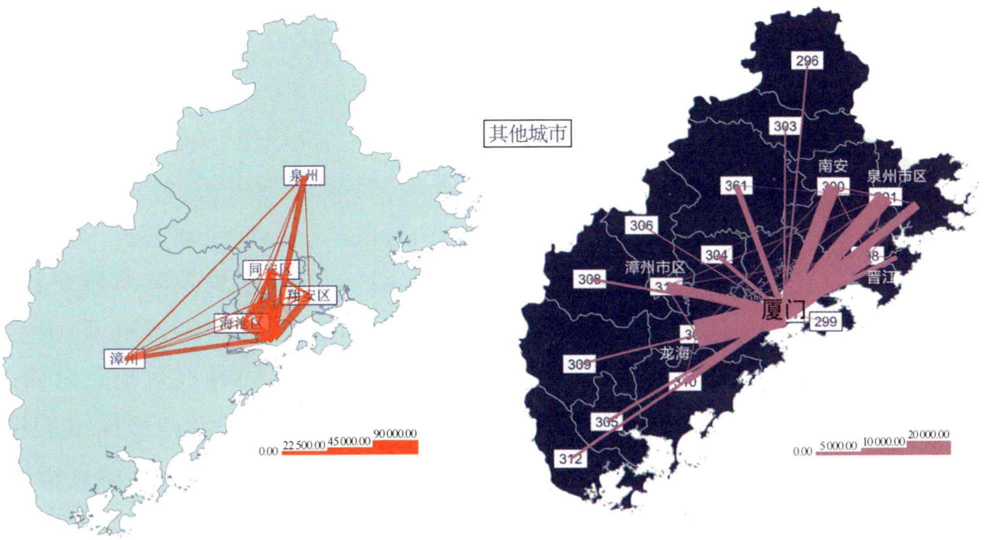

图 1-12 厦漳泉区域人流活动特征分析

来源：改绘自胡刚钰，黄建中，李峰清. 厦漳泉大都市区空间网络结构分析——基于人流活动特征的 LBS 大数据分析[J]. 现代城市研究，2019(11)：13-19.

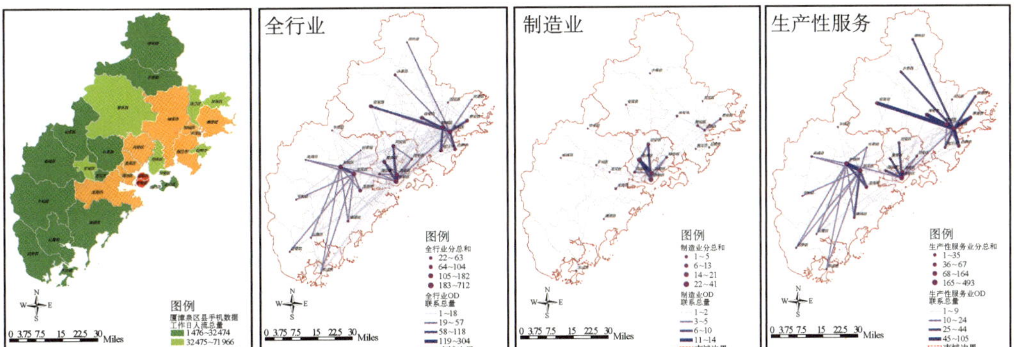

图 1-13 厦漳泉产业联系特征分析

来源：赵承帅，赵民，程遥. 厦漳泉地区空间结构特征与规划策略研究——基于企业联系的视角[J]. 上海城市规划，2018(5)：62-71.

① 胡刚钰，黄建中，李峰清. 厦漳泉大都市区空间网络结构分析——基于人流活动特征的 LBS 大数据分析[J]. 现代城市研究，2019(11)：13-19.

② 赵承帅，赵民，程遥. 厦漳泉地区空间结构特征与规划策略研究——基于企业联系的视角[J]. 上海城市规划，2018(5)：62-71.

岛内向心联系为主，岛外新城若延续制造业导向、缺乏生产性服务业聚集，则本岛将面临“岛外新城副中心跨海通勤”“厦漳泉一体化”“国内外旅游人流增长”的三重向心交通压力，岛内交通、过海通道地区将不堪重负。因此，岛外的翔安、海沧新城尤其具有“桥头堡”和“蓄水池”的重要地位和作用。

第二个阶段是通过跟总体规划方案组进行多方案空间结构和交通模式耦合分析，模拟不同城市空间结构与交通发展模式协同情景下的城市运行绩效，确定“空间结构—交通模式”相匹配的、绩效相对最优的方案。研究发现同样的空间形态，在不同的职住关系和交通模式的作用下，交通绩效有着巨大的差异，若能对厦门城市交通模式加以合理干预，可以有效地缓解城市拥堵问题。唯有保持良好的岛内—岛外职住空间关系，才能降低日常跨海通勤出行和保证跨海通道的运行，从而实现真正意义的“多中心”结构。

在对厦门多中心空间体系的通勤绩效进行评估研究的基础上，研究提出了厦门中心体系功能分布、开发强度的规划建议，如“一主两副”的空间格局及其功能配置建议等；提出了与空间结构相匹配的重大交通基础设施布局建议，如跨海通道、轨道交通、BRT以及重大交通基础设施和公共服务设施的优化建议等；同时也从动态协同的视角，如对通道建设时序进行阶段性控制等，对跨岛发展的时序和公共政策提出了建议。通过与空间、功能跨海拓展相协调的动态交通供给模式，来推动厦门逐步向真正的“多中心”结构发展。

1.4.2.2 全过程协同编制

对于同步开展的国土空间总体规划和综合交通规划编制工作，可以基于传统城乡规划领域的城市总体规划与综合交通体系规划协同编制经验，树立国土空间规划时代的新价值观，转变思维进行全方位视角转变，以高品质生活为目标，绿色可持续发展为导向，进行全域、全要素的协同，推进国土空间总体规划与综合交通规划的全过程协同编制。

以乐山市为例，在《乐山市城市总体规划（2011—2030年）》编制的同时，同步开展了《乐山市城市综合交通体系规划》的编制工作，乐山也成为四川省第一个实施两规同步协同编制的城市，两规的协同编制主要体现在三个方面①。

一是适应总体规划战略导向的视角与价值观转变——从重视机动车出行到关注人的需求的“全方位视角转变”，从工具理性向价值理性转变——来建构人本的综合交通体系。总体规划在发展战略中提出了“功能外延、存量优化与特色重塑”几个重要方向，综合交通体系规划相应地从“多元共享、公正包容、弹性适应和彰显特色”四个角度来落实总体规划的发展目标，并深化确定综合交通体系的内容和要求。

二是通过动态同步的总体规划方案制定与测试，来实现空间、功能和交通系统结构的

① 金涛，刘波，张乔. 多元一体的城市综合交通体系构建思路与乐山实践[J]. 规划师，2021，37(16)：66-72.

协同。配合城市总体规划的多用地布局方案，协调中心城区的路网等综合交通系统方案，并进行动态的同步测试，反馈并优化总体规划的方案质量。

三是内容、特色的协同及其管控实施。在空间上（区域衔接与全域规划）、内容上（文化旅游特色与旅游交通）开展了"全域、全要素"的协同。为适应总体规划提出的旅游城市、历史文化名城、山水组团城市格局等，综合交通体系规划确定了依托"TOD＋短出行"的交通与土地协调发展模式，推行公交、小汽车、慢行差异化的引导与管控措施。建立分区引导和指标体系，通过政策分区的划定以及可监控可实施的指标体系，来推动绿色交通发展目标的实施。

1.4.3 传承落实的工作思路

传承落实是传统城乡规划领域比较熟悉的方式，也有着大量的实践案例，这里主要从应对新时代发展理念和发展趋势的转型来看未来工作的方向与思路。

以《保山中心城市综合交通规划》编制工作为例，该项目是在《保山市城市总体规划（2017—2035 年）》2018 年获得省政府批复后开始编制的，而国土空间规划改革开始于 2019 年，同年 3 月 11 日《城市综合交通体系规划标准》（GB/T 51328—2018）开始实施，这些变化都对《保山市的综合交通体系规划》编制工作提出了新的要求。根据《城市综合交通体系规划标准》（GB/T 51328—2018），综合交通体系发展目标由满足需求调整为支撑城市正常运行，城市发展阶段由增量发展阶段为主调整为增量与存量两阶段并重，并且要求将绿色交通优先作为体系规划和协调的手段，体现出国土空间规划背景下坚持绿色发展的基本思维。

为此，《保山中心城市综合交通规划》通过以下策略来体现新时代综合交通规划的编制思路：

一是通过公交走廊支撑空间结构布局。为适应总体规划确定的多组团中心城区空间布局导向要求，预测并优先梳理公交走廊，并依据公交走廊确定道路功能与路权分配，协调个体交通与公共交通的关系。该策略既体现出绿色交通优先的发展思维，也体现了增量发展需求下城市空间与交通系统的协调目标。

二是注重旧城交通、改善出行体验。在旧城区突出公交与慢行优先，谨慎对待机动车增容措施，并对次支路网络及设施路权进行优化，提升道路系统疏解能力与路网容量，以逐步改善旧城区的交通出行品质。该策略体现了存量优化的发展思维，也体现了高质量发展和高品质建设的要求。

三是强调面向精细化的治理，以支撑城市正常运行为目标，通过公交、小汽车、慢行、静态交通及道路设施等指标的管控，进行差异化指引，推动城市交通的精细化治理。

1.5 结语

各专业背景的规划行业人员在知识结构、工作经验等方面都存在一定的局限性，在思维方式、工作方法上还具有一定程度的惯性，因此，要在一个比较短的时间内实现技术体系内部创新与多规合一的行政体制改革，无疑面临着巨大的困难。当务之急是跳出传统城乡规划或土地规划的框架，把握住本次国土空间规划体系的重大变革性内容。因地制宜，通过适应地方实际的工作方式及适应地方特点的编制内容，来实现国土空间总体规划与综合交通规划的协同，从而推动国土空间规划的改革工作。

所以，讨论国土空间总体规划与综合交通规划到底同步编什么、怎么编、采用什么规程，都需要转变传统交通规划的思维体系，根据各个地方的实际情况，因地制宜来确定编制的层级、精度、内容、协同方式等，需要规划工作者在实践中进一步探索和总结。

2 地下空间规划

汤宇卿*

2.1 地下空间的发展

地下空间伴随着人类的发展而发展，如原始人的穴居，就是地下空间一种利用形式，甚至比地面空间的利用还要早。

2.1.1 人类地下空间发展阶段

地下空间发展分成三个不同的阶段。

第一个阶段，地下是地下，地上是地上，地下空间感觉比较憋气，舒适性较差。

第二个阶段，为了改善地下空间的环境，把上部打开，通过玻璃天棚把阳光透射下来，舒适度得以提升。

第三个阶段，地下空间索性去除顶棚，通过下沉广场的设置，使人们能够在地下空间感受到自然的气息。

2.1.2 现代意义地下空间的发展

现代意义的对地下空间的开发利用是从 1863 年英国伦敦建成第一条地铁开始。原先对地下空间的开发较为零星，影响不大，但是地铁的修建改变了这一状况，大量的人流通过地铁进入地下空间，提升了地下空间的知名度，提高了地下空间的利用率。

目前，地下空间开发利用从大型建筑物向地下的自然延伸，发展到复杂的地下综合体（地下街），再到地下城（与地下轨道交通系统相结合的地下街系统）。地下市政设施也从地下供、排水管网发展到大型地下供水系统，地下大型能源供应系统，地下大型雨水及污水处理系统，地下生活垃圾的清除、处理和回收系统以及地下综合管廊。到目前为止，国内已经建了超过 8 000 km 的地下综合管廊，里程数世界第一，主要是依赖于我国近几年

* 汤宇卿，同济大学建筑与城市规划学院副教授，上海同济城市规划设计研究院有限公司教授工作室主任，中国城市规划协会会员，中国岩石力学与工程学会地下物流专业委员会委员。邮箱：tyqtju@163.com。

的全力推进。

我们也看到一些公共建筑逐步地下化，包括地下图书馆、会议中心、展览中心，以及体育馆、音乐厅、大型实验室等地下文化、体育、教育设施。比如迪拜国家博物馆，因为当地室外气温常年较高，展示空间放在地下有利于节能。同时展厅主要利用天光，可以与具体功能的使用完美衔接。

地下空间利用规划从专项规划逐步形成系统规划，其中以地下轨道交通规划、市政设施规划和人防规划最为突出。同时从城市中某个区域的综合规划走向整个城市和整个系统的综合规划。

2.1.3 我国城市地下空间现状

到目前为止，我国具有现代意义的城市地下空间大规模开发已有 30 多年的历史。1991 年，城市地下空间国际学术会议通过的《东京宣言》提出“21 世纪是人类开发利用地下空间的世纪”。当时，我国城市地下空间发展刚刚起步。随着地下空间开发增多，1997 年，《城市地下空间开发利用管理规定》颁布实施(2001 年 11 月修订)，对地下空间开发进行约束，指导我国城市地下空间的开发建设纳入健康发展的轨道。2010 年前后，我国城市地下空间开发进入快车道，依据《城市地下空间开发利用“十三五”规划》，“十二五”时期，我国城市地下空间建设量显著增长，年均增速达到 20%以上。到了“十三五”时期，地面开发速度有所减缓，地下空间开发也随之有所下降，但是下降的幅度比地面空间相对要缓，也就是说速度还是高于地面空间开发的速度。参照《中国城市地下空间发展蓝皮书(2019)》，“十三五”以来至 2018 年年底，我国新增城市地下空间建筑面积达到 8.44 亿 m^2，年均增长率略有回落，开始从量的扩张走向质的提升①。

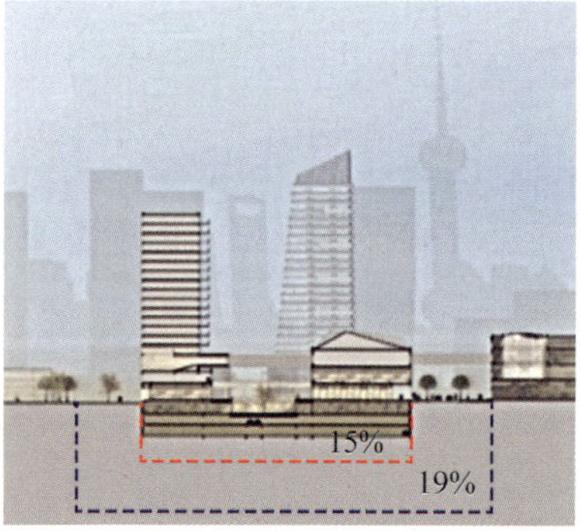

图 2-1　中国城市地下空间(含地铁)与同期地面建筑竣工面积比例的变化

来源：中国岩石力学与工程学会地下空间分会，南京慧龙城市规划设计有限公司. 中国城市地下空间发展蓝皮书(2019). [R/OL]. (2019-11-16). http://files.hy.csrme.com/special/2019book/mobile/index.html? from=timeline#p=1.

2018 年全年中国城市地下空间(含地铁、地下道路等公共工程)与同期地面建筑竣工面积的比例从 2015 年的 15%上升至 19%(图 2-1)。

① 中国岩石力学与工程学会地下空间分会，南京慧龙城市规划设计有限公司. 中国城市地下空间发展蓝皮书(2019). [R/OL]. (2019-11-16). http://files.hy.csrme.com/special/2019book/mobile/index.html? from=timeline#p=1.

2.2 地下空间资源评估和分区管控

地下空间规划与国土空间规划一样，也需要进行相应的资源评估和承载力评价，即“地下空间的双评价”。

2.2.1 规划资料

地下空间的双评价可能比地面还要复杂，因为涉及更多方面的资料，参照《城市地下空间规划标准》，主要包括以下内容。

1）城市勘察资料

城市地质构造，土层物理状况，城市规划区内不同地段的地基承载力、滑坡崩塌等工程地质基础资料和地下水的埋藏形式、储量及补给条件等水文地质基础资料。

2）城市测量资料

城市平面控制网和高程控制网、城市工程及地下管线等专业测量图、编制城市地下空间规划必备的各种比例地形图等。

3）气象资料

温度、湿度、降水、风向、风速、冰冻等基础资料。

4）城市土地利用资料

现状及历年城市土地利用分类统计、城市用地增长状况、规划区内各类用地分布状况等。

5）城市地下空间利用现状

城市地下空间开发利用的规模、数量、主要功能、空间分布、运营状况等基础资料。

6）城市交通资料

城市交通现状、交通发展趋势、轨道交通情况、汽车增长情况、停车状况等。

7）城市市政公用设施资料

城市市政公用设施的场站及其设置位置与规模、管网系统与容量、市政公用设施规划等。

8）城市人防工程现状及发展趋势

城市人防工程现状、人防工程建设目标和布局要求、人防工程建设发展趋势等有关资料。

9）城市环境资料

环境监测成果、影响城市环境质量有害因素的分布状况及危害情况、其他有害居民健康的环境资料。

地下空间需要获取海量的数据和全面的资料，据此构建地下空间整体的信息系统，包括不同层面的空间特征等，作为地下空间规划布局的依据①。

2.2.2 评估要素

城市地下空间资源评估应以资源开发利用的战略性、前瞻性与长效性为基础，按照对资源的影响和利用导向确定评估要素，应包括但不限于下列要素。

1）自然要素

地形地貌、工程地质与水文地质条件、地质灾害区、地质敏感区、矿藏资源埋藏区和地质遗迹等。

2）环境要素

园林公园、风景名胜区、生态敏感区、重要水体和水资源保护区等。

3）人文要素

古建筑、古墓葬、遗址遗迹等不可移动文物和地下文物埋藏区等。

4）建设要素

新增建设用地、更新改造用地、现状建筑地下结构基础、地下建(构)筑物及设施、地下交通设施、地下市政公用设施和地下防灾设施分布等。

2.2.3 工作框架

通过对不同要素进行评估，划分出适宜性等级，从而可以得出地下资源的空间管制要求(图 2-2)。

2.2.4 分项评估

分项评估是对影响城市地下空间资源环境适建性的各要素进行评价，参照《城市地下空间规划标准》，描述每种要素对应的能够承载的地下空间利用等级，对多种因素有一个基础详细的了解。自然要素质量评估一般采用多因素综合评价法，通过综合评估模型进行评估，其基本表达公式如式(2-1)：

① 陈志龙，刘宏. 城市地下空间总体规划[M]. 南京：东南大学出版社，2011.

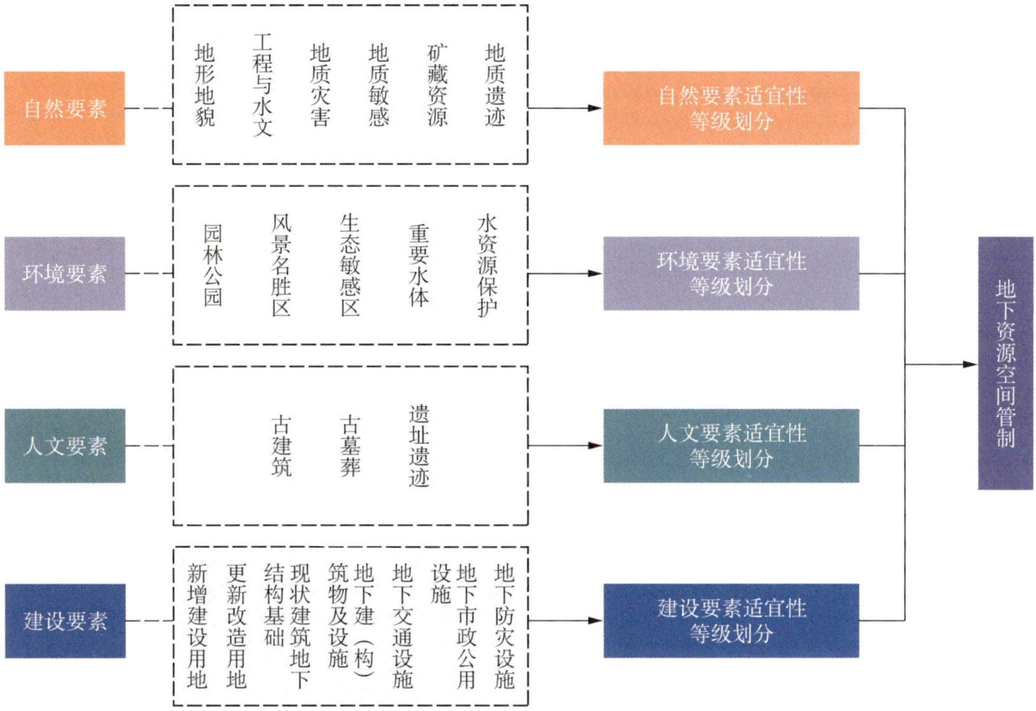

图 2-2　地下空间资源评估和空间管制要求框架

来源:《芜湖市城市地下空间暨人防工程综合利用规划(2015—2030)》[①]

$$I=\sum_{i=1}^{n}a_i w_i \tag{2-1}$$

式中　I ——地下空间质量评估分值;

a_i ——按工程地质条件、地下水类型及其埋深、地下水含量、地下水水质等评估指标取值;

w_i ——工程地质条件、地下水类型及其埋深、地下水含量、地下水水质等评估因子权重。

2.2.4.1　地形地貌

要充分考虑地形地貌对地下空间资源开发利用的影响,包括坡度、高程、地面起伏程度等。

2.2.4.2　地质条件

地质条件直接影响着某个地区地下空间资源利用的适建性,良好的地质条件能够支撑更大的地下空间开发量。评判地质条件适建性的因素很多,包括岩土体类别、岩土层分

① 上海同济城市规划设计研究院.芜湖市城市地下空间暨人防工程综合利用规划(2015—2030)[Z].2016.

区、力学指标、单位涌水量、地下水的赋存类型、地下水埋深、地下水腐蚀等。

2.2.4.3　灾害影响

评价地下空间开发可能会面临的灾害分布与风险等级，灾害风险较高的地区对地下空间开发利用的适建性较低，应避免在这些地区进行地下空间的开发建设。在我国，常见的影响地下空间开发的灾害要素包括地震烈度、活动断层分布、砂土液化分布、地面沉降分布等。

2.2.4.4　生态与环境要素

地下空间资源环境适建性必须要考虑到对生态环境可能的影响，包括地面是否存在园林公园、风景名胜区、生态敏感区、水源地保护区等。一般的地下建筑工程建设会造成地面的大量开挖，影响原有植被，并且对土壤中的生态系统产生一定破坏。此外，过于发达的植物根系会对地下工程结构造成破坏，影响建筑物的防水能力以及结构安全。

2.2.5　综合评价

在对各单项适建性影响要素进行评价后，基于评价结果开展资源环境适建性集成评价，即综合各单项适建性评价结果，进行总体城市地下空间资源环境评价，并将结果按照适建性水平划分等级(图 2-3、图 2-4)。

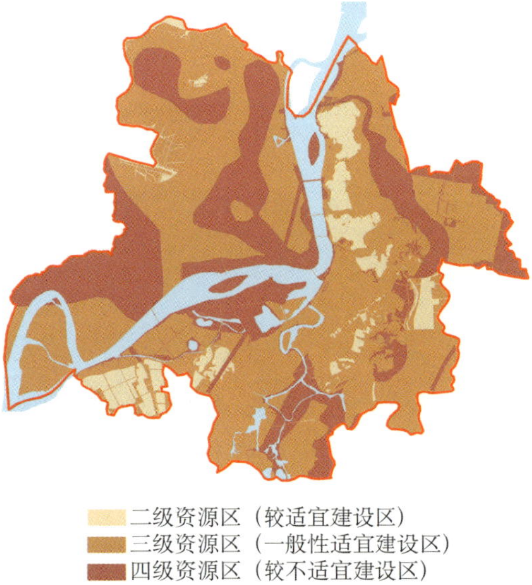

图 2-3　地下空间资源自然环境条件适建性——综合评价(－10～0 m)

来源：《芜湖市城市地下空间暨人防工程综合利用规划(2015—2030)》

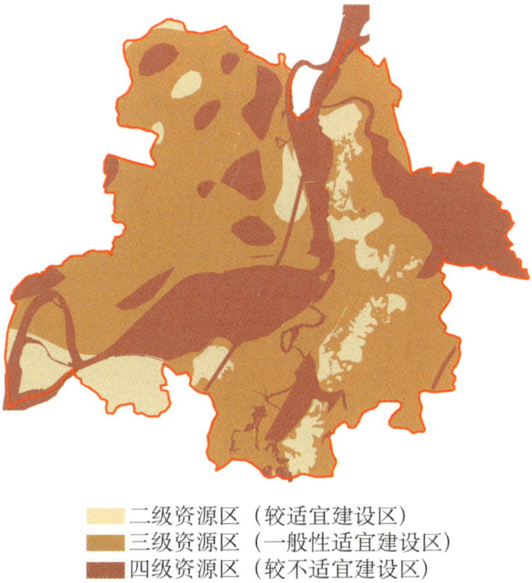

图 2-4　地下空间资源自然条件适建性——综合评价(－30～－10 m)

来源：《芜湖市城市地下空间暨人防工程综合利用规划(2015—2030)》

2.2.6 容量估算

参照《城市地下空间规划标准》，城市地下空间资源总容量可按式(2-2)计算：

$$V_u = V - (V_1 + V_2 + V_3 + V_4 + \cdots + V_n) \tag{2-2}$$

式中 V_u—— 可供合理开发的地下空间容量；

V—— 评估范围内地下空间总容量；

V_1—— 受工程地质条件和水文地质条件制约的地下空间容量；

V_2—— 受地下埋藏物制约的地下空间容量；

V_3—— 受已开发利用地下空间制约的地下空间容量；

V_4—— 受开敞空间和建筑物基础制约的空间容量；

V_n—— 受其他要素制约的地下空间容量。

2.2.7 分区管控

城市地下空间规划以地下空间资源评估为基础，对城市规划区内地下空间资源划定管制范围，划定城市地下空间禁建区、限建区和适建区，提出管制控制要求(图 2-5、图 2-6)。

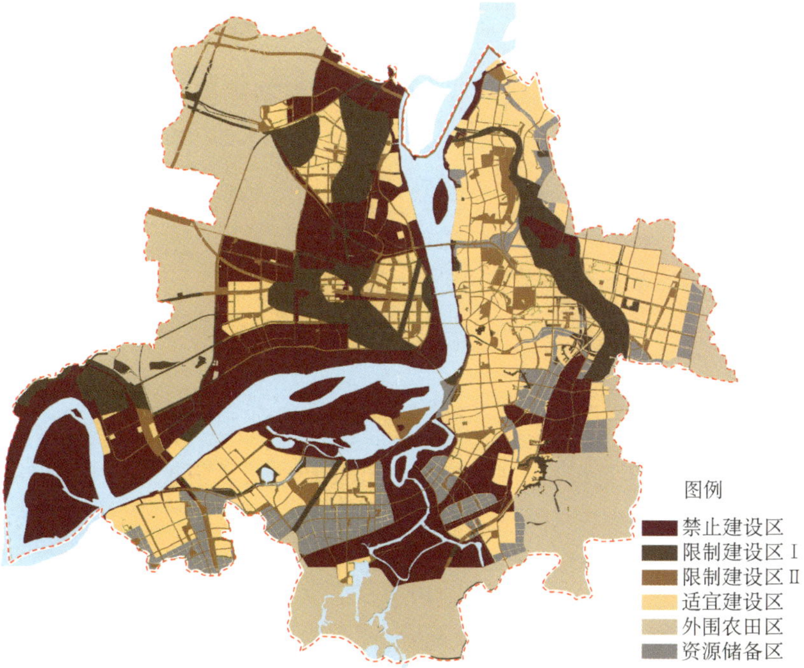

图 2-5 地下空间资源空间管制图(－10～0 m)

来源：《芜湖市城市地下空间暨人防工程综合利用规划(2015—2030)》

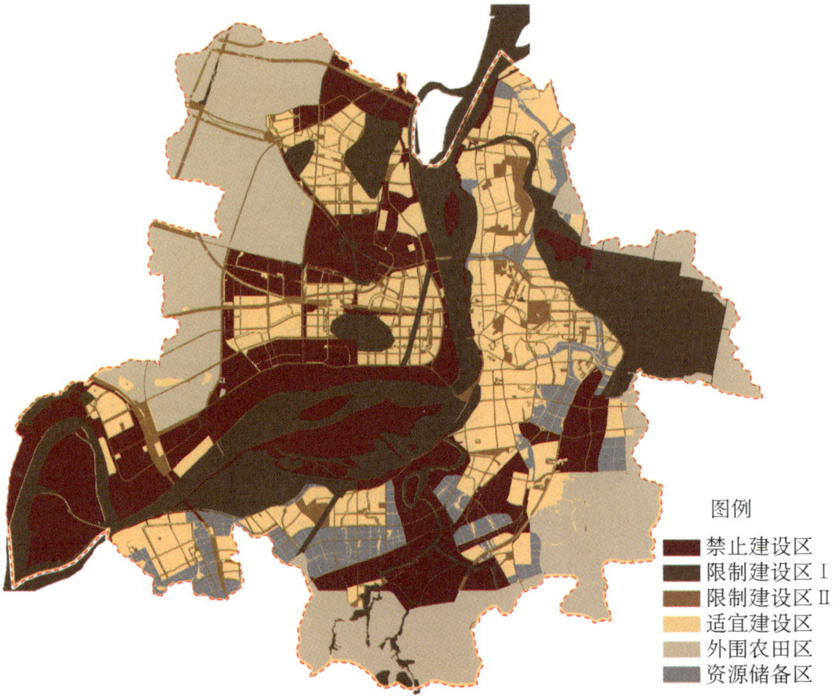

图 2-6 地下空间资源空间管制图(－30～－10 m)
来源:《芜湖市城市地下空间暨人防工程综合利用规划(2015—2030)》

禁建区应为基于自然条件或城市发展要求,在一定时期内不得开发的城市地下空间区域。

限建区应为满足特定条件,或限制特定功能、或限制规模开发利用的城市地下空间区域。

适建区应为规划区内适宜各类地下空间开发利用的城市地下空间区域①。

2.3 地下空间分类和需求

2.3.1 空间分类

根据《城市地下空间规划标准》(GB/T 51358—2019),城市地下空间设施可分为 8 大类 27 中类(表 2-1)。

① 汤宇卿,等. 城市地下空间规划[M]. 北京:中国建筑工业出版社,2019.

表 2-1　城市地下空间设施分类和代码

类别代码		类别名称	内　容
大类	中类		
交通设施			
UG-S	UG-S1	道路设施	车行通道、兼有非机动车道和行人通行的车行通道、配套设施
	UG-S2	轨道交通设施	铁路、城市轨道交通线路、车站、配套设施等
	UG-S3	人行通道	人行通道及其配套设施
	UG-S4	交通场站设施	城市轨道车辆基地、公路客货运站、公交(场)站、出租车(场)站等
	UG-S5	停车设施	独立地段的地下公共停车库和各类用地配建停车库
	UG-S9	其他交通设施	除上述之外的交通设施
市政公用设施			
UG-U	UG-U1	市政场站	污水处理厂、再生水厂、泵站、变电站、通信机房、垃圾转运站和雨水调蓄池等场站设施
	UG-U2	市政管线	电力管线、通信管线、燃气配气管线、再生水管线、给水配水管线、热力管线、燃气输气管线、原水管线、给水输水管线、雨水管线、污水管线、输油管线、输泥输渣管线等市政管线
	UG-U3	市政管廊	用于放置市政管线的空间和廊道,包括电缆隧道等专业管廊、综合管廊和其他市政管沟
	UG-U9	其他市政公用设施	除以上之外的市政公用设施
公共管理与公共服务设施			
UG-A	UG-A1	行政办公设施	党政机关、社会团体、事业单位等机构及其相关设施
	UG-A2	文化设施	图书馆、档案馆、展览馆等公共文化活动设施
	UG-A3	教育科研设施	研发、设计、实验室等设施
	UG-A4	体育设施	体育场馆和体育锻炼设施等
	UG-A5	医疗卫生设施	医疗、保健、卫生、防疫、急救等设施
	UG-A7	文物古迹	具有历史、艺术、科学价值且没有其他使用功能的建(构)筑物、遗址、墓葬等
	UG-A9	宗教设施	宗教活动场所设施
商业服务业设施			
UG-B	UG-B1	商业设施	商铺、商场、超市、餐饮等服务业设施,金融、保险、证券、新闻出版、文艺团体等综合性办公设施,各类娱乐、康体等设施
	UG-B9	其他服务设施	殡葬、民营培训机构、私人诊所等其他服务设施

续表

类别代码		类别名称	内容
大类	中类		
工业设施			
UG-M	UG-W1	一类工业设施	对居住和公共环境基本无干扰、污染和安全隐患的工业设施
	UG-W2	二类工业设施	对居住和公共环境有一定干扰、污染或安全隐患的工业设施
	UG-W3	三类工业设施	对居住和公共环境有严重干扰、污染或安全隐患的工业设施
物流仓储设施			
UG-W	UG-W1	一类物流仓储设施	对公共环境基本无干扰、污染和安全隐患的物流仓储设施
	UG-W2	二类物流仓储设施	对公共环境有一定干扰、污染或安全隐患的物流仓储设施
	UG-W3	三类物流仓储设施	易燃、易爆或剧毒等危险品的专用物流仓储设施
防灾设施			
UG-D	UG-D1	人民防空设施	通信指挥工程、医疗救护工程、防空专业队工程、人员掩蔽工程和人防物资储备等设施
	UG-D2	安全设施	消防、防洪、抗震等设施
UG-X		其他设施	除以上之外的设施

地下空间与地面用地的分类是一一对应的，遵循了地上地下功能对应的原则。例如，地面功能是居住，地下基本上是停车功能；地面功能是商业，地下一层可能是商业，但地下二层可能是停车功能，实现上下一一对应。在布局时，城市地下空间一般会优先考虑布局地下交通设施、地下市政公用设施、地下防灾设施和人民防空工程等，适度布局地下公共管理与公共服务设施、地下商业服务业设施和地下物流仓储设施等。其中地下商业设施的开发要适度，由于电商的发展，不少地面商业设施也存在过剩的情况。地下不应布局居住、养老、学校教学区和劳动密集型工业等设施。

2.3.2 总体需求预测

对于城市地下空间开发的总体需求，应结合规划期内城市地下空间利用的目标，对城市地下空间利用的范围、总体规模、分区结构、主导功能等进行分析和预测，明确城市地下空间利用的主导方针。需求分析应依据规划区地下空间资源评估结果，综合规划人口、用地条件、社会经济发展水平等要素确定。其开发的总体规模，通常通过以下关系式来确定：

地下空间利用总体规模 = 规划区人口规模 × 城市地下空间人均面积指标 × 社会经济发展水平系数 × 地下空间开发利用系数（参照《城市地下空间规划标准》）。

城市地下空间人均面积指标、社会经济发展水平系数、地下空间开发利用系数的参考值如表 2-2 至表 2-4 所示。

表 2-2　城市地下空间人均建筑面积指标参考值

规划区人口规模(万人)	城市地下空间人均建筑面积指标(m²/人)
≤100	1.3～2.0
100～500	2.0～4.0
500～1 000	3.0～5.0
>1 000	—

表 2-3　社会经济发展水平系数参考值

年人均国内生产总值(万元/人)	社会经济发展水平
≤5	0.50～1.00
>5	1.01～1.50

表 2-4　城市地下空间人均建筑面积指标参考值

地下空间适建区面积占建设用地面积的比例	地下空间开发利用系数
≤30.0%	0.3
30.0%～45.0%	0.6
45.0%～60.0%	0.9
>60.0%	1.2

2.3.3　分区需求预测

各片区城市地下空间详细规划阶段需求分析应对规划期内所在片区城市地下空间利用的规模、功能配比、利用深度及层数等进行分析和预测。需求预测时，需综合考虑所在片区的规划定位、土地利用、地下交通设施、市政公用设施、生态环境与文化遗产保护要求等要素。同时还要结合土地利用及相关条件，明确地下交通设施、地下商业服务业设施、地下市政场站、综合管廊和其他地下各类设施的规模与所占比例。分区需求的预测同样有一套指标，如下：

地下空间利用规模 = 地下开发强度 ×(规划区用地面积 + 轨道交通车站 500 m 半径覆盖用地面积 × 轨道交通车站修正系数) × 地面建设修正系数(参照《城市地下空间规划标准》)

其中，地下开发强度、轨道交通车站修正系数、地面建设修正系数三项修正系数如表 2-5—表 2-7 所示。

表 2-5 地下开发强度参考值

分区	特征	地下开发强度
一级重点建设区	城市商务中心区、商业中心区、行政中心区和交通枢纽地区、公共设施集中地区等市级重要功能区	0.30～0.60
二级重点建设区	城市副中心、重要商务区、重要商业区等地下空间开发利用的集中区	0.20～0.35
一般建设区	城市一般地区，主要按照人民防空、停车配建要求开发地下空间的地区	0.10～0.25

表 2-6 轨道交通车站修正系数参考值

轨道交通车站修正系数	0.2

表 2-7 地面建设修正系数参考值

地面容积率	≤0.8	0.81～1.00	1.01～1.50	1.51～2.00	2.01～2.50	>2.50
地面建设修正系数	0.8	1.0	1.2	1.4	1.6	1.8

2.3.4 地下空间需求分区

对于城市的重点地区比如中心区、交通枢纽地区等和一般地区，都有不同的地下空间开发强度的控制值。一般遵循上面有多高，下面就是多深的原则。中心区上部高楼林立，下面需要支撑的地下空间量就会大大增加，一般地下空间需求中心区较大，外围地区相对就比较少。在研究供需之后，就可以进行地下空间的总体布局规划。

2.4 地下空间布局

基于地下空间供需研究，进行地下空间总体布局规划。

2.4.1 区域管控

区域地下空间综合利用引导，突出跨行政区域地下空间开发利用的协调。总体布局不仅仅要考虑城市，而且考虑到区域、跨区域的协调，比如人防疏散通道、疏散体系要和区域的地下空间开发相衔接。

2.4.2 规划结构

以芜湖为例，其城区的地下空间规划结构为“中心突破、环状连通、七核协同”。结合上部空间布局的要求，形成地下结构体系，希望能够在中心形成地下空间环，把七个核心区相互串联成一个整体，主要是通过地下轨道交通和综合管廊等来构建（图 2-7）。

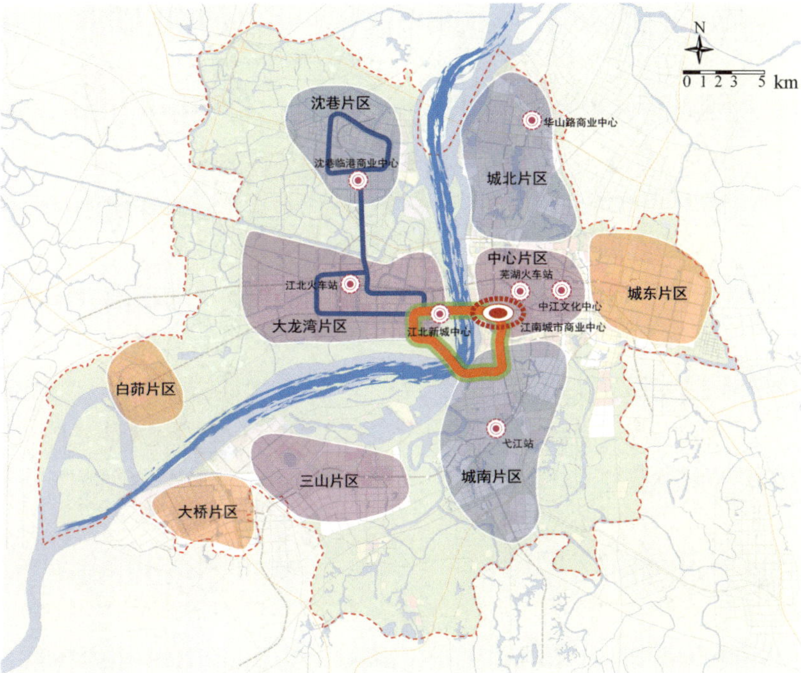

图 2-7 芜湖城区地下空间规划结构

来源：《芜湖市城市地下空间暨人防工程综合利用规划（2015—2030）》

图 2-8 是云南曲靖地下空间规划，规划结构为“两轴、四心、两点、九片”。

两轴：两条地下空间发展轴，即麒麟北路—麒麟南路—子午路、翠峰西路—麒麟西路—麒麟东路；

四心：与总体规划中的一个城市主中心和三个副中心相对应；

两点：分别为南城门城市地下空间节点和火车站城市地下空间节点；

九片：根据用地性质、区域职能、用地评价、交通情况，分成重点开发区、适度开发区、选择开发区三种类型和九大片区。

其结构是依托两条干道，规划了地下综合管廊，并集中开发两片地下空间区域，这样能够使地下空间互联互通。其目的一是能够提升它的商业价值；二是出于人防的考虑，战争的时候不同区域物资运输、人员流动，在地下相对比较安全。

图 2-8 曲靖城区地下空间规划结构

来源:《曲靖市中心城区人防和地下空间开发利用规划(2009—2020)》①

2.4.3 功能布局

在功能布局中要落实地下空间和地面空间布局的对应,如图 2-9 所示。地下有单一功能,也有复合功能、综合功能。商业停车、交通集散、其他功能和公共通道结合在一起,形成相互衔接。地下空间联系主要是通过地下的轨道交通,能够在城市的地下形成一个系统,便于互联互通。

① 上海同济城市规划设计研究院.曲靖市中心城区人防和地下空间开发利用规划(2009—2020)[Z].2010.

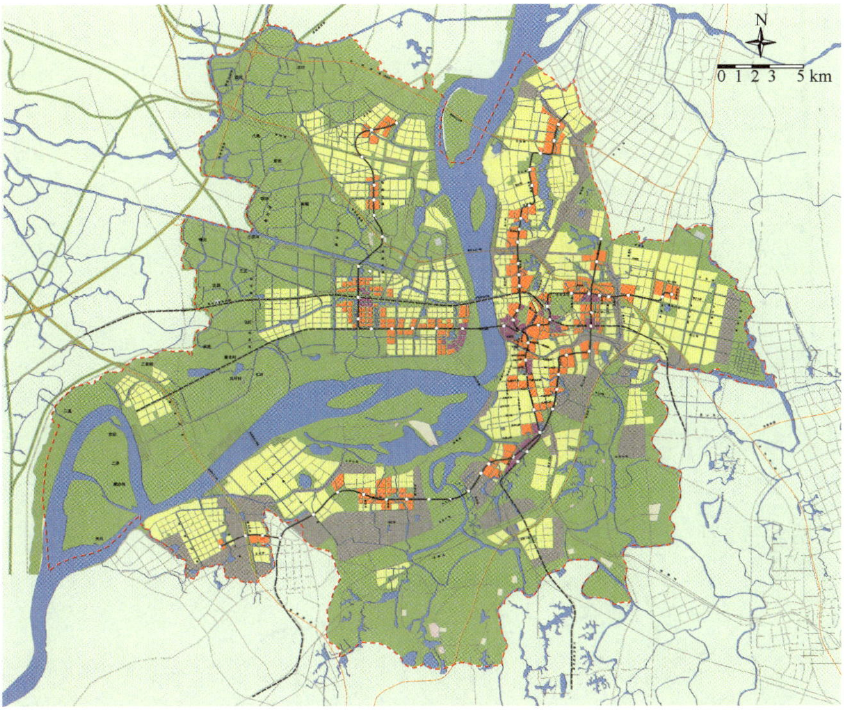

图例
单一功能地下空间（如人防、地下停车、地下市政公用设施等功能）
复合功能地下空间（如“商业+停车+交通集散空间+其他”功能）
综合功能地下空间（如“商业+停车+交通集散空间+其他+公共通道网络”功能）
远景发展备用地
外围农林用地
轨道交通线路
轨道交通站点
水域
城市集中建设区界线

图 2-9　芜湖城区地下空间功能布局

来源：《芜湖市城市地下空间暨人防工程综合利用规划(2015—2030)》

2.4.4　分区划分

划定地下空间重点建设区(图 2-10)。城市地下空间总体规划应根据国土空间总体规划的功能和空间布局要求将城市地下空间适建区划分为重点建设区和一般建设区。城市地下空间重点建设区包括城市中心区、交通枢纽和重要公共设施周边区域，其开发应满足功能复合、综合利用的要求。城市地下空间一般建设区应以配建功能为主。

以轨道交通网络为骨干，以轨道线路为发展轴，以轨道交通车站(地下车站)为发展源，形成点、线、面相结合的布局模式。轨道交通站域地区、城市交通枢纽地区等，成为城市地下空间平面布局的重要节点。

上海市虹口区地下空间重点建设区围绕轨道交通站。由于人的步行距离限制，基本上围绕轨道交通在 500～800 m 形成一个步行互联互通的范围。

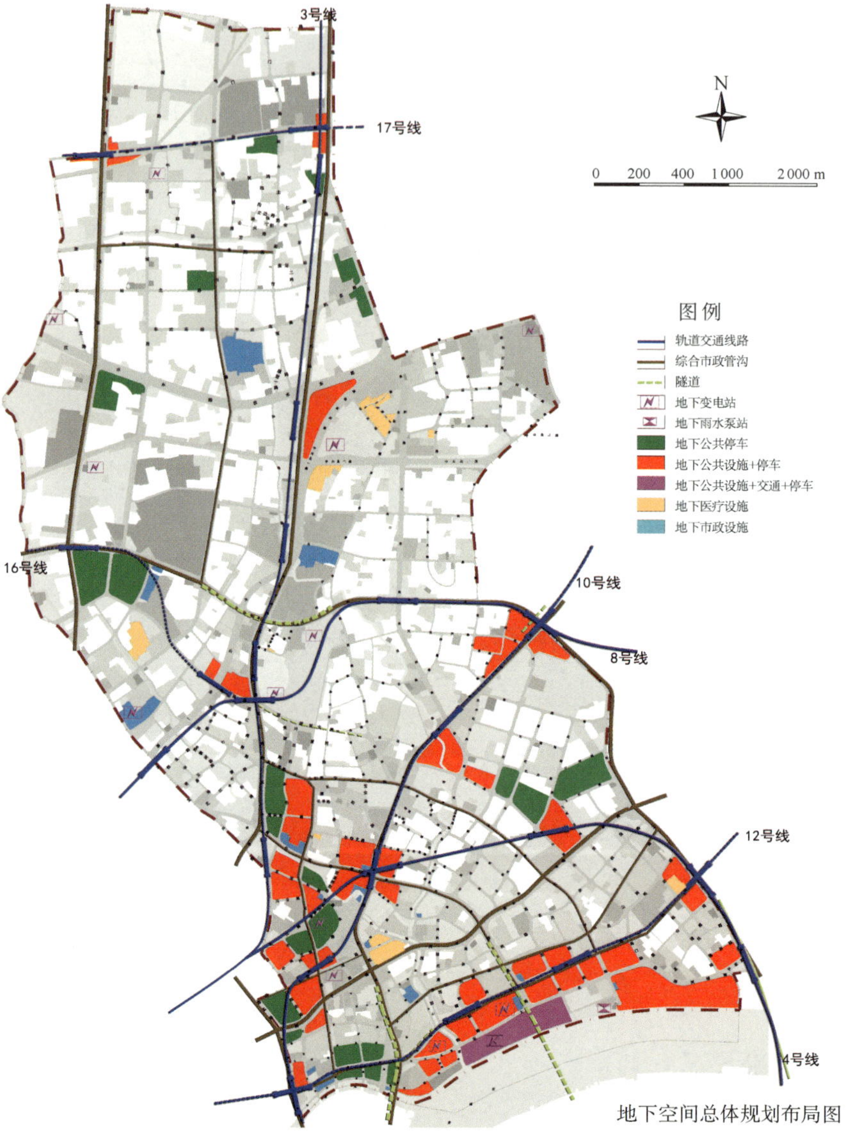

图 2-10　上海市虹口区地下空间总体规划布局

来源：《上海市虹口区人防工程及地下空间专项规划(2008—2030)》[①]

2.4.5 深度管控

地下空间因为是立体空间，在国土空间表达不仅仅是一张图，需要体现地下各层的利用。城市地下空间利用应遵循“分层利用、由浅入深”的原则。地下空间基本分为浅层

① 上海同济城市规划设计研究院.上海市虹口区人防工程及地下空间专项规划(2008—2030)[Z].2010.

(－15～0 m)、次浅层(－30～－15 m)、次深层(－50～－30 m)和深层(－50 m 以下)四层。一般以－50 m 为界,－50 m 以上开发量较多。如上海最近正在开工建设的联系虹桥枢纽和浦东枢纽的快速地铁部分区段达到了深层,速度达到 160 km/h,使得两地之间联系从 100 min 缩减为 50 min,大大提高了枢纽联系的效率。朝鲜平壤地铁在地下－100 m 以下通行,在深层布局,更多是基于人防角度的考虑。

城市地下空间利用的竖向布局应便于人流疏散,人流密集的空间应在人流较少的空间之上。当特殊情况下将公共管理与公共服务设施、商业服务业设施置于地下时,应布局在浅层空间(表 2-8)。

表 2-8　城市各类设施地下空间开发利用适宜深度

类别	设施名称	开发深度(m)
地下交通设施	地下轨道交通设施	－30～0
	地下车行通道(隧道、立体交叉口)	－20～0
	地下人行通道	－10～0
	地下机动车停车场	－30～0
	地下自行车停车场	－5～0
地下公共管理与公共服务设施	地下行政办公设施、地下文化设施、地下教育科研设施、地下体育设施、地下医疗卫生设施	－15～0 －15～0
地下商业服务业设施	地下商业设施、地下商务设施、地下娱乐康体设施、地下其他服务设施	－15～0
地下市政公用设施	地下市政管线、综合管廊	－10～0
	地下市政场站、电缆隧道、排水隧道、地下河流等	－40～0
地下防灾设施	雨水调蓄池、人防工程	－40～0
地下物流仓储设施	动力厂、机械厂、物资库	－20～0
	地下室(设备用房、储库)	－30～0

来源:汤宇卿,等.城市地下空间规划[M].北京:中国建筑工业出版社,2019.

2.4.6　重点片区引导

地下空间对于重点地区需要互联互通,在国际上基本有两种模式,一种是中国、日本、美国采用比较多的模式,以轨道交通为主的主要通道在道路下,形成公共空间。轨道交通站设在道路下面,搭乘轨道交通需要从地块平行移动到站,相对来讲效率不是非常高,但是产权很明晰,地块下面大多是自有空间,道路下面是公共空间,可以形容为“藤上结瓜”的模式。

而在加拿大等国家,体现的是复合开发,即以轨道交通为主的通道从部分地块当中穿过，可以形象地比喻为“冰糖葫芦”的模式，用通道把各地块串联了成一个整体。相对来讲产权不是非常明确，因为上面大多是自有空间，下面是公共空间。但是效率很高，部分区域乘坐地铁只要垂直向下移动即可。

图 2-11、图 2-12 出自杭州钱江世纪城控制性详细规划中的地下空间规划。钱江世纪城地处萧山城北江滨地区，与杭州钱江新城隔江相望，定位为杭州城市中央商务区。规划总用地 22.74 km^2，可容纳人口 12 万人。总建筑面积 1 685 万 m^2，其中核心区(行政管理、宾馆服务、金融贸易、科技信息、商务办公和商业文娱区)，总用地面积约 4.8 km^2，建筑面积 634 万 $m^2$①。

在这个规划中，充分考虑到钱江世纪城是杭州的重点发展区，是 G20 峰会召开地，是“杭州 2022 年亚运会”的举办地，奥体中心、运动员村都在这里，开发强度非常高。上部有多高，地下就有多深。因为原先这个区域是一张白纸，所以在规划之初把它看作一个整体来进行研究，通过三条轨道交通来支撑片区的高强度开发。

出于统筹考虑，统一规定地下一层基本上是商业服务业设施、轨道交通站厅等，以步行为主。地下二层是停车，还有轨道交通站台、地下快速路、地下综合管廊等。中部通道实现四管合一，即地铁 2 号线、地下快速路、地下综合管廊和地下人防联系通道合一。规划设置地下车库联络道，直接连接地块地下车库，使地面交通尽量简化。地下车库通过共建共享，实现一处车库车辆停满，可以直接通过地下车库联络道分流至周边车库。规划采用玻璃天棚的形式，减少大面积地下空间的封闭感，白天透过玻璃天棚可以看到蓝天白云，晚上可以看到万家灯火。

图 2-11 杭州钱江世纪城地下空间规划效果图

来源：《杭州钱江世纪城控制性详细规划》

① 上海同济城市规划设计研究院.杭州钱江世纪城控制性详细规划[Z].2006.

图 2-12　杭州钱江世纪城地下空间规划夜景效果图
来源：《杭州钱江世纪城控制性详细规划》

图 2-13、图 2-14 是青岛西海岸新区中心商务区，在控制性详细规划和城市设计编制的基础上，落实地下空间详细规划。由于规划开发强度非常高，现状还是一块空地，可以

图 2-13　青岛西海岸新区中心商务区规划平面图
来源：《青岛西海岸新区中心商务区地下空间利用规划》

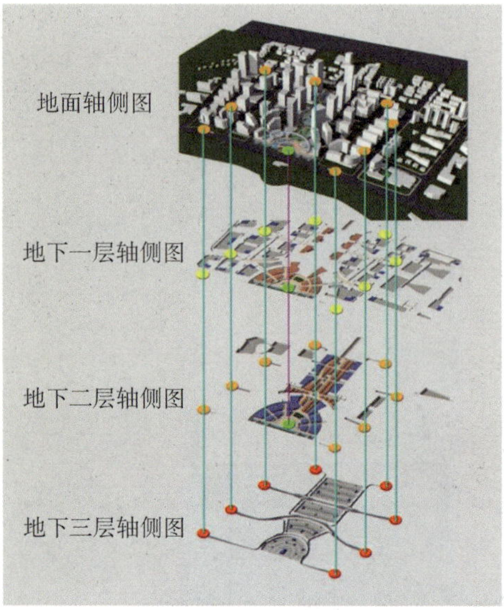

图 2-14 青岛西海岸新区中心商务区地下分层规划布局

来源:《青岛西海岸新区中心商务区地下空间利用规划》

地上地下统筹考虑。地上主要是商务办公,地下一层、地下二层以停车为主。基地中心是西海岸新区的主要商业街——井冈山路,所以依托该商业街,充分发挥地下空间的价值,地下一、二层考虑了商业开发。由于井冈山路和长江路交汇处的地铁井冈山路站,站厅在地下二层,为方便到达核心区,也将商业主街设置在地下二层。同时主街下地下三层设置停车区域,支撑上部的功能,因此,地下空间的布局可以通过逻辑推理得出①。

2.5 地下交通规划

2.5.1 交通系统组织

在完成地下空间的布局之后,就要对它的交通系统进行落位。地下空间中量最多的便是交通空间,所以交通系统需要进行全方位梳理。地下交通设施应考虑与其他交通设施的综合利用,处理好与地面建筑、地下市政管线和地下建(构)筑物之间的空间关系,并应满足安全、防灾和环境保护等要求。同时,地下空间交通组织应遵守人车分离、渠化流线组织的原则。其与综合交通的关系如图 2-15 所示。

① 上海同济城市规划设计研究院. 青岛西海岸新区中心商务区地下空间利用规划[Z]. 2008.

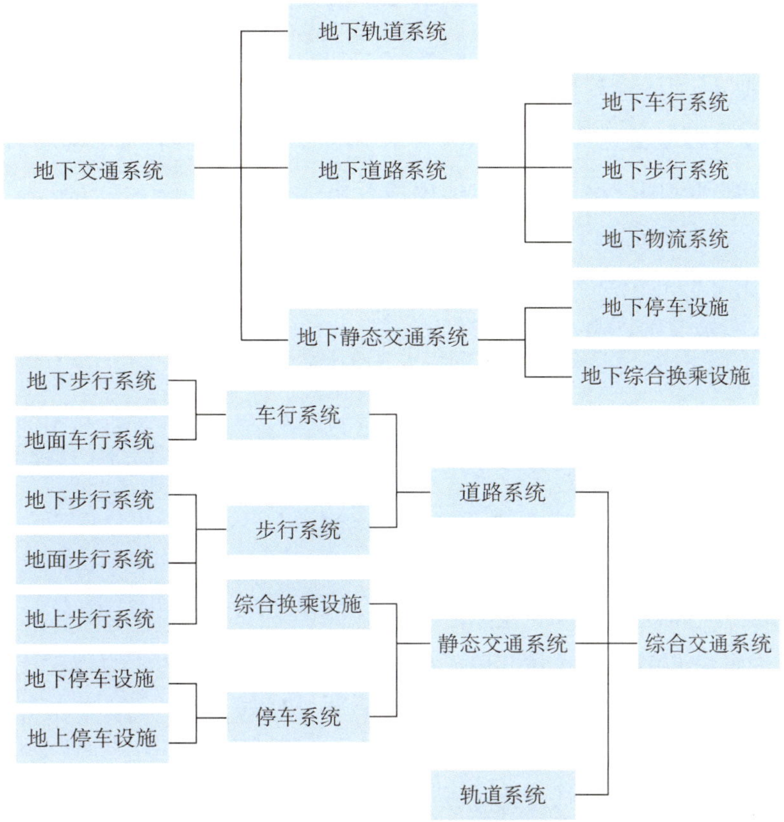

图 2-15　地下交通系统与综合交通系统的关系图

2.5.2 地下轨道交通

地下轨道交通车站出入口应结合周边土地利用现状及规划、车站平面布局和竖向埋深情况综合设置，并应与车站周边步行系统相衔接。地下轨道交通线路的规划控制范围，应符合国家现行有关标准的规定。过渡段和车站的规划控制范围应经专题研究后确定。

当然，建设轨道交通的审批门槛仍然很高。根据《国务院办公厅关于进一步加强城市轨道交通规划建设管理的意见》，申报建设地铁的城市一般公共财政预算收入应在 300 亿元以上，地区生产总值在 3 000 亿元以上，市区常住人口在 300 万人以上；申报建设轻轨的城市一般公共财政预算收入应在 150 亿元以上，地区生产总值在 1 500 亿元以上，市区常住人口在 150 万人以上。同时还需满足拟建地铁、轻轨线路初期客运强度分别不低于每日每千米 0. 7 万人次、0. 4 万人次，远期客流规模分别达到单向高峰小时 3 万人次以上、1 万人次以上。以上申报条件将根据经济社会发展情况按程序适时调整。

伴随着城市轨道交通的建设，其产生的效益也希望能够反馈到国土空间规划中，因此大多数开通轨道交通的城市开始实行 TOD 一体化的开发模式，围绕轨道交通站点进行适当的高强度、高功能混合度的开发。东亚许多高密度城市，如日本东京、新加坡、韩国首尔，以及中国香港、深圳、上海等，均希望轨道交通建设带来的土地溢价来回馈弥补建设轨道交通的前期投入，因此在很多站点都采用了高层次、高密度、高强度开发的模式，且如今旧城的城市更新大多也是采用该种模式，由于用地面积的限制，大都希望将此地通过高端功能复合，打造成为新的城市生活综合活动集聚的场所。

地下轨道交通车站选址和方案设计应结合周边土地利用确定，促进车站周边土地的复合利用。如东京的六本木新城、新宿副都心、涩谷副都心等，均进行了轨道交通站点上盖的综合开发，由轨道站点通过地下空间直接进入地下商业综合体，之后完成垂直方向的转换。

以中国香港为例，轨道交通的建设以及相应的停车政策抑制了机动车的发展，其城市建设用地太过紧缺，轨道交通能够覆盖全港大部分职、住区域。香港的公共交通分担率达到 90%以上，公共交通出行方式中轨道交通占比最高。

美国芝加哥的千禧公园在进行综合开发之后，地面变成了一个大公园，把交通等设施都放在地下，地下空间规划支撑了地面生态化。

图 2-16 为青岛西海岸新区长江路沿线地铁站区域的剖视图。可以看出，由于地下一层部分已经被现状地下管线所占据，所以地下二层是站厅，地下三层是站台，实现地下空间层次和标高的协同，从而使得地下空间之中，不同的层面相互之间衔接顺畅。同时由于青岛下面是坚硬的基岩，所以尽量浅层开发，包括站台也尽量处理为平层。

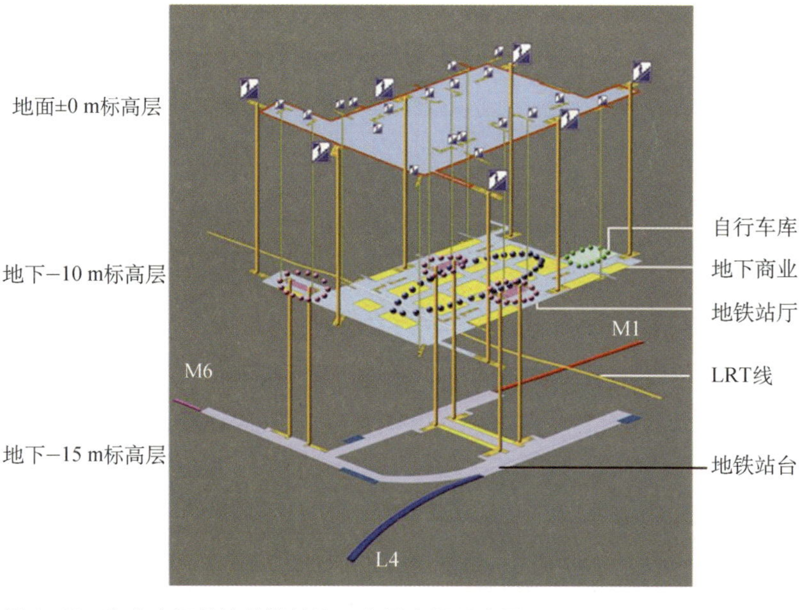

图 2-16　汽车客运总站地铁站地下各层空间示意图
来源：《青岛西海岸新区中心商务区地下空间利用规划》

由于西海岸新区商务中心区在海边，面临金沙滩和唐岛湾，所以与地铁井冈山路站有1 km左右的距离，地铁站点“最后一公里”的接驳至关重要，规划采用有轨电车、穿梭公交、地下步行、自行车、地面步行等方式予以解决，见图2-17。

图2-17 地铁站点片区交通方式组织
来源：《青岛西海岸新区中心商务区地下空间利用规划》

2.5.3 地下道路

在生态环境、景观要求高，土地价值高或交通组织复杂的地区，可设置地下道路。地下道路规划应经专项论证确定。当地下道路与地下轨道交通线路区间相交时，地下道路宜布局在轨道线路区间上层。当地下道路与地下轨道交通车站相交时，地下道路应经专题研究确定①。

当地面道路路况与建设情况比较复杂时，通常采用单向隧道来组织地下车行交通，上下叠落式或平行并排式。如上海北横通道部分采用的便是上下叠落式，外环隧道采用的为平行并排式。

① 中华人民共和国住房和城乡建设部. 城市地下道路工程设计规范：CJJ 221—2015[S]. 北京：中国建筑工业出版社，2015.

2.5.4 地下停车

新建住区宜采用地下停车的方式，实现人车立体分离，地面更多空间留作绿化。城市各级中心区内的地下车库之间宜设置联络道，并宜形成网络。国内很多城市，如北京的金融街、中关村，郑州的郑东新区，上海的北外滩等地都建设了地下车库联络道，青岛西海岸新区商务中心区中央停车在地下三层，穿过步行商业街的两条支路从地面直接到地下三层，既能保障商业街步行环境不被机动交通割裂，又起到了地下车库联络的作用，同时周边相邻车库也实现了共建共享。如图 2-18 所示为地下车库及联络道平面图。

目前地下智慧停车发展迅速。5G 网络的覆盖，服务于地下停车信息系统和智能诱导系统的构建。如上海有专门的停车 App，当使用者找不到车位或要拜访单位的地下停车库车位满时，它会将其引导到最近的停车场，找到停车位，然后把使用者引导到要拜访的单位，结束后再把使用者引导到自己的车位，避免使用者面对茫茫车海找不到自己车辆的窘境。

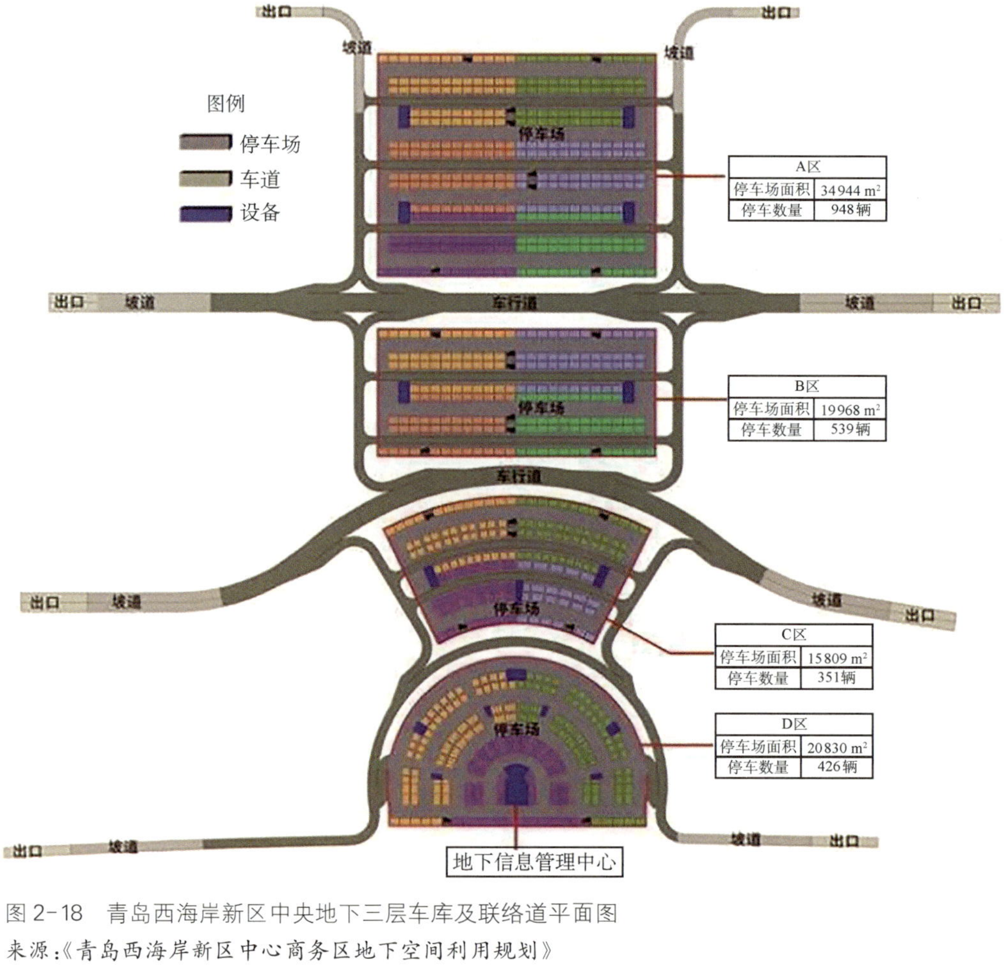

图 2-18 青岛西海岸新区中央地下三层车库及联络道平面图

来源：《青岛西海岸新区中心商务区地下空间利用规划》

2.5.5 地下物流

除了地下停车之外还有地下物流。许多城市规定大型货运车辆不能进城，如上海规定大型货运车辆不能进外环以内，城区中基本上是小型货运车辆服务于物流。可以将货运车辆引入地下，考虑到净空问题，一般在地下车库出入口部位设置货运装卸空间和垂直货运联系设施，把地面更多留给客流。除货运之外，废弃物、垃圾的收集和清运也可以利用地下空间来解决。

2.5.6 地下步行系统

地下公共人行通道的净宽应根据设计年限内高峰小时人流量和设计通行能力计算确定，并应满足安全、防灾、环境保护等要求。当两侧设置商业时，地下公共人行通道应优先满足人流疏散要求，其宽度应结合商业布局适当扩大；当通道长度超过 50 m 时，应适当拓宽人行通道和增加集散广场、出入口、采光井等设施。

地下公共人行通道的设置，主要集中于轨道交通站点、交通矛盾集中路段、市内交通与对外交通干道交会路口，以及学校、医院等公共建筑邻近的道路。地下公共人行通道，可与轨道交通车站、地下商业街等设施整合建设，也可单独建设。地下公共人行通道的净高应根据有无商业及商业布局形式等条件综合确定。

地下步行道通常与地面步行道、二层步行廊道共同组成 3 层式立体步行道路布局，通过垂直电梯或自动扶梯完成竖向上的转换。

以青岛西海岸新区为例，如图 2-19、图 2-20 所示，规划了三层廊道：二层的步行廊道，可以远远地眺望大海；地面步行系统，最接地气；最下面是地下步行系统，是效率更高的连接方式。通道内设地下自动步道，可以从轨道交通站厅直接到 CBD 中心，在天气比较恶劣的情况下，在地下可以遮风避雨。步行廊道通过玻璃天棚把阳光透射下来，提升环境品质。一般情况下，如果地面商业价值是 1，地下一层是 0.5，通至轨道交通站的空间商业价值则更高。而且地下除了商业设施之外，还有餐饮、文化、健身等设施可以纳入，地下音乐厅的效果非常好。但是，怎样才能吸引大家进入地下空间呢？通过下沉广场，让大家感觉好像不在地下，而是混凝土形成的群山的山谷当中，进入地下空间，感觉像是进入室内，让人分不清楚哪里是地上，哪里是地下，这样的地下空间开发就成功了。

图 2-19　青岛西海岸新区核心区下沉广场透视图
来源:《青岛西海岸新区中心商务区地下空间利用规划》

图 2-20　青岛西海岸新区核心区地下空间剖透视图
来源:《青岛西海岸新区中心商务区地下空间利用规划》

2.5.7 地下交通分层组织

地下交通分层组织，基本需要遵循人、车立体分流，人能够在地下无障碍地活动等要求。如图 2-21、图 2-22 为上海市虹口区北外滩地下空间控制性详细规划①。

图 2-21 北外滩地下空间控制性详细规划地下一层规划图
来源：《上海北外滩地下空间控制性详细规划》

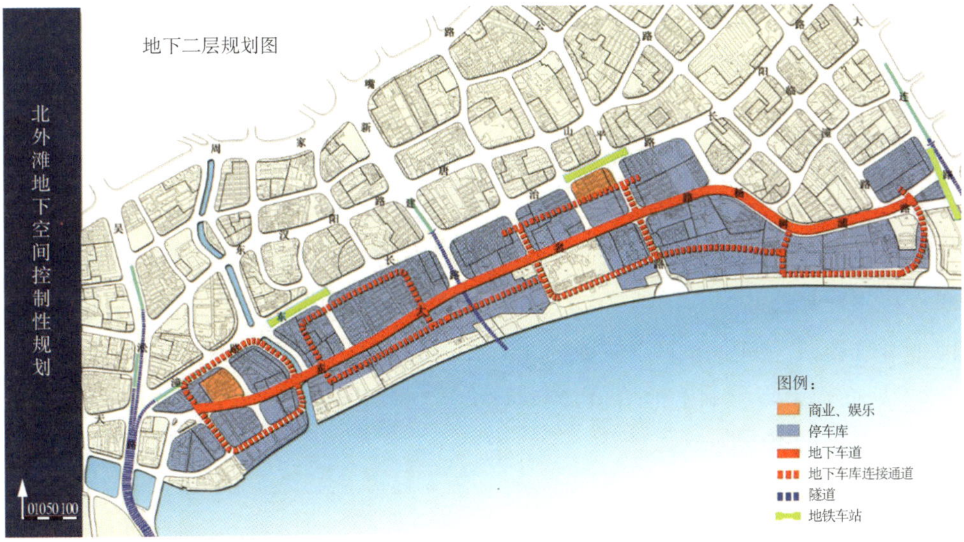

图 2-22 北外滩地下空间控制性详细规划地下二层规划图
来源：上海北外滩地下空间控制性详细规划

① 上海同济城市规划设计研究院. 上海北外滩地下空间控制性详细规划[Z]. 2010.

2.6 地下市政公用设施规划

2.6.1 规划原则

地下市政公用设施宜布局在浅层地下空间,有特殊要求的地下市政公用设施可布局在次浅层、次深层或深层地下空间。

地下市政管线和综合管廊宜布局在城市道路下,地下燃气、输油等危险品管线应单独规划和建设专用通道,避开城区。当地下雨水管线和污水管线为系统性主干管,且对城市防洪排涝构成重大安全影响时,应贯彻安全第一的原则,优先保证其畅通。

2.6.2 市政场站

但当处于下列情形时,市政场站可建设于地下:

(1) 建在地下更适于发挥市政场站的使用功能;

(2) 建在地面难以满足城市景观和环境要求;

(3) 城市用地紧张,地面空间难以满足市政场站的用地需求;

(4) 位于城市重点开发地区。例如法国巴黎 Issy-Ies-Moulineaux 垃圾焚烧厂便建在地下。

地下市政场站应选址在水文和工程地质条件较好的位置,避开地下水位过高或工程地质构造复杂的地段。地下市政场站的规划和建设应确保地面及周边建筑基础和结构的安全和稳定。

地下污水处理厂、再生水厂、大中型泵站、雨水调蓄池等地下市政场站的地面宜建设公园、绿地、广场和开敞型体育活动设施等,覆土深度应满足植被种植要求。

在满足消防、环保和安全等前提下,可在详细规划中结合商业服务业设施用地、居住用地或公共管理与公共服务用地等规划配建地下变电站、通信机房、小型泵站、垃圾转运站等地下市政场站。如上海中心城区内 110 kV 级以下的变电站一般均入地,因为上海寸土寸金,于地面建设将影响土地价值,同时还会影响周边环境。如上海静安区地下建设有 500 kV 的大容量变电站。

2.6.3 市政管线

地下市政管线应结合城市发展需求合理布局,综合统筹,近远结合。城市地下空间规划应合理安排并预留充足的地下市政管线敷设空间,有条件的地区宜优先采用综合管廊形式进行规划和建设①。

综合管廊宜与周边城市地下空间需要全面统筹和协同,其与周边建(构)筑物的间距应符合国家现行相关标准的规定。电缆隧道等专业管廊和其他市政管沟宜纳入综合管廊一并建设。城市地下空间规划应按照国家相关法律、法规和国家现行标准要求,与燃气、输油等危险品管线预留足够安全间距,保障管线和城市安全②。

2.7 地下空间综合防灾规划

2.7.1 规划原则

城市地下空间综合防灾应贯彻平战结合、平灾结合、以防为主和防、抗、避、救相结合的原则,在提升地下空间自防灾能力的基础上,完善现代化城市综合防灾减灾体系。根据《中国城市地下空间发展蓝皮书(2018)》中2017年中国城市地下空间灾害和事故的发生频次统计,可以看到灾害的发生还是相当频繁的③。

2.7.2 规划重点

对于城市地下空间的开发利用,重点应考虑地质灾害、火灾、洪灾、震灾、暴恐和战争空袭等灾害的综合防治。像伦敦地铁恐怖袭击的影响至今仍然存在。地下空间往往环境相对昏暗,因此不少人对其有畏惧心理,在一些西方国家,地下空间的犯罪率也长时间居高不下。

因此,地下空间综合防灾规划的重点应为保障国家安全、公共安全,同时满足防火、防洪排涝、抗震和人民防空等要求。地下空间地面出入口、采光竖井、通风竖井、进排风口和排烟口等应设置在地势相对较高的位置,孔口标高应高于室外地面,并应满足当地防洪要求;地下空间敞开式地面出入口、下沉式庭院(广场)和地下车库坡道入口的雨水管渠设计重现期应符合国家现行有关标准的规定;大型城市地下空间宜建有灾害应急管理监控调度室,并应设置简洁清晰的疏散导向标识系统(表2-9)。

---

① 中华人民共和国住房和城乡建设部城乡规划管理中心,等.城市地下综合管廊建设规划技术导则[S].北京:中华人民共和国住房和城乡建设部,2019.

② 上海市政工程设计研究总院(集团)有限公司,同济大学.城市综合管廊工程技术规范:GB 50838—2015[S].北京:中国计划出版社,2015.

③ 南中京慧龙城市规划设计有限公司,中国岩石力学与工程学会地下空间分会.中国城市地下空间发展蓝皮书(2018).[R/OL].(2018-08-10).https://pan.baidu.com/s/1lYh1xX-A50jeC5buCDff_Q.

表 2-9 著名地下街基本信息统计

地下街名称	商业空间总建筑面积(m^2)	出入口总数(个)	每个出入口平均服务面积(m^2)	室内任一点到出入口的最大距离(m)
日本东京八重洲地下街	18 352	42	435	30
日本东京歌舞伎町地下街	6 884	23	299	30
日本横滨站西口地下街	10 303	25	412	40
日本名古屋中央公园地下街	9 308	29	321	30
日本大孤虹街地下街	14 168	31	457	40
中国吉林市地下环行街	3 000	8	375	45
中国石家庄市站前地下街	5 140	6	856	80
中国沈阳北新客站地下街	6 370	10	637	56

2.7.3 平战结合

城市地下空间规划应与人民防空规划相协调，并兼顾人民防空的要求。对于防灾空间，还应进行平战结合的利用。平时可用作商业、公共文化等用途，战时或灾时迅速转为其他用途，提高空间的利用效率。

2.8 生态保护与环境健康

城市地下空间的开发利用也并非越多越好，还要注重对地下空间的保护，确定哪些区域禁止开发、哪些区域可限制性开发、哪些区域适宜开发①。城市地下开发利用应注重对地质环境、地下水环境和植被的保护，避免对城市生态环境的破坏。

参见《城市地下空间规划标准》，开发过程中，应避让风景名胜区、自然保护区、地下文物、古树名木、野生动物栖息地等区域；应预留雨水渗透通道和地下雨水调蓄空间，在内涝设计重现期内不应增加周边雨水径流总量；给周围环境带来振动的城市地下空间开发利用应满足地面建筑物的结构、功能及噪声环境保护要求。有人员活动的城市地下空间应具备保障人身健康的空气质量和适宜的温度、湿度。

2.9 地下空间规划控制

地下空间的相关规划内容也由国土空间规划、专项规划直至落实到地块控制性详细

① 管含硕.大城市中心区地下空间覆盖率规划控制研究[D].上海:同济大学,2018.

规划。地下空间的控制要素也比较多，其规划控制体系可如表 2-10 所示。

表 2-10 地下空间规划控制指标体系

控制要素	控制要素分类	控制指标	强制性要求	指导性意见
土地使用功能和容量	土地使用控制	用地面积	☆	
		用地界限	☆	
		使用性质		○
		地块划分	☆	
		土地使用兼容性		○
	容量控制	开发规模(开发强度)		○
		项目开发深度(层数)		○
地下交通设施	步行通道	公共通道最小宽度	☆	
		公共通道最小高度	☆	
		公共通道位置		○
		公共通道口部数量	☆	
		公共通道口部位置	☆	
		疏散广场设置要求	☆	
		疏散广场位置、形态		○
	车行通道	地下车库连通到(地块内)		○
		机动车出入口方位		○
	轨道交通	轨道线通道、站场、保护控制线要求	☆	
	停车设施	地下最小停车泊位	☆	
地下公共空间	规模及布局	利用规模		○
		利用深度	☆	
	安全	消防安全	☆	
地下市政设施	各类管线	现有及规划的地下市政管线定位及避让措施、各类市政设施设置要求，与其他地下空间的位置关系等	☆	
地下防灾设施	专项人防工程	专项人防工程性质、规模	☆	
		专项人防工程位置		○
	配套人防工程	配套人防工程性质、规模		○
	消防工程	开敞空间、避灾通道、出入口及其他要求	☆	
建筑建造	设计引导	通风井、采光窗		○
		可识别标识系统		○
		人性化设计		○
		其他附属设施，如广告牌、照明等		○

地下空间的规划控制需要在地下空间开发强度、地下空间开发深度、地下空间覆盖率、地下交通、防灾、物流和基础设施系统衔接等方面深入研究。

以图 2-23 某地块控制性详细规划图则为例，地下空间的开发强度受到地面开发强度和周边交通系统的约束，需要容量互相匹配，地下空间开发量最大的为地下停车库，如果地下停车设施不足，必将造成大量车辆停在地面，导致捉襟见肘的地面交通雪上加霜；如果地下停车设施过量，一方面吸引大量车辆进入，导致周边交通拥堵；另一方面由于车辆拥堵，地下车库进入难度大，地下车库没有得到充分利用，存在大量空置，导致浪费，这就如人的喉咙和胃一样，喉咙如周边交通，胃如地下空间，二者需要匹配。

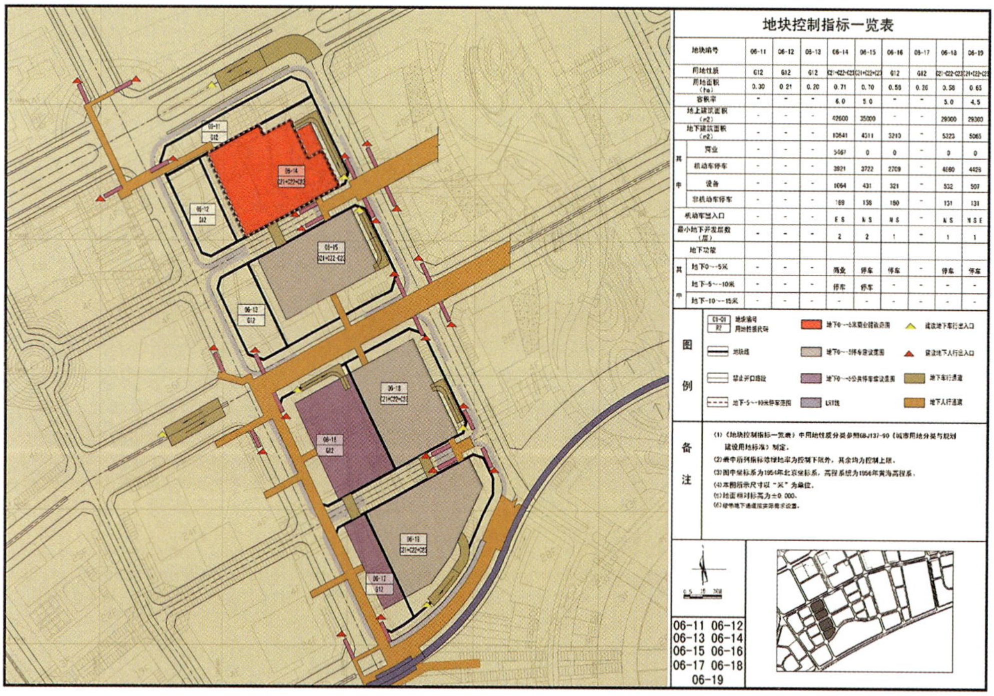

图 2-23　某地块控制性详细规划图则

来源：《青岛西海岸新区中心商务区地下空间利用规划》

地下空间的开发深度还应考虑经济性，尽量利用浅表层，但是由于地下不同空间在某些区域的交叉重叠，部分空间只能设置在次深层，甚至深层，因此需要做好经济估算和多方案比选，实现合理性和经济性的统一①。

同时，地下空间不应满堂覆盖。一般居住区的地下空间覆盖率在 60%以内，满堂覆盖之后，居住区变成了一块厚的混凝土板，暴雨来时无法下渗；商业区域如果满堂覆盖，这块板更厚，更容易造成内涝；不少城市看中绿地下面地下空间大面积开发，这样城市中能

① 赵景伟，张晓玮. 现代城市地下空间开发：需求、控制、规划与设计[M]. 北京：清华大学出版社，2016.

够渗水的区域就屈指可数了。研究团队曾调查过的十几个城市中心区中，能够保证雨水正常下渗的地区，大概只有不到20%。在这样的情况下，如果雨水口、雨水管径设计不合理，马上内涝，立见分晓；如果雨水口、雨水管径设计尚合理，雨水往往就近排入河道，但是河道往往没有拓宽，最后又会导致河水暴涨，使周边地区被淹，因此控制地下空间覆盖率，实现海绵城市的目标至关重要。

地下空间规划管控最重要的是连通，为了实现不同商业用地在开发之初地下的互联互通，在规划控制时，将接口的坐标、标高等要求纳入规划条件，规定开发企业必须在这里衔接。这样一来，经过严格规定之后，最后全部地块开发完成时，便能在地下形成一个共通互融的整体。如上海的江湾—五角场副中心、虹桥商务区地下中轴通道等地均是地下空间互联互通开发的典范。根据研究团队在多个城市地下空间控制性详细规划项目中总结的经验，地下空间的联通，包括步行、车行等的联通，可以有效提升地下空间的整体效益。

3 慢行系统规划

刘 冰*

3.1 慢行系统规划概述

总体来看，综合交通系统是各级国土空间规划的重要组成部分，对于空间发展具有基础性的支撑作用和战略性的引导作用。综合交通和空间布局二者互动耦合、相辅相成，共同塑造着城乡格局和出行特征。

对应于国土空间规划的分级分类，综合交通规划也有国家、区域、市、县、镇等不同的层次。如最上位的国家综合交通运输体系发展规划、国家综合立体交通网规划，以及全国铁路、公路、航空等分类规划；在省域或城市群尺度上有各种区域性交通规划。而为数最多的综合交通规划是在市、县级，要对市域、县域交通进行综合分析和统筹安排，并对中心城区交通进行深化研究和部署。其中，慢行交通（本文指步行交通和非机动交通的合称，非指慢速交通）是市、县乃至区域综合交通体系规划中一个重要的子系统，在生态文明建设和可持续发展的要求下，慢行交通具有特殊的功能与作用，需要在战略层面对其进行新的思考和定位，将其纳入国土空间总体规划，进而制定详细的慢行交通组织和设计方案，指导慢行交通的具体建设。对于公共中心、交通枢纽、绿道网络和主要街道这些重要的活动场所，尤其需要重点规划设计。换言之，慢行交通是整个国土空间规划中的有机组成部分，它是综合交通专项规划的重要内容之一，并有宏观和微观两个不同层次的规划深度要求。

3.2 慢行系统的战略定位

3.2.1 慢行系统的构成

在慢行交通系统中，除了步行、自行车，还有电动自行车、残疾人轮椅车等其他交通工具。尽管它们的交通流特性存在共性，即尺度较小，且速度低于非拥挤状态的机动车流，但这些交通工具在速度、空间利用上会有较多差异性，导致慢行系统内部的各种矛盾和冲突。除了常见的机非和人车冲突，步行和非机动车之间以及脚踏自行车、电动自行车等不同车辆之间也

* 刘冰，同济大学建筑与城市规划学院教授，自然资源部国土空间智能规划技术重点实验室研究员。邮箱：liubing1239@tongji.edu.cn。

会产生摩擦，影响安全、顺畅通行，导致慢行系统的品质不高。这就要求在规划设计的时候，不能将慢行交通笼而统之地作为一个同质化的对象，而是有所区别地加以细化考虑。通常，根据交通流特性的差异性，将慢行交通分为步行和非机动车两个系统加以研究和规划。

3.2.2 慢行系统的五大定位

1）韧性视角定位

慢行交通对于整个城市的品质十分重要，慢行交通的作用也越来越受到关注。在人流集聚量大的公共交通（如地铁和常规公交）采取停运或控制流量的措施、不能够提供正常服务的特殊情况下，慢行交通提供了一种有利于保持社交距离且更加灵活机动的出行方式，能够实现应急的响应，从而维持一定的交通运行水平。慢行廊道也可以与雨洪设施相结合，增强城乡规划建设应对自然灾害的韧性。

2）健康视角定位

目前，国家和地方对公共健康的重视进一步提升了慢行交通的战略地位。线上教学方式的推广和居家办公的增多，减少了路程上的一些通勤活动。对于以前走路、骑车上下班的人，他们的体力活动就会相应减少。如果往常步行单程是 15 min，那么一天减少的步行活动时间至少会有 30 min，对健康可能不利。由于慢行交通可以增加日常锻炼，从而有助于减少慢性疾病的发病率，因此很多地方开始鼓励步行、骑车等体力出行（active travel）方式。我国提出了“健康中国”战略，其中一个目标是使经常参加体育锻炼的人数从 3.6 亿人增长到 5.3 亿人①。除了专门的健身活动，日常步行、骑车通勤也是经常参加体育锻炼的方式。它不仅能增加锻炼人数，对于预防慢性疾病、提高人均寿命都有作用。所以，倡导体力出行活动既是健康城市的具体内容，也是健康城市的重要抓手。

3）环境视角定位

慢行交通不仅能提供锻炼机会，它还是一种重要的绿色出行方式，提高慢行交通的出行比例可以减少小汽车带来的能耗和尾气、噪声等污染。从 2020—2021 年监测到的二氧化氮（NO_2）浓度的变化可以看出，交通运输乃至整个城市活动的减少使污染物排放明显降低，因此在我国提出“2030 年碳达峰、2060 年碳中和”的目标下，要鼓励更多的人来使用绿色的步行和骑行交通方式。

4）联系视角定位

就交通功能而言，慢行方式承担着中短程直达、长程接驳公交两方面的作用。过去一直对慢行交通有一个认识上的误区，即认为这些方式的速度慢，活动空间尺度小，仅适合

① 中共中央、国务院.“健康中国 2030”规划纲要[EB/OL].(2016-10-25)[2022-01-13].http://www.gov.cn/gongbao/content/2016/content_5133024.htm.

近距离的日常生活圈。实际上，在自行车优先的丹麦哥本哈根开展了一项历年调查，发现经过持续地对骑行系统的投入和改善，该市平均骑行速度从 2004 年的 15.3 km/h，已经达到 2014 年的 16.4 km/h①。骑行时速增加了 1.1 km/h 是一个非常明显的改善，在我国通常是把 12 km/h 作为自行车的基准速度值。而该市居民选择骑车的主要原因，首先是因为“快”，其次是“容易”，表明自行车可以提供相对快捷的联系。如果按照 16 km/h 的时速，15 min 日常生活圈的半径就是 4 km；30 min 可以方便地到达 8 km 范围的一些地方，远超过 6 km 的活动范围。在布局比较紧凑的一些城市里，慢行交通可以更多地参与到通勤圈、休闲圈的活动组织当中。电动自行车的速度更高，通常会超过常规公交车以及拥堵或限速状态的小汽车的速度，因此不应笼统地把这些方式都视为慢速交通。

5）场所视角定位

慢行交通不仅作为家与工作地之间的通勤方式，也成为连接家、工作地之外第三活动场所的主要方式。这些活动场所大量分布在步行量、骑行量较大的生活性街道上，而良好的街道慢行空间能吸引更多的步行者和骑行者，由此促进沿街公共空间的活力提升。近年来，伴随街道城市主义理论的兴起，街道更新和复兴的实践也大幅增加，表明各地已经认识到慢行交通是塑造空间活力的关键要素。

3.2.3 慢行系统的高质量发展要求

上述五个视角的战略定位，充分反映了慢行交通在整个综合交通体系当中的角色转变，交通规划范式也相应从“以车为本”转变为“以人为本”。对于多种出行方式的优先次序，“步行第一位”成为道路规划设计的基本原则，自行车和公共交通分别是第二位、第三位（优先次序可视城市情况调整），小汽车则排在末位（图 3-1）。在这种转型发展背景下如何能够提升慢行交通系统的品质，打造“宜步行城市”（walkable city）和“宜骑行”（bikeable city）城市，亟待探讨新的规划编制技术和方法。

从国际上来看，慢行系统规划都指向了更高质量的发展目标。目前，有两大愿景性目标对于慢行系统的发展至关重要。一是安全方面的“零死亡”愿景，“零死亡”不仅针对机动车驾乘人员的交通安全，很大程度上是考虑到机动车驾驶的不安全行为经常容易导致步行者、骑行者的伤亡事故。而要减少这些事故隐患，往往可以通过限速措施把机动车的行驶速度降下来，这对于保护慢行者的安全具有普遍作用。另一个是环境保护方面的“零排放”愿景，一些城市在交通战略里明确提出了“零排放”的长远目标，倡导

① The City of Copenhagen, Technical and Environmental Administration. Copenhagen City of Cyclists-The Bicycle Account 2014[EB/OL]. [2020-01-13]. https://kk.sites.itera.dk/apps/kk_pub2/index.asp?mode=detalje&id=1382.

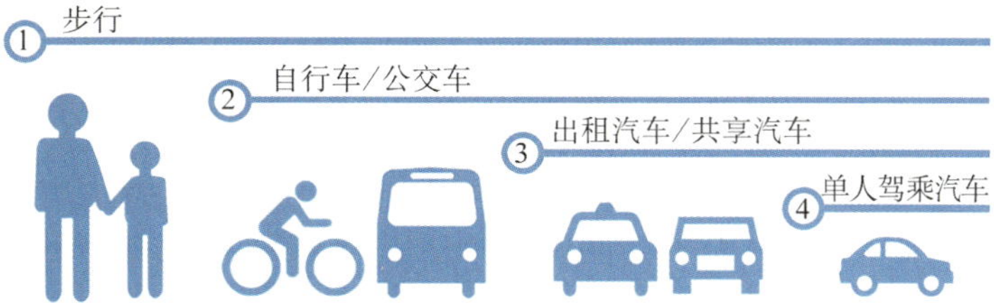

图 3-1 “以人为本”规划范式下的多模式交通优先次序

清洁低碳交通出行。交通安全、环保的两大目标又与交通的健康目标紧密关联，而它们进一步关系到城市乃至国家的可持续发展目标。围绕这些新的价值取向和发展愿景，仅仅采取机动车限速等局部性、单一性措施远远不够，它需要整个交通系统规划从目标到行动的范式转变。其中，既要求对机动车交通进行全面的需求管理，也要求对慢行交通、公共交通系统加以协同完善。考察各国发展动态，城市交通系统的整体结构性优化调整是一个总体趋势。

英国伦敦的“健康街道”战略是一个典型的案例。作为我国对标的世界级城市，伦敦几乎每隔 10 年就会制定一次市长交通战略，从 2001 年、2010 年、2018 年的战略转变来看，其早期的目标也是侧重交通的快速、便捷，关注交通本身的容量大小以及提供更高效、好用的交通服务，如今转向了关注交通的外部效应，即它怎样减轻负面影响并能更好地提升城市的发展质量。简言之，就是交通战略的重点从聚焦内部目标转向了外部综合效应。“健康街道”被视为伦敦市交通转型的着力点，在该战略中明确提出了具体的目标、行动和各项指标①，其中一个重要目标是 2041 年要将小汽车的分担率从 37%降到 20%，而包含步行、自行车和公共交通的绿色交通要达到 80%。关于体力出行的另一个重要指标，就是希望居民每天能够步行或骑行 20 min，那么如何让居民在上下班或其他出行活动时，愿意走路、骑车变得十分关键。

伦敦为此提出了“健康街道”的 10 项指标，来指导怎样去建设一个适合步行、骑行的交通系统，除了完善过街设施、提供遮阳和避雨设施、有得逛、可休息等空间类指标，还有“改善空气质量”“降低噪声”等环境类指标，这意味着要更加严格地限制小汽车尾气排放，使街道上的慢行者能够呼吸清新的空气。只有全面落实 10 个方面的措施，步行、骑行和公交方式才能有望成为居民出行方式的首选，也才能最终使绿色交通的分担率达到 80%的目标。伦敦以健康街道为核心的战略，突出了慢行交通的重要性和优先性，实质上是响应了城市综合交通发展的转型要求。

① Greater London Authority. Mayor's Transport Strategy[EB/OL]. [2022-01-13]. https://www.london.gov.uk/sites/default/files/mayors-transport-strategy-2018.pdf.

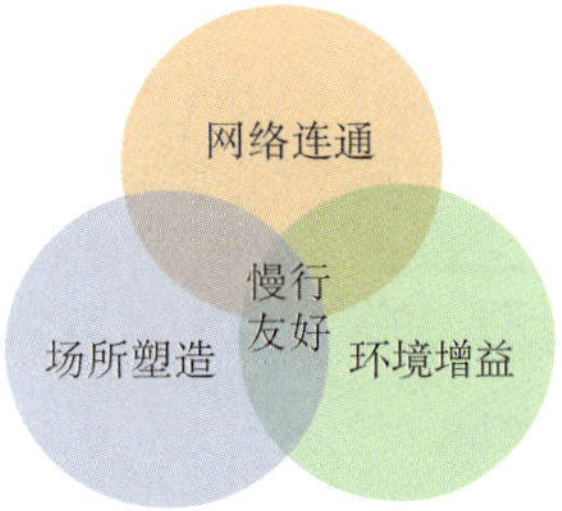

图 3-2 “网络—场所—环境”协同的慢行友好交通体系构建

要构建慢行友好的交通系统，除了打造一些重要的慢行廊道，还要在城市范围内形成慢行友好的街道网络。在具体规划设计中，不仅要把街道作为承载步行和骑行交通的工程设施，还要考虑其促进沿线商贸、文化、生活等活动的场所塑造功能，以及对地方的生态服务和环境改善功能。通过网络、场所、环境三大功能的相互协同，构建高品质的慢行交通系统（图 3-2）。目前，国内外不少城市制定了街道设计导则，来系统性地推进慢行交通的建设和完善。

3.3 慢行优先的规划设计策略

3.3.1 面临的挑战和机遇

虽然慢行交通受到更加重视，但整个发展形势仍不容乐观。首先，在小汽车的竞争之下，自行车出行分担率的下降非常明显，《步行与自行车交通蓝皮书》的相关数据表明，有的城市从以前的 50%降到现在不到 10%①。其次，慢行交通的路权仍缺乏充分保障，共享单车促进了自行车的复苏，但与机动车、行人“蹭路”现象严重，反映了在路权分配和交通治理中对自行车需求的忽视。再次，尽管近来绿道的建设规模加大，但多围绕山体、公园、河道岸线等重点区域，慢行网络的总体改善不足；此外，由于空气环境质量不佳，对慢行者会造成污染暴露风险，不利于慢行活动的健康，这又会进一步影响慢行意愿，不利于促进居民通过慢行交通来增加日常锻炼。

为了扭转慢行交通萎缩的局面，国内交通政策发生了转变。2012 年，住房和城乡建设部等部门出台了《关于加强城市步行和自行车交通系统建设的指导意见》（建城〔2012〕133 号），旨在改善慢行出行环境，提高其分担率；2013 年出台了《关于开展城市步行和自行车交通系统示范项目工作的通知》（建城〔2013〕181 号），重点推进一些示范项目；到 2016 年，在《中共中央 国务院关于进一步加强城市规划建设管理工作的若干意见》这个重要文件中，强调了“窄街密路”的规划理念，要求通过优化街区路网结构来促进绿色出行。《“健康中国 2030”规划纲要》、中国共产党第十九次全国代表大会报告的“生态文明建设”方针、交通运输部《关于鼓励和规范互联网租赁自行车发展的指导意见》（交运发〔2017〕109 号）等，都延续了对慢行交通和绿色出行的鼓励政策。在 2019 年中共中央、国务院印发的《交通强国建设纲要》中，也把完善步行和非机动车系统、提升慢行出行品质放

① 为蓝，广州市现代快速公交和可持续交通研究所．步行与自行车交通蓝皮书[EB/OL].(2017-09-18)[2022-01-13]. http://www.itdp-china.org/media/publications/pdfs/nmtblue.pdf.

在国家交通战略里面提了出来。

地方层面慢行交通环境改善的力度也不断加大，如上海将黄浦江贯通作为提升慢行品质的市级重大工程。在杨浦滨江段中(图 3-3、图 3-4)，通过把慢行交通融合到整个滨

图 3-3　上海市杨浦滨江的特色慢行空间(杨树浦电厂段)

图 3-4　上海市杨浦滨江的特色慢行空间(杨树浦水厂段)

江的公共空间里面，给市民带来了便利到达滨江岸线、串联滨江场所、开展滨江活动的福祉。高品质的慢行交通对于促进公共空间积极利用有重要的作用，慢行系统与场地环境的交融也赋予了慢行空间的个性特色。

3.3.2 规划设计策略

在慢行系统规划设计时，如何将打造慢行友好的宜步行、宜骑行目标落实到各级空间规划当中，是需要重点思考的问题。

1）规划范围的扩展

慢行活动圈的直径尺度可达 10 km 以上，而区域性绿道连接的地域空间范围更大。对于宏观层次的慢行网络规划，应将规划范围从中心城区扩大到市、县的全域来考虑，甚至需要把城市之间的慢行廊道纳入慢行系统规划中。这些重要的慢行廊道不完全依附于车行系统，在国土空间规划中可能需要安排独立的慢行设施用地。

2）慢行空间的保障

慢行活动主要有通行、停车、驻留三方面的空间使用形式。高品质的慢行交通以其网络连续性为基本条件，应保障步行、自行车出行过程的连续性，形成无障碍的通行路权。在道路设计时，除了慢行的通行空间，需要同时将车辆停放的空间需求也考虑进去。在共享单车发展初期，因某些地点的租还量十分集中，加之车辆停放很不规范，导致停车挤压行人路权的问题非常严重。经过车辆停放秩序的整治工作，合理布设停车区和规范停车管理，已成为提升街道空间品质的基本管控要素。

此外，应保障基于慢行交通的街道活动空间，比如设置于建筑前区的外摆商业、文化交往等空间。这类驻留空间是慢行通道与居住、商业、办公等沿街界面交互渗透、串联而形成的，往往突破了道路红线，因此仅在道路红线范围内采用交通设计的方法来处理慢行空间存在局限性，而是特别需要加强与街道界面设计和环境景观塑造的结合，满足多种类型的慢行空间需求。

3）慢行品质的提升

我国发展慢行交通的基础总体较好。尽管自行车出行占比有所降低，但步行比例相对稳定，加上电动自行车快速增长，慢行交通的人群规模仍十分庞大。今后的规划设计应着眼于如何提高慢行系统的服务水平，使人们在步行、骑行的日常出行中获得健康愉悦的体验。以上海的滨江步道为例，居民能够在慢行中享受到可达、可观、可憩的游走空间，从而产生直接的体验上的提升。连贯性、选择性、趣味性是慢行交通的高品质特征，将步行和骑行可进入的开放空间与道路空间相结合，对于构建高质量的整体慢行网络有积极意义。总的来讲，为了实现“宜步行”和“宜骑行”的慢行规划目标，需同时考虑物质性和政策性的各种措施，以落实慢行友好所需要的网络、空间、环境和设施条件。

4）绩效目标的导向

在衡量慢行系统规划的实施效果时，过去经常以建设指标如绿道增加多少来评价，认为增加绿道长度就能鼓励慢行交通；而实际可能的情况是，地方政府在慢行系统建设上投入了大量工作，但有些措施不一定真正有效地发挥了作用。因此，应将慢行系统建设的绩效作为评价的重点。其核心的一个绩效指标就是分担率，即是否有更多的人愿意步行、愿意骑车。要提高这个指标，就是要让居民在出行选择时更加青睐慢行的方式。为此要围绕这个绩效目标，从安全、便捷、舒适、健康、愉悦等多个方面制定一系列的建设目标，按照以绩效为导向的思路进行规划建设才能有的放矢。

以哥本哈根为例，自 20 世纪 70 年代到现阶段，从工作日平均小汽车出行量变化以及自行车出行量的相应变化来看，小汽车越来越多地转化为骑行的方式，真正意义上实现了慢行友好的战略目标。就评价指标而言，首要的是上班、上学的骑行分担率提高；其他一些指标反映了支撑分担率提高的各项相关措施的作用。比如，骑行的安全感指标，从 2004 年不足 60%提高到了 2014 年的 74%，而 2025 年的规划目标设定为 90%，意味着今后在提高安全感上仍将继续努力。类似地，还有反映安全的伤亡人数指标、反映效率的骑行时间减少指标、反映主观感受的骑行道路满意度指标等，分别体现了“宜骑行”的各项建设成效及其对骑行分担率的贡献。像骑行速度指标值的提高，就离不开自行车网络建设的贡献，具体包括自行车道路网规模的增加，以及自行车高速路（cycle super highway）和绿色自行车线路（green bicycle route）的大量建设。自行车高速路突破了过去依托于机动车道路的自行车道形式，使自行车享有更高的通行优先权；后者是兼有人文、社区、生态、雨洪管理价值的绿色基础设施，有助于社会融合、环境改善、气候变化适应等方面的可持续发展。哥本哈根这一案例清楚地表明了自行车交通系统各项建设与其绩效目标之间的关系。

3.4 国内相关技术政策的发展

3.4.1 技术政策文件解读

慢行系统不仅有通勤的交通性功能，同时具有社会性功能，可为市民提供锻炼、休闲、娱乐等用途。为了改善慢行交通发展的条件，我国逐步制定了相关的技术标准和政策。有些技术政策采用了导则的形式，如住建部 2013 年的《城市步行和自行车交通系统规划设计导则》、2016 年的《绿道规划设计导则》等。各地也陆续出台了适合地方特点的街道设计导则，如《上海市街道设计导则》（2016）、《北京街道更新治理城市设计导则》（2018）等。上海于 2019 年出台了国内最早的地方标准《街道设计标准》（DG/TJ 08—2293—2019），国家也公布了《城市步行和自行车交通系统规划标准》（GBT 51439—2021），以更好地指导街道设计。这些技术文件都响应了加强慢行交通优先性的基本原则。

2019 年 3 月施行的国家《城市综合交通体系规划标准》(GB/T 51328—2018)，对城区范围的步行和自行车系统规划做出了技术规定。其中，对绿色出行分担率提出了明确要求，即在客运交通中由步行与集约型公交、自行车交通承担的出行比例不应低于 75%；生活出行中，采用步行与自行车交通的出行比例不宜低于 80%。《城市综合交通体系规划标准》对步行和自行车的网络规划、设施指标也提出了相应的要求。《城市步行和自行车交通系统规划标准》要求在城市交通的规划、建设和管理中，应优先保障步行和自行车交通。各个城市需结合自身的问题和特点，研究制定慢行交通规划的地方性技术管理规定。

3.4.2 步行、自行车通道分级分类

根据不同的慢行空间特征，慢行交通系统可划分为两大部分：一是基于城市道路的常规慢行系统，主要由各级人行道、非机动车道、步行与非机动车专用道构成，以承担交通功能为主；二是基于绿道的休闲慢行系统，主要依托绿带、林带、水道河网、景观道路、林荫道等自然和人工廊道建立，是一种具有生态保护、健康休闲和资源利用等功能的绿色线性生态空间。我国有些地方标准，把绿道划分为都市型、郊野型、生态型等不同类型。

在慢行网络规划布局时，应充分结合国土空间各类用地的安排，将通勤、生活、休闲功能的骨干慢行网络作为战略性结构加以考虑。步行、自行车专用路和各类绿道有独立路权，承担骨干作用。比如，自行车高速路连接都市区的大型居住、就业地点；绿道则串联郊野公园、森林公园、湿地公园、绿地林地、林荫片区等各种绿色空间以及历史景点、传统村落、特色街区等人文节点，为居民的高品质生活筑起“绿色走廊”。例如北京在回龙观和上地之间开通了一条自行车专用道，服务于两地的通勤人群。在专用道开通之前，人们完成 9 km 的骑行里程需要花费 70 min 的时间，如此一来，每天单方向的骑行只有大约 500 人；而经由专用道的路程时间缩短为 30 min，估计今后会有更多的人愿意使用这条快捷的专用骑行道路。

对于专用路，在城区外围可以结合旅游公路、自然保护与保留用地以及耕、林、园、草等农林用地布置；在城区内部则作为细分的城市支路类型加以管控。低等级的慢行通道数量庞大，通常要结合城区内部的各级道路和城市绿道进行布设，可以基于网络叠加的分析方法来优化慢行系统的布局。在此基础上，考虑慢行路径与沿线居住、商服、绿地、广场等日常生活场所的要素整合，加强精细化的街道设计，以激发街道的社区营造和公共空间价值。此外，在空间利用立体化的背景下，还应重视地下空间规划中的相关慢行内容，尤其是在高强度开发的核心地区和一些枢纽地区，要预先对慢行网络的立体联通要求实施规划管控。

3.4.3 “小街区”规划模式

“宜步行”和“宜骑行”城市建设，很大程度上有赖于覆盖面广的慢行友好型道路网络。

《中共中央 国务院关于进一步加强城市规划建设管理工作的若干意见》(2016)明确倡导“小街区规制”，要求加密支路网、构建开放街区，以促进步行、自行车等绿色出行和社区公共生活。但是，在规划慢行系统时，需要清楚地认识到“小街区”并不能直接形成高品质的慢行环境。它作为慢行活动的基础网络，虽能提供更多的路径通道和沿街界面，但若缺乏有效的机动性管治和街道活力提升措施，这些界面有可能沦为消极空间。

从美国纽约时代广场改造前后的变化来看，过去有大量机动车辆进入该地区，而限制车辆后该地区成为人流汇聚的步行广场。在同样的路网格局下，街道空间利用的方式发生了根本的改变，表明了“小街区”在不同交通组织模式下呈现出的分化结果。因此，要打造积极的街道空间，仅增加路网的密度远远不够，还必须同时优化交通组织，并增加沿街多种活动设施。西班牙巴塞罗那是“小街区”的范例城市，但该市正在进行“大街区”的规划革新①，即把过去传统的若干小街区整合起来(图3-5)，设置限速交通区以阻隔机动车的穿越，同时改善内部的步行、骑车环境，提升社区生活品质。这个案例也说明，虽然空间形态仍是原来的“小街区”模式，但由于改变了街道上不限制机动车通行的管控方式，形成了快慢分流、慢行优先的多模式交通组织体系，才更加有利于“小街区”的高质量发展。

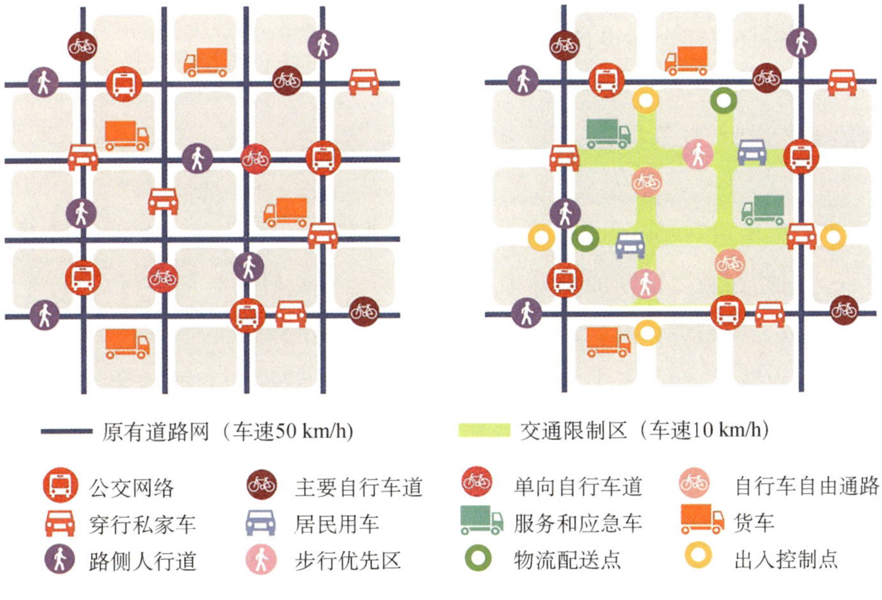

图3-5 巴塞罗那“大街区”规划革新

来源：改绘自 Ajuntament de Barcelona. Urban Mobility Plan of Barcelona(2013-2018)[R/OL]. [2022-01-13]. https://www.barcelona.cat/mobilitat/sites/default/files/documents/pmu_sintesi_catala.pdf.

① 廖开怀，蔡云楠. 重塑街区道路公共性——巴塞罗那“大街区”规划的理念、实践和启示[J]. 国际城市规划，2018(33):98-104.

我国在特殊时期采取的住区封闭管理的措施，似乎与开放的“小街区”有所矛盾。实际上，借助不断提高的智慧管理技术，街区的开放和封闭可以通过住区出入口管控加以灵活调整，因此“小街区”模式依然适用。

3.5 慢行品质提升的案例经验

3.5.1 规划—实施—评估的动态过程

哥本哈根慢行交通建设的成功经验，不仅在于规划本身，更在于系统优化完善的持续性过程。从规划制定，到规划实施，再到规划评估监控，形成了完整的反馈机制。哥本哈根的自行车账户（The Bicycle Account）就是一个历年开展的评估项目，包含了多项监测指标和民意调查的结果。通过这些调查分析，可以找到骑车人关注的主要问题和提升慢行品质的重要环节。在骑行网络方面，除了市中心拥有比较发达的自行车路网，有些地区被水系阻隔、骑行通道不足，仍需加建桥梁，如著名的“蛇桥”，将哥本哈根西区、菲斯克托维（Fisketorvet）购物中心、冰岛（Brygge）联系起来。这座桥不仅完善了骑行网络，还塑造了特色的公共空间，其理念和设计均值得借鉴。

3.5.2 精细化设计的工具箱

美国的“完整街道”（complete street）理念得到推广，步行、自行车在街道设计中的地位受到重视。因此在街道横断面设计中，需要更好地平衡机动车与步行、自行车的通行空间。芝加哥提供了促进步行安全的工具箱①，指导具体的街道设计，主要有：对机动车道“瘦身”，以增加街慢行空间，并形成连贯性的慢行网络；收缩路口来改善步行过街的连接性等。此外，在步行空间植入公共艺术、利用慢行空间进行社区的场所营造活动等方面，也形成了丰富的经验。

3.5.3 从水岸到街道的全面提升

上海以建设全球卓越的世界滨水城市为目标，着力打造“一江一河”，完成了浦江两岸 45 km 贯通的“还江于民”工程，取得了滨水慢行空间建设的成就。与此同时，按照《上海市街道设计导则》和《街道设计标准》的要求，结合社区更新规划，广泛开展了城市街道空

---

① Chicago DoT. Chicago Pedestrian Plan[EB/OL]. [2022-01-13]. https://mobilitepietonne.ch/fileadmin/redaktion/dokumente/2016/CHICAGO_Pedestrian_Plan_web.pdf.

间的改善工作。在街道空间的详细设计中，更加注重交通功能与交往、健身等场所功能的结合，也更加注重与景观风貌、历史保护的协调（图 3-6、图 3-7）。

图 3-6　上海市街道微更新（杨浦区苏家屯路）

图 3-7　上海市街道微更新（杨浦区阜新路）

综上所述，健全步行、自行车交通系统是“以人为本”的高质量交通发展的必然要求。慢行交通不仅有满足日常交通联系的功能，还有社会、经济、文化、生态等多种功能，应在战略高度上予以充分的重视。慢行系统有不同层次和类型，有的偏重速度和效率，有的偏重休闲和特色，应基于需求构建多尺度的慢行网络，并融合交通、规划、景观、建筑等多学科方法，塑造富有地方特色的慢行空间。

4 市政基础设施规划

戴慎志*

4.1 国际城市基础设施规划建设发展趋势

这里选取全球巴黎、纽约、伦敦、东京等22个国际大都市自2010年后编制的城市总体规划、战略规划、专项规划等，从目标理念、发展趋势、指标体系、实施政策等方面进行对比分析，研究其市政基础设施规划建设发展重点和趋势。在大部分国际大都市的总体规划或战略规划中，重点关注水系统、能源系统、废弃物处理系统等基础设施规划。

4.1.1 国际城市水系统规划建设理念和目标特征

国际城市水系统规划建设理念和目标的特征是：水中立、安全化、高效率、分散化、高品质、高水平。

1）水中立

即城市发展不应导致对水需求的全面崛起，也就是城市发展或拓展不能以水资源总量需求的增长为代价，而且要减少对水资源总量的需求。最早提出此理念的是伦敦市政府，其提出的水中立的定义是"对于每一个新的发展，开发之后在更广泛的区域用水总量必须等于或小于开发之前的区域用水总量"。

2）安全化

主要包括两个方面，一是水源的供应量有保证；二是水系统应对突发事件的能力强。如洛杉矶（严重缺水城市），其渡槽（加州"南水北调"的重大工程项目）获得的长期供水开始出现不稳定性，因此，城市一直致力于提高其供水的可靠性，同时增加再生水量，确保城市总体供水的可靠性。又如，东京构建了强大的水综合系统，提供可靠的污水处理系统和改进提升的供水系统，以应对未来不可预知的灾害和突发事件。

3）高效率

指更好地利用水资源，减少消耗量、节约用水、改造水管、减少泄漏，全面提高用水效

* 戴慎志，同济大学建筑与城市规划学院教授，中国城市规划学会工程规划学术委员会副主任委员，城市安全与防灾规划学术委员会副主任委员。邮箱：szdai2606@126.com。

率；同时，提高雨水的利用率，提高中水回用的比例。如墨尔本可以更好地利用所有可用的水资源，包括再生水和雨水等。

4）分散化

指分散（统筹）式供水。主要指再生水系统的建设。此理念的应用始于 1995 年的美国加州。又如悉尼于 2012 年制定了《分散式供水总体规划》，新加坡制定了新生水（NEWater）方案。

5）高品质

指减少河流水体污染、提高水质，提供高品质的饮用水。如在城市住宅和各类公共设施中，全面提供直饮水。

6）高水平

指整合水务管理，提升区域水管理水平，提供优质的供水服务，保证供水安全可靠。如迈阿密提出，确保城市内的所有居民有足够的安全饮用水；确保干净、健康的城市环境，建设集中污水处理设施，配套高效运作的排水系统。

4.1.2 国际城市能源系统规划建设理念与目标特征

国际城市能源系统规划建设理念与目标的特征是低碳化、智能化、高效化、分散化、本地化、共享化。

1）低碳化

指转变能源使用模式，减少煤炭等化石燃料的使用，增加可再生能源使用的比例（如太阳能、风能等）。同时，出现了碳中立理念。碳中立理念即通过使用可再生能源或利用碳减排设施，使排放至空气中的二氧化碳总量和从大气中移除的二氧化碳总量达到平衡。如哥本哈根规划提出到 2025 年成为世界上第一个碳中立城市。

2）智能化

指用智能技术实现基础设施智能化和智慧化。建设智慧通信系统，多种技术聚合和集成，形成高效、泛在、智能、融合、安全的效能。建设智慧能源系统，建设确保科学调峰、新能源高效上网、减少停电事故的智能电网和高效供气的智能燃气系统，形成能源互联网和智能能源网。建设智慧水务系统，形成智慧供水系统、智慧污水系统、智慧雨水系统、智慧水务应急指挥系统，保障城市供水安全、防洪排涝。建设智慧环卫系统，包含智慧感知层、智慧传输层、智慧处理层、智慧服务层，实行全过程管理，数字化评估，降低运营成本。

3）高效化

指提高能源使用效率，减少能源消耗。如悉尼制定了《能源效率总体规划》。又如斯德哥尔摩通过沼气、太阳能电池、太阳能面板和燃料电池发电，减少对不可再生能源的消耗。

4）分散化

指使用分布式能源。确保城市能源系统的经济性、环保性、安全性、可靠性和能源利用多样性。如悉尼从 2010 年开始，制定了《分散式能源总体规划》，包括《分布式能源总体规划的城市（2010—2030）》《热电冷联产总体规划（2010—2030）》《可再生能源总体规划（2012—2030）》《可再生能源：可再生气体供应基础设施》《可再生能源的机会：金融与经济分析》等。

5）本地化

指提高本地发电和本地能源供给的比例，减少对外来电的使用比例，提高本地能源供应的安全性。如悉尼提出到 2030 年，本地发电具有满足本地 100％用电需求的能力。又如阿姆斯特丹将本地能源作为主要能源，包括收集太阳能屋顶、建设能够运输余热的封闭传热系统，以及安装风力涡轮机。

6）共享化

指将互联网技术与可再生能源相结合，在能源开采、配送和利用上，从传统的集中式转变为智能化的分布式，从而将全球的电网变成能源共享网络。如东京计划通过共享能源网络平台的建设，将东京变成智能能源的城市。

4.1.3 国际城市废弃物处理和利用规划建设理念与目标特征

国际城市废弃物处理和利用规划建设理念与目标的特征是分类化、减量化、资源化。

（1）分类化：指各类城市垃圾进行分类收集、运输和处理；并根据垃圾来源分为生活垃圾、商业垃圾、工业垃圾、建筑垃圾和危险品垃圾等。

（2）减量化：指将城市垃圾产生总量进行减量，达到最小化。如纽约提出到 2030 年，填埋垃圾量为零，全面实现零废弃物的目标，并提出了分步骤实现路径。

（3）资源化：指将可回收废弃物进行回收再利用，提高回收率和再利用率。

4.1.4 国际城市基础设施规划建设的发展趋势

国际城市基础设施规划建设的发展趋势整体概括为：安全化、绿色化、分散化、高效化。

（1）安全化：指城市基础设施的资源（来源）、运行与维护、供给、服务等安全可靠。

（2）绿色化：指城市基础设施的资源（来源）、运行过程、供给产品等绿色、低碳、可再生、可持续。

（3）分散化：指城市基础设施的资源（来源）、配置与布局、运行方式等可分散、便捷、因地制宜。

（4）高效化：指城市基础设施的资源获取、运行效率、产品数量与质量、服务水准等高效、高质、智能。

4.1.5 国际城市基础设施规划建设的关键指标控制趋势

（1）转变对不可再生资源的使用方式，规划指标体现减量化趋势。

（2）可再生资源的使用成为城市转化资源利用结构和方式的重要方向。

（3）适当增加涉及城市安全的设施冗余度。

（4）提高市政基础设施处理能力的指标水平和处理标准。

4.2 我国城市市政基础设施规划建设发展趋势

4.2.1 我国城市市政基础设施规划建设基本需求

4.2.1.1 总体需求

1）城市基础设施服务品质提升

关注技术创新，转变市政基础设施供给结构和供给效能，并引导使用需求，注重基础设施的精细化，实现基础设施品质提升。具体为：伴随科技水平的不断发展，推动智慧城市建设，实现城市服务的现代化、智慧化；通过绿色市政基础设施建设，实现城市的可持续发展；通过安全市政基础设施建设，提高设施配置冗余度，提升城市防御灾害能力和应急响应能力，实现韧性城市的建设目标。

安全市政基础设施是城市功能正常运转的基础保障；智慧市政基础设施与科技发展紧密关联同步推进，是城市高效发展的支撑；绿色市政基础设施是实现城市可持续发展的关键。

2）减少对环境的影响，降低邻避效应

在城市发展建设过程中，坚持低影响开发理念，通过对重大、关键性基础设施的布局和选线的提前谋划和集约建设，尽可能减少对生态环境的负面影响。

4.2.1.2 各专项系统需求

（1）供水系统需求：确保水资源安全可靠，提高供水水质。

（2）排水系统需求：提高防洪排涝能力，通过改造和完善排水管网，提高污水处理率和再生水回用率。

（3）电力系统需求：建立和完善多元可靠、结构优化、区域协调、高效节能的电力网络。

(4) 燃气系统需求:进行合理的供给结构转型,完善燃气供应体系,确保供气安全。

(5) 通信系统需求:全面推进智慧通信建设,促进"数字城市""无线城市"建设。

(6) 环卫系统需求:采用"3R"(减量化、再使用、再循环)措施建设资源节约型社会、环境友好型社会。

4.2.2 绿色市政基础设施建设

通过资源的循环、再生,最大程度减少城市增长对自然环境的影响,实现绿色转型。

4.2.2.1 优化能源结构

(1) 提高可再生能源、清洁能源在一次能源消费结构中的比重,减少城市对外部能源的依赖。

(2) 完善区域范围燃气供应管网一体化,保障城乡供气安全。

(3) 率先在城市中心、中央商务区、大型公共设施等地区建设以天然气为主要能源的分布式能源站,提高能源供应效率、品质和安全性。

4.2.2.2 保障水质和高效用水

(1) 加强水源地保护,保障水源水质。

(2) 调整用水结构,控制社会水资源使用量,提高水资源可利用率。

(3) 建设分质供水系统,因地制宜地建设高品质饮用水系统和再生水系统。

4.2.2.3 综合处理和利用废弃物

(1) 完善和提升固体废弃物处理体系。

(2) 完善固体废弃物减量化措施。

(3) 推进和细化固体废弃物资源化利用措施。

4.2.3 智慧市政基础设施建设

4.2.3.1 推进智慧通信系统

构建高速、泛在、智能、融合、安全的信息通信网络。提高宽带网络建设水平、提高家庭光纤可接入率、主要公共场所无线网络覆盖率、户均网络接入水平等。

4.2.3.2 建设智慧水系统

1）建设智慧供水系统

建设智能管网检测控制系统、智能调度系统、水厂智能运行管理平台；在用户端、输送端、水厂端均设置信息收集装置，检测水量、水压和水质，集成具有信息采集、反馈、调度及预警为一体的智能水务平台。

2）建设智慧污水系统

实现污水处理厂的全自动智能运行；建设智慧污水水质在线监测系统，并与监测中心联网，监督排污企业和污水处理厂的出水水质，保护城市水环境。

3）建设智慧雨水系统

智能化控制低影响开发的雨水系统，降低初期雨水污染，削减雨水洪峰；结合雨水泵站和管网的智能调度，实现雨水排放与调蓄结合；建设内涝监测预警体系，通过降雨监测系统、内涝仿真模型，模拟城区洪水演进规律，实时监测道路的积水情况，预警未来 10 min 至 60 min 后的城市洪涝积水情况。

4）建设智慧水务应急指挥系统（应急供水调度和防汛排涝应急指挥）

提高智慧水务系统的安全持续监控和应急调度指挥能力。在线监控突发水污染情况和防洪排涝实况，及时调度城市供水系统，保障城市供水安全，科学调度指挥防洪排涝，快速排除城区渍水，保障城区安全。

4.2.3.3 建设智慧能源系统

（1）建设智能电网，确保科学调峰、新能源高效上网，减少停电事故。用软件平台连接用电个体，整合不同系统和设备的数据，检测和预测电网故障和设备寿命，提高智能电网安全和效率。

（2）建设智能燃气系统，建立以数字管道为基础的燃气网，以风险预评价体系为基础的无事故预防型管理、以高级计量体系为基础需求侧管理的智能城市燃气网络，建设重点为燃气管网的数字化建设和以智慧燃气表为核心的燃气用户需求侧数据采集、分析与管理平台。

（3）综合运用先进的电子技术、信息技术和智能管理技术，建设能源互联网和智能能源网，实现能量双向流动的能量对等交换与共享网络。

4.2.3.4 建设智慧环卫系统

建设依托物联网和互联网，实行全过程管理、数字化评估，降低运营成本的智能环卫系统。智能环卫系统含有智慧感知层、智慧传输层、智慧处理层和智慧服务层。

4.2.3.5 建立大数据平台系统

建立具有大量有用信息资源、大量用户和大量用户的大量行为数据的大数据平台系统，提高服务效率。

4.2.4 安全市政基础设施建设

4.2.4.1 市政基础设施的安全空间布局

（1）安全布局关键性基础设施、大型基础设施廊道以及安全防护距离。尤其合理、科学规划布局大型基础设施综合廊道，包含 1 000 kV 超高压电网、超高压天然气管道、大型输油管道、主干综合管廊、雨水深邃、污水深邃等，以及城市组团间的给水网络连通工程、燃气网络连通工程等。

（2）保障对安全性需求高、环境影响大的大型市政基础设施的环境安全。对水源地、大型水厂、火（热）电厂、煤气厂、天然气门站（或大型燃气储配基地）以及污水处理厂、垃圾填埋场（或焚烧厂）等，根据实际情况，进行安全和环境影响评估，合理布局、制定设施自身和周围环境的安全保障措施。

（3）提高城市生命线系统基础设施和防灾关键设施的安全保障度和冗余度。充分考虑变电站的容载比、水厂的供需比、污水处理厂的弹性系数以及资源、能源的应急储备。

4.2.4.2 现有市政基础设施的安全提质

更新老旧城区的市政基础设施，提升现有市政基础设施的品质、安全水平和应急反应能力。

4.2.4.3 建设城市安全应急基础设施

配置布局城市应急水库、应急储气设施、应急电源设施等，确保应急情况下关键市政基础设施的正常运行。

4.2.5 集约市政基础设施建设

4.2.5.1 市政基础设施与其他设施整合建设

为降低邻避效应，提高市政基础设施的景观品质，并集约利用城市土地资源，市政基础设施常常可以与其他设施进行整合建设。

（1）邻避市政基础设施整合协调建设。

（2）沿江防汛墙的堤、路、停车场等整合建设。

（3）大型综合体的地下换乘枢纽、地下市政基础设施、人防设施等整合建设。

（4）地下商业街的地下换乘枢纽、地下市政基础设施、人防设施等整合建设。

（5）高层居住区的地下车库、变电和供水设施、人防设施等整合建设。

4.2.5.2 市政基础设施的集约方式

1）同类整合，高效运行

（1）环卫设施（垃圾转运站、公共厕所、环卫停车场等）整合。

（2）垃圾处理设施（垃圾填埋场、垃圾焚烧发电厂、粪便处理厂等）整合。

（3）加油站与加气站整合。

（4）公交充电设施与公交场站整合。

2）同类共建，提高效益

（1）根据基础设施生产工艺，采取整合集中、上下游衔接、彼此利用的手段，实现资源的循环利用。

（2）整合、集约布置邻避性基础设施，共用防护距离，节约防护用地面积，降低对周围环境影响和邻避效应。

3）相互兼容，美化环境

（1）整合兼容建设相互干扰不大的不同类型设施，提高土地使用效率。

（2）小型市政基础设施与绿地、交通设施整合建设，协调美化城市景观。

4）统筹建设，廊道共建

（1）扩建现有电力、燃气高压廊道，形成电力、燃气专业综合廊道。

（2）改造现有河流、水渠，形成原水输送廊道。

（3）利用现状或规划快速路、高速公路、铁路等防护廊道，敷设含有高压电力、燃气、原油等综合基础设施廊道。

4.3 当前我国城市市政基础设施规划建设重点

结合国际城市基础设施规划建设发展趋势、我国城市市政基础设施建设需求，为达到完善提质、循环高效、绿色生态、安全韧性、环境友好的目标，当前我国城市市政基础设施规划建设重点主要为：海绵城市规划建设、城市防洪排涝设施系统规划建设、城市地下管线综合规划与综合管廊规划建设、能源转型与可再生能源规划建设及大型市政基础设施廊道集约化综合规划管控等。

4.3.1 海绵城市规划建设

4.3.1.1 海绵城市规划建设目标

建设海绵城市，达到城市水生态全面恢复、城市水环境显著改善、水安全充分保障、水资源适度利用，营造城市水文化的目的。

4.3.1.2 海绵城市全过程建设要求

（1）在城市规划层面，各相关规划中均应遵循低影响开发理念，明确低影响开发控制目标，结合城市开发区域和项目特点，确定相应的规划控制指标，落实低影响开发设施建设的主要内容。

（2）在设计层面，应对不同低影响开发设施及其组合，进行科学合理的平面和竖向设计，在建筑与小区、城市道路、绿地与广场、水系等建设中，应统筹考虑水体、滨水带等开放空间，建设低影响开发设施，构建低影响开发雨水系统。

（3）在建设实施层面，低影响开发雨水系统的构建与所在区域的规划控制目标、水文、气象、土地利用条件等关系密切。因此，选择低影响开发雨水系统的流程、单项设施或其组合系统时，需要进行技术经济分析和比较，优化设计方案。

（4）在运行维护层面，低影响开发设施建成后应明确维护管理责任单位，落实设施管理人员，细化日常维护管理内容，确保低影响开发设施运行正常。

4.3.1.3 海绵城市规划各层面规划要点

海绵城市规划贯穿于城市规划各层面，在各层面规划有不同的规划要点。

（1）城市总体规划层面的海绵城市规划要点：确定保护水生态敏感区，集约开发利用土地，合理控制不透水面积，合理控制地表径流，明确低影响开发策略和重点建设区域。

（2）控制性详细规划层面的海绵城市规划要点：明确各地块的低影响开发控制指标，合理组织地表径流，统筹落实和衔接各类低影响开发设施。

（3）修建性详细规划层面的海绵建设规划要点：按照控制性详细规划的约束条件，集取有利于促进建筑与环境可持续发展的设计方案，落实具体的低影响开发设施的类型、布局、规模、建设时序、资金安排等，确保地块开发实现低影响开发控制目标。细化、落实上位规划确定的低影响开发控制指标，明确建设项目的主要控制模式、比例及量值（下渗、储存、调节及弃流排放），指导地块实施建设。

4.3.2 城市防洪排涝设施系统规划建设

城市防洪排涝规划是我国大多数城市必须编制的规划，是防御水灾、确保城市安全和城市活动正常进行的保障性规划。尽管我国大多数城市以往都已编制了防洪排涝规划，许多城市仍然水灾时有发生，灾损严重，城市人民生活和财产受到严重影响。虽然受各种客观因素和影响所致，但是，我们需要也必须从规划理念、对策、手段、措施等方面进行规划反思和完善。重点从防洪对策、排(防)涝对策、工程手段、非工程措施等方面，完善城市防洪排涝规划编制。

4.3.2.1 防洪对策

城市防洪对策应摒弃原先城市与洪水势不两立的传统思想，应建立城市与洪水和谐共处的生态理念，增强城市应对洪水的能力。

城市防洪生态理念首先应承认城市洪灾是无法避免的，发生任何等级的罕见性洪灾的可能性都会存在；城市任何防洪工程都无法100%确保城市免遭洪水侵袭。由此，应采用增强城市韧性的举措，采取自然的洪泛区功能来建立城市的承洪韧性，取代原有的仅靠防洪工程来抗御的做法，通过蓄滞洪区的保留，提高城市韧性。即在市域范围和城市外围区域预留和控制蓄滞洪空间，通过水系整治，疏引洪水。同时，在关键部位，增强城市防洪工程建设，抗引洪峰，疏、蓄、滞、抗结合，增强城市承洪韧性，保障城市安全。

4.3.2.2 排(防)涝对策

城市内涝防治应该摒弃以往单纯强调利用工程技术手段来抵御和疏解暴雨造成内涝的思路，而应从整体、系统的城市安全与可持续视角进行综合分析，尤其从城市规划层面，通过城市开发策略、土地空间开发利用等综合层面，确定城市排(防)涝对策和措施，尤其结合海绵城市规划建设，从城市土地开发密度和强度、城市功能布局、土地利用混合度、城市空间保护开发等方面，综合确定城市排(防)涝对策和措施，采用合适的工程技术手段，进行科学的雨洪管理。

4.3.2.3 工程措施

(1) 在城区内建设排、滞、蓄相结合的防洪排涝工程体系。

(2) 建设强排与自排相结合的全覆盖排涝工程。

(3) 建设连通地下雨水蓄水池的雨水收集系统，解决低洼地区的防涝问题。

(4) 适时建设深邃工程，连通河湖，形成河湖联控的防洪格局。

4.3.2.4 非工程措施

（1）城市开发区域合理选址，避让洪涝。

（2）城市功能合理布局。

（3）采用低密度、高强度、紧凑式开发模式，减少不透水路面的面积。

（4）提高土地利用混合度。

4.3.3 城市地下管线综合规划与综合管廊规划建设

城市高效率、高品质、智能化发展，需要市政基础设施有效支撑和正常供给。市政基础设施的各类工程管线犹如城市的“血管”和“神经系统”，须自身安全可靠、运行正常，更要避免因管线破裂引发事故灾害。城市中的工程管线大多敷设在城市道路下面，因此，城市地下管线综合规划和综合管廊规划建设尤为重要。

4.3.3.1 城市地下管线综合规划

城市地下管线综合规划根据城市现有各类地下管线敷设情况和各专业基础设施规划的各类地下管线敷设情况，统筹协调、合理确定各类地下管线在城市道路下的水平和竖向排布位置，保障各类地下管线合理布置，控制各类地下管线水平和竖向的防护距离，并控制这些地下管线在道路交叉口下的正常交叉通过，保证各类地下管线能够正常敷设、检修和更换。

城市地下管线综合规划分为城市总体规划层面的地下管线综合规划和详细规划层面的地下管线综合规划规划两大类。

1）城市总体规划层面的地下管线综合规划

主要规划控制城市各类基础设施地下干管在城市主次干路下的敷设位置，以及制定这些管线穿越河流、桥梁、铁路等特定地段的敷设方式和要求等技术规定，整体控制城市各类地下管线在城市主次干路下总体排列敷设。

如山东省临沂市城市地下管线综合专项规划，依据该市已做的城市地下管线物探所明确的现有城市道路下各类地下管线敷设准确数据（管线种类、管材、管径、管线水平坐标和竖向高程等），结合各专业部门已编各类市政基础设施专项规划，对城市总体规划确定的 287 km^2 规划建设用地上的 207 条城市主次干路下的现状和规划地下管线进行综合敷设规划。该规划确定各类地下管线在城市主次干路横断面的水平位置和竖向位置，制定这些管线穿越河流、桥梁、铁路等特定地段的敷设方式和技术要求，针对性提出对现状地下管线敷设不合理、不安全处的调整改进措施；明确适应城市发展的主次干道拓展的相应道路横断面地下管线敷设位置，以便城市地下管线随道路拓展而有序延伸。

此外，临沂市城市地下管线综合专项规划建立数据信息平台，将现状城市道路的地下管线数据（管线种类、管材、管径、坐标、标高以及开关阀门位置等）和综合规划数据（管线种类、管径、坐标、标高等）分层汇入数据库，便于数控中心向市应急部门、工程专业部门提供准确、定位、定量、三维可视的信息，避免城市各部门日常建设误挖断相邻地下管线，便于精准施工；同时，若发生某一地下管线爆裂，可及时关闭上游开关阀门，阻止事故灾害。建立地下管线建设竣工归档制度，将地下管线竣工准确数据汇入信息平台数据库，形成实时现状地下管线精准数据和图案，智能管理地下管线，避免和阻止事故发生。

2）详细规划层面的地下管线综合规划

全面规划控制和确定规划范围内各类城市道路（主、次干路和支路）的各类地下管线的敷设位置和方式，道路交叉口处的地下管线交叉通过的水平和竖向位置。

4.3.3.2 城市综合管廊规划建设

城市综合管廊重点解决城市地下管线干管系统、地下管线密集地段、城市重要地段的地下管线敷设问题，是城市地下管线综合规划建设的重要组成部分。城市综合管廊规划建设必须从城市发展全局考虑，发挥综合效益。城市综合管廊在规划、设计、建设、投资、运营、管理等方面与传统的地下管线建设模式有巨大差异，要求集约化、系统化，应考虑网络技术、数字技术等的相互融合，推动智慧城市建设。

城市综合管廊应因地制宜地规划与建设在城市新建主、次干路和景观路，城市新区以及需改造更新的旧城。在进行高质量、高标准、综合化的城市综合管廊规划建设的同时，可根据实际情况，针对老旧城区、历史文化街区和城镇，实事求是地采用解决具体关键问题的简易综合管廊，便于经济、有效地推进老城更新、城镇高质量建设和历史文化街区保护与环境改善。

根据全国已经开展的城市综合管廊建设试点，总结经验，系统研究适合国情的我国城市综合管廊的规划编制、建设体制、投资体制、运行管理机制等，为科学规划建设城市综合管廊提供保障对策和措施。

4.3.4 能源转型与可再生能源规划建设

自 2015 年巴黎协定正式通过后，国际社会陆续承诺向 100％可再生能源转型。我国《能源生产和消费革命战略（2016—2030）》提出了我国能源革命和能源转型，改变传统以煤炭等化石能源为主体的能源结构，用清洁能源、可再生能源替代化石能源发电、采暖。在全国大力推进以太阳能、风能为主体的可再生能源建设。在沿海、沿江、山谷等风能丰富地区，大力发展风能发电，在光能丰富地区大力发展太阳能发电产暖，在城市中规划建设各类太阳能装置，增强城市光能发电供给。

雄安新区在能源革命和能源转型方面率先进行示范，雄安新区能源系统规划提出了绿色能源、韧性能源、智慧能源等规划举措。

4.3.4.1 绿色能源规划

优化能源消费结构，终端能源消费全部为清洁能源，充分利用可再生能源，最大限度降低污染物排放，形成自我净化的生态系统，实现碳中和。

坚持绿色供电，形成以接受区外清洁电力为主，区内分布式可再生能源发电为辅的供电方式。供应侧实现外来电力100%清洁化，建立全球首个全时段100%清洁电能供应的城市电网。

利用屋顶光伏为城市发电，在新区内合理布局光伏和光热。煤炭和汽油的消费量降为零。

建设清洁环保的供热系统。科学利用地热资源，统筹天然气、电力、地热、生物质等能源供给方式，形成多能互补的清洁供热系统。

4.3.4.2 韧性能源规划

构建多气源、多层级、全覆盖的城乡燃气供应体系，形成多元化能源网络。地下、地上储气设备可满足30 d需求，成品油油库满足20 d应急需求，供电可靠率达到99.999%。

以长输管道天然气为主要气源，LNG为调峰应急气源，新建若干门站、LNG储配站，形成多源、多向、互联互通的新区燃气输配工程系统。

4.3.4.3 智慧能源规划

为每一位用户提供个性化、定制化的优质能源服务。电厂、建筑、管网、家电都接入智慧能源系统，使供应和消费双向互动。

4.3.5 大型市政基础设施廊道集约化综合规划管控

4.3.5.1 大型市政基础设施廊道集约化、综合规划管控的意义

市域范围内的大型市政基础设施廊道，尤其是高压电力走廊、水渠、燃气干管、原油干管、微波廊道等需要安全防护距离。若分散布局，各类廊道势必需要相当多的空间和用地。为高效集约用地和综合管廊安全，须对各类市政基础设施廊道进行整合布局。

鉴于便捷供给和安全因素，大型市政基础设施廊道既要与城市建成区临近，又要有一定距离。由于用地因素、邻避效应等，各类市政基础设施廊道的选线都存在选址难、落地难的问题。因此，必须整合布局建设，保障基础设施廊道用地。在国土空间总体规划编制中，更应提前谋划重大市政基础设施和廊道的选址与布局，进行集约综合布置，将其纳入

城乡空间系统，进行科学管控，这尤其对当前省、市、县国土空间规划布局具有重要意义。

4.3.5.2 大型市政基础设施廊道规划管控导向

1）绿色多源

基础设施供应设施或源头要符合城市可持续发展目标，使用清洁能源、可再生能源、循环资源作为供给源头，提前做好廊道的预留和控制，最大程度保障本地资源充分供应。

2）统筹联通

市域基础设施要一体化统筹供给，提升市政基础设施的区域服务品质。设施管网在较大的区域内互联互通，保障区域资源供应品质均等化、供应安全和服务品质。

3）安全集约

集约与安全是不可分割的，集约化必然带来安全的风险，因此需要制定安全集约的布局原则和设施管线空间距离标准，使之作为市政基础设施规划建设的普遍强制性要求。

4.3.5.3 科学合理确定大型市政基础设施综合廊道线型与安全空间宽度

各类大型市政基础设施廊道具有自身特定的安全需求，对用地和周围环境有各自不同的要求。尤其综合廊道要满足这些基础设施的要求，同时周围环境也对综合管廊有较多制约。因此，亟需提前谋划，合理选线，集约布局，预留大型市政基础设施综合廊道空间。一般情况，市(县)域范围内分布着基本农田、耕地、林地、水域、地下泉域、自然保护区、文物保护范围以及有安全性影响的采空区、塌陷区等。这些资源要素对城乡各类建设有限制性要求，尤其对大型市政基础设施综合廊道更是如此。空间布局存在一定矛盾，因此，合理科学选择综合廊道线形尤为重要。

同时，需要梳理各类市政基础设施系统规范技术要点，总结其管线布置基本要求，研究其集约布局的兼容性和空间防护的避让条件，合理、科学地确定综合廊道安全空间宽度及各类管线排列位置。

例如，近期研究完成的《太原市基础设施发展战略研究》根据太原市域和城市现状与发展需求提出了太原市大型市政基础设施综合廊道规划建议，根据管控导向，明确主要大型市政基础设施综合廊道安全空间宽度控制基本要求，并提出利用高速公路防护空间，拟制了沿高速公路单侧和双侧预留控制市政基础设施综合廊道集约化布置模式，明确各类基础设施管线在廊道中的位置及相互间的防护距离，实现国土空间建设的安全和集约。

参考文献

[1] 戴慎志，刘婷婷.城市地下管线综合规划编制思路与方法：以临沂市为例[C]//中国城市规划学会.持续发展　理性规划—2017中国城市规划年会论文集(03城市工程规划).北京：中国建筑工业出版社，2017：143-152.

[2] 戴慎志，刘婷婷. 新一轮大城市总体规划的市政基础设施规划编制转型策略[J]. 城市规划学刊，2018(1)：58-65.

[3] 戴慎志，刘婷婷，高晓昱，等. 转型期我国大城市关键市政基础设施规划策略研究——以太原市为例[J]. 城市规划学刊，2019(7)：212-219.

[4] 同济大学，太原市城乡规划设计研究院. 太原市政基础设施发展战略研究[Z]，2019.

[5] 上海同济城市规划设计研究院. 武汉市政基础设施发展战略研究[Z]，2018.

生态系统

ECOSYSTEM

5 生态修复与生态规划

王云才*

从国土空间规划的改革开始到今天，包括规划设计人员在内的很多人，都没有想清楚这件事情。实际上它是一项非常有战略价值的工作，因为传统的规划都是在考虑如何发展，很少考虑如何保护，更少考虑如何协调发展和可持续发展，这是传统规划在技术层面上的局限性。生态文明建设是中国国家发展战略中非常重要的内容，生态文明战略是物质文明、精神文明与生态文明并存的特殊发展阶段，而且生态文明一词在西方已经被正式接受。规划设计人员需要清晰地看到，在生态文明建设的大战略下有一个非常重要的中国方案，就是构建"山、水、林、田、湖、草、人"生命共同体和"人与自然的生命共同体"。如何来构建生命共同体？这对于规划来说是非常重要的一个切入点，生命共同体构建的中国方案和路径就是我国国土空间规划编制改革的具体行动策略，能够有效推动人与自然的和谐共生和实现可持续发展。所以，今天我们把生态文明建设看得越来越重要，生态理论、方法、技术和应用路径成为规划设计最重要的知识储备和技术储备。很多时候我们遇到的情况是大家都在谈生态，但实际上却把生态谈得很抽象，更多的是一种概念和理念，而不知道如何去做，又如何把生态落实到我们的规划行动中去。其原因是我们自己没有把生态搞清楚。下面从以下四个方面来和大家交流生态文明建设：一是生态修复的基本逻辑。二是国土空间生态修复与空间规划的测度和评价机制，它不同于我们今天大家谈到的双评价，双评价是最基础的评价，还不是生态修复的直接相关的评价技术。三是生态问题的诊断，这个工作的关键是抓核心，所有的生态问题都要抓到最根本的问题。四是把最重要的问题和关系用规划设计的方法和技术在空间上表达出来。

5.1 生态修复与生态规划的逻辑

关于国土生态修复的基本逻辑，有三个问题：生态是什么？生态修复是修复什么？生态修复有哪几种思维模式？

生态是什么？很多人在谈一棵树、一座山、一个湖、一条河流，实际上严格来讲都不是生态的概念。生态实际上是一种关系，在规划里面我们都在处理各种各样的关系。那么

* 王云才，同济大学建筑与城市规划学院教授，国土空间生态规划与环境效应分实验中心主任，《园林》学刊副主编。邮箱：wyc1967@tongji.edu.cn。

生态是什么关系？生态是生命体与非生命体、生命体与生命体之间的复杂关系，是认知人与环境关系中最核心的概念，也就是说生态表达的是一种相互作用和相互影响的关系。规划是协调人与环境之间的关系及其作用方式的决策和技术体系，尤其是人的生活、生产、消费等所有行为与环境之间的关系。如果把这样一种关系认为是生态的话，那么很多时候我们看到的东西都只是一种表象，比如说水体被污染后成了五类水，这是对水质的客观表述，但是它背后隐藏的是造成水体污染的各种不合理的行为以及相关的政策等。各类污染物排放进入水体形成污染，但是水体是如何被污染的呢？原因优势什么？这是人与环境之间的关系，这种关系是“生态”这个词说表达的核心思想。

生态修复是修复什么？好的生态环境需要的不是修复而是保护，受损或退化的生态环境才需要修复。生态修复的对象是受损的生态环境，修复的路径是修复人与环境的各种关系。如何在城乡规划过程里有效调解人与环境的关系？这是一个非常重要的切入点，如果不把重点落到关系上，那么修复就成为一种空谈。比如说过去经常孤立地修复河岸或水塘，这种修复不可能成为解决问题的根本。生态是一种自然界呈现在地球表层的关系，城市的发展与居民的生产和生活都呈现出与环境的紧密联系，这种关系一定是可以表达出来的。

生态修复有哪几种思维模式？在表达人与环境之间关系的思想体系中存在两个极端：一是自然主义，规划师完全处在一种对自然绝对保护的概念框架内，以自然保护为绝对原则和目标，这是一种自然主义的行为体系。二是完全无视自然条件，完全按照人的需要和意愿，无条件满足人和社会的发展，秉持一种“有多少需要我都能满足你”的规划思路，将人的能动性发挥到最大。以上两种规划思路都是有问题的，是非生态的。两个极端的中间状态是什么？是生态思想，是寻找到适宜或适应环境及其变化的一种中间状态。在人与自然环境相互作用的几千年历史过程中，人类实际上像一个扁担中间的支撑点，扁担的一端是自然环境，另一端就是人类社会。在地球这个自然与人类共生的生命体上，自然界和人类社会之间是一种共轭的和相互依存的关系，人类社会无穷的扩张必然会导致自然界的持续退缩。通过这种关系大家会意识到，如果人生病了，人类社会为自己建立了一套非常好的疾病诊断和治疗体制，保障人类的健康；如果是自然界生病（生态系统受损、退化、失衡等）了，这种疾病则一定是不合理的人地关系所造成的，在一定程度上依靠自然界所具有的强大的自我修复能力能够治愈一部分较轻的生态破坏，但对于超越环境承载力的破坏，自然地修复在短时间内是很困难的，而且我们也会发现人类根本没有很好的办法，我们缺乏为自然治病的机制和途径。今天的设计师要充当自然的保护师，去协调人与自然之间的这种关系。在人的本体论基础上中医提供了一套解决问题的治病办法，今天从生态关系和生态空间本体论角度国土空间规划和生态修复则需要建立一套图解决问题的修复办法和图景，从生态系统整体论上探讨如何在人与环境之间建立可持续发展的体系框架。也就是说在地球自然环境修复的体系里规划师可以做什么？这就是生态修复需要确立的基本逻辑和立场。

其中有个观点，既然自然是可以自我修复的，为什么不是所有的事情都让自然去修复呢？自然修复的过程非常漫长。比如说一片荒芜的土地要变成群种明显的林地，少则50～70年，多则100～150年。那么人类如何用自己的知识、技术和方法来协调人与环境的关系？减少对环境的破坏，加快环境的生态修复就成为生态修复的主要目标。在生态修复的时候，很多人都分别处在三个逻辑中，即“in”“of”“for”。“in”就是在生态修复的时候完全陷进去，比如说修复一个池塘，就完全陷到工程里，而不管池塘与其他周边环境的关系。“of”和“for”是相对高境界的修复，“of”是对本体的修复，而“for”是更高境界的修复，是系统整体性的修复。我们不能仅仅局限在局部的修复，而是要有一个整体的修复思路。

用中医的理论或逻辑来修复的时候，要清楚中医疗法不是针对病毒，它的路径是改善人体的整体环境，让病毒在环境里没有生存机制，从而使机体得到康复。中医实际上为生态修复提供了非常好的哲学观，国土空间生态修复需要学习和挖掘中医的哲学。

5.2 国土空间生态特征的测度

在国土空间生态整治和生态修复的过程中，需要有很多的综合测度和评估来帮助确定国土空间的生态特征和诊断分析。在生态修复实践过程中，笔者团队摸索出了一套整体评估的指标。第一个指标是生态指数，是反映国土空间总体层面生态状况的综合性指标。在做生态修复时，会重点考虑每个地区所具有的共性特征和差异性特征，通过现代技术评价出来的国土空间生态指数及其在空间上的分布态势，能够反映该地区国土空间生态条件的整体特征，综合反映土壤、植被、水热条件、生物多样性等生态特征，生态指数高就意味着这个地方生态条件非常好。第二个指标是关注人干预环境的强度。用景观利用强度（landscape development intensity）来表征测度国土空间上人类对自然影响的强度，表征人在不同国土空间里的干扰强度。第三个指标是环境廊道，美国著名的规划师菲利普·刘易斯在编制美国威斯康星州（Wisconsin）的国土空间规划时提出了环境廊道识别。环境廊道中的环境不是自然环境，而是人类在国土空间所有干扰的空间幅度，环境廊道标准测度了人类对国土空间干扰的广度特征。第四个指标是识别整个国土空间所具有的本质特征的景观性格（landscape personality），也就是国土呈现出来的总体特征。人们用性格标注一个人的总体特征，同理，也可以用景观性格来表征和测度国土空间的地方性特征和人地关系的形成过程。

测度指标是为国土空间的诊断服务的，国土空间生态的诊断框架就是在整体生态特征识别的基础上，形成国土空间的整体识别，存在的生态问题以及问题形成的机理，在这个基础上判定哪些地方需要修复、哪些地方需要保护、哪些地方是需要一体化的处理、亟待解决最核心的生态问题是什么。国土空间规划与生态修复中需要开展四个特征的综合评价，包括生态指数、景观开发强度、环境廊道(人类影响的广度)，以及国土景观的整个特质，在此基础上才能进行国土空间的特征分区。

以上是对国土空间层面开展的整体特征的诊断和分析，当然它不同于双评价。双评价是土地适宜性评价和承载力的评价，二者逻辑都是对的，但是都不全面。一方面，总体来看目前国家推出的所有技术导则都是一种环境决定或叫生态条件决定的国土空间评价，这个评价不能满足未来经济发展和应对重大生态风险的需求。比如需要多少绿地生态空间、空间要保护到什么程度、要进还是要退……这些问题不是资源本身单方面来决定，而是由发展需求决定的。另一方面，需要同时在评价里结合未来面临的生态风险，比如目前最大的风险是全球气候变化，气候变化所带来的影响是深远的，如何适应未来的风险，双评价是无法有效应对这些问题。在一定程度上，我国双评价的理念、技术和方法都是落后的，是西方国家 20 世纪 80 年代的成果。但双评价技术是必要的，是需要不断完善的基础评价技术和方法。也只有在双评价的基础上来研究国土空间生态问题、人与环境的关系，对城市发展、乡村发展、建设与产业等开展评价，把所有影响国土空间生态特征的因素综合起来，高度统一在一个指标上来表征和测度国土空间上人与环境之间的作用特征，从而有效管控人类活动和行为。在这个基础上才能准确地识别“三区三线”，有效管控国土空间，这是我们要谈到的第二个问题。

回到中医的逻辑来讲，规划本身像个木匠，把事物制作成型。但生态修复更像一个医生，医生处理问题的办法是什么？实施救治方案是什么？医生需要进行详细的问题诊断。生态修复中有一个规划界非常重要的逻辑，就是过程即价值(process as value)，是麦克哈格在《设计结合自然》中非常重要的一个结论，他认为历史发展的过程都是有价值的，场地里所有的东西，从自然环境到人工建筑，从物质空间到场所文化都是历史积累，也是价值的积累。在此过程中人与环境影响的过程中哪些是对的(积极的)、哪些是不对的(消极的)、哪些不对的行为形成了非常严重的后果(价值负面作用)？在这个过程中生态问题就暴露出来了。正因如此，规划人员经常会把环境和生态混淆起来，环境是客体，是一种表现和表象；生态是表象背后存在的关系。比如一片林地被破坏掉了，不能仅仅把这块林地上的树栽起来就结束了，这是西医的办法，不是中医的办法。中医的办法一定要找到这块林地被破坏的本质原因，提出“为什么会被破坏”的问题和关联逻辑，然后通过调整人与土地的关系，让人们自愿去种树，并自愿保护森林，从而恢复这种健康的生态关系。

5.3 国土空间生态问题的诊断

生态修复的关键环节就是确定生态问题的症结，也就是说病症是什么？治病机理是什么？在治病机理中最关键的药作用的点是什么？以两个城市对比为例，一个城市的地理环境很简单，生态过程不复杂，但环境问题非常突出，导致的结果很严重；另一个城市地理环境很复杂，生态过程也非常复杂，但是生态条件所出现的生态问题并不严重，生态状况良好。两个城市完全处在不同背景下，作为国土空间规划和生态修复，生态修复规划要根据不同的城市特征、问题来开展针对性的修复规划。

就国土空间的生态修复来看，会重点关注以下问题。

第一个问题是地方性。规划人员都在讲地方性，但地方性实际上是包含了非常重要的三个概念。首先，本地的自然生态条件如何？其次，地方性的人文与文化是怎样的？再次，以上两个因素在空间上呈现出来的特有关系是什么？人与环境之间的关系最终是以一种什么样的方式呈现给大家？每个地方的城市在很多细节上的建设都不一样，虽然大家都用同一理念来指导城市规划设计，但呈现出不一样的设计成果，所有的不一样之处，就是规划师认真研究了当地的规划设计条件之后所采取的针对性措施。所以因地制宜就是地方性最重要的体现，是规划设计最重要的生态智慧。

第二个问题本质上是历史性。今天所有的问题都具有历史性，规划设计面对着的环境都是几百年几千年的发展所延续下来的，没有一个问题是单纯出现的，这就是历史性特征。规划师在处理任何问题的时候，一定要站在一个发展的历史的过程维度上来思考问题。

第三个问题是国土的特质性。从现代生态学诞生以来，生态理论大多来自西方，我们学习的生态理论和方法大多是国际化的，但是在生态实践中每一个地方存在的生态问题和所需要解决问题的方案都是地方性的。不同地方的地理环境，以及当地的产业、居住、开发、建设行为等所导致的不同地方的生态问题都是不一样的。所以要强调，尽管生态理论具有国际化的特征，但规划需要解决的生态问题却具有地方性的特征，是因地制宜的解决方案。没有一个生态规划设计可以被直接拷贝到其他地方去使用，生态规划设计是针对当地的问题采取的针对性的诊断和应对策略。

以山西省太原市城市生态修复为例。太原市的一个重要特点就是地形环境非常简单，即“两山夹一谷”。从城市地图上来看，太原市是个山水城市，中间是汾河，两边是山体。从理论上讲，两侧的山体应当是森林密布，山体上发育了大量的边山支沟，山体环境植被好，又是汇水区域，生物多样性和景观多样性条件好，是保障城市安全的生态屏障。从先天条件来看，太原市的自然资源本底好，独特的地理环境决定了周边丰富的森林资源能够源源不断地把氧气、负氧离子、洁净的水源和空气以及凉爽的清风送到城市里来。但是现实并不是这样，太原市城市和产业发展过程对城市生态环境产生了重要的影响，从而改变了太原市城市生态原有的生态过程。太原市是一个资源枯竭型城市，历史上大量的煤炭开采和煤化工的发展使得城市两侧的山地环境遭到破坏，而城市的发展又没有停下脚步，而是更加快速推进，建设量又非常大，导致城市与环境之间的矛盾非常突出。在这样的背景下，城市生态系统出现了严重的问题，城市水资源较大幅度减少，河流和边山支沟都是干的。近些年来两侧山地虽然在复绿，但是绿量都非常低，都是近几年恢复出来的小苗。城市空气不洁净，雾霾现象、热岛效应、逆温层现象和内涝现象严重，这些都是可以直接感受到的环境现象和环境问题。我们说生态是现象背后的内在关系，没有水是什么原因呢？没有森林又是什么原因呢？频发的逆温层现象和内涝发生之间到底是什么关系？背后有什么原因？通过大量的实证考察，准确找到问题，很好地诊断城市生态系统，从而形成城市生态系统修复的技术方案，这是非常重要的生态修复逻辑。

太原市的结构就相当于人的胸腔部位，两侧的山体相当于两个肺，南北向的汾河是城市流动的大动脉，边山支沟像气管和血管一样将肺与动脉连成一个整体，构成城市生命共同体的重要动力源泉，城市所有充满生机的空间都是依靠水循环系统来支撑的（图 5-1）。

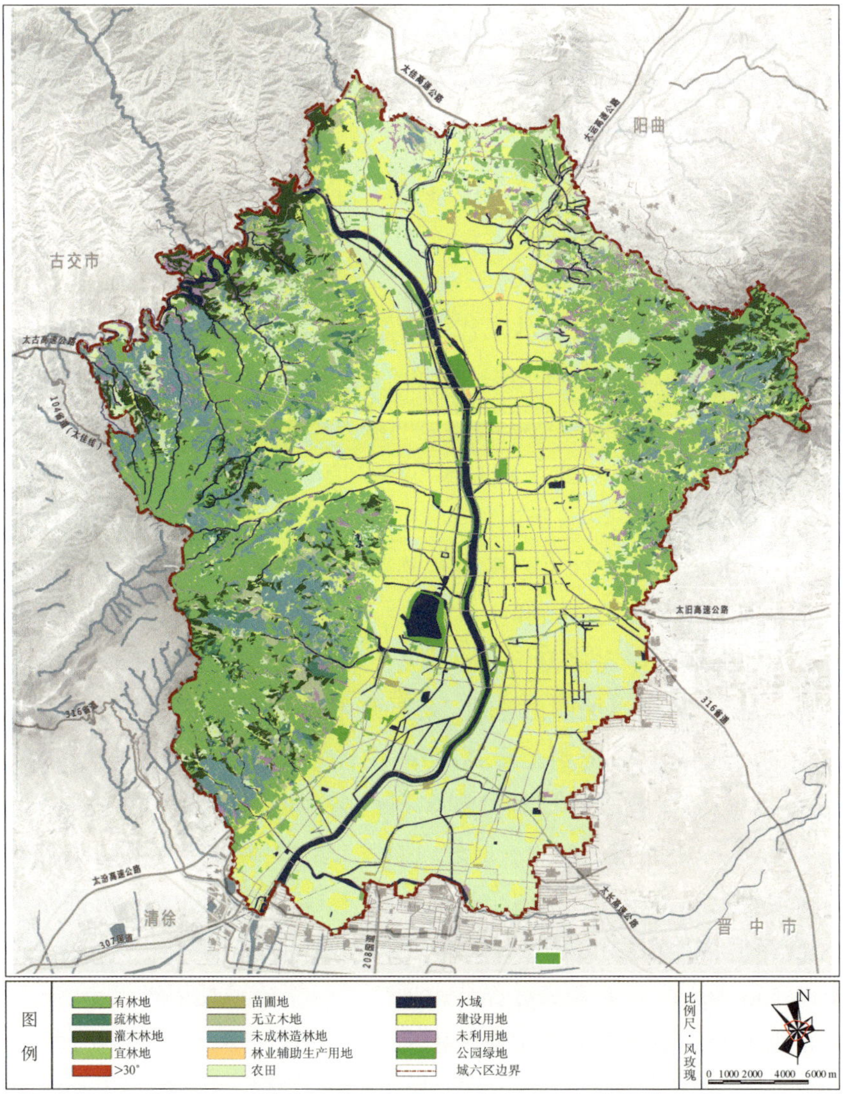

图 5-1　太原市谷地结构与水系空间分布图

在这样一个逻辑下，对太原市开展了生态指数的评价、景观开发强度的评价和城市热岛效应评价。生态指数显示两侧是相对高的，但是具有高生态价值的空间是非常碎片化的，非常有限的。也就是说碎片化的空间被大量的低生态指数的空间所充满，整体生态效能下降。太原市两侧的山体如果都是森林的话，山体是一个非常重要的、能够显著降温的冷岛，能够产生负氧离子，从而通过增湿降低极端高温天气的频率。反过来河谷中的城市具有明显的热岛效应。当山体的冷岛和城市热岛之间有足够大的温差时就会在山坡和谷地之间建立谷地空气循环系统。白天冷岛降温，降温的空气是重的，沿着坡面向下流动，流向城市热岛区域；城市热岛区域温度比较高，空气比较轻，向上运动，这就是白天很重要的谷地空气循环，由于空间流动就应当有山区吹向城市的凉风，但是现实是太原市里面很少有东西向的风，街道上的垂柳纹丝不动。

人类的干扰强度对太原市城市生态系统来说也有很大影响。为了满足发展目标而对周边的环境采用了不正确的或者不适当的一些干扰。需要在现象表征的基础上看到内部导致这些现象的生态问题和致病机理。人类干扰最关键的致病机理就是对生态过程的破坏。东西向的水平生态过程是太原市城市生态系统的重要过程（图 5-2），由于林地减少，蓄水能力变弱，从山里流出来的水没有了。河流变得极不稳定，雨季因暴雨形成洪水，到枯水季节又出现河流断流。河道中堆积大量固体的垃圾，各种各样的物质堆积在河道里，破坏了河道生态系统。在洪水来的时候，暴雨快速产生径流，然后把地表物质带到河道中，产生水土流失、泥沙堆积、河道变浅、河道变窄等一系列问题，而这些问题都是我们直接看到的表象，背后是生态系统的生态过程在起作用。河道中因为水少了，植物无法生长，加之污水、废水等不达标排放，河道的健康性进一步下降。

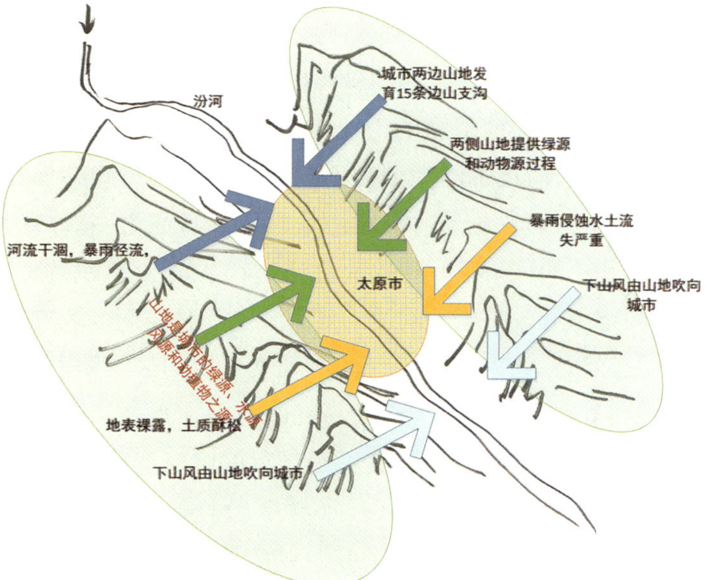

图 5-2　太原市城市与两侧山地之间的水平生态过程

同样，在太原市“两山夹一谷”的地形影响下，垂直的生态过程也是非常重要的，其中最为重要的垂直生态过程就是风的形成（图 5-3）。在两侧山体植被好的条件下山地形成非常好的冷岛降温效果，但现在随着植被的破坏降温能力下降了，也就是山地与谷地之间的温度差下降，温差变小以后气压差就变小，气压差变小后空气流动的动力就下降，进而风变弱或风就没有了。同样，逆温、雾霾的现象等都是因为温差变小以后，空气的流动性降低的结果。水平生态过程和垂直生态过程是对太原市城市生态系统进行生态问题诊断和致病机理分析的重要方面。

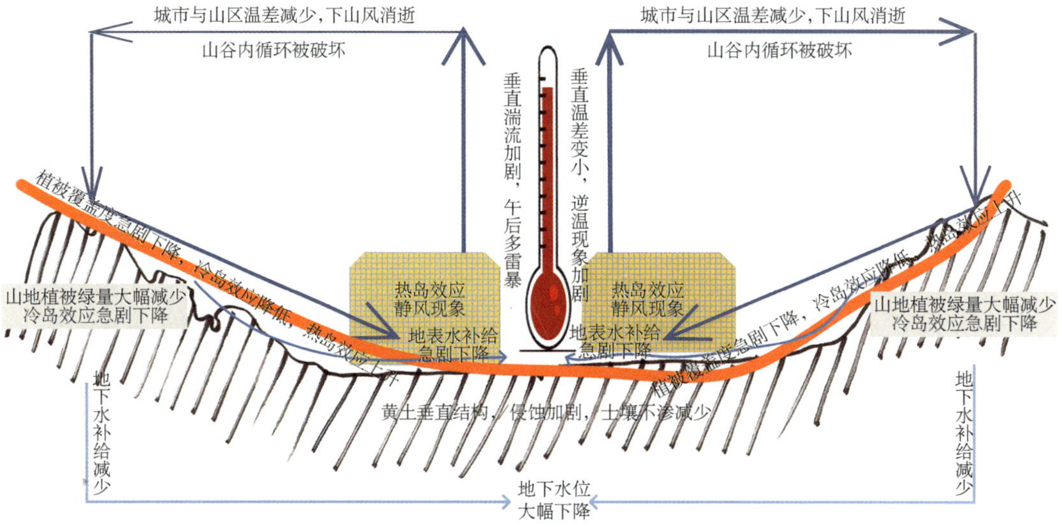

图 5-3　太原市城市与周边地区建立的山谷垂直循环过程

再看另一个案例城市——十堰市。十堰市地理环境非常复杂，源自重庆平行岭谷特征的山地向北向东延伸，与由西向东延伸的秦岭山脉、向北向东方向延伸的大巴山山脉交叉在一起，从而形成了破碎化程度很高的山地环境特征（图 5-4）。由于山地环境非常复杂，山地生态过程也很复杂，而且不同类型和不同尺度的复杂过程叠加和嵌套在一起，导致自然灾害频繁发生。空间碎片化是这个城市最重要的特征之一，碎片化的环境决定了碎片化的自然本体、碎片化的城市空间和碎片化的生产空间，从而制约和降低了空间组织的效率，出现城市空间组织低效的生态问题。碎片化是一种空间的表象，想要表征生态空间碎片化所形成的生态问题，就需要找到碎片化现象揭示的最本质的生态关系。碎片化特征使生态过程在不同方向、不同维度、不同高度的空间上重叠和交叉，从而导致生态关系的变化在时空维度上非常复杂，进一步使生态过程的时空变化也复杂化。为了准确地表征这种生态过程的叠加效应，我们采用了生态梯度来表征和测度这种特殊的生态关系。

生态空间与城市扩展是最值得关心的问题，其中哪些空间是可以用于未来城市发展的？哪些空间是重要的生态保护区？生态空间保护与城市建设之间是一个什么样的变化

图 5-4 十堰市城市空间的碎片化现象

过程？如何用生态梯度来看待空间生态关系的识别与表征？本质上，是用梯度的变化来找到空间中生态梯度变化极快的地区以及生态梯度变化最小的地区。在生态空间内部，生态梯度变化是小的，在城市内部，城市生态梯度变化也是小的，但是哪些地方是最大的？通常来说城市建设空间与生态空间之间的界面空间的生态梯度是极大，也就是说可以通过生态梯度的变化来确定国土空间“三区三线”的划分。以丹江口水库为例，丹江口水库两侧沿湖到底需要保护多少生态空间才能够满足水源地保护标准，要沿湖保护的湖岸地区宽度是多少？现在大部分行政政策采用 1 km、3 km、5 km 这样的标准，在实践过程中具体该采用的宽度是多少？通过研究整个湖岸两边的生态梯度的变化，可以发现它的宽窄不一样（图 5-5）。湖岸线整体来说是生态梯度变化大的空间，尤其是界面空间，但是当前大部分建设都已经严重影响到湖岸空间，缺乏保护空间划分的科学依据。

此外，还可以通过生态梯度来表征生态空间碎片化问题。生态梯度是需要指标选择来实现的，不同的指标就会得到不同的梯度，但是在一个指标体系下梯度的变化是一致的，不同的指标就会形成多情景的生态梯度关系。可以利用生态梯度对未来的土地利用、城市发展，尤其是对建设空间的建设用地进行划定，形成多情景生态梯度支配下的城市用

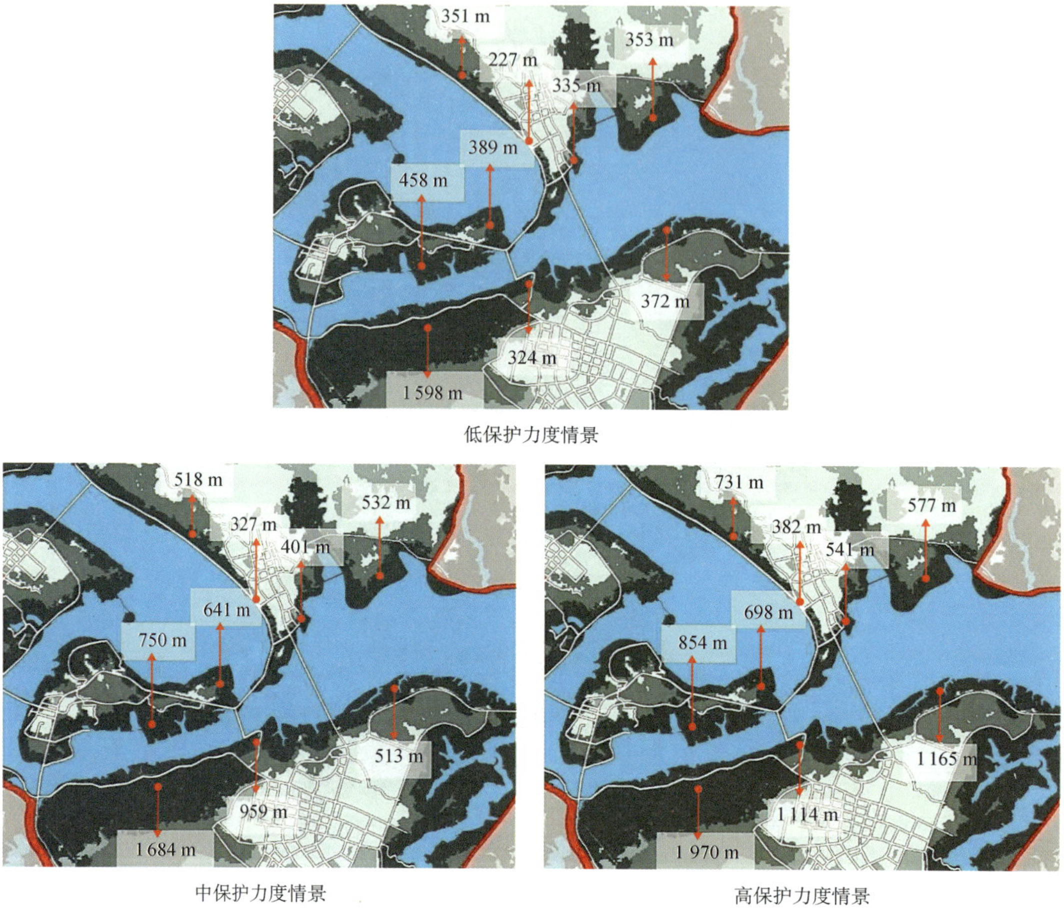

图 5-5　丹江口水库湖岸生态梯度多情景模拟方案

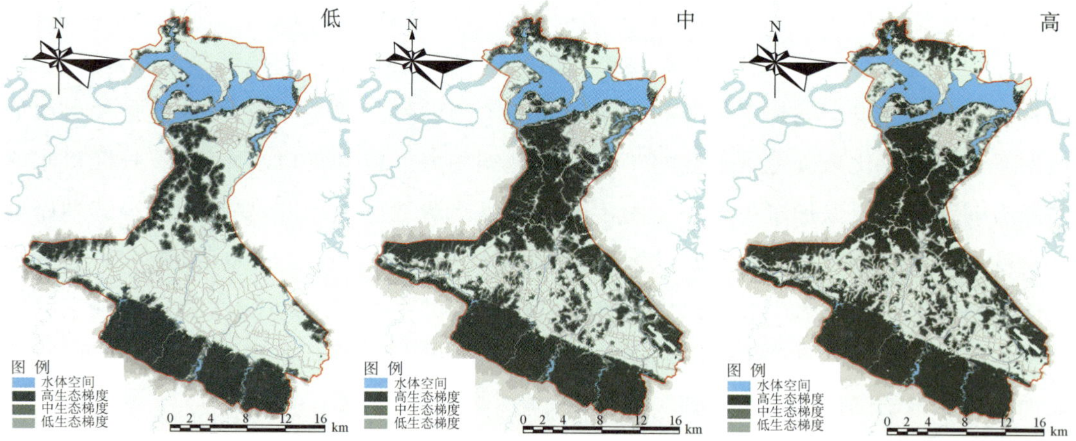

图 5-6　通过生态梯度的多情景模拟生态空间的保护粒度

地格局(图 5-6)。生态修复为国土空间的用地规划提供依据和支撑。由于能够被用的土地和用地的范围各不相同,在对建设用地条件进行评价的时候,不能忽视建设用地对周边环境的潜在威胁。现有的大量建设用地和生态空间用地是冲突的，而且在北部区域这种冲突性还是非常大的。所以用生态梯度发展多情景的用地模拟，实际上这就是对生态关系的一种修正。同时，基于空间碎片化效应对山体空间进行土地整理，可提升城市空间和土地使用效率(图 5-7)。

a. 碎片化城市建设用地斑块识别——小面积建设用地斑块

b. 碎片化城市建设用地斑块识别——周长面积比识别建设用地斑块

c. 碎片化城市建设用地斑块识别——形状指数识别建设用地斑块

d. 碎片化城市建设用地斑块识别——形状指标识别建设用地斑块

e. 碎片化城市建设用地斑块识别——碎片化城市建设用地斑块

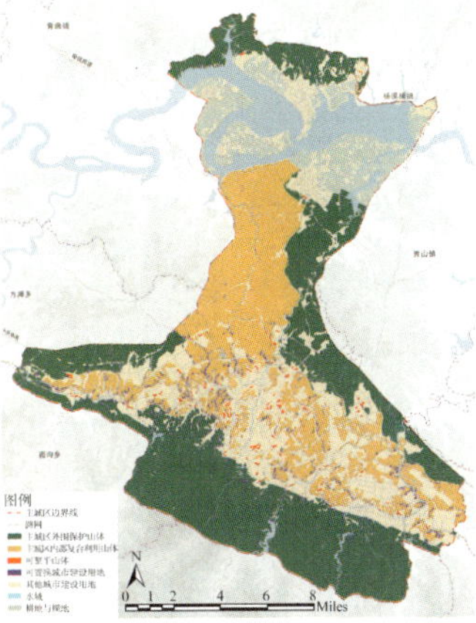

f. 山体空间优化整理与整体性保护

图 5-7 基于碎片化分析的山体空间优化整理与整体性保护格局

5.4 国土空间生态修复的地方性解决方案

在生态修复过程中，需要明确最关键的、核心的生态关系是什么，从而确立生态修复的核心逻辑。

以太原市为例，在太原市生态空间单元和国土空间单元中寻求生态修复的核心逻辑，并据此决定太原市生态问题的解决方案。太原市生态过程破坏的根源是两侧山地森林的大规模破坏，因此太原市城市生态修复需要抓住这个关键环节，在国土空间规划中编制能让绿量在短时期里快速恢复的规划方案，针对性地解决城市三维绿量问题。解决了绿量问题，就解决了太原市城市生态修复的动力问题。大家会思考这个问题：绿量跟温度有关系吗？这个问题涉及地表温度的形成机制，地表温度是由地表反射长坡辐射而形成的，由此可见地表覆被对温度有很大的影响作用，在一定程度上可以将植被绿量决定了温度，也决定了湿度，并进一步决定了水和风。绿量和降温机制的关系是非常明显的，增加多少绿量可以使地表温度降低 1 ℃等问题，多个学科对此都有大量的研究成果。通过绿量的恢复来逐渐调整生态过程，真正地从本质上恢复太原市的城市生态关系，进一步解决太原市城市生态系统存在的生态问题。通过短、中、长期修复方案相结合，短期可以注重一些工程性的修复性实践，中长期一定要建立城市生态系统恢复的整体概念和行动计划。这就是太原市城市生态修复与国土空间规划的重要思想和理念（图 5-8）。

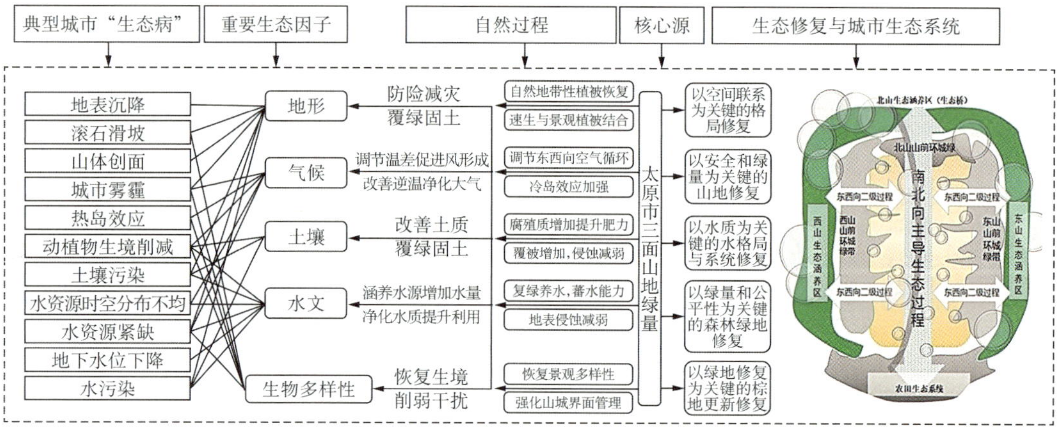

图 5-8　太原市城市生态修复的逻辑框架

十堰市的生态修复与太原市生态修复策略不同，用生态梯度来建立国土空间碎片化与生态系统关系的逻辑（图 5-9），据此进行国土空间的生态修复。碎片化导致不同的用地类型，不同程度的碎片化所导致的结果是什么？一方面是复杂的混合用地，另一方面是非常复杂的界面空间，这就是生态过程的复杂叠加和嵌套。

在不同的城市中生态修复面对着不同的问题，不同的区域生态修复也面对着不同的国土生态问题，生态修复规划实际上就是在生态修复中遵从“山、水、林、田、湖、草、人”生态共同体的系统概念。在国土空间规划的生命共同体中不仅涉及山、水、林、田、湖、草的生态空间，还有人，需要把人的生活生产空间、城市建设空间包括进去。其中生态空间的主体使用者不是人本身，但它是生命体，其目标是生物多样性。有些观点认为，生物多样性是国土空间生态修复最重要的修复目标。然而，笔者认为这是生态空间的修复目标，而

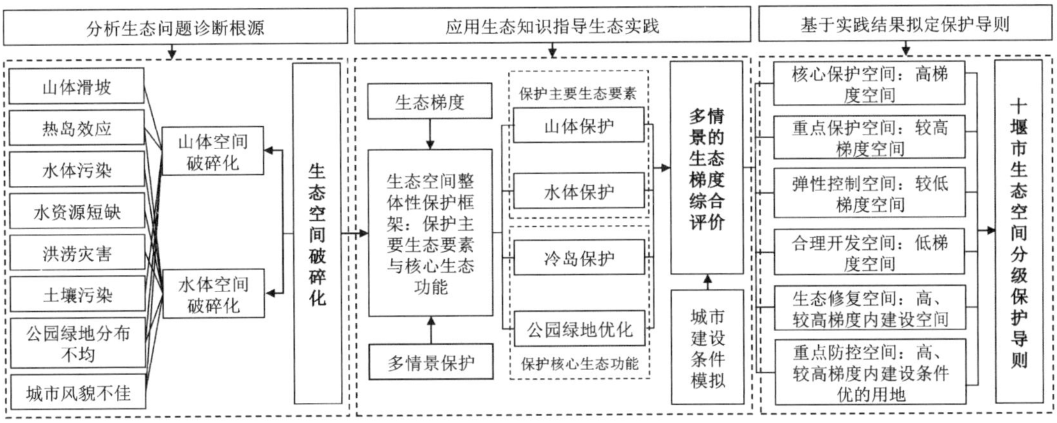

图 5-9　十堰市城市生态修复的逻辑框架

不是国土空间的生态修复目标。国土空间的生态修复目标，是要在国土空间层面上把生态空间、建设空间、农业空间和海洋蓝色空间打通，建立协调的空间关系。不能仅仅是生态空间里面的林地修复，而是山、水、林、田、湖、草、人生命共同体的修复。国土空间规划本质上是确定空间格局，适宜性评价结合未来发展需求的土地利用评价以及国土空间特质三个维度，来共同决定空间格局的空间用地。其中第一个维度就是自然的供给特征，生态条件决定或者环境决定的用地特征，也就是国土空间的本底特征。第二个维度是面对未来发展需求和重大风险的应对需要决定的用地特征。第三个维度是在国土空间中为了协调关系需要寻找的耦合维度。在这三个维度作用下能够形成稳定的空间格局，这个格局的形成实际上就是最终呈现的用地布局。“三区三线”的确定和划分就是建立空间耦合协调的空间格局特点。

另外，在国土空间格局和生态修复中，不需要做全域的生态修复，有很多空间是不需要去修复的，甚至人都不需要进入。生态修复是对破坏的空间和退化的空间进行人工干预，而对于那些保护得很好的空间，不用人工干预修复，应让其维持自然修复。

在国土空间规划里，生态修复包括关键的四个方面。一是山，山地有很多作用界面。二是水，从地球自然系统来看，人类创造的一切都是对人类的贡献，而不是对地球的贡献。森林生产氧气，对空气有洁净作用；人类产生的垃圾，又进入地球水系统中。三是绿，分为城市内部绿地、城郊和远郊甚至乡村荒野地的森林。四是棕，指重要的工业文明所带来的棕地。所以，山、水、绿、棕是人类影响自然环境，产生生态问题和导致生态退化的重要承载空间。国土空间生命共同体的构建就是建立空间规划格局的修复和山、水、绿、棕空间类型的修复，这是国土空间规划和生态修复规划的重要框架，这个框架已在太原市和十堰市的生态修复中得到实践和验证。对于太原市来说这个框架包括生态格局的修复，四个维度的修复，以及针对主要生态问题的修复。确定格局怎么样去做修复，最后修复形成的规划格局是什么，如何针对山地特有的问题建立修复系统，水体如何抓住最关键的变量，绿地同样也是如此。所以国土空间的修复旨在建立一个可持续发展的需求的、提高生态系统服务水平的、均衡的国土空间体系。国土空间生态修复和空间规划的基本框架是同济大学建筑与城市规划学院国土生态空间规划团队近几年在实践过程中摸索出来的个性化研究成果，也是团队做这类规划使用的方法和路径，很多内容是其他规划方案所没有的。每个人对生态修复的理解不一样，需要在共有的技术标准基础上，建立一套更科学、更实用、地方性强、指导性强的生态修复规划体系。规划一定是解决系统性问题的，找到问题并将其落到空间上，从而为城市和区域国土空间规划解决土地利用问题提供依据。

参考文献

[1] 王云才，陈照方. 十堰老城区城市水环境修复[J]. 景观设计，2020(6)：12-19.

[2] 申佳可，王云才. 景观生态网络规划：由空间结构优先转向生态系统服务提升的生态空间体系构建[J]. 风景园林，2020，27(10)：37-42.

[3] 王云才，盛硕. 基于生态梯度分析的山地城市生态空间保护与协调智慧——以湖北省十堰市为例[J]. 风景园林，2020，27(8)：62-68.

[4] 王云才，翟鹤健，盛硕. 基于碎片化整理的城市山体保护与绩效提升策略——以十堰市主城区为例[J]. 南方建筑，2020(3)：34-40.

[5] 王忙忙，王云才. 生态智慧引导下的城市公园绿地韧性测度体系构建[J]. 中国园林，2020，36(6)：23-27.

[6] 王云才，黄俊达. 适应城市发展需求与风险的土地适宜性评价——以太原市"城六区"为例[J]. 上海城市规划，2020(1)：1-7.

[7] 王云才，马玥莹，申佳可. 景观性格评价在国土空间规划和管控中的应用[J]. 风景园林，2020，27(1)：35-40.

[8] 王云才. 让自然做工：自然过程主导的太原城市生态系统修复[J]. 中国园林，2019，35(10)：19-23.

[9] 王云才，黄俊达. 生态智慧引导下的太原市山地生态修复逻辑与策略[J]. 中国园林，2019，35(7)：56-60.

[10] 王敏，梁爽，王云才. 城市双修背景下绿地生态网络构建的情景比较与综合——基于"社会-生态"功能复合的视角[J]. 南方建筑，2019(3)：1-8.

[11] 王云才，薛竣桓. 生态智慧引导下的太原市棕地修复逻辑与策略[J]. 风景园林，2019，26(6)：53-57.

[12] 王云才，王忙忙. 提升水量调节服务能力的城市绿色基础设施模式[J]. 上海城市规划，2019(1)：1-6.

[13] 魏家星，宋轶，王云才，等. 基于空间优先级的快速城市化地区绿色基础设施网络构建——以南京市浦口区为例[J]. 生态学报，2019，39(4)：1178-1188.

[14] 邢春晖，王云才. 基于生态风险评价的城市生态格局修复——以太原市城六区为例[J]. 西部人居环境学刊，2018，33(6)：48-53.

[15] 王云才，熊哲昊. 城市生态复兴中“供需适应”的绿色基础设施及其发展[J]. 城市建筑，2018(33)：6-10.

[16] 王云才，申佳可，彭震伟，等. 适应城市增长的绿色基础设施生态系统服务优化[J]. 中国园林，2018，34(10)：45-49.

[17] 王云才，王琼萱. 城景融合的新城景观生态网络规划——以河南省汤阴县绿色生态新城为例[J]. 城市建筑，2017(36)：6-9.

[18] 周一茗，王云才. 文化生态的移植：林盘模式在华北平原的本土化改造与应用[J]. 城市建筑，2017(33)：38-41.

[19] 彭震伟，高璟，王云才. 生态敏感地区城乡空间发展的规划探索——以吉林省长白县城乡发展规划为例[J]. 城乡规划，2017(2)：72-81.

6　自然保护地规划

吴承照*

6.1　自然保护地概况

自然保护地是由国家依法划定确认，对重要的自然生态系统、生态过程、自然遗迹、自然景观及其所承载的自然资源、生态服务功能实施长期保护的陆域或海域。建立自然保护地的目的是守护自然生态，保育自然资源，保护生物多样性与地质地貌景观多样性，维护自然生态系统健康稳定，提高生态系统服务功能；服务社会，为人民提供优质生态产品，为全社会提供科研、教育、体验、游憩等公共服务；维持人与自然和谐共生并永续发展。要将生态功能重要、生态环境敏感脆弱以及其他有必要严格保护的各类自然保护地纳入生态保护红线管控范围①。自然保护地是野生动植物最后的家园，是地球生态系统稳定的"压舱石"，是人类可持续发展的"定海神针"。我国第一个自然保护区、第一批风景名胜区分别于 1956 年、1982 年相继建立，2013 年国家公园体制建设开始，首批 10 个国家公园试点于 2015 年正式起动，2021 年三江源、大熊猫、东北虎豹、海南热带雨林、武夷山等第一批国家公园正式成立。

6.1.1　自然保护地在国土空间中的地位

2016 年，中国建设用地占国土面积比例为 4.1%，美国 5.8%、英国 8.3%、日本 8.9%；其中中国城市建设用地占国土面积比例为 0.56%，美国 1.6%、日本 2.8%、英国 5.6%。2016 年，中国园地、建设用地、耕地、牧草地、林地、未利用土地占国土面积的比例分别为 1.5%，4.1%，14.0%，22.8%，26.3%，29.0%②。2012 年，英国、美国、日本、法国、韩国未利用土地占比分别为 9.7%，8.8%，6.9%，6.1%，6.1%③(表 6-1)。

---

* 吴承照，同济大学建筑与城市规划学院教授，高密度人居环境生态与节能教育部重点实验室国家公园及自然保护地规划研究中心主任，国家林业和草原局国家公园和自然保护地标准化技术委员会委员。邮箱：wuchzhao@qq.com。

① 中共中央办公厅、国务院办公厅印发《关于建立以国家公园为主体的自然保护地体系的指导意见》[EB/OL].(2019-06-26).http://www.gov.cn/xinwen/2019-06/26/content_5403497.htm.

② 我国森林覆盖率近 23%[N].人民日报，2020-03-12.

③ 世界森林地图.https://www.thoughtco.com/maps-of-the-worlds-forests-1343036.

表 6-1 世界主要国家保护地面积比例

国家	陆地保护区面积(km^2)	土地面积(km^2)	地面区域覆盖率	海洋保护区面积(km^2)	海洋面积(km^2)	海洋区域覆盖率
美国	1 222 240	9 490 391	12.88%	1 646 302	8 591 493	19.16%
日本	109 937	374 093	29.39%	332 694	4 040 612	8.23%
英国	70 405	245 248	28.71%	210 965	723 405	29.16%
中国	1 461 913	9 361 609	15.62%	47 492	878 364	5.41%

来源:2013 世界保护地数据库. https://www.protectedplanet.net/.

2016 年,中国自然保护地面积占国土陆地面积 15.62%,美国 12.88%,英国 28.71%,日本 29.39%。全球陆地保护区面积占全球面积 15.16%。中国森林覆盖率 22.96%,全球森林覆盖率 26.19%。

截至 2018 年,中国各类自然保护地总数 1.18 万处,其中国家级 3 766 处。各类陆域自然保护地总面积约占陆地国土面积的 18%以上,已超过世界平均水平。其中,自然保护区面积约占陆地国土面积的 14.8%,占所有自然保护地总面积的 80%以上;风景名胜区和森林公园约占 3.8%;其他类型的自然保护地面积所占比例则相对较小。各类自然保护地主要是按行业和生态要素分别建立的,自然保护地管理机构基本实行属地管理,地方政府负责自然保护地的"人、财、物"管理①。

我国改革开放以来,以自然保护区为代表的各类自然保护地快速发展。到 2018 年,全国已经建立各级各类自然保护地达 1.18 万处,包括 10 个试点国家公园、2 750 个自然保护区、3 548 个森林公园、1 051 个风景名胜区、898 个国家级湿地公园、650 个地质公园等,占我国陆域面积的 18%左右,超过世界平均水平。数量众多、类型丰富、功能多样的各级各类自然保护地,初步形成了以国家公园为主体 、自然保护区为基础、自然公园为补充的自然保护地体系,使我国重要的自然生态系统和独特的自然遗产得以保护,在保存自然本底、保护生物多样性、改善生态环境质量和维护国家生态安全方面发挥了巨大作用。

中国国土空间治理的基本思路是将主体功能区划和国土空间规划的三线管控与公共治理相结合,建立以国家公园为主体的自然保护地体系,奠定国土空间基本保护格局,同时加强农业空间和城市空间的生物多样性保护,建立归属清晰、权责明确、监管有效的自然资源资产产权管理制度,形成系统完整的生态文明制度体系,用最严格的保护制度为生态环境保护修复提供可靠保障,实现生态环境治理体系和治理能力现代化。建立国家公园体制是手段,完善国家公园为主体的自然保护地体系是方法和路径,构建生态文明体制,推进自然资源科学保护和合理利用,保持一个健康稳定的自然生态系统和维护生物多

① 高吉喜,徐梦佳,邹长新. 中国自然保护地 70 年发展历程与成效[J]. 中国环境管理,2019,11(4):25-29.

样性，促进人与自然和谐共生、建成美丽中国是目标①。

在生态空间保护方面，率先在国际上提出和实施生态保护红线，构建了以重要生态功能区、生态脆弱区和生物多样性保护区为主体的生态保护红线技术体系，成为我国21世纪一项重大生态保护工程，并开展了生态功能区划、主体功能区划（表6-2）。

表6-2 中国自然保护地体系

类型	指标	个数（处）
国家公园	国家公园体制试点区	10
自然保护区	国家级自然保护区	474
	其中：海洋自然保护区	35
自然公园	世界自然遗产	18
	国家级和省级风景名胜区	1 051
	其中：国家级风景名胜区	244
	世界地质公园	37
	国家地质公园	212
	国家矿山公园	34
	国家级森林公园	897
	海洋自然保护区	271
	其中：国家级海洋特别保护区	71

注：表为2018年各类型保护地数量情况。2019年中国新增1处世界自然遗产，现有世界自然遗产（包括4处双遗产）18处。
来源：高吉喜，徐梦佳，邹长新. 中国自然保护地70年发展历程与成效[J]. 中国环境管理，2019，11(4)：25-29.
国家林业和草原局. 2018年全国林业和草原发展统计公报[EB/OL]. (2019-06-21). http://www.forestry.gov.cn/html/main/main_195/20190614150443122346063/file/20190614154955926393514.pdf.

6.1.2 中国新自然保护地体系的特点

中国共产党第十九次全国代表大会报告提出，“建立以国家公园为主体的自然保护地体系”。2019年6月26日中共中央办公厅、国务院办公厅印发了《关于建立以国家公园为主体的自然保护地体系的指导意见》，强调自然保护地是生态建设的核心载体、中华民族的宝贵财富、美丽中国的重要象征，在维护国家生态安全中居于首要地位②。

我国经过60多年的努力，已建立数量众多、类型丰富、功能多样的各级各类自然保护地，

① 政策解读：《关于建立以国家公园为主体的自然保护地体系的指导意见》（解读|全文）[EB/OL]. (2019-06-27)[2022-01-13]. http://www.forestry.gov.cn/main/3957/20190627/085837109401229.html.

② 同上。

在保护生物多样性、保存自然遗产、改善生态、环境质量和维护国家生态安全方面发挥了重要作用,但仍然存在重叠设置、多头管理、边界不清、权责不明、保护与发展矛盾突出等问题。

中国自然保护地建设的总体目标是,建成中国特色的以国家公园为主体的自然保护地体系,推动各类自然保护地科学设置,建立自然生态系统保护的新体制新机制新模式,建设健康稳定高效的自然生态系统,为维护国家生态安全和实现经济社会可持续发展筑牢基石,为建设富强民主文明和谐美丽的社会主义现代化强国奠定生态根基。到 2025 年,健全国家公园体制,完成自然保护地整合归并优化,完善自然保护地体系的法律法规、管理和监督制度,提升自然生态空间承载力,初步建成以国家公园为主体的自然保护地体系。到 2035 年,显著提高自然保护地管理效能和生态产品供给能力,自然保护地规模和管理达到世界先进水平,全面建成中国特色自然保护地体系。自然保护地占陆域国土面积 30%以上。

6.1.2.1 基于国情的分类体系

世界自然保护联盟(International Union for Conservation of Nature, IUCN)将全球纷繁复杂的自然保护地类型浓缩简化为六类:严格自然保护区和荒野保护区、国家公园、自然文化遗迹或地貌、栖息地/物种管理区、陆地景观/海洋景观保护区、自然资源可持续利用保护区。这是一个实用的分类分析工具,主要是基于保护对象的属性和生态敏感性进行分类的,各国根据本国国情制定适合自身的分类体系。按照我国独特的自然地理格局和生态系统特点,将自然保护地分为国家公园、自然保护区、自然公园三类,把以大面积自然生态系统为依托具有国家代表性的自然保护区、风景名胜区等各类保护地整合为国家公园,是中国最重要的自然保护地,把现有的森林公园、湿地公园、地质公园、部分风景名胜区等归入自然公园类,形成了以国家公园为主体、自然保护区为基础、各类自然公园为补充的自然保护地体系,这样既延续了历史,又吸收了国际有益经验,更加简洁明了,易于操作,在国际上独树一帜,符合中国国情。

6.1.2.2 突出国家公园的主体地位

这个主体地位的特点是体现中国特色,能够切实解决中国自然保护与发展的矛盾,创新适合国情的保护模式。

1) 建立以政府为主导的自然保护地公共治理体系

2018 年 3 月,中共中央印发《深化党和国家机构改革方案》,明确将原国家林业局的职责,原农业部的草原监督管理职责,以及原国土资源部、住房和城乡建设部、水利部、原农业部、原国家海洋局等部门的自然保护区、风景名胜区、自然遗产、地质公园等管理职责整合,组建国家林业和草原局(下文简称"国家林草局"),并加挂国家公园管理局牌子。自此,我国各类自然保护地有了统一管理机构,实现了统一管理,彻底解决了长期存在的"九龙治水""多头管理"问题,为建立以国家公园为主体的自然保护地体系提供了制度与组织保障。

突出自然保护地体系建设的社会公益性，发挥政府在自然保护地规划、建设、管理、监督、保护和投入等方面的主体作用。建立健全政府、企业、社会组织和公众参与自然保护的长效机制。建立健全以政府治理为主，共同治理、公益治理、社区治理相结合的自然保护地治理体系。

2）制定配套的法律体系，构建统一高效的管理体系

完善监督体系。增加财政投入，形成以国家投入为主、地方投入为补充的投入机制。搭建国际科研平台，构建完善的科研监测体系。构建人才保障体系、科技服务体系、公众参与体系。制定特许权和经营制度，适当建立游憩设施，开展生态旅游等活动，使公众在体验国家公园自然之美的同时，培养爱国情怀，增强生态意识，充分享受自然保护的成果。

理顺现有各类自然保护地管理职能，提出自然保护地设立、晋（降）级、调整和退出规则，制定自然保护地政策、制度和标准规范，实行全过程统一管理。建立统一调查监测体系，建设智慧自然保护地，制定以生态资产和生态服务价值为核心的考核评估指标体系和办法。各地区各部门不得自行设立新的自然保护地类型。

自然保护地实行分级管理体制，按照生态系统重要程度，国家公园等自然保护地分为中央直接管理、中央地方共同管理和地方管理三类，实行分级设立、分级管理。中央直接管理和中央地方共同管理的自然保护地由国家批准设立；地方管理的自然保护地由省级政府批准设立，管理主体由省级政府确定。

6.1.2.3 以生态红线为杠杆，保护利用并重

践行“绿水青山就是金山银山”理念，探索自然保护和资源利用新模式，发展以生态产业化和产业生态化为主体的生态经济体系，不断满足人民群众对优美生态环境、优良生态产品、优质生态服务的需要。

生态功能重要、生态环境敏感脆弱以及其他有必要严格保护的各类自然保护地，都要纳入生态保护红线管控范围。

以保持生态系统完整性为原则，遵从保护面积不减少、保护强度不降低、保护性质不改变的总体要求，整合各类自然保护地，解决自然保护地区域交叉、空间重叠的问题，将符合条件的优先整合设立国家公园，其他各类自然保护地按照同级别保护强度优先、不同级别低级别服从高级别的原则进行整合，做到一个保护地、一套机构、一块牌子。

制定自然保护地整合优化办法，明确整合归并规则，严格报批程序。对同一自然地理单元内相邻、相连的各类自然保护地，打破因行政区划、资源分类造成的条块割裂局面，按照自然生态系统完整、物种栖息地连通、保护管理统一的原则进行合并重组，合理确定归并后的自然保护地类型和功能定位，优化边界范围和功能分区，被归并的自然保护地名称和机构不再保留，解决保护管理分割、保护地破碎和孤岛化问题，实现对自然生态系统的整体保护。在上述整合和归并中，对涉及国际履约的自然保护地，可以暂时保留履行相关

国际公约时的名称。

6.1.3 自然保护地同农业空间、城镇空间关系

6.1.3.1 自然保护地同农业空间关系

在国土空间规划中农业空间是三生空间之一，永久基本农田保护红线和一般农田控制线是农业空间管控的重要依据。农业空间本身也是一个复杂的生态系统，农业生产既是一种依赖于自然生态环境的生物性产业，又是为人们提供生活必需品的生命性产业，生态环境保护与农作物生产同等重要，二者相辅相成，才能增强农业发展的可持续性。中国古代经典农业发展均是山、水、林、田、湖、草生命共同体的代表，农田系统与自然生态系统是有机融合的不可分割的整体，河道系统既是灌溉系统又是动物廊道系统，农田系统既是农作物生产系统，又是鸟类、水生动物栖息地系统，更是一种精神文化景观系统。

欧洲农业发展的一项政策要求农业空间5%的土地用于自然生态空间修复，配套相应的经济激励政策。自从瑞士实行该项政策以来，在农村就看到了很多野生动物，很多野生动物(包括狼)都回来了，这个政策起到立竿见影的效果。自然保护地不是孤立的一片被保护的土地，它是一个有机的连绵的系统，它是把农田村镇系统融入国土自然生态空间系统中，滋养农业空间，滋养城镇空间，滋养人类的健康。

在我国广大农村地区，存在四种形式的保护地：社区保护地、自然保护小区、生态廊道、水塘湿地等。

社区保护地同乡规民俗密切相关，在农村居民点附近存在一些农民自发保护的林地，代际传承，客观上具有生态保护与服务功能，世界自然保护联盟将社区保护地定义为“自然或经过人为改变的，具有重要的生物多样性价值、文化价值与生态服务功能，并被当地社区和原住民通过传统习俗或其他有效方式自发保护的生态系统”①。

自然保护小区是我国保护地体系中面积最小的一类保护地，零星分布，具有重要保护和科研价值的野生动物栖息地、野生植物原生地和独特生态的地域，在群体自发性建立的基础上，由小区群众共同参与管理的区域。我国自然保护小区数量众多，截至2006年年底，我国自然保护小区数量为45 558个，约为自然保护区数量近20倍，同社区保护地是交叉关系，部分重叠。

6.1.3.2 自然保护地对农业发展的意义

1）农业发展的重要资源

保护农业资源就是保护农业生产，森林、草原、沙漠、沼泽、水、土地资源等既是重

① 李晟之.社区保护地保护与新农村建设[J].西南民族大学学报(人文社科版)，2009，30(2)：40-44.

要自然保护地组成部分，也是农业生产的重要资源，支持、滋养农田生态系统的稳定生产。

2）防治病虫害

生态环境脆弱地区和农业发达地区仍面临着资源紧张、生态破坏的压力，甚至潜伏着巨大的生态危机，主要表现在：第一，农业环境污染加重，农产品质量安全受到威胁，工矿企业及城市“三废”（废水、废渣、废气）的直接排放和农业生产不合理使用化肥、农药、农膜等，造成了农业和农村环境的严重污染；农业、渔业水域污染事故时有发生，这些都直接威胁了农产品质量安全。第二，人均耕地面积减少、水资源严重短缺，不合理开发、乱采滥伐和过度放牧导致水土流失、土地荒漠化、草原“三化”等一系列生态问题恶化、加剧。第三，农业抗灾能力不足。每年洪涝、干旱、低温冷害、风雹和病虫等自然灾害频繁发生，对农业生产构成较大威胁，尤其是旱灾发生频率最高、影响最大。第四，生物多样性遭受破坏，外来物种入侵导致一定的生态危机。根据中国农业科学院生物防治研究所的调查估算，我国每年仅 10 种主要的外来入侵生物造成的经济损失就达 574 亿元人民币，而这些损失主要在农村。

3）提高农产品质量

自然保护地完善农田生态系统的结构与稳定性，减少病虫害，减少农药使用，有利于农产品质量的提高。

6.1.3.3 自然保护地同城镇空间关系

在全球自然保护网络中城市自然保护是其重要的环节，城市自然保护、城市生态重建与城市开放空间系统三位一体，开放空间是城市自然保护、生态建设的重要载体，自然保护与生态建设是开放空间系统规划（含城市绿地系统规划）的重要目标与理论基础，城市自然保护包括市区小生境保护、城市周边自然景观保护等，城市自然保护地类型主要有森林、灌丛、河流、湿地、农田、草地、公园、校园、特殊绿地等。栖息地保护、流域保护、多物种保护，保护地建立与生态修复，空间结构生态化布局，景观生态化设计建设是城市自然保护的四个基石。自然系统、人文系统与法政系统的交互作用是城市自然保护持续发展的内在机制（图 6-1）。

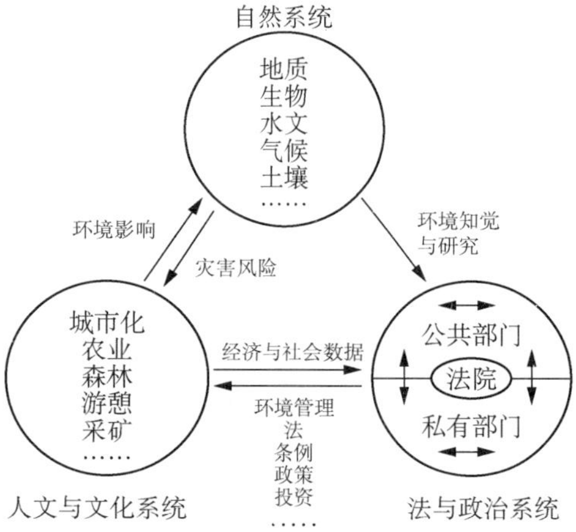

图 6-1 城市自然保护的系统结构与互动机制

6.2 建立自然保护地意义和作用

6.2.1 维护国家生态安全的重要基地

自然保护地保存许多原生物种和各种类型的生态系统，是“天然基因库”、碳汇库、氧气库、储水库，是不同尺度流域的水源涵养地、生态脆弱敏感区，保护了这些地域就保护了中下游的生态安全，奠定了中下游地区城市与社会经济可持续发展的生态安全基础。为维护国家生态安全和实现经济社会可持续发展筑牢基石，为建设富强民主文明和谐美丽的社会主义现代化强国奠定生态根基。

6.2.2 贮备了国家未来发展的战略资源

生物科技是未来社会经济发展的主要动力，生物科技赖以发展的重要基础是生物多样性资源，自然保护地是未来生物科技发展的重要支撑。

6.2.3 推动健康中国健康国民的重要绿色动力

洁净的水与空气，优美的风景，绿色的开阔视野，悦耳的自然声音，壮观的广阔星空，均是重要的健康调节器，是精神家园，是健康维护的绿色资本。

据拉尔夫·巴克利(Ralf Buckley)的研究，全球生态系统每年健康服务价值是6万亿美元，比全球保护地旅游业的价值高一个数量级，比全球保护地管理机构的总预算高出2～3个数量级。初步计算表明，健康服务价值约占全球生态系统服务价值的4%。在澳大利亚，目前为心理健康状况不佳所支付的总费用约占GDP的10%。该研究的初步估算表明，如果没有保护地，这些费用将增加7.5%。对于保护地管理机构来说，关键的结论是：完善保护地的运营管理和基础设施，从而鼓励游客个人的访问，相较于扩大商业旅游业规模，对国家经济的贡献会更大①。

① BUCKLEY R, BROUGH, et al. Economic value of protected areas via visitor mental health[J]. Nature Communications, 2019(10): 5005.

6.3 自然保护地体系规划

6.3.1 自然保护地体系

中国共产党第十九次全国代表大会报告提出建立以国家公园为主体的自然保护地体系，要求对现有的自然保护区、风景名胜区、地质公园、森林公园、海洋公园、湿地公园、冰川公园、草原公园、沙漠公园、草原风景区、水产种质资源保护区、野生植物原生境保护区(点)、自然保护小区、野生动物重要栖息地等各类自然保护地开展综合评价，按照保护地的自然属性、生态价值和管理目标进行梳理调整和归类，逐步形成以国家公园为主体、自然保护区为基础、各类自然公园为补充的自然保护地分类系统。

国家公园是指由国家批准设立并主导管理，以保护具有国家代表性的自然生态系统为主要目的，实现自然资源科学保护和合理利用的特定陆地或海洋区域。2021 年我国首批设立的五个国家公园，分别是三江源国家公园、大熊猫国家公园、东北虎豹国家公园、海南热带雨林国家公园、武夷山国家公园。涉及 10 省区，保护面积达 23 万 km^2，涵盖了我国陆域近 30%的国家重点保护野生动植物种类。国家公园边界清晰，保护范围大，生态过程完整，具有全球价值、国家象征，国民认同度高。

自然保护区是指保护典型的自然生态系统、珍稀濒危野生动植物种的天然集中分布区、有特殊意义的自然遗迹的区域，具有较大面积，确保主要保护对象安全，维持和恢复珍稀濒危野生动植物种群数量及赖以生存的栖息环境。

自然公园是指保护重要的自然生态系统、自然遗迹和自然景观，具有生态、观赏、文化和科学价值，可持续利用的区域，确保森林、海洋、湿地、水域、冰川、草原、生物等珍贵自然资源，以及所承载的景观、地质地貌和文化多样性得到有效保护。各类风景名胜区、森林公园、地质公园、海洋公园、湿地公园、草原公园、沙漠公园等都是自然公园。

自然保护地体系除了类型体系外还有等级体系，包括国家级、省级、市县级保护地，风景名胜区、自然保护区等保护地已经形成了三级保护体系，新保护地体系也将设置对应的分级保护地体系。

6.3.2 自然保护地发展规划

落实国家发展规划提出的国土空间开发保护要求，依据国土空间规划，编制自然保护地规划，明确自然保护地发展目标、规模和划定区域，将生态功能重要、生态系统脆弱、自然生态保护空缺的区域规划为重要的自然生态空间，纳入自然保护地体系。

我国过去保护地主要是分散到各部门独立管理，自然保护区、森林公园归原国家林业局管理,风景名胜区归住房和城乡建设部管理等,导致各类保护地交叉重叠、多头管理矛盾突出,缺少自然保护地统一规划的主管部门。国家机构改革后,各类保护地统一归口国家林草局统一管理,从行政体制上解决了多头管理的根源。

当前的一个紧迫任务就是在现行管理体制下建立科学合理的保护地体系,包括类型体系和等级体系两类。

自然保护地体系规划服务于国土空间保护地体系建设的需要,优化保护地类型结构和空间布局,协调自然保护地规划与国土空间规划的关系以及同国民经济社会发展规划关系,明确各类保护地性质定位、功能定位、保护目标和管理要求,提出保护地体系建设的政策建议。对自然保护地整体和个体的发展目标、规模和范围、建设的实现路径及方式等进行系统设计与细化,形成可操作、可落地的规程规范。自然保护地体系规划作为指导实施层面的规范性、标准性文件,是实现保护地保护管理目标的重要保障和有效手段,是保护地有效、稳步实施建设的科学依据,在自然保护地建设与管理中,需要严格遵循规划的相关要求,分步骤、分阶段、分重点地建设自然保护地,并实施有效管理。

自然保护地体系规划同自然保护地规划体系是有本质不同的,由于各类保护地性质与功能定位不同,保护目标与管理目标不同,所以规划要求不同,规划体系也不相同。过去几个主要保护地如风景名胜区、自然保护区等规划是独立编制的,各自有自己的规划体系,自然保护区采用发展规划、总体规划、项目可行性研究、实施方案相结合的规划体系,风景名胜区采用省域/区域体系规划、总体规划、详细规划和景点(或游线等)规划方案等四级规划体系,湿地公园、地质公园等保护地采用总体规划加专项规划的规划体系。以上规划体系仅满足了单类保护地的建设与管理需要,而在多类保护区叠置的保护地,如风景名胜区与自然保护区部分叠置的保护地,优先考虑自然保护区范围。

每一类保护地应该根据自身管理目标与需求,建立适应性的规划体系。总体上可以分为四个层次:发展规划、总体规划(15～20 年)、专项规划、近期规划(5 年管理计划)和年度计划,各类保护地可以根据自身特点制定适宜的规划体系。

6.3.3 自然保护地网络规划

世界自然保护地发展建设的总体思路是从岛屿型向网络型转变,新建、扩建、续建并重,物种保护与生态系统保护并重,保护形式多样化。从更大尺度上考虑不同栖息地之间物种的迁移和交流、加强保护地网络及其连通性建设是当今世界各国共同关注的热点之一。保护地网络大致有五种类型①。

1）生态系统保护地网络

生态系统保护地网络如热带低海拔地区的雨林与季雨林、寒温带的泰加林与沼泽森

---

① 唐小平.中国自然保护区网络现状分析与优化设想[J].生物多样性,2005(1):81-88.

林、干热河谷地区的稀树草原(savanna)、干旱区的山地森林、高原与荒漠区的湖泊湿地以及红树林生态系统等。

2) 候鸟保护地网络

候鸟季节性迁徙是一个大尺度的生态过程，主要由越冬地、繁殖地和停歇地组成①，需要根据物种类型和种群数量，系统地规划越冬、繁殖与停歇地的保护地体系，形成完整的保护网络，如中国东北与三江平原地区、环渤海地区、长江中下游地区、东南沿海地区与澳大利亚组成的东亚鸟类迁徙廊道的保护。

3) 区域保护地网络

在人口密集地区，单个保护地面积受限，可以通过生态廊道建设把分散孤立的保护地连接成一个整体，促进生态流的扩散交流。

4) 生物区域保护地网络

生物区域通常是大尺度连续成片的生物地理空间，包括若干保持比较完整的生态系统或其片段以及不同人工生态系统区域镶嵌所构成的景观多样性区域。它反映出独特的生物多样性和土地利用类型以及由当地居民长期以来所创造的丰富多彩的文化多样性，能建设成为一个实施可持续发展战略的基本单元。以保护地荒野区为核心区，在一般控制区实现人地和谐共生的保护格局。规划好周边地区的土地合理利用，对退化生态系统进行恢复和重建。通过网络式管理，把保护区和周边的栽培地区以及村镇庭院有机结合起来，可以发挥大面积地区自然或接近自然的生态系统的功能，保证自然和人工生态系统构成协调的景观多样性，是维护区域生态安全的关键，如云南昭通黑颈鹤自然保护地、鄱阳湖自然保护地保护网络建设等。

5) 跨国保护地网络

如我国与俄罗斯建立跨国界的东北虎(panthera tigris altaica)、远东豹(panthera pardusamur)等野生动物保护地网络，在内蒙古与蒙古国之间建立迁徙型有蹄类保护地网络，在云南与老挝、缅甸建立亚洲象保护地网络，这些保护地是很多大型食肉动物和迁徙型动物的关键生境。

自然保护地网络化建设的目标和指导思想是促进濒危野生动植物种群的健康保护，将全球所有濒危物种“物归原位”。保护生物多样性的地理学方法(A Geographic Approach to Protect Biological Diversity，GAP)是保护地网络规划的有效方法，可以快速发现区域保护地的结构缺陷和保护盲点，在广大的时空尺度上识别生态过程和生物多样性各组成成分及其生态空间节点，将节点连接成一个完整的保护网络。

自然保护地建设需要大量资金和土地资源的投入，成本(土地、资金等)的无限制增长会影响保护地的持续生存，由于保护预算的限制，保护地内实际能受到保护的生态系统、物种

---

① 徐海根，王连龙，包浩生. 我国丹顶鹤自然保护区网络设计[J]. 农村生态环境，2003(4).5-9.

或生境也是有限的。自然保护地网络规划就是在一定的预算(如土地面积、资金等)范围内,最大限度地保护生物多样性,或者在一定的保护目标(如包含所有物种或典型生态系统)下,使保护地数量或总面积降至最少。自然保护地网络规划是自然保护地选址和建设的基础。在明确了保护地的具体位置后,再讨论保护地的最小面积、功能分区及必要的廊道设计。

鄱阳湖保护地网络规划研究提出保护地管理网络规划问题,环湖国家、省级、县级保护区共 15 个,各级政府共同建立越冬候鸟与湿地联合保护、监测体系[①]。福建省自然保护地网络规划研究提出"两心六核、三纵四横"的生态网络框架,强调保护核心保护区、修复生态断裂点、建设暂栖息地等重要性[②]。

6.3.4 保护地区域规划

6.3.4.1 保护地与周边区域关系类型

保护地与周边区域关系归纳起来大致有五类:上下游关系、栖息地与食物链关系、文化生态关系、游憩与旅游服务关系、封闭孤岛关系。从保护地水源与水生态系统关系角度可以发现,很多保护地处于流域上、中、下游地区,如三江源国家公园位于长江黄河澜沧江源头地区,洞庭湖、鄱阳湖自然保护区处于长江中游地区,上海东滩鸟类湿地保护区处于下游入海口地区,我国很多湿地保护区处于中小流域的中下游地区,由于中上游地区建立水库,直接影响这些湿地保护区的生态安全。一些野生动物保护区野生动物的捕食行为通常是跨越保护区边界,野生动物生存需要更大区域空间来支持。

人多居民点多是我国自然保护地的一个突出特点,在保护地内外很多村落地域文化、乡土文化特色突出,保护地山水环境滋养、孕育了一方文化,形成山水文化共生的文态关系,这类文化景观成为当代旅游发展的重要资源,基于精神文化及健康价值的游憩发展与区域旅游服务基地关系是保护区与区域协同发展的重要联动机制。

6.3.4.2 保护地区域规划要点

(1) 明确保障保护地生态安全的区域生态空间范围,例如湿地保护地的生态水源范围,野生动物捕食行为、迁徙行为、繁殖行为的空间范围。

(2) 明确门户城市、门户镇与入口社区的空间关系、功能关系,为保护地生态服务价值的空间转化科学配置空间资源,有效建立支持价值链、产品链、产业链形成的空间体系。

---

① 朱奇,刘观华,曾南京,等.鄱阳湖自然保护区网络体系建设的探索与尝试[J].湿地科学与管理,2011,7(3):29-32.

② 古璠,黄义雄,陈传明,等.福建省自然保护区生态网络的构建与优化[J].应用生态学报,2017,28(3):1013-1020.

（3）在保护地区域生态系统完整性、连续性、安全性前提下规划布局道路交通体系、基础设施体系、产业园体系、综合服务体系，形成保护与发展双赢、综合效益最大化地保护地区域生态经济区。

（4）保护地性质与功能不同，保护地与区域关系也有所不同，需要因地制宜，我国新自然保护地体系中国家公园与自然保护区、自然公园的定位不同，需要建立适应性的区域关系。

6.4 国家公园规划体系

6.4.1 规划类型体系

在生态文明建设总体战略指导下，国土空间管控战略是以国土空间规划为统领，推行多规合一，一张蓝图干到底。国土空间规划是以主体功能区划和国民经济社会发展规划为指导，国土空间规划的体系结构是五级三类多专项，国家公园规划是国土空间体系中的专项规划，但又不同于一般的专项规划，国家公园是基于国家生态安全，具有特定管理目标的国土空间地域类型，在国土空间规划体系中国家公园规划是具有优先权、决定权的规划，而不是适应性、依附性规划，在区域规划中具有支配性地位的空间规划，理论上应该是从国家空间规划的角度来编制规划、实施规划。

总体规划、详细规划是一般功能区规划的两类规划类型，传统风景名胜区规划类型有区域规划、战略规划、总体规划、分区规划、详细规划、景点设计等，自然保护区规划类型有总体规划、建设项目规划、生态修复规划等。美国国家公园规划类型有总体管理规划、项目规划、战略规划、实施计划、年度计划等，英国国家公园规划类型有总体规划、核心战略规划、其他专项规划三类。中国国家公园自 2015 年试点以来不断探索国家公园规划体系的合理结构，目前初步确定发展规划、总体规划、专项规划、实施规划（管理计划）、年度计划五种类型。

6.4.2 规划层级体系

国土空间规划的五级体系同国家公园规划的关系可以归并为两个层级的对应关系，国家层面的国土空间规划确定了国家公园的地位和空间范围，省、市、县、乡镇级国土空间规划必须充分尊重国家公园规划的优先权，积极同国家公园规划协调一致。在国土空间规划体系中国家公园规划属于专项规划，从国家生态安全角度，国家公园属于禁止开发区，国家公园规划是以保护管理为基础、以生态系统完整性为前提的综合性规划，是影响国土空间规划的优先规划，具有先导性、决定性特点。对省、市、县、乡镇国土空间规划具有指导性、引导性作用。省、市、县、乡镇国土空间规划必须积极响应、适应国家公园总体规划的需求，把国家公园同区域发展作为一个整体统筹协调，实现保护和发展和谐共进的目标。

国家公园本体层面的规划坚持保护第一、合理利用原则，以生态系统完整性、原真性保护为基础，以游憩、教育、科研为基本功能，协同社区和周边区域发展，实现国家公园保护管理目标。国家公园规划划分为五个层级：发展规划、总体规划、专项规划、实施规划（管理计划）、年度计划。

国家公园是国家专门设定的一类保护地，在国家层面需要编制国家公园发展规划，在主体功能区划、国土空间规划和国民经济社会发展规划指导下统筹设定。发展规划的目的是基于国土资源保护管理目标以及国家公园管理现实问题而制定的中长期发展策略，重点解决国家公园生态系统特征和资源价值识别、空间布局同国土空间规划的协调问题，包括生态红线、村镇体系及社区发展、产业发展、道路交通发展、能力发展、生态服务及保护管理体制机制、产权制度、特许制度、社会参与、经费来源及品牌推广、区域协同等重大问题的谋划、政策法规资金诉求等（图 6-2）。

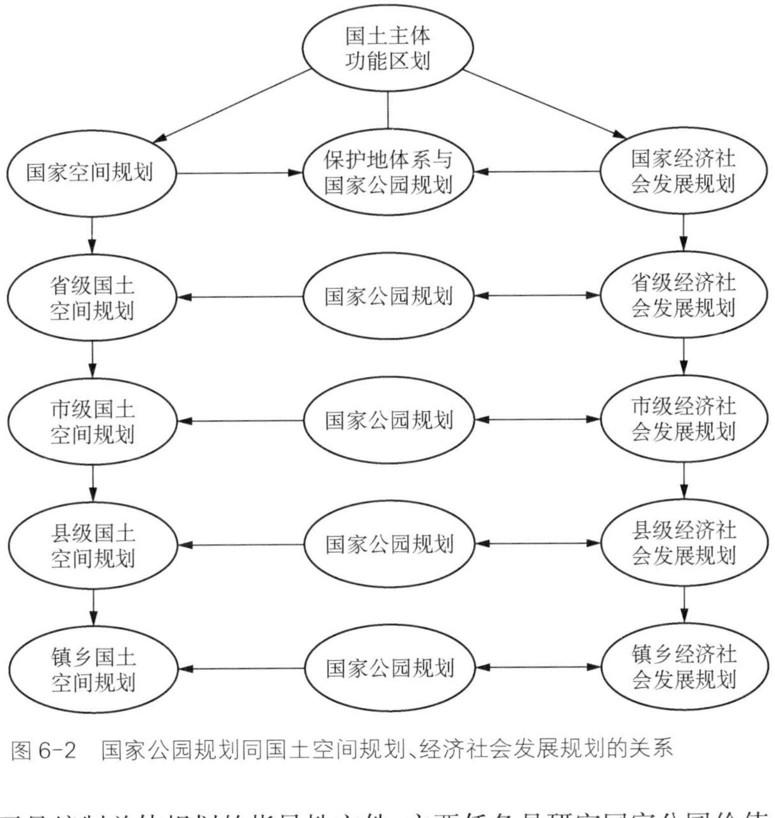

图 6-2　国家公园规划同国土空间规划、经济社会发展规划的关系

规划纲要是编制总体规划的指导性文件，主要任务是研究国家公园价值、现状特征及其存在的问题，明确国家公园保护对象和管理目标。

总体规划是国家公园保护管理建设的基本依据，规划期限一般在 15～20 年，具有发展规划的特性，以保护目标和自然生态系统为基础统筹保护管理、资源利用、空间布局三个维度，生态服务、生态产品、生态产业三个层次，政府、社会、居民三类主体，近、中、远期三个时序，识别保护管理面临的问题，提出解决问题的管理策略。

国家公园总体规划(General Management Plan of National Park，GMP)，在国际上是目前比较成熟的规划类型，有比较完善的理论体系和规划技术体系，其核心内容是管理分区及其定量化的分区管理指标体系、监测评估体系以及动态调控的决策体系。规划技术路线的层级包括价值识别、管理分区、游憩管理、社区管理、设施管理。环境影响评价和社区参与是伴随规划始终的两条主线，以生物多样性和生态系统结构分析为基础，以保护对象的生境需求或标志性保护动物行为空间需求为依据划分管理区、制定管理目标及其定量指标体系。同传统风景名胜区、自然保护区规划的理念和方法有很大不同，突出表现在规划目标、规划基础与技术路线、分区模式与游客管理、公众参与及社区发展、关键专项、区域协同等方面，不追求面面俱到，强调关键专项的深度研究与规划对策制定。

专项规划是针对国家公园存在的突出问题而专门编制的规划如生态修复规划、文化保护规划、特定动植物保护规划、解说系统规划、社区发展规划等，规划期限同总体规划一致。专项规划是在总体规划指导下针对特定问题而编制的具有可实施性的规划，以项目规划为关键支点，深度上要求达到详细规划或工程规划要求，如特许经营规划、生态修复规划、游憩教育规划、社会发展规划等。

近期规划也称为管理计划，是对上述规划实施的近期安排，同美国国家公园战略规划(strategy planning)对应，对项目规划所确定的各类项目进行优选排序，落实近期必须实施的项目，包括能力建设计划、设施建设计划、投资计划、场地详细规划等。

年度计划是年度管理计划的详细安排，包括月度工作表、绩效评估目标等。

6.4.3 国家公园规划特点

国家公园规划是国家公园生态管理、资源利用与保护建设的重要法定依据，具有六大特性。

1）保护性

国家公园规划是为了保护需要而制定的，国家公园的性质决定国家公园规划的逻辑起点是保护，终点也是保护，过程是协调各类利益矛盾、行为矛盾、空间冲突，寻求人地和谐共生的途径。发展目标、发展路径均是在保护目标下制定的，以保护为前提。对影响国家公园设置目标的各类因素进行统筹协调。

2）层次性

国家公园规划分国家层面的发展战略规划和国家公园本身的管理规划两个层次，战略规划属于顶层设计，从国家角度通盘考虑国家公园目标、数量、规模、空间布局与政策，对接国家生态安全与发展战略、主体功能区划、国土空间规划等；管理规划是针对国家公园管理目标要求而编制的综合性规划，每个国家公园根据自身面临的问题和特定目标而编制规划，用于指导管理行动，保障管理决策的科学性和管理行动的针对性、有序性。由于国家公园面积大、内部生态环境差异大，在总体规划基础上编制专项规划和分区控制性详细规划或场地建设详细规划、管理计划等，总体规划是面向未来的战略性规划，需要分期逐步实施，落实年度实施计划。

3）管理性

国家公园规划是为国家公园保护管理服务的规划，使用者是国家公园管理局和国家环保督察部门，是国家公园实施管理职责的重要依据。资源、资产、资本管理三位一体，生态保护、资源利用、项目建设、管理行动四位同步。国家公园规划是国家公园生态系统管理、适应性管理、生态恢复管理、资源利用管理、项目建设管理、社区发展管理的重要依据。

4）综合性

国家公园管理是一个复杂系统，是需要协调各类矛盾的系统工程，人地关系调控是其核心任务。国家公园各类空间资源的保护利用规划均是空间资源、利用方式、利用强度、管理措施四位一体的综合策略，是管用结合的规划思路，不是单纯的空间形态规划也不是单纯的管理行动。

国家公园规划目标就是基于国家公园生态系统特征及其保护目标重要性，针对国家公园生态保护与利用中存在各类突出矛盾提出针对性的协调管理对策，在空间、时序、功能、保育、修复等方面做出合理安排和切实可行的行动计划。

5）时序性

国家公园规划的时序性体现在三个序列上，一是规划本身的有效时间期限，分长远规划和近期规划等，同国民经济和社会发展计划保持一致，每 5 年做一次评估，每 15～20 年总体规划修编一次；二是规划实施的时序性，规划目标分近期目标、中期目标、远期目标；三是近期目标实施的年度计划，分年度细化每年要做的事，落实建设项目和投资计划、资金来源、人力资源开发等。

6）法定性

国家公园规划是《自然保护地法》和《国家公园法》共同明确的一项法定规划，是国家公园管理的唯一法定依据，是国家公园生态保护执法、环保督察的重要依据，在编制技术上有国家标准和行业标准共同约束指导，规划成果内容、深度和形式有统一的标准规范要求。

6.4.4 国家公园总体规划模式与目标

6.4.4.1 总体模式

国家公园总体规划决策体系一般包括规划纲要、总体规划两大部分，总体规划内容包括长期规划、专项规划、近期规划、年度工作计划等。规划纲要主要针对国家公园保护管理面临的系列问题开展深入的调查研究，纲要内容包括公园目的、重要性、基础资源和价值、解说主题以及未来公园规划的需求评价等，美国国家公园新规划体系称之为规划基础文件（Foundation Document），是独立开展的一类规划，指导后续规划的纲领性文件。总体规划是国家公园资源保护管理的主要依据，规划期限15～20年，具有统领性和战略性，规划内容分三个时间序列，形成长期（15～20年）、近期（5年）和年度计划的规划决策体系。总体规划是目标导向性规划，是国家公园规划体系中最重要规划之一，其突出特点一是强调环境影响评价，把环评放在规划之首，二是强调公众参与，三是强调分区与监测，四是强调有针对性规划，削减不必要的规划内容，让公园管理者集中于公园最重要的议题上①。

中国传统保护地总体规划模式以风景名胜区总体规划和自然保护区总体规划为代表，风景名胜区总体规划是侧重旅游发展、保护利用并重的规划，自然保护区总体规划是以保护为核心的保护管理规划，从规程目录、规划目标、核心内容三个方面可以看出两类保护地规划的区别是很明显的。国内学者以朱畅中、谢凝高、丁文魁、朱观海、贾建中、杨锐、王磐岩、李金路等为代表对风景名胜区规划开展了大量规划实践和理论研究，唐小平、唐芳林等对自然保护区总体规划方法与模式做了广泛深入的研究，在国家公园试点基础上对国家公园规划提出比较系统的方法和技术标准②③（表6-3）。

表6-3 风景名胜区与自然保护区总体规划模式的比较

	规程目录	规划目标	核心内容
自然保护区总体规划	1. 综合调查与现状评价； 2. 保护范围、性质、对象和类型； 3. 功能区划； 4. 规划目标与布局； 5. 项目规划； 6. 机构设置与人员配置； 7. 投资估算与事业费测算； 8. 效益分析； 9. 成果形式	1. 自然生态/主要保护对象状态目标； 2. 人类活动干扰控制目标； 3. 工作条件/管护设施完善目标； 4. 科研/社区工作目标	1. 管护基础设施建设规划； 2. 工作条件/巡护工作规划； 3. 人力资源/内部管理规划； 4. 社区工作/宣教工作规划； 5. 科研/监测工作规划； 6. 生态修复规划（非必需时不得规划）； 7. 资源合理开发利用规划（如生态旅游等）； 8. 保护区周边污染治理/生态保护建议

① 黄丽玲，朱强，陈田. 国外自然保护地分区模式比较及启示[J]. 旅游学刊，2007(3)：18-25.

② 张希武，唐芳林. 中国国家公园的探索与实践[M]. 北京：中国林业出版社，2014.

③ 唐小平，张云毅，梁兵宽，等. 中国国家公园规划体系构建研究[J]. 北京林业大学学报(社会科学版)，2019，18(1)：5-12.

续表

	规程目录	规划目标	核心内容
风景名胜区总体规划	1. 基本规定（资源评价，范围、性质与功能分区，容量与人口）； 2. 保护培育规划； 3. 游赏规划； 4. 设施规划； 5. 居民社会调控与经济发展引导规划； 6. 土地利用协调规划； 7. 分期发展规划	1. 自我健全目标；社会作用目标； 2. 有效保护风景名胜资源； 3. 全面发挥风景名胜区功能和作用； 4. 服务美丽中国建设和风景区可持续发展； 5. 提高风景区规划、管理水平和规范化程度	1. 功能分区、容量与人口规模； 2. 保护培育规划； 3. 风景游赏规划； 4. 旅游服务设施规划； 5. 居民点调控规划； 6. 土地利用协调规划

2015 年国家公园体制建设试点以来，在广泛总结试点国家公园建设经验基础上，《国家公园总体规划技术规范》（以下简称《规范》）从行业标准上升到国家标准，2020 年 12 月颁布，2021 年 7 月 1 日开始实施。新版《规范》主要有以下三个特点：一是理顺保护、利用、发展与管理的逻辑关系，自然生态系统类型、价值、保护对象及其完整性、原真性识别与评价是规划的基础，游憩、教育、科研是基于生态系统服务的资源利用方式，社区发展是保护可持续性的关键环节，是规划的重要任务，统筹保护、利用、发展是国家公园管理的基本目标，在保护基础上合理利用、发展，人地和谐共生；二是管控分区与功能分区的统一，建立国家公园体制的基本目标是保护，通过分区管控实现保护目标，在管控分区要求下通过功能分区实现国家公园的社会价值和社区发展的责任；三是突出规划研究与科学保护，保护、利用、管理三位一体，保护刚性与发展韧性相统一，以定量指标落实规划目标，合理范围与边界划分、利用方式与强度、用地类型与用途管制、项目数量与投资规模等均要求量化可行可控（表 6-4）。

表 6-4　国家公园总体规划的主要技术特点

	规范目录	规划目标	核心内容
国家公园总体规划	1. 现状调查与评价； 2. 范围界定和分区管控； 3. 保护体系规划； 4. 服务体系规划； 5. 社区发展规划； 6. 管理体系规划； 7. 土地利用协调规划； 8. 近期实施规划	1. 明确界定国家公园边界和管控分区范围； 2. 确定国家公园发展目标； 3. 对生态系统和资源的科学保护与合理利用在空间、时间、投入等方面做出总体安排	1. 明确保护管理目标、存在问题及解决思路； 2. 确定重要自然生态系统的种类、状态、保护价值、分布范围，界定国家公园边界范围； 3. 确定管控分区与功能区划，进行建设和管理的总体布局； 4. 制定国家公园保护、服务、管理体系，以及社区发展等规划； 5. 明确近期建设与管理重点，测算国家公园近期建设项目投资；分析与评价国家公园保护建设的效益及影响

6.4.4.2 主要国家的规划特点

国家公园体制建设试点以来，国内众多学者对国际上各类国家公园的规划模式开展研究和介绍，归纳起来主要规划模式如表 6-5 所示，以《加拿大管理规划指南》（*Parks Canada Guide to Management Planning*，2008）、《日本国立公园规划要点》（国立公園の公園計画作成要領）、《英国国家管理规划指南》（*National Park Management Plans-Guidance*，2005）、《美国国家公园总体管理规划动态指导手册，2.2 版》（*General Management Planning Dynamic Sourcebook*，*Version* 2.2，2009）为代表。

表 6-5 各国国家公园管理规划模式汇总

	管理目标	规划特点	规划性质
英国	1. 保护和加强国家公园的自然美景、野生动物以及文化遗产； 2. 促进公众理解和享受国家公园中特殊的体验； 3. 在不发生巨大开支的前提下促进当地社区居民的经济和社会福利	在处理公园自然性与生产性、公共性与私有性矛盾方面有突出表现，强调环境、社会和经济的可持续发展	较少涉及空间规划的内容，采用“愿景—目标—行动计划”的框架
加拿大	1. 遗产保护； 2. 促进游客体验机会； 3. 提供公共教育	规划特点在于成熟的标准化体系以及清晰的内在逻辑，规划周期由五个要件构成——陈述报告、框定性文件、管理规划文本、年度实施报告和5年审查	“愿景—价值—目标—战略—项目型”规划
美国	1. 为当代人和后代保护资源； 2. 为当代人和后代提供游憩机会	规划基础文件、总体管理规划、项目管理规划、战略规划、实施计划和年度工作计划和报告组成	价值—战略目标—指标—标准—管理行动
日本	1. 维持景区景观； 2. 推进公园的合理利用； 3. 执行基本的公园合理运营方针	特点在于详细的分区标准和设施标准。对分区规划中区域（特别地域、普通地域、海域公园地区、普通地域）的选定条件和相对应的限制利用要求。明确了国立公园中的设施种类、定义和注意事项	日本国立公园规划框架由“保护限制计划”和“设施使用计划”的两条路径展开

美国国家公园总体管理规划是从最早的总体规划（Master Plans，MP）经过两次转变而形成的。最早的总体规划是 1926 年景观设计师建立的，主要是场地规划，在规划中明确道路、建筑、景点和其他人工和自然景点的布局和位置。总体规划有时还会列出建设阶段和日期以及相关的预算。在国家公园管理局建成初期，并没有真正意义上专业的公园管理专家。所有早期的公园规划是一个内部操作的结果，公众参与的意见事实上未被采纳。之后，由于 1969 年国家环境政策法的颁布，建立了新的规划结构和流程来满足联邦政府对规划过程需要融入公众参与和多方案的要求，然而过多的公众参与也带来了规划

的争议和停滞①。

英国国家公园管理规划是以管理政策为导向，较少涉及空间规划的内容，采用“公园特征—公园议题—愿景—目标—政策/行动计划”的框架②，英国国家公园把对规划成果的评估和审查同样作为管理规划的重要步骤。围绕着“监测—指标—评价”的审查框架。目的是评价规划的有效性和实施性。

加拿大国家公园规划周期由五个要件构成——陈述报告、框定性文件、管理规划文本、年度实施报告和 5 年审查。一份完整的《管理规划》主要由陈述报告、框定性文件和规划文本等三个必要环节构成。加拿大国家公园管理规划属于“愿景—价值—目标—战略—项目型”规划③。

日本国立公园规划包括三项计划：限制计划（为了保护而进行相关限制的计划以及关于公园利用限制的计划）、事业计划（设施相关计划）和生态系统维持及恢复计划。分别指向资源保护、设施建设和生态系统维持三大方面。

日本国立公园规划的特点在于详细的分区标准和设施标准。在分区划分上，日本《国立公园规划要点》中明确规定了特别地域、普通地域、海域公园地区、普通地域等区域的选定条件和相对应的限制利用要求（图 6-3）。明确了国立公园中的设施种类、定义和注意事项。

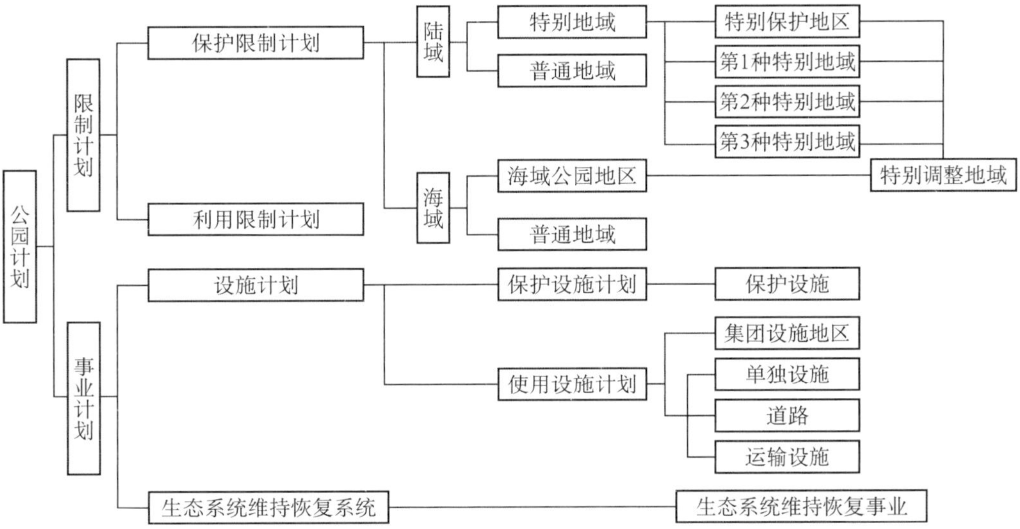

图 6-3 日本国立公园管理框架

来源：作者根据日本环境省网站（http://www.env.go.jp）相关资料绘制

---

① RETTIE, DWIGHT F. Our national park system[M]. Illinois: University of Illinois Press, 1995.

② The Countryside Agency. National Park Management Plans Guidance 2005[R/OL]. [2022-01-13]. http://publications.naturalengland.org.uk/publication/45014.

③ 陈利顶，傅伯杰，刘雪华. 自然保护区景观结构设计与物种保护——以卧龙自然保护区为例[J]. 自然资源学报，2000(2)：164-169.

中国风景名胜区总体规划是物质性规划或者是建设规划，软性规划内容比较少（图 6-4）。中国风景名胜区规划的目标是保护独特的风景资源和实现风景资源的持续利用。

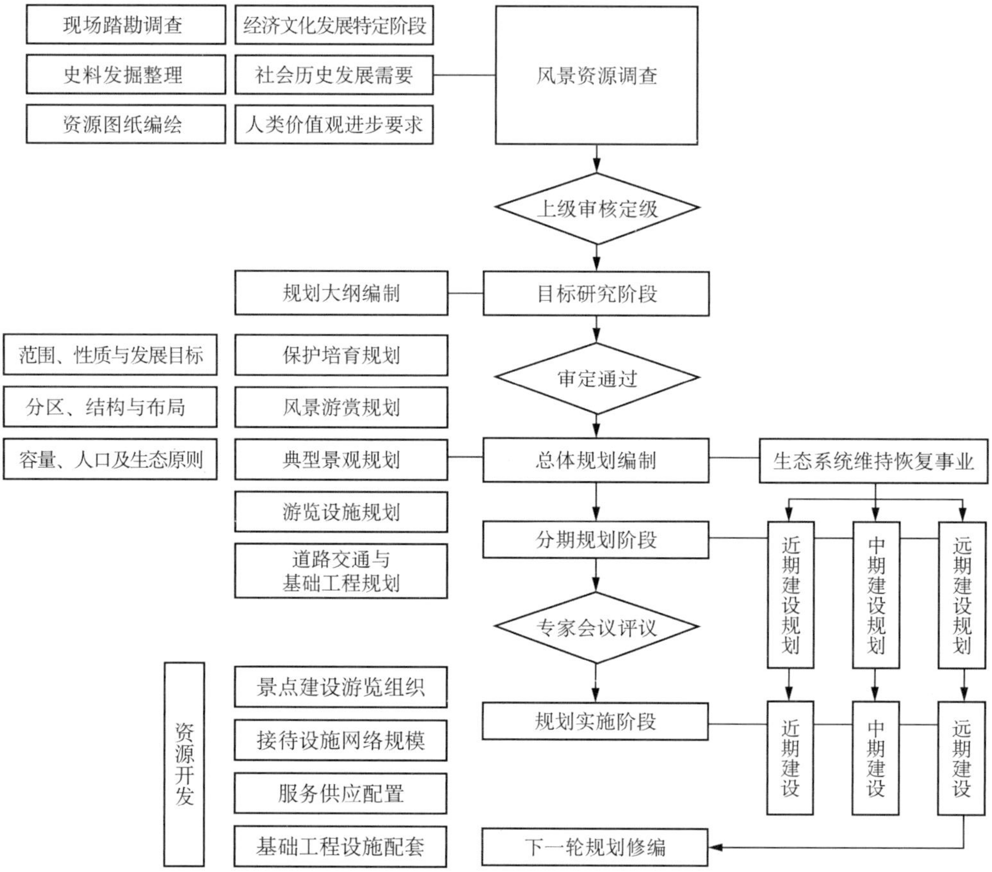

图 6-4　中国风景名胜区总体规划框架

中国自然保护区规划特点是闭环规划（图 6-5）。中国自然保护区规划目标：①保护对象安全、稳定、自然生长与发展，保护生物多样性；②把保护区建设成为集保护、科研、宣教和利用于一体的综合型、开放式保护体系，促进自然保护事业和当地社区的可持续发展。

6.4.4.3　模式比较与中国路径

总体来看，世界国家公园规划模式大致可分为两种模式：一是以美国、加拿大、英国为代表的“价值—愿景/目标—指标—行动—监测”的动态管理规划模式；二是以日本、中国为代表的“保护策略—利用策略”的静态规划模式。

中国和日本在规划模式上较为相近，都是通过区域划分来限制不同程度的利用，同

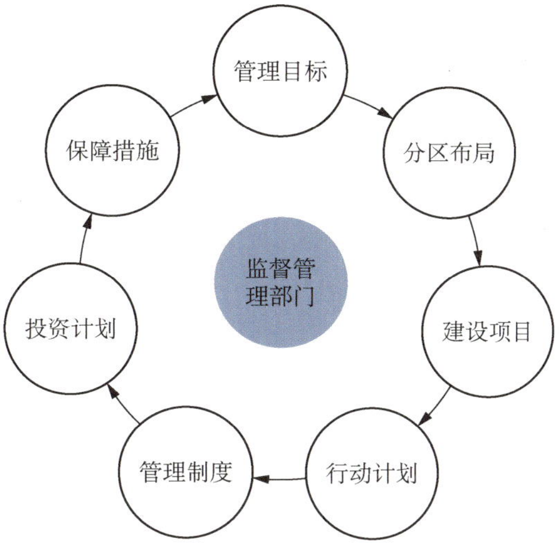

图 6-5　中国自然保护区总体规划框架

时，通过设施规划允许适当的公园使用。二者的区别在于日本在保护区域划分和设施利用、设定的标准化程度上比中国更细致、规范。

中国保护地人居因素复杂性以及土地产权主体多元性的特征与英法国家公园的问题相似，法国国家公园空间规划分核心区和联盟区，规划模式有可鉴之处。

美国、加拿大的管理规划模式与中国保护地传统的静态规划的区别较大，但美国、加拿大和中国在国家公园规划中面临的矛盾与关系基本相同，其中包括资源保护与游憩旅游发展之间的关系、国家公园用地与周边土地之间的关系等。规划模式和方法较为成熟，值得参考。综合各国规划模式与国内 60 多年保护经验，新一版国家公园总体规划具有五个属性，是一个综合性、动态性、科学性的保护管理规划纲领性文件（表 6-6、表 6-7）。

表 6-6　中国国家公园总体规划的属性与特质

属性	规划特质
保护属性	生态系统完整性、原真性、可持续性保护，保护是规划的起点与终点
管理属性	监测、生态政治、资源资产、特许权与特许经营、用途管制、社区治理
发展属性	社区发展、社会发展、地方发展
建设属性	项目计划、基础设施、保护管理设施、利用设施、村镇建设
空间属性	边界、分区、土地利用与保护管理目标的对应

表 6-7　中国国家公园总体规划的内容结构

	总体规划	专项规划	近期规划(管理计划)	年度计划
主要任务	明确保护价值与对象、管理目标与计划、空间布局与保护对策	落实总体规划目标的要素保护管理与建设项目规划	编制保护管理5年行动计划,明确5年建设项目,编制建设项目控制性或修建性详细规划	基于年度目标按月落实的具体行动计划
中长期(10~20年)	√	√	—	—
近期(3~5年)	—	—	√	—
年度计划(1年)	—	—	—	√

6.4.5 《国家公园总体规划技术规范》解读

《国家公园总体规划技术规范》(GB/T 39736—2020)(下文简称《规范》)于 2021 年 7 月 1 日实施。

6.4.5.1 《规范》总体结构

《规范》包括 14 章和 3 个附件,近、中、远期规划相结合,以现状调查和价值评价为基础,以分区管控和 6 个专项规划为核心。

6.4.5.2 新版《规范》特点

新版《规范》充分吸收了《风景名胜区总体规划技术标准》《自然保护区总体规划技术规程》等各类保护地已有规划技术规范,同时结合国家公园管理要求,突出国家公园总体规划特点,主要包括以下方面:一是现状调查评价强调生物多样性价值评价和生态系统完整性、原真性、代表性、典型性、脆弱性评价;二是基于保护管理目标的两级分区:管控分区与功能分区相结合;三是把科研、教育、游憩旅游及其服务设施配置纳入服务体系规划中,突出国家公园生态系统服务的逻辑体系;四是社区发展规划强调四个统筹:空间调控、产业发展、参与机制与人口社区作为一个整体共同推进协调生态保护与社区发展的矛盾;五是加强生态系统管理的科学性,从管理机构、人员编制、管理布局、监测体系、特许经营、智慧平台和管理能力七个方面完善管理体制机制建设,提高管理效率;六是重视规划实施的综合影响评价,不仅仅是生态影响,还必须重视社会影响和经济影响评价;七是对总体规划文件和图表的技术标准做了详细规定,为国家公园管理的规范性奠定基础。

6.5 城市自然保护地规划

6.5.1 城市自然保护地概念提出的背景

IUCN 将城市保护地定义为"位于较大的人口集聚区内部或边缘的保护地"，符合 IUCN 对于保护地的定义与标准①。与其他保护地相比城市保护地接收大量访客并容易受到城市发展的影响，在提供生态系统服务以及提高市民福祉等方面具有重要意义，因此逐渐引起国际自然保护领域的关注。

6.5.1.1 全球快速城市化与自然保护地范围的扩大

1950 年世界城市人口比例为 30%，2007 年城市人口首次超过农村人口，预计全球城市化过程仍将持续数十年②。人口城市化和与之相伴的土地城市化极大影响了自然环境及其为人类提供服务的能力③。与此同时，世界保护地的数量与面积不断增长，1950 年只有不到 0.5%的地球表面受到保护，而到了 2005 年这一数字达到 12%④。不断扩张的城市和不断扩大的保护地相互交织，形成了二者日益接近的趋势⑤。客观条件的变化使城市保护地成为消弭城市与自然紧张关系的最前沿。

6.5.1.2 自然保护思想由绝对保护到促进区域发展的转变

源于北美 19 世纪由国家强力主导的传统保护思想认为人与自然应该保持分离⑥，自

---

① TRZYNA T. Urban Protected Areas: Profiles and best practice guidelines[R/OL]. Ontario: RDS Printing, 2014.[2022-01-13]. https://portals.iucn.org/library/sites/library/files/documents/PAG-022.pdf. 注：IUCN 自然保护地定义：自然保护地是明确界定的地理空间，经由法律或其他有效方式得到认可、承诺和管理，以实现对自然及其生态系统服务和文化价值的长期保护。

② UNDP, 2018. https://population.un.org/wup/publications/Files/WUP2018-Report.pdf. 注：本章采用 2018 年 UNDP 报告，该数据与 IUCN 提出城市保护地概念时一致。

③ BOLUND P, HUNHAMMAR S. Ecosystem services in urban areas[J]. Ecological Economics, 1999(29): 293-301.

④ CHAPE S, HARRISON J, SPALDING M, et al. Measuring the extent and effectiveness of protected areas as an indicator for meeting global biodiversity targets[J]. Philosophical Transactions of the Royal Society of London B Biological Sciences, 2005, 360(1454): 443-455.

⑤ MCDONALD R I. Global Urbanization: Can Ecologists Identify a Sustainable Way Forward? [J]. Frontiers in Ecology and the Environment, 2008, 6(2): 99-104.

⑥ ROE D, HOLLANDS M. Protected areas: how much is enough? sustainable development opinion[R/OL]. London: International Institute for Environment and Development, 2004.[2022-01-13]. http://pubs.iied.org/pdfs/11046IIED.pdf.

然保护地仅被认为是逃离城市生活压力享受游憩设施的自然环境①,这一经典模式在随后全球自然保护实践过程中不断受到挑战,以欧洲为代表探索了将保护地作为工具带动区域社会经济发展的新模式②。从1962年以来全球保护地重要事件的主题分析看,第一届、第二届IUCN世界公园大会主要关注狭义的自然保护,而第三届世界公园大会提出建立保护地与区域发展问题的联系,代表了真正的分水岭。第五届世界公园大会开始关注城市问题,并以"保护地:超越边界的利益"为主题实现了保护地与区域发展从分割走向结合的范式转变③。城市保护地为城市提供各类生态系统服务,具有五方面的价值(表6-8)。

表6-8 城市自然保护地的价值与作用

保护地价值	特 点
生态价值	保护城市景观中的生物多样性
社会价值	改善城市居民身心健康、促进社会凝聚力和地方感
环境价值	调节微气候、吸收污染物等
经济价值	提供饮用水、食物,通过旅游收入支持本地经济,增加周边房地产价值
文化价值	自然教育、科学研究、美学体验等

6.5.2 城市自然保护地类型

2001年,IUCN首席科学家杰弗里·麦克尼利(Jeffrey McNeely)总结了城市保护地的四个类别及其特点(表6-9),认为由于很多城市保护地面积太小而不能满足世界保护监控中心(WCMC)所认定的1 000 hm^2 的监测标准,因此城市保护地价值被低估的同时也降低了其在整个保护体系中的重要性。

---

① MENEZES P. Raising the priority of urban areas in protected area systems in Brazil and beyond[M/OL]// TRYZNA T. The urban imperative: outreach strategies for protected area agencies. California: California Institute of Public Affairs,2005: 51-57. [2022-01-13]. https://portals. iucn. org/library/sites/library/files/documents/PAPS-015. pdf.

② MOSE I. Protected areas and regional development in Europe: towards a new model for the 21st century[M]. Aldershot: Tijdschrift voor Economische en Sociale Geografie, 2009.

③ PHILLIPS A. Turning ideas on their head: The new paradigm for protected areas[J]. The George Wright forum, 2003, 20(2):8-32.

表 6-9 城市保护地类别、案例及特点

类别	案例	特点
世代相传的城市保护地	浦那、班加罗尔(印度)西高止山脉	规模较大,荒野自然曾经主导景观。作为生物多样性的来源至关重要,可以帮助在其他城市环境中(如家庭花园或城市公园)普及生物多样性
城市庇护地	里约热内卢(巴西)蒂茹卡国家公园;加拉加斯(委内瑞拉)亨利皮蒂埃国家公园;温哥华(加拿大)斯坦利公园;蒙特利尔(加拿大)皇家山公园	山地地区,为城市地区提供基本的生态服务(特别是流域保护)
城市绿带	悉尼(澳大利亚)兰考夫国家公园;华盛顿特区(美国)石溪公园	半自然地区,并被指定为区域土地利用规划的一部分,提供大量的野生动物廊道,也能起到防洪的作用
经过设计的城市自然区	加利福尼亚洛杉矶沿海国家纪念地;多伦多(加拿大)汤米·汤普森公园	人类模仿自然设计的能够提供与其他保护地相同的功能,包括保护生物多样性和提供各种生态服务

来源:MCNEELY J A. Cities and protected areas: An oxymoron or a partnership? [J]. Parks, 2001, 11(3):1-3.

2014 年《城市保护地概况与最佳实践指南》(以下简称《实践指南》)中将城市保护地对应 IUCN 所有的保护地管理类别(表 6-10),指出大部分城市保护地属于国家公园(类别Ⅱ)以及陆地/海洋景观保护地(类别Ⅴ),城市保护地也可能是其他国际认可的保护地,如海洋保护区、世界遗产、世界地质公园、拉姆萨尔湿地以及生物圈保护区。文件特别说明城市保护地不包括带有草坪、花坛和运动场的常规城市公园。该分类方法在一定程度上避免了在 IUCN 原有管理类别外增加新的保护地类型,同时对应所有的保护地类别有利于扩大城市保护地的影响力。

表 6-10 IUCN 保护地管理类别与城市保护地参考案例

类别		参考案例
类别Ⅰa	严格的自然保护地	洛杉矶地区,蕨类峡谷研究自然区;中国台北,丹水河红树林自然保护区
类别Ⅰb	荒野保护地	洛杉矶地区,洛杉矶国家森林荒野地区
类别Ⅱ	国家公园	里约热内卢,迪居甲国家公园(世界遗产文化景观)
类别Ⅲ	自然纪念物	洛杉矶地区,加利福尼亚沿海国家纪念地
类别Ⅳ	栖息地/物种管理区	洛杉矶地区,埃尔塞贡多蓝蝶栖息地恢复区;开普敦,伊迪丝斯蒂芬斯自然保护区
类别Ⅴ	陆地/海洋景观保护地	首尔,北汉山国家公园;中国香港,香港郊野公园
类别Ⅵ	资源保护地	圣胡安,波多黎各,Piñones 国家森林

来源:TRZYNA T. Urban Protected Areas. Profiles and best practice guidelines[R/OL]. Ontario: RDS Printing, 2014 [2022-01-13]. https://portals.iucn.org/library/sites/library/files/documents/PAG-022.pdf.

6.5.3 城市自然保护地研究的国际进展

6.5.3.1 成立城市保护战略专家组

2004年,IUCN世界保护地委员会成立的城市保护战略专家组致力于扩大和改善城市保护地的管理,为城市保护地发展做出了大量工作(表6-11)。该专家组下设暗夜天空咨询委员会以及自然声音咨询委员会,前者致力于建立"暗夜天空保护区"以及探索保护自然免受人造光伤害的方法,后者致力于在保护区中保护自然和文化声景①。

2014年11月,IUCN第六届世界公园大会提出建立城市保护地,形成城市、陆地、海洋景观的保护地体系②。同年IUCN发布了《实践指南》,总结世界城市保护地的实践经验,对指导世界城市保护地工作的深入开展具有重要意义。目前由IUCN发起的城市自然联盟(UNA)致力于加强国际城市自然保护工作,推动成员通过建立并有效管理的城市保护地、绿色基础设施以及基于自然的解决方案为野生动物栖息地提供有利条件、减少城市的生态足迹以及促进人与自然的联系并利用城市自然遗产③。

表6-11 IUCN城市保护战略专家组主要工作(含城市与保护地工作组时期的工作)

时间	地点	主要事件	工作内容
2004	美国马里布	马里布研讨会	制定总体工作计划,关注世界五个地中海气候类型地区的城市与自然保护工作
2004	泰国曼谷	第三届IUCN世界自然保护大会	组织与生态系统管理委员会的合作项目。组织关于沿海城市与大型生态系统、地中海气候类型城市的自然保护以及城市居民对自然保护运动重要性的相关活动,推动通过"城市与保护"决议
2006	肯尼亚内罗毕	内罗毕研讨会	与联合国环境计划署和肯尼亚野生动物局一起举办了关于城市、生态系统和生物多样性的非洲区域研讨会
2009至今	—	成立暗夜天空咨询小组	处理光污染对自然生态系统的影响,发布世界暗夜天空公园名单
2010至今	—	成为城市保护地网络合作伙伴	对巴西、印度、肯尼亚和南非四个重点城市保护地的管理进行社会科学研究
2012	韩国济州岛	第五届IUCN世界自然保护大会	举办"自然保护的城市维度:IUCN的作用"研讨会。发起关于暗夜天空与自然保护的动议,并获通过

① TRZYNA T, GOLDSTEIN D. Urban conservation strategies[EB/OL]. [2022-01-13]. https://www.iucn.org/commissions/world-commission-protected-areas/our-work/urban-conservation-strategies.

② 黄越,刘畅,李树华.基于城市自然保护的柏林景观规划评述及对我国的启示[J].风景园林,2015(5):16-24.

③ 081 — Call for nature in cities agendas and strengthening the IUCN urban alliance[EB/OL]. (2021-09-30)[2022-01-13]. https://www.iucncongress2020.org/motion/081.

续表

时间	地点	主要事件	工作内容
2014	—	发布《城市保护地:概况与最佳实践指南》	汇集10年经验完成《城市保护地:概况与最佳实践指南》,成为IUCN保护地最佳实践指南系列中的第22卷
2014	澳大利亚悉尼	第六届世界公园大会	组织关于城市保护地的活动
2015	—	共同发起"自然的邻居"项目	在大都市地区建立保护机构、博物馆、动物园、水族馆和植物园的联盟,向城市居民介绍所在地区的自然和文化遗产
2016	美国夏威夷	第六届IUCN世界自然保护大会	起草并共同提出"将城市层面的保护纳入世界自然保护联盟的工作"动议。赞助或联合赞助若干活动,包括"城市伙伴关系如何处理全球危机"

来源:Tryzna T. The urban imperative: outreach strategies for protected area agencies[M]. California: California Institute of Public Affairs, 2005.

6.5.3.2 制定城市保护地实践指南

IUCN在《实践指南》中通过总结世界城市保护地的经验提出城市保护地管理的四大部分30条准则①,每条准则下设细则。概括而言,"城市保护地与人"部分强调为市民及不同群体创造便利的访问条件,规范人类活动以减少对保护地的破坏,并通过合作、交流、宣传等方式加强城市保护地的影响力。"城市保护地与场所"部分强调城市保护地需要加强与其他自然区域的联系,防止保护地孤岛化和生境破碎化,并通过跨学科研究结合地方生物多样性战略将自然融入城市。对土地侵占、水、野火等进行管控,减少噪音、人造光和电磁场对野生动植物的影响。"城市保护地与机构"部分提出城市保护地与行政管理单位、自然保护组织、博物馆、大学等机构紧密合作的重要性,这有利于在保护地合作管理、获取支持、保护宣传、人员培训等方面取得进展。"促进、创建和完善城市保护地"部分指出通过各种方式获得政治、资金、国际合作和科学研究方面的支持,努力使城市保护地成为各国和全球自然保护工作的重要方向(图6-6)。以上四个部分涵盖了生物多样性保护的准则,因此《实践指南》并没有将其单独列出。

6.5.3.3 积极推动城市保护地的体系化建设

IUCN提倡在管理和空间层面对城市保护地进行体系化建设,一是纵向体系化建设,即形成不同管理层级结构的合作模式协调解决城市保护地面临的问题。美国国家公园管理局2016年启动的《城市议程》以加强城市居民与自然的联系为目标,提出国家公园、州立公园与地方公园建立合作有利于提高个人和社会的健康和福祉。美国加州

① BYRNE J, WOLCH J, ZHANG J. Planning for environmental justice in an urban national park[J]. Journal of Environmental Planning & Management, 2009, 52(3):365-392.

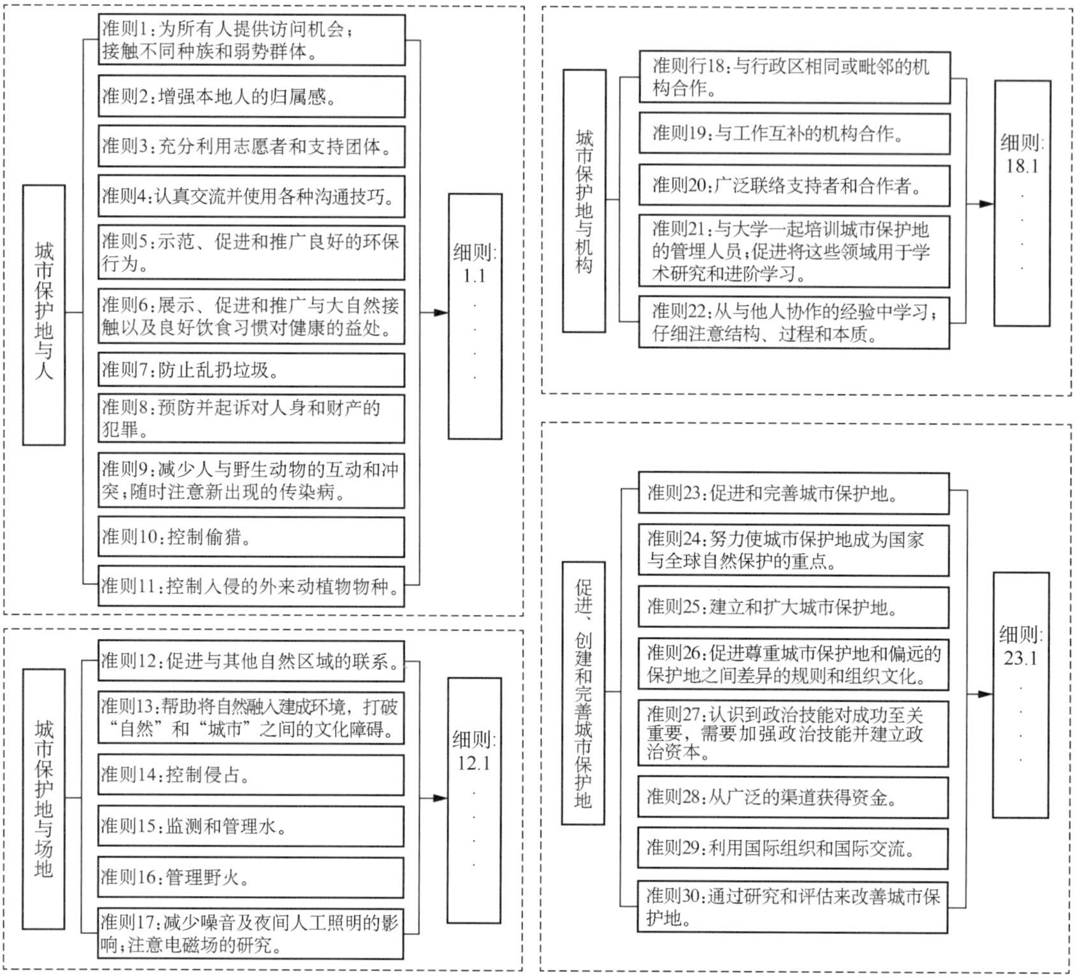

图 6-6　ICUN 城市保护地实践准则框架

洛杉矶圣莫尼卡山国家休闲区被誉为“世界最大的城市国家公园”。公园公共土地由国家、州和地方政府所有，其余约 47%的土地由私人所有。加利福尼亚州立公园是最大的公共土地所有者，同国家公园管理局和圣莫尼卡山成立保护协会，在美国国家公园管理局的管理框架内，由所有相关机构的代表组成的自然保护董事会作为非正式的协调机制加强不同管理机构之间的合作①。二是横向体系化建设，即基于生态过程统筹考虑整个城市甚至(生物)区域内保护地的系统化建设，以构建生态网络和加强生态连通性的形式将保护地等生态单元结合起来，如德国柏林将自然保护区、景观保护区、自然公园、自然纪念物、受保护的景观要素以及法定保护珍稀自然生境等统筹考虑，以达到

① BYRNE J, WOLCH J, ZHANG J. Planning for environmental justice in an urban national park[J]. Journal of Environmental Planning & Management, 2009, 52(3):365-392.

自然保护的目的①。

6.5.3.4 国家级城市保护地的设立

目前国外主要有城市国家公园与国家城市公园两类国家级城市保护地，前者是指与城市毗邻的国家公园，后者是具有法定地位的独立城市保护地类型。城市国家公园源于20世纪70年代的公园与人倡议，主要为满足城市贫困人口和社会边缘人口不断增长的绿地需求②。美国国会在最初6年陆续设立纽约盖特维国家休闲区等5个城市国家公园③，目前隶属于美国国家公园管理局的保护地有三分之一位于都市区，美国人口最多的50个城市中有40个拥有国家公园，城市国家公园已成为城市社会结构以及国家公园系统的重要组成部分④。其他国家具有代表性的城市国家公园有南非开普敦的桌山国家公园（IUCN类别Ⅱ）、韩国北汉山国家公园（IUCN类别Ⅴ）以及法国卡兰克斯国家公园（IUCN类别Ⅱ）等，但不同国家的国家公园分类并不完全与IUCN管理类别一致。

国家城市公园源于瑞典公众为反对在斯德哥尔摩地区修建基础设施而发起的生态公园运动，该运动导致1995年瑞典通过《国家城市公园法》建立世界第一个国家城市公园——皇家国家城市公园，公园位于斯德哥尔摩、索尔纳以及利丁厄都市区，保护了皇家宫殿、哈加公园等历史文化遗产以及100多种鸟类、800多种开花植物构成的生态系统，公园也是瑞典最大的景点，为市民及游客提供20多个博物馆、50多家餐馆和咖啡店等教育娱乐场所⑤。受瑞典影响，芬兰在2000年修正的《土地利用与建设法案》中特别指定“保护城市生物多样性重要的自然区域”为国家城市公园，建有波里、汉科等8个国家城市

---

① O'DELL P. Redefining the national park service role in urban areas: bringing the parks to the people[J]. Journal of Leisure Research, 2016, 48(1): 5-11.

② BYRNE J, WOLCH J. Nature, race and parks: past research and future direction of geographic research[J]. Progress in Human geography, 2009, 33(6): 743-766. 注：国外设立位于城市内部或边缘的国家公园远远早于20世纪70年代，美国国家公园管理局认为美国第一个城市国家公园是1890年批准设立的位于华盛顿特区的石溪公园(Rock Creek Park)，参见美国国家公园管理局网站 https://www.nps.gov/。此外，澳大利亚悉尼1938年建立的兰考夫国家公园(Lane Cove National Park)、巴西1961年建立的迪居甲国家公园(Tijuca National Park)等均为较早设立的城市国家公园。但由于美国公园与人倡议影响深远，学界通常以此作为城市国家公园建立的起点。

③ MOSE I. Protected Areas and Regional Development in Europe: towards a new model for the 21st Century[M]. Aldershot: Tijdschrift voor Economische en Sociale Geografie, 2009.

④ PHILLIPS A. Turning ideas on their head: the new paradigm for protected areas[J]. The George Wright forum, 2003, 20(2): 8-32. 注：美国国家公园管理局所指的城市国家公园包括其管理的国家公园体系中所有位于城市内或其边缘的保护地类别，并不特指国家公园，也并不存在独立划分的城市国家公园类别。

⑤ HENRIK, ERNSTSON, SVERKER, et al. Weaving protective stories: connective practices to articulate holistic values in the Stockholm National Urban Park[J]. Environment and planning, 2009 , 41(6): 1460-1479.

公园①。加拿大的9类自然保护地类型中下设国家城市公园类②，2011年建立了加拿大第一个国家城市公园——胭脂河国家城市公园，2015年颁布的《胭脂河国家城市公园法》在立法层面确保了对公园生态系统及其丰富多样的文化和农业资源给予最强有力的保护③。

6.5.3.5 生物多样性保护结合城市可持续发展

随着人类对生态系统影响的增加，自然保护的目的已经从保护生物多样性扩展到涵盖可持续发展的目标④。德国、英国、法国、南非等国家纷纷制定了以社会经济可持续为核心、以生物多样性保护为出发点的城市生物多样性战略⑤。开普敦是全球生物多样性热点地区，市政府管理了22个保护地，2019年制定的《本地生物多样性战略与行动计划》确立的战略目标有：①确保与国际、国家、省和开普敦市的相关立法、政策和战略保持一致；②保障正式的保护地位，管理、维持及修复已确定的和现有的陆地及湿地优先保护点；③识别、增强和优化生态可持续的社会经济利益和机会，特别关注提供绿色岗位和技能培养计划；④显著减少入侵物种对开普敦自然、经济和社会资本的威胁；⑤加强沟通，丰富开普敦市民对当地生物多样性的认识；⑥确保生物多样性管理部门的有效管理。该计划在承认社会和经济现实的基础上，以保护生物多样性作为人与环境联系的媒介，在公众参与、增加就业、自然教育以及环境旅游等方面获得生物多样性保护与城市可持续发展的双赢。

德国法兰克福环城绿带总长70 km，总面积约8 000 hm^2，占城市面积的1/3，融绿带、绿道、城市公园、荒野公园等多种绿色开放空间于一体，同都市区放射性绿道共同承载法兰克福—莱茵美因城市群区域自然游憩与生态多样性保护等职能（图6-7）。

---

① GIRAULT C. Between naturalness and urbanity, how are protected areas integrated into cities? The case of Helsinki(Finland)[J]. Articulo — Journal of Urban Research, 2017, 16(16).

② 陈耀华，黄朝阳. 世界自然保护地类型体系研究及启示[J]. 中国园林，2019，35(3)：40-45.

③ Parks Canada. Rouge National Urban Park Management Plan, 2019[R/OL]. (2020-11-13). https://www.pc.gc.ca/en/pn-np/on/rouge/info/gestion-management/gestion-management-2019.

④ IUCN. Benefits beyond boundaries. proceedings of the Vth IUCN World Parks Congress[M/OL]. UK: Thanet Press Limited, 2005:2. [2022-01-13]. https://portals.iucn.org/library/sites/library/files/documents/2005-007.pdf.

⑤ TRYZNA T. The urban imperative: outreach strategies for protected area agencies[M]. California: California Institute of Public Affairs, 2005.

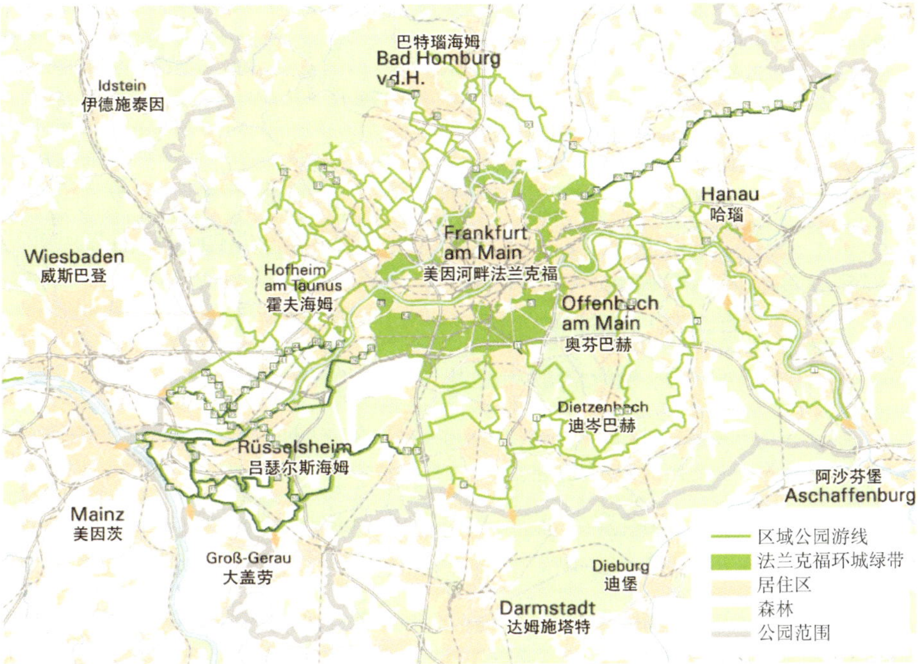

图 6-7 法兰克福环城公园绿带
来源：杨允博 绘制

6.5.4 中国城市自然保护地发展与规划策略

城市自然保护是一项复杂的社会系统工程，是自然空间系统同社会、经济、政治系统相互作用的过程，观念变革、源头保护、空间融合、社会参与、政府担当是城市自然保护的5个协同共进的驱动策略。

6.5.4.1 观念变革

思想观念是城市自然保护的根本动力，只有充分认识到生态价值在城市可持续发展中的作用，自然保护地建设才能成为城市规划与发展的自觉行动。既需要社会觉醒，更需要政府执政理念的先进性，提高生态政治地位，培养全民生态意识。

城市自然的保护最早是一些个人和组织的自发行为，随着对生态城市建设的需求越来越高，政府才开始重视城市自然环境的保护。经济发达的国家，诸如美国和英国，当地政府通过对土地的生态评价，认为某一地域有一定的保护价值时就会出资购买土地进行保护。显然城市自然保护得到了政治上的认可，但是同时城市发展的压力还在不断增加。随着城市化的进展，大量的农村人口涌进城市，房子的需求在未来一段时间内将持续增加。伦敦的城市规划调查研究表明，60%的新房将会建设在“棕色地带”，包括一些被称为自然保护区的地域①。城市自然的保护与城市用地的开发面临着激烈的土地之争，存在不可调和的矛盾，尤其在那些被称为“棕色地带”的废弃地，具有潜在的保护地价值，需要政府认识到其生态价值及其潜在的生态效应才有可能得到保护②。

6.5.4.2 源头保护

这个源头有三层含义：区域环境与自然生态系统保护、资源循环利用与产业生态化、基于社会经济发展的城市生态安全空间布局。

循环经济与城市发展耦合的内在机制在于它是一种生态经济，通过提高资源的利用效率，实现人类社会与自然环境之间物质和能量转换的优化，维护保护与发展的生态平衡，将人类的生产和消费方式限制在生态系统所能承载的范围之内。循环经济以减量化、再利用和再循环为特征，即“3R”行为准则。从20世纪80年代起，世界各国都在探索生态城市的建设模式，引入了循环经济的思想，如丹麦的“卡伦堡生态工业园建设”。循环经济的共生体系，一方面减少了对环境污染，改善了城市自然的生存环境；一方面提高了资源的利用率，减少了对自然资源的开采，从而保护了城市自然共生体系。例如回收1 t易拉罐，可以少采2 t铝矿，还可以少建2 t规模的炼铝锭厂，从而减少了采矿和冶炼带来的工业污染。又如东京的废纸回收率高达75％，为造纸工业提供一半以上的原料，仅此一项，每年可少进口300万 m^3 木材。

自然保护不能单从“自然系统”出发，仅仅建立绿地系统，保护自然保留地，对破坏的生态景观进行修复是不够的。既然这个自然保护是界定在城市内，那它必须面对社会与经济的挑战。

6.5.4.3 空间融合

城市自然系统同城市空间关系不是区块关系，而是有机融合关系，自然系统在区域、建城区、功能区、建筑等层面以多种形态融合其中，释放生态价值的动力作用。

制作城市生境图是空间融合的第一步，需要多学科专家参与调查研究，面向自然保护的城市生态要素调查内容至少包括4个层次，即动植物种类、自然栖息地、生态系统及景观。在调查评估基础上，按自然保留地、城市绿地、工业废弃地、自然荒地等属性进行分类，为自然保护地体系建设奠定基础。

基于城市区域生态系统的空间结构特征，建构城市自然保护地体系及其网络格局（图6-8），通过生态廊道把城市自然保留地、绿地系统、近自然地、荒地以及其他开放空间

---

① GIRAULT C. Between naturalness and urbanity, how are protected areas integrated into cities? The case of Helsinki(Finland)[J]. Articulo: Journal of Urban Research, 2017, 16(16).

② BYRNE J, WOLCH J. Nature, race and parks: past research and future direction of geographic research[J]. Progress in Human Geography, 2009, 33(6): 743-765.

贯通相连。构建生态网络的两个关键步骤：一是疏通城市绿脉，恢复生物间、生物与无机环境之间的良性作用关系；二是要引入自然群落机制，科学修复废弃地。

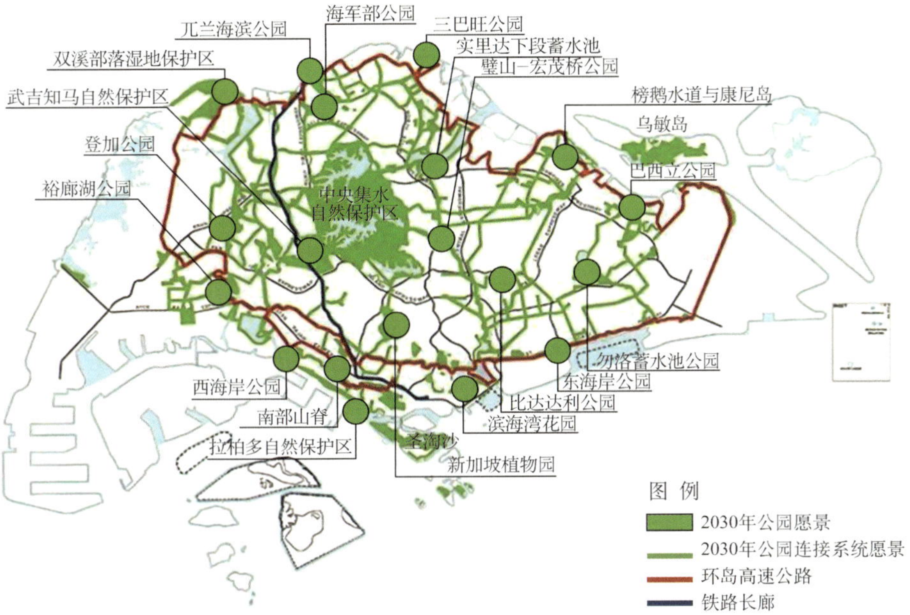

图 6-8　新加坡花园城市的生态网络空间结构基础

来 源：Ministry of National Development. A high quality living environment for all SINGAPOREANS[EB/OL]. [2022-01-13]. https://www.mnd.gov.sg/docs/default-source/mnd-documents/publications-documents/land-use-plan.pdf.

1）城市生态修复与恢复

在城区，城市自然涉及的生境类型和传统上的自然保护有很大不同，尤其在城市中心，像荒地这样的半自然生境中林地、湿地通常只占很小比重。城市自然保护经常涉及工业废弃地、废弃的铁路路场、荒芜墓地等荒地上发展起来的生境。生态恢复与重建就是协助退化、受损或破坏的生态系统能够恢复到与干扰之前的条件尽可能相近的状态，保护该系统的结构和功能。它不同于一般的城市绿化和景观建设，其遵循生态学原理和演替规律进行以注重生态系统结构与功能的恢复，以及健全生态过程的引入，从而使系统具有一定的自稳性和持续性。对“棕色地带”的生态恢复与重建需要述诸景观途径，景观层次上的恢复与重建过程是对退化景观中的生态过程与空间格局予以协调的过程。生态恢复与重建认识不能仅仅局限于生态系统，而是跨尺度、多层级的问题，其主要表现层次是生态系统、景观甚至区域①。

① BYRNE J, WOLCH J, ZHANG J. Planning for environmental justice in an urban national park[J]. Journal of Environmental Planning & Management, 2009, 52(3): 365-392.

2）生态廊道的建设

生态廊道连接起散布于城市的、各种使用功能的大小绿地水体，使动植物群落生境之间的距离小于重建群的距离阈限，从而建立基因交换、营养交换所必要的空间条件，其也是保护自然资源、栖息地、动植物迁徙的自然廊道。生态廊道的选择可以基于现存的线性特征，如老运河、堤坝、小溪和灌木。通过生态廊道的连接与组织构建城市生态网络，一方面可以保护物种多样性和场所；另一方面对城市空间环境进行合理组织，营造一个符合生态良性循环、与外部空间有机联系、内部布局合理、景观和谐的城市生态系统。

生态网络建设引入自然群落结构的生态机制，按照自然群落的组分、结构、规模、形状、空间联系构建，重视绿地作为物种栖息地的作用和生态廊道的"沟通"场所作用，而不是就其当作城市景观的装饰和城市环境的防护工具来对待，注重提高生物多样性和生态系统的服务功能。城市自然地是城市中重要的栖息地和生态过程发生空间，只有面向生态过程，并着眼区域乃至更大尺度的生态系统规划，才可以真正保护城市自然，使得城市具有生态可持续性。很明显，城市生态网络在保存物种、自然资本及提高人类福祉等方面都起着关键的作用。

波士顿 16 km 长的"翡翠项链"是代表性案例之一（图 6-9），整个公园系统始建于1878 年，历时 17 年，将波士顿公地（Boston Common）、公共花园（Public Garden）、马省林荫道（Commonwealth Avenue Mall）、后湾沼泽地（Back Bay Fens）、河道景区（The Riverway）、奥姆斯特德公园（Olmsted Park，又称浑河改造工程）、牙买加池塘（Jamaica Pond）、富兰克林公园（Franklin Park）和阿诺德植物园（Arnold Arboretum）等九大城市公园和其他绿地系统有序地联系起来，融风景、生态、文化于一体的公园绿道景观①。

图 6-9　波士顿 16 km 生态廊道

来源：根据《波士顿公园绿道：散落都市的"翡翠项链"》改绘

① 易辉. 波士顿公园绿道：散落都市的"翡翠项链"[J]. 人类居住，2018(1)：18-21.

6.5.4.4 社会参与

城市自然保护行动需要建立参与共建的伙伴关系，建立激励全社会参与的机制，《关于建立以国家公园为主体的自然保护地体系的指导意见》指出建立健全政府、企业、社会组织和公众参与自然保护的长效机制，但我国尚存在保护地共建共管能力不足、保护地公众参与不够等问题。国际经验表明建立自下而上的伙伴关系有助于为城市保护地管理提供创造力和行动力。推动和引导社会力量如NGO、市民组织、环保组织、研究机构、社区、企业、个人等广泛参与城市保护地的建设与管理，形成公众咨询、志愿服务、资金募集、管理协商、特许经营等参与机制，重点利用城市河岸、废弃工厂、荒地等恢复野生生物栖息地，发展社区绿地、屋顶花园等非正式的邻里级生态单元。

中国城市保护地在实践过程存在保护地排斥城市建设、城市发展抵触严格保护的矛盾。需要统筹考虑保护地与城市的融合发展，将保护地与城市视为统一的地理单元构建适应性社会生态系统。在社会层面提高城市保护地公共产品属性，保障公民游憩权，实行免费或较低的收费制度，取得公众支持。充分开展生态教育吸引市民尤其是年轻人、儿童的参与，实现自然资本与社会资本的共生。经济层面发展旅游吸引国内外游客支持城市经济，规划层面促进自然生态空间与城市环境空间的融合，加强城市与保护地之间的生态交错带规划，利用边缘效应带动城市区域发展。以城市保护地为核心制定城市健康规划，提高保护地对城市居民健康的促进作用。技术层面完善城市生态本底调查并绘制城市生态图谱，建立能够用于城市与景观规划的空间数据库，将科学信息与决策机制联系起来。

6.5.4.5 政府担当

城市自然保护的被动转型在城市发展模式转型过程中必然是一个被动的过程，这样一个被动过程需要政府高瞻远瞩，要有足够强大的定力，坚定不移推进生态文明建设，全面落实国土空间规划和以国家公园为主体的自然保护地体系建设，建立以政府管制为主导、市场化机制与社会化机制相结合的自然保护机制，要充分挖掘中国传统风景园林智慧创新城市的生态之美。

7　城市绿地系统与生态空间规划

刘　颂*

7.1　相关概念

7.1.1　国土空间规划

国土空间规划是新时代国家空间发展的重大变革，在国家空间规划体系中具有引领和规范作用，是各类空间开发建设保护活动的基本依据。基于我国基本发展情况，国土空间规划提出了"一优三高"的核心理念。"一优"指生态文明建设优先，加快形成绿色生产方式和生活方式，承担起美丽中国空间保障建设的核心任务。"三高"指引导高品质生活、推进高质量发展、实现高水平治理，以人民为中心，建设高品质绿色空间，满足人民生态福祉需求①。通过准确评估，合理规划，促进空间规划转向高质量发展，实现更高的管理水平，为国家空间战略的实施和发展建立可靠的制度机制。

7.1.2　生态空间

国土空间规划的核心成果是对一定区域范围内的生态、农业和城镇做出空间和时间上的安排。② 在"生态文明建设优先"目标引领和资源约束倒逼下以及人民日益增长对优质生态环境与游憩产品的需求下，统筹布局生态空间成为国土空间规划中保障和维护区域安全的重要举措。

7.1.2.1　生态空间的特征

生态空间是指具有自然属性、以提供生态服务或生态产品为主体功能的国土空间，包括森林、草原、湿地、河流、湖泊、滩涂、岸线、海洋、荒地、荒漠、戈壁、冰川、高山冻原、无居

---

* 刘颂，同济大学建筑与城市规划学院党委书记、教授，全国风景园林专业学位研究生教育指导委员会副主任委员。邮箱：liusong5@tongji.edu.cn。

① 杨保军，陈鹏，董珂，等.生态文明背景下的国土空间规划体系构建[J].城市规划学刊，2019(4)：16-23.

② 周广宇，赵鹏，崔诺.国土空间规划背景下的生态空间协调[J].建设科技，2020(9)：78-81.

民海岛等①。其特点有三个。

1）生态系统服务的多样性

生态空间的主导功能是提供多元化的生态系统服务②，主要可概括为供给服务、调节服务、支持服务和社会文化服务等（表 7-1）。供给服务指生态系统直接或间接提供生态产品的功能，例如提供食物、水源、基因资源、天然药物等；调节服务指生态系统对地表气候、水文、土壤等要素的维持、修复与调控；支持服务指支撑生物栖息、繁衍、能量循环的能力，例如生物多样性、光合作用、营养元素循环等；社会文化服务指生态系统与环境为人类提供物质享受、精神体验、服务场所的能力，包括休闲游憩、审美价值、宗教价值等③。

表 7-1　生态系统服务及指标

功能	指标	指标内涵
供给服务	食物供给； 水源涵养； 游憩资源 ……	表征生态系统提供各类农作物产品的能力； 表征不同生态要素生产与截留水分的能力； 表征生态环境提供人类休闲、游憩、娱乐等资源的能力
支持服务	生境质量； 初级生产力； 生物多样性 ……	表征生物生存环境的优异程度； 表征植物群落在区域立地上的生长状况和对干扰的反应； 表征区域生态系统生存的物种丰富程度
调节服务	水质净化； 土壤保持； 固碳效应； 空气净化 ……	表征植被与土壤净化径流中的营养污染物的能力； 表征生态系统通过其结构与过程减少由降水导致的土壤侵蚀的能力； 表征生态系统固定与吸附碳储量； 表征生态系统与自然环境净化与调节空气质量的能力
社会文化服务	服务质量； 服务便捷度； 景观可视度 ……	表征居民使用生态景观或环境的反馈与态度； 表征居民获取生态景观或环境的便捷程度； 表征生态景观或环境的可观赏程度

2）生态空间功能的复合性

生态空间分区本质上属于功能分区的范畴④，是将以生态系统服务为主导、功能较为一致的地理单元划归为同一类空间的过程。然而，这难以避免多种功能重叠或交叉的空间存在，这种模糊空间即反映生态空间的复合性。一方面，农业空间、城镇空间与生态空

---

① 中共中央办公厅、国务院办公厅印发《关于划定并严守生态保护红线的若干意见》[EB/OL]．(2017-02-07)[2022-01-13]．http://www.gov.cn/zhengce/2017-02/07/content_5166291.htm.

② 邹晓云，邓红蒂，宋子秋．自然生态空间的边界划定方法[J]．中国土地，2018(4)：9-11.

③ 陈阳，岳文泽，张亮，等．国土空间规划视角下生态空间管制分区的理论思考[J]．中国土地科学，2020，34(8)：1-9.

④ 岳文泽，王田雨，甄延临．“三区三线”为核心的统一国土空间用途管制分区[J]．中国土地科学，2020，34(5)：52-59，68.

间两两之间存在可融合或可转换的复合利用①,形成农业生态、城镇生态等复合生态空间类型。例如,农田既具有粮食生产的功能,也具有提供生态服务的功能。另一方面,不同生态系统服务为主导的子空间也存在双重或多重功能复合(图 7-1)。

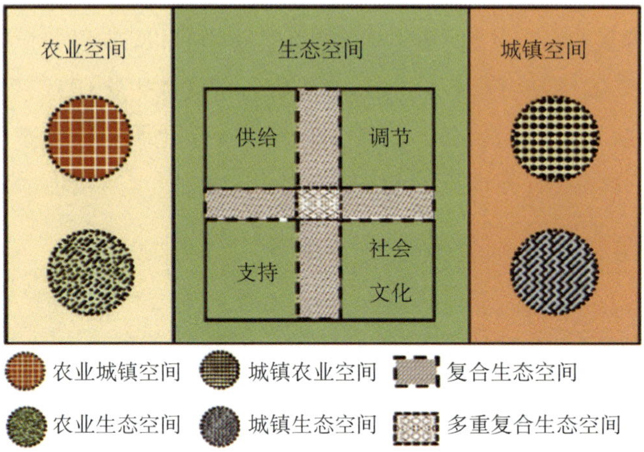

图 7-1 生态空间功能复合性

来源:陈阳,岳文泽,张亮,等.国土空间规划视角下生态空间管制分区的理论思考[J].中国土地科学,2020,34(8):1-9.

3) 生态服务价值的人本性

国土空间是一个涵盖人类、其他生物、资源、环境的复杂多维系统。人类是这个系统运行的主体之一,也是系统内物质、能量与信息交互的重要媒介。对人类而言,生态系统的核心功能是提供生态系统服务价值②:生态系统服务是基于人类对自然资源或生态功能的需求,通过人类价值判断体系赋予的价值。这表明生态空间与人类存在一种以生态系统服务为纽带的连接关系,即生态空间是供体,人类是受体,其纽带是由生态空间向人类输送的生态系统服务。因此,生态空间管制既包含了生态系统与人类的交互耦合,也带有惠及人类福祉的需求导向。

7.1.2.2 生态空间规划

围绕生态空间的规划研究和编制是当前国土空间规划体系的重要组成部分,也是当前规划体系改革关注的重点之一。在国土空间规划体系的背景下,生态空间的保护、修复、建设和治理是实现区域可持续发展和空间高效治理的前提,生态空间规划的定位将从"补丁系统"转向多元统筹的"底图系统",其规划逻辑可以概括为:生态空间是棋盘,开发

① 岳文泽,王田雨.中国国土空间用途管制的基础性问题思考[J].中国土地科学,2019,33(8):8-15.

② 岳文泽,王田雨.资源环境承载力评价与国土空间规划的逻辑问题[J].中国土地科学,2019,33(3):1-8.

建设是棋子，先布棋盘，再落棋子，“把城市放在大自然中”①。立足生态空间概念特征及其规划逻辑，生态空间规划理念可以概括为以下三个方面。

（1）统筹生态空间格局。生态空间规划的编制应坚持“山、水、林、田、湖、草”是一个生命共同体，充分研究各类生态资源要素的空间分布，以及单一要素生态过程的完整性、系统性和多要素之间的相互影响，通过宏观生态视角的整体统筹、科学布局，保证生态系统的整体性和系统性，进而优化城市开发边界，构建城绿耦合的城乡空间格局。

（2）统筹生态服务供给。生态空间规划的编制应着眼于对生态保育修复、风景游憩发展、景观风貌营造、生产生活调适等生态空间多元目标的引导，响应“高品质生活”，切实“提供更多优质生态产品”“满足人民群众美好生活需要”②，同时为居民创造合理的发展机遇。

（3）统筹传导细化管控。生态空间规划的编制应把握规划的工具属性，响应“高水平治理”，突出规划传导和自然资源转用管理，关注规划成果的刚性管控和弹性引导，以及向下层次总体规划、专项规划和下位详细规划的传导，突显精明管控目标，构建“精细好用”的规划工具③。

7.1.3 生态保护红线

生态保护红线政策的提出，是中国政府开展生态环境保护和管理的一项重要创新举措。自 2011 年 10 月，《国务院关于加强环境保护重点工作的意见》中首次提出“生态红线”概念以来，一系列相关政策的出台使生态保护红线日益受到社会各界的广泛关注④。

2017 年 2 月中共中央办公厅、国务院办公厅印发了《关于划定并严守生态保护红线的若干意见》，提出了“划定并严守生态保护红线，实现一条红线管控重要生态空间”的要求。

2019 年 11 月，中共中央办公厅、国务院办公厅印发《关于在国土空间规划中统筹划定落实三条控制线的指导意见》，明确提出“底线思维，保护优先。以资源环境承载能力和国土空间开发适宜性评价为基础，科学有序统筹布局生态、农业、城镇等功能空间，强化底线约束，优先保障生态安全、粮食安全、国土安全”。

当前“生态保护红线、永久基本农田、城镇开发边界”控制线划定工作是国土空间规划

---

① 吴岩，于涵，王忠杰. 生态统筹、城绿融合、魅力驱动——试论国土空间规划体系背景下的风景园林规划体系建构[J]. 园林，2020(7)：14-19.

② 习近平. 决胜全面建成小康社会　夺取新时代中国特色社会主义伟大胜利[N]. 人民日报，2017-10-28.

③ 吴岩，王忠杰，杨玲，等. 中国生态空间类规划的回顾、反思与展望——基于国土空间规划体系的背景[J]. 中国园林，2020，36(2)：29-34.

④ 刘冬，林乃峰，张文慧，等. 生态保护红线：文献综述及展望[J]. 环境生态学，2021，3(1)：10-16.

的重要内容。在国土空间规划体系中，生态空间具有极其重要的生态功能，而生态保护红线的划定在国土空间规划中起着非常重要的支撑作用(图 7-2)①。

生态保护红线是指在生态空间范围内具有特殊重要生态功能、必须强制性严格保护的区域，是保障和维护国家生态安全的底线和生命线，通常包括具有重要水源涵养、生物多样性维护、水土保持、防风固沙、海岸生态稳定等功能的生态功能重要区域，以及水土流失、土地沙化、石漠化、盐渍化等生态环境敏感脆弱区域②。

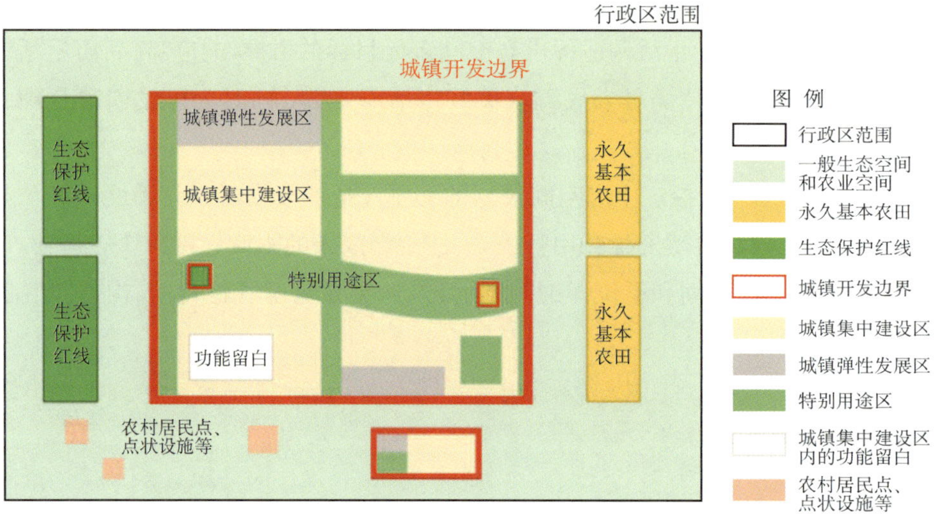

图 7-2 行政区范围内各类空间边界范围示意图

来源：位欣. 基于省—市县两级事权的城镇开发边界划定与管控[J]. 城乡建设，2019(23)：23-25.

生态保护红线产生于区域性生态规划、管理和科学研究过程中，并逐渐发展上升成为国家战略方针。生态保护红线是在提升国家生态功能、改善环境质量、促进资源高效利用等方面必须实行严格保护空间边界控制与数量限值。

7.2 国土空间体系下城市绿地系统规划的转型

7.2.1 国土空间规划体系下城市绿地系统规划的定位

《中共中央 国务院关于建立国土空间规划体系并监督实施的若干意见》不但明确了

① 顾星宇，陈莲钰，陈丹灵，等. 基于生态保护重要性评估的生态红线划定研究——以绩溪县为例[J]. 江苏科技信息，2021，38(3)：67-72，80.

② 中共中央办公厅、国务院办公厅印发《关于在国土空间规划中统筹划定落实三条控制线的指导意见》[EB/OL]. (2019-11-01)[2022-01-13]. http://www.gov.cn/zhengce/2019-11/01/content_5447654.htm.

科学布局“三生空间”是加快形成绿色生产和生活方式、推进生态文明建设、建设美丽中国的关键举措，还确立了国土空间规划体系的基础性地位，更明确将专项规划纳入国土空间规划体系。市县国土空间总体规划是对市县域的空间资源要素进行了综合部署安排，是涉及空间发展的重要指南，而市县涉及重要绿色空间载体的绿地系统规划属于国土空间规划“五级三类”体系中的专项规划之一。

国土空间总体规划是详细规划的依据，也是绿地系统专项规划的基础，国土空间总体规划向下传导至专项和详细规划，同时绿地系统专项规划自上（市县级国土空间总体规划）而下（市县级国土空间详细规划）传导①。

当前，高质量发展成为新时代城市规划建设的主基调，传统绿地系统规划思路正面临调整。首先，市级绿地系统规划需打破传统的城市规划范围，从中心城区向周边县、乡（镇）拓展，协调城镇开发边界内外绿地的关系，统筹进行城乡绿地系统规划。县级绿地系统规划需与市绿地系统规划同步进行，明确县域绿地系统规划体系，合理配置绿色发展所需的各类空间资源，加强规划内容的有效性和可操作性②。其次，相较于传统绿地系统和水系统将“蓝”“绿”空间视作相对独立的用地类型，国土空间规划更突出二者作为生态空间和资源的属性特征，更强调蓝绿空间的融合协调③，进而突出了蓝绿空间作为整体对城镇建设空间的格局优化和品质提升作用④。再次，公园城市理念的提出和推广将深刻影响绿地系统规划。公园城市理念被认为是新时代的生态文明观、人居环境观和城市发展观⑤。在以成都为代表的各地公园城市建设实践中，城绿深度融合的理念得以强化和推广。绿地日益成为组织和优化城市空间结构的核心要素，并强调与其他城市建设用地类型的空间混合和功能融合。而国土空间规划体系的基础性文件《市县国土空间规划分区与用途分类指南》中提出的“绿地休闲区”概念，也为混合融合模式的推广创造了条件。基于上述转变可以看出，在国土空间规划体系下，绿地系统的发展定位已经从“城市用地和功能的基本配套”向以蓝绿空间系统为主体的“城市高端功能组织重构的核心要素”跃升转型。

在国土空间体系建立完善的背景下，作为城市绿色空间规划指引的绿地系统规划，正积极适应国家规划体系的革新，响应推进空间治理能力现代化的时代号召，优化规划体

---

① 金云峰，李涛，周聪惠，等. 国标《城市绿地规划标准》实施背景下绿地系统规划编制内容及方法解读[J]. 风景园林，2020，27(10)：80-84.

② 张云路，马嘉，李雄. 面向新时代国土空间规划的城乡绿地系统规划与管控路径探索[J]. 风景园林，2020，27(1)：25-29.

③ 雷芸. 水绿相融，水绿相映——构建以“蓝绿”结合为核心的北京生态网络[C]//2012 国际风景园林师联合会(IFLA)亚太区会议暨中国风景园林学会 2012 年会论文集(上册)，2012：303-306.

④ 吴岩，贺旭生，杨玲. 国土空间规划体系背景下市县级蓝绿空间系统专项规划的编制构想[J]. 风景园林，2020，27(1)：30-34.

⑤ 吴岩，王忠杰，束晨阳，等. “公园城市”的理念内涵和实践路径研究[J]. 中国园林，2018，34(10)：30-33.

系，实现绿色空间高质量发展①。

国土空间规划体系构建是中国空间规划结构进行全面调整、推进生态文明建设的重要举措，而城市绿地系统规划在整个构架中承担着生态环境保护和绿色空间合理利用的重要职责。因此在新时期空间规划体系革新和城乡统筹发展的要求下，绿地系统规划应呼应国土空间规划层级，重视城镇开发边界外的绿地建设安排，以实现城镇开发边界内外、城市与周边更广阔区域的整体生态效益耦合，全方位、多层级、高水平发挥城乡绿地系统规划推进城市发展、促进城乡交融、塑造高品质绿色空间。而在城镇开发边界内，须完善城市的绿地系统空间布局，推动生态宜居城市的建设。而在城镇开发边界外，要合理谋划山、水、林、田、湖、草和人居空间布局，实现城乡生态人居空间的绿色协同发展。

7.2.2 相关标准的修订

7.2.2.1 《城市绿地分类标准》(CJJ/T 85—2017)

2018 年 6 月 1 日起实施的《城市绿地分类标准》(CJJ/T 85—2017)(以下简称《标准》)正式提出了"区域绿地"的概念，并将其纳入城乡绿地率计算。

《标准》中把位于城市非建设用地中具有游憩康体休闲、城乡生态格局保护、安全防护隔离、园林苗木生产等功能的绿地称为区域绿地，按照其主体功能划分为风景游憩绿地、生态保育绿地、区域设施防护绿地和生产绿地 4 个中类。指出凡列入"区域绿地"的绿地不参与城市建设用地汇总和城市建设用地的绿地指标统计。但在规划过程中，区域绿地需要衔接国土空间规划和城乡绿地规划的建设实践，以促进城乡生态空间资源的统一管理。相比旧版标准，新版标准在空间范畴、角色定位、要素类型、功能内容和服务对象方面发生转变。

(1) 空间范畴——从城市内部到城乡统筹

从"其他绿地"到"区域绿地"，关注范畴从城市向城乡的转变是其中一大显著特征。过去其他绿地的"其他"性体现在空间和性质上，其他绿地位于城市内部之外的边缘化地区，作为非建设用地不参与城市用地指标平衡和园林绿化评价指标计算。而在《标准》中，虽然区域绿地仍是非建设用地，但更加强调建设用地内外绿地资源的统筹协调，突出对城市(城镇)非建设用地生态空间的保护与控制。

(2) 角色定位——从外围边界到绿色基础设施

从绿地的角色定位来看，"其他绿地"多以城市绿色边缘空间的角色存在。而"区

① 张云路，马嘉，李雄. 面向新时代国土空间规划的城乡绿地系统规划与管控路径探索[J]. 风景园林，2020，27(1)：25-29.

域绿地"的角色定位则强调与城市建设用地内的绿色空间同等重要，共同构成城乡人居环境的绿色基底和城乡统筹发展的绿色基础设施。并且在如何通过区域绿地改善城乡生态环境、约束城市用地无序扩张、推动城乡人居环境发展、促进城市与自然区域连通，以及有效整合城市生态资源等问题上对绿地系统规划和建设提出了更高的要求。

（3）要素类型——从单一绿色空间到山水林田湖草统筹

在旧版分类标准中，"其他绿地"的定位较为模糊，以城市非建设用地单一的游憩型绿色空间为主，较为含糊地将风景名胜区、郊野公园和森林公园等类型划入。而在《标准》中定义"区域绿地"则强调了对于城乡区域内山水林田湖草生命综合体的整合，包含风景游憩、生态保育、防护隔离和生产培育等绿色空间类型，进一步明确了区域绿地不属于独立的用地类型，而是通过统筹绿色资源来体现非建设用地下土地利用类型的多样性。

（4）功能内容——从城郊休闲绿地到绿色功能综合体

从功能类型上来看，"区域绿地"的提出是对城市非建设用地下绿地传统城郊游憩功能的综合提升和丰富。随着我国居民生活水平的不断提高，居民对生活工作的绿色环境和游憩空间的需求也越来越大，对于绿色空间的使用方式已经从日常步行尺度转变为周末、节假日的车行尺度。"区域绿地"功能的多样化有效补充了城区绿地功能的不足，进一步完善了城乡绿地体系，以呼应新形势下居民对于绿色空间新的游赏方式需求。

（5）服务对象——从城区居民到城乡居民

从服务对象上看，"其他绿地"以城区居民为重点服务对象。但"区域绿地"的设立，一方面作为城市内部绿地需求的拓展和补充，另一方面，通过城乡一体化背景下的绿色服务空间整合，与公园绿地一同作为城市和乡村居民共享的绿色产品。所以"区域绿地"的服务对象不仅局限于城区居民，也同样为乡村居民营造了生产生活的绿色环境，体现了新时代城乡绿地规划建设以人民为中心，不断满足人民日益增长的优美生态环境需求的重大转变①。

7.2.2.2 《城市绿地规划标准》(GB/T 51346—2019)

2019年4月9日中华人民共和国住房和城乡建设部发布了《城市绿地规划标准》(GB/T 51346—2019)(以下简称《绿规》)，并于2019年12月1日实施，这是首次颁布的关于绿地规划的国家标准，强调城市绿地规划建设应以生态文明战略、绿色发展理念为指

① 木皓可，张云路，马嘉，等.从"其他绿地"到"区域绿地"：城市非建设用地下的绿地规划转型与优化[J].中国园林，2019，35(9)：42-47.

导，充分发挥城市绿地在生态、游憩、景观、防护等方面功能，促进城市美丽、宜居、可持续发展。

《绿规》强调以系统观整体观来解决复杂化的现实问题。在城乡融合思想指导下，《绿规》无论在市域绿地系统规划还是城区绿地系统规划中，均给出了系统布局网络化的具体要求。如 4. 2. 2 条文中提出的市域绿地系统三大网络布局：绿地生态网络、绿地游憩网络、绿地防护网络，特别是其中的生态网络和游憩网络通常是“绿带、绿廊、绿网整合串联”模式。4. 3. 1 条文中提出的城区绿地系统五大有机网络结构：绿环、绿楔、绿带、绿廊、绿心，耦合“生态、游憩、景观、防护”功能。市域和城区融合的空间结构格局安排为整合构建城乡融合的、空间延续的、功能复合的、景观多元的绿地系统提供了技术支撑。

立足新版《标准》和《绿规》的绿地系统规划将更加重视空间统筹与系统组织。城市非建设用地的绿地系统规划往往涉及国土、城市规划、农林、园林、文物、环保和水务等多个管理部门编制的相关规划①。相比城市建设用地内的绿地，非建设用地绿地空间在组成要素、功能特征和用地权属等方面都更为复杂，对于规划综合协调性的要求也更为迫切②。因此，绿地系统规划需要立足于广域生态视角，与上位规划和其他专项规划统筹衔接，响应国土空间规划体系的宏观要求，将城市建设用地外的绿地规划管控融入城市各项发展建设之中，以实现城乡生态空间的统筹优化和系统组织。此外，绿地系统规划应重视“全域规划”思想。绿地系统涵盖了城镇开发边界内的各类绿地及广场用地，以及市县行政管辖全域范围内能够稳定持续地提供绿地功能（绿地主导功能）、与人工设施有一定结合度的绿色空间。绿地系统专项规划应突破“城市本位”的编制思维，统筹城内城外的绿色开敞空间，分层级规划绿地。

绿地系统规划将更加强调彰显区域绿地的综合效益。新的城市绿地分类标准按照游憩、生态、防护、园林生产等不同方面的主要功能，将区域绿地划分为 4 种类型。在规划过程中，需要从大尺度层面通过统筹城乡生态游憩资源、优化绿色空间和功能布局来实现建设用地内外的绿地空间及功能互补，健全城乡生态安全格局。也需要合理保护和利用建成区外绿地的资源优势，挖掘提炼不同类型区域绿地的本质特色。同时，增强各类区域绿地的参与性、体验性和科普性，以满足市民对绿色空间的多元需求，最终实现区域绿地的生态、景观、经济等多重效益的综合彰显。

绿地系统规划将更加重视多维化评价。目前绿地系统专项规划偏重主观经验和指标

---

① 邓瑞民. 建设用地扩展模式空间差异与驱动机制的多尺度研究[D]. 广州：中国科学院大学（中国科学院广州地球化学研究所），2018.

② 申峻霞，杨家本. “广域绿地”概念引导下新区绿地系统规划浅思——以云南滇中新区（嵩明——空港片区）绿地系统规划为例[A]//中国城市规划学会、东莞市人民政府. 持续发展 理性规划——2017 中国城市规划年会论文集（08 城市生态规划）[C]. 中国城市规划学会、东莞市人民政府：中国城市规划学会，2017：14.

下达的模式，评估多采用目标核查和定性评定的方式，并以绿地率、绿化覆盖率、人均公园绿地面积为主要指标，这种评估方式反映了绿地在规模和数量上的公平，不能兼顾质量和效率的提升，无法量化绿地的真实效用。随着绿地与人的关系日渐密切，强调绿地空间覆盖的均好性和服务的高效性尤为重要。现行的绿地建设需要由重“量”轻“质”的单线发展转向“质”“效”并重的双线均衡发展，改变单一的量化评价方式，将人口数量分布、周边各类用地性质和路网等多种因素引入与人本效益相关的“多维化”评价，明确不同绿地的职能和级别，构建品质化绿地综合体系①。

绿地系统规划将更加重视规划方案与实施引导。以往由于林业、园林、国土、环保和水利等职能部门对其他绿地的多头管理，导致管理体系分割、管理层次复杂、管辖区域重叠等问题出现，因此，绿地系统规划过程中更需要重视规划方案的操作性和引导性内容，针对建设用地内外不同类型的绿色空间提出具体有效的、可操作性强的实施对策，使规划方案本身与未来规划的实施充分协调②。此外，为保障对绿地系统专项整体性要素的有效控制，需要对其强化管控依据和确定刚性的管控边界，对市县总体规划的引导和管控做好专项的落实，并且绝对承接国土空间总体规划，因此，探索刚性的绿地管控模式具有重要意义。刚性管控的核心内容为底线约束，通过对绿地空间的全域化梳理、整合和利用确定全域绿地资源本底格局和绿地控制底线。同时，绿地控制底线是对市县“绿色空间网络与山和山水格局”的体现和“山水林田湖草衔接”的落实，因此底线的管控应在确定“三区三线”基础上深化形成。通过生态控制线的划定，明确建成区范围外区域绿地的选址范围和保护边界，划定市县及城乡范围内统一标准的区域绿地空间红线③，并与城镇开发边界、生态保护红线、永久基本农田保护线等“三区三线”的划定相衔接④，推动“全域生态空间”统筹管控，以确保建设边界清晰、定位精准、规划到位的区域绿地系统在达到优化城乡绿地空间布局的同时，有助于提高政府对区域绿地的管控水平和管理能力。

7.2.3 城市绿地系统规划的尺度及规划要求

在市县级国土空间规划层面，从国土空间规划体系化的高度和视角构建城乡绿地规划系统，更加重视城镇开发边界内外绿地的联系以及区域统筹发展，即关注市域范围内绿

---

① 金云峰，李涛，王俊祺，等. 基于协同度量化模型的城乡绿地系统布局调适方法[J]. 中国园林，2019，35(5)：59-62.

② 张云路，关海莉，李雄. 从园林城市到生态园林城市的城市绿地系统规划响应[J]. 中国园林，2017，33(2)：71-77.

③ 彭青，潘峰. 区域绿地的空间管理体制研究——以珠江三角洲为例[J]. 规划师，2011，27(7)：76-79，83.

④ 刘纯青. 市域绿地系统规划研究[D]. 南京：南京林业大学，2008.

地资源的生态保护与平衡作用,深化市县国土空间各层次的绿地协同。针对市县不同范围之间的传导,可划分城区和市域两个尺度,由于二者在功能属性、空间特征、用地性质权属和管理机制上差异较大,针对的目标和问题也不同,需要进行差异化的综合引导。市县层级绿地系统专项规划编制重在市域层次上的底线控制,需要依据市域开发保护的"绿色空间网络与生态安全格局",统筹构建市域"一张图"中功能复合性绿地系统布局;城区绿地系统专项规划编制重在精准指导,依据分级分类优化绿地布局特点,提升绿地建设品质,以满足城市居民多样使用需求。

7.2.3.1 市域尺度

在"一优三高"核心理念引领下各级各类国土空间规划通过影响各种生态要素的布局和发展定位,深刻影响着城市绿地规模布局的发展。《绿规》明确了城市绿地系统专项规划的具体编制工作一般包括系统规划、分类规划和专业规划 3 部分。其中市域绿地系统规划明确了规划原则和目标,确定市域绿地系统布局,构建兼有生态保育、风景游憩和安全防护 3 大功能的绿地生态网络。

首先,在市域层面,绿地系统规划应首先落实并向下分解国家、省级、市级国土空间总体规划的目标任务,保护市域生态资源、维护生态安全,统筹协调生态保护、城乡建设、居民生活游憩需求间的矛盾。其次,在空间上与城镇、农业、生态空间所划定的范围相协调,同时与国土空间规划的国土空间格局优化、自然资源保护利用内容对接,秉承生态优先、绿色发展的基本理念,从宏观全局出发统筹市域山水林田湖草与人居空间关系,构建生态安全格局(生态安全格局是对维护生态过程的健康和安全具有关键意义的生态构成元素和生态系统在空间上的分布,包括连续完整的山水格局、湿地系统、河流水系的自然形态、绿道体系,以及已经建立的一些人工防护林体系等)①。再次,在规划制定过程中,需要明确生态控制线和其他生态空间的管控范围、策略、措施,明确下一层级绿地系统规划的重点任务,并通过生态保育、风景游憩、安全防护等功能绿地的合理布局,绿道、绿廊、通风廊道等绿地生态网络的科学构建,形成系统性、完整性、连续性的市域绿地系统布局。

市域绿地系统规划的主要内容是完善多功能复合的绿地生态网络,以保障城乡范畴十分关键的"三生空间"。按市域绿地系统的三大主导功能体系分类,可将市域绿地系统分解为三大主导功能子系统:生态保育子系统、风景游憩子系统和安全防护子系统。依据各主导功能要素特征,通过对相应绿地的点状、带状、线状、面状、斑状、廊状要素进行分类分级细化,深化各子系统的结构布局,从而为城市提供更高的服务绩效。

以上海市的市域绿地系统规划为例(图 7-3)。上海市生态保育子系统(图 7-4),包括

---

① 谢高地.国家生态安全的维护机制建设研究[J].环境保护,2018,46(Z1):13-16.

生态保育绿地(斑状绿地)、生态保育绿廊(廊状绿地)、生态保育绿区(面状绿地)3 种类型空间要素;通过贯通黄浦江、大治河、青松、嘉青、嘉宝、崇明、金奉、浦奉、金汇港 9 条区域生态通廊,保护修复 4 处自然保护区、4 处饮用水水源保护区、22 处重要野生动物栖息地和多处野生动物迁徙廊道,优化生态保育绿地子系统布局。

图 7-3 上海市域绿地系统网络布局

来源:《上海市生态空间专项规划(2018—2035)》草案公示稿[1]

---

① 上海市规划和自然资源局. 关于《上海市生态空间专项规划(2018—2035)》草案公示[EB/OL]. (2020-04-14)[2022-01-13]. https://ghzyj.sh.gov.cn/ghgs/20200415/0032-965690.html.

图 7-4 上海市生态保育子系统

来源:《上海市生态空间专项规划(2018—2035)》草案公示稿

上海市风景游憩子系统(图 7-5),包括游憩节点(点状绿地)、游憩绿廊(具有宽度属性的线状绿地、廊状绿地)、游憩绿区(面状绿地)3 种类型空间要素,通过耦合遗产地、生态林地、农用地等建设郊野公园或国家公园,完善市域的区域公园体系建设,构建区域风景游憩绿道网络。

上海市安全防护子系统,通过防护绿带、防护间隔带、沿海防护林带,发挥设施防护、交通防护等的安全防护子系统功能。从而构建市域绿地系统网络布局,协同城区绿地系统构建城乡绿地系统空间结构,形成网络化、多层次、多类型、功能复合的高质量市域绿地子系统。

图 7-5　上海市风景游憩子系统

来源：《上海市生态空间专项规划（2018—2035）》草案公示稿

7.2.3.2　城区尺度

在城镇开发边界内，绿地规划以满足城市居民需要为主要目的，因地制宜制定中心城区绿地系统规划及各类绿地规划，结合绿环、绿带、绿廊和绿道系统等优化城区绿地布局，与市域绿色生态空间有机融合。《绿规》明确了城区绿地系统具体规划要求，包括：①尊重城区地理地貌特征，与市域绿色生态空间有机贯通；②应因地制宜，保护和展现自然山水和历史人文资源；③应与城区规模、布局结构和景观风貌特征相适应；④宜采用绿环、绿楔、绿带、绿廊、绿心等方式构建城绿协调的有机网络系统。

在存量规划背景下，结合城市紧凑、用地集约的目标指引，城市土地使用由外延增量型转向集约高效型，城区绿地系统规划的布局对象也由“增量绿地”转向城区内部的“存量绿地”（特别是旧城区），因此需依托现有城市空间来优化城区绿地系统空间结构。城区绿地系统布局过程是一个循序渐进的动态的精细化调控过程，通过系统内部合理布局优化系统内涵，从“自上而下”的绿地系统结构“建构型”转变为“自下而上”的局部绿地布局“调适型”，以“目标”为导向转向以“阶段”过程为导向，通过衔接磨合、统筹周边城镇用地属性，同时促进绿地系统和城镇空间结构的集约优化转型，达到绿地系统、资源环境与社会经济的共同可持续演进。而新城区则需要均衡城市绿地布局，完善城市绿色基础设施体系构建。组团间顺应城市生态资源特征，形成保护、展现城市自然和人文风貌的绿地空间，建立完善的绿地网络结构体系，与市域生态空间有机串联。

此外，在城区层面，绿地系统规划还应划定内外连通的城区结构性和保护性蓝绿空间、均衡布局的特色公园绿地、合理设置的防护绿地，与国土空间规划的中心城区布局优化、慢行系统布局、城市风貌塑造等内容对接。

城区绿地系统规划的主要内容包括规划城市建设用地内的绿地（G1，G2，G3，XG），因此，可将城区绿地系统划分为三大主导功能子系统：游憩型绿地子系统（含游憩功能G1）、防护型绿地子系统（含防护和生态功能G2）和景观型绿地子系统（含景观功能G3）。鉴于XG附属绿地的主导功能依赖于其用地主体的属性，并且作为三大主导功能子系统的补充，因此不将其单独列为子系统之一。

以上海市的城区绿地系统规划为例（图7-6）。①游憩型绿地子系统：在现有公园内部精细化优化提升基础上①，完善城市公园—地区公园—社区公园组成的公园体系；依托公共通道（如城市道路、特色街巷、水岸）串联主要城市公共开放空间节点（如商业区重要节点、居住区重要节点）②，构建城市绿道—地区绿道—社区绿道3级游憩绿道网络。②防护型绿地子系统：外环绿带通过绿道和大型绿地建设完善巩固圈层格局，优化中心城区环境品质；近郊绿廊通过具有一定规模的片林和沿路滨河林带串联构建，以有效遏制主城区建设用地无序蔓延③。③景观型绿地子系统：梳理对城市风貌和文化特色起重要作用的点状、线状、带状、面状绿地与广场用地④，制定景观节点—景观轴线—景观引导片区的控制策略，通过对景观节点的周边环境控制，对景观轴线的视觉连通性控制，对景观引导片区的整体基调环境控制，提升重点地段景观品质。

① 周聪惠.精细化理念下的公园绿地集约型布局优化调控方法[J].现代城市研究，2015(10)：47-54.

② 杜伊，金云峰.城市公共开放空间规划编制[J].住宅科技，2017，37(2)：8-14.

③ 金云峰，杜伊.绿色基础设施雨洪管理的景观学途径——以绿道规划与设计为例[J].住宅科技，2015，35(8)：4-8.

④ 范炜，金云峰，陈希萌.公园—广场景观：理论意义、历史渊源与在紧凑型城区中的类型分析[J].风景园林，2016(4)：88-95.

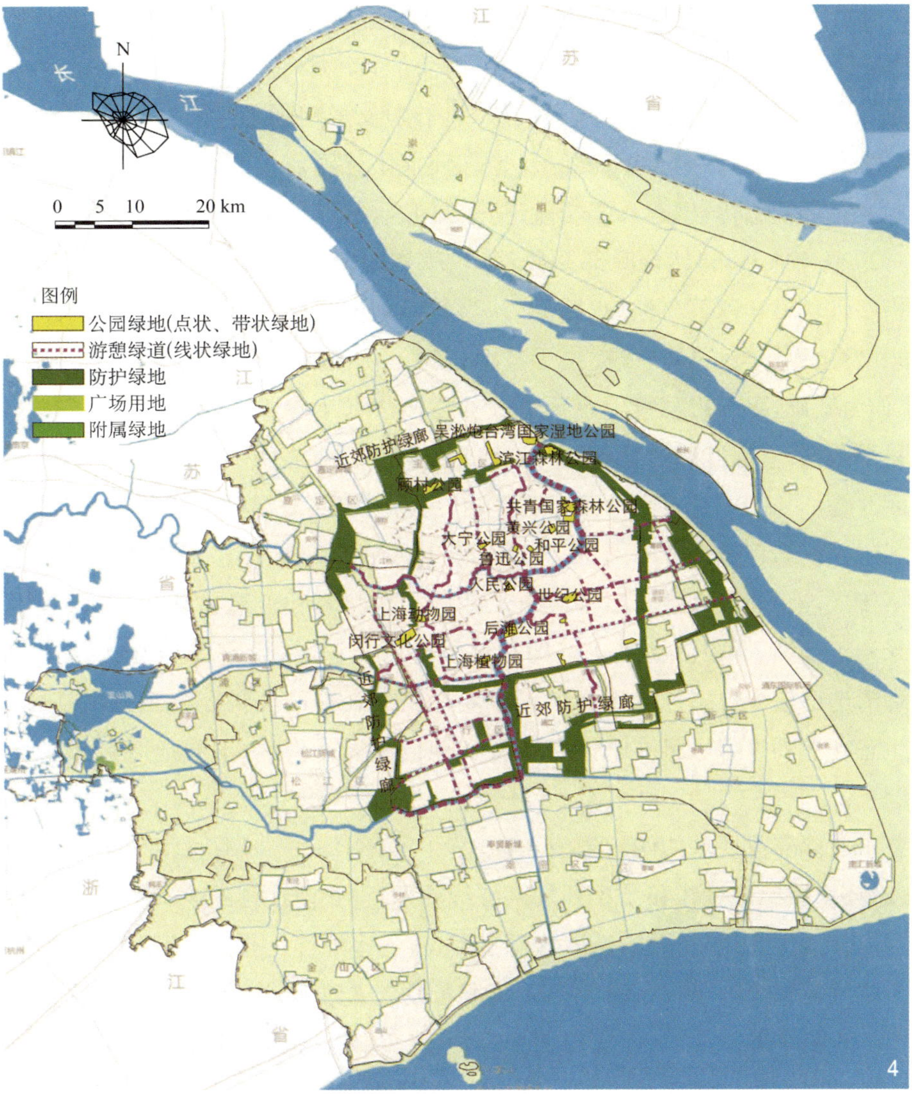

图 7-6 上海市城区绿地系统布局
来源:《上海市生态空间专项规划(2018—2035)》草案公示稿

7.3 生态空间规划的三种思维

7.3.1 底线思维——恪守生态保护红线

立足客观最低目标要求,争取最大期望值的积极能动的思维能力被称作底线思维①。人

① 姜华有,江增辉.习近平治国理政的底线思维研究[J].治理研究,2019,35(4):5-12.

类社会对维持自身生存发展所必须拥有的生态安全底线的深刻认识与高度自觉是底线思维的重要组成部分，也是生态文明建设运用底线思维的具体体现。

生态保护红线范围是生态空间中最核心的刚性约束区域①，通过划定并严守生态保护红线对生态空间中生态功能重要区及生态环境敏感脆弱区进行用途管制，从根本上预防和控制生态环境恶化、生态系统功能退化等问题，从而保障国民生存底线，保证国家生态安全。2020 年 1 月，自然资源部办公厅印发《资源环境承载能力和国土空间开发适宜性评价指南（试行）》（以下简称"双评价"），为科学划定市县级生态保护红线、永久基本农田、城镇开发边界等重要控制线提供了技术依据。从区域生态安全底线出发，省级"双评价"结果作为基础，引导市县级生态系统服务重要性和生态脆弱性评价，探寻生态保护红线划定科学依据，保证红线的合理性。红线划定以生态保护重要性评价结果为依据，分级生态空间并叠加功能极重要区和极脆弱区，获得市县级生态保护红线预选区；进而叠加禁止开发区边界以修订预选区范围，形成市县级生态保护初步红线；最终依据国土空间规划自上向下传导，上下联动原则，结合最新土地利用现状图和卫星遥感图，对省级生态红线落位结果修正反馈，形成市县级生态保护红线范围及边界，生态保护红线划定的技术路线。合理筛选适应评价指标是生态保护重要性科学评价的关键。我国幅员辽阔，不同市县地区生态功能和生态敏感脆弱性存在很大地域差异。因此，不同地区具体指标的选择需因地制宜。

如在水源涵养重要区的四川省南江县，基于 ArcGIS 平台，通过将生态系统服务功能红线、生态环境敏感性红线和禁止开发区红线叠加，得到南江县的生态保护红线区域。

针对南江县生态区位特征，选取水源涵养、生物多样性、土壤保持服务因子，同时结合层次分析法确定每个因子权重对生态系统服务功能重要性进行评价，并将评价结果分为了极重要、重要、中等重要、一般重要四个级别，极重要部分为生态系统服务功能红线。研究发现生态功能保护红线区域 1 055.75 km^2，占县域面积比例的 31.1%。

除此，该研究将南江县境内的米仓山国家森林公园、光雾山—诺水河国家地质公园、光雾山国家风景名胜区、光雾山省级自然保护区、大小兰沟省级自然保护区划为禁止开发区红线，得到禁止开发区红线区面积 680.4 km^2，占全县总面积的 20.1%。

通过空间叠加上述区域面积，分析得出南江县的生态保护红线区域面积占县域面积的 54.6%②。

在石漠化地区，有学者以贵州省普定县为研究区域，针对普定县面临的水资源保护与利用矛盾突出，水土流失、石漠化日趋严重等生态问题，选取水源涵养量和蒸散量、土壤侵

① 张雪飞，王传胜，李萌. 国土空间规划中生态空间和生态保护红线的划定[J]. 地理研究，2019，38(10)：2430-2446.

② 李颖. 四川省南江县生态保护红线划定研究[D]. 成都：成都理工大学，2017.

蚀敏感性指数、滨岸带植被最小保护宽度、生物多样性保护服务能力指数等指标分别对研究县域水源涵养功能重要性、石漠化敏感性、河湖滨岸缓冲带敏感性等进行评价。并根据评价结果将普定县生态保护红线分为禁止开发区红线和限制开发区红线。

最终，结合省级风景名胜区，原始植物保护区范围要求，在 ArcMap 中对评价结果进行数字化和地理配准等处理，得出禁止开发区与限制开发区总面积为 357.90 km^2，占普定县面积的 33.14%。其中禁止开发区面积占全县总面积的 15.4%①。

除此，诸多研究结合地方自然环境特征，针对性调整评价指标以体现当地生态保护要求。如根据烟台市水资源和湿地资源充沛的特征，在生态重要性评价中加入了碳固定指标②；依据武汉市河流水系密布的特点，将洪水调蓄重要性指标纳入红线划定评价体系中③。

市县级生态空间规划底线思维以生态保护红线划定与红线约束空间刚性管控为实践手段，在注重核心生态要素原真性保护和生态空间分级保护的同时，成功预防和控制生态环境恶化，降低生态风险，但底线思维下识别的生态空间往往具有分散、孤立的空间特征，忽视了生态格局结构的完整性及生态过程的动态性，不利于生态系统服务综合功能的实现。当前，在坚持人与自然和谐共生基本方略的指引下，生态空间规划正从重保护向保护与利用并重转变。以核心生态要素原真性保护为前提，构建与生态过程相适应的生态格局结构，融通生态保护红线范围及其他生态空间，保护景观生态格局完整性和连通性，进一步发挥生态空间要素生态系统服务功能，促进生态空间价值利用。

7.3.2 系统性思维——遵循景观生态格局与过程

景观生态学认为，维系自然生态系统稳定的景观生态格局依靠完整的结构组成和连续的空间配置，承载动态多样的生态过程，实现生态系统服务综合功能持续发挥。因此，需要遵循景观生态格局结构空间配置及生态过程发展规律，以系统性思维把握景观生态要素，通过构建廊道加强生态空间核心斑块的连通性和完整性，以维护稳定的生态过程，最大可能地减弱或降低自然系统的破碎化④。绿色基础设施、绿道、生态网络等概念都是系统性思维的体现，其本质和关键就是构建生态网络⑤。营造完整的生态网络包括两个要点。

---

① 杜光华，兰安军，秦志佳，等.喀斯特山区县域生态红线划定方法研究——以贵州省普定县为例[J].环保科技，2017，23(1)：54-60.

② 彭琛琛，蔡玉梅，边振兴.烟台市生态红线划定研究[J].浙江农林大学学报，2018，35(5)：818-828.

③ 何建华，詹皖欣，黄俊龙.基于 GIS 的武汉市生态红线划定的技术方法研究[J].生态科学，2018，37(5)：131-139.

④ 德拉姆施塔德，杰里施塔德，徐凌云，等.景观生态学作为可持续景观规划的框架[J].中国园林，2016，32(4)：16-27.

⑤ 刘颂，何蓓.基于 MSPA 的区域绿色基础设施构建——以苏锡常地区为例[J].风景园林，2017(8)：98-104.

（1）结构性生态格局要素识别

生态源地与生态廊道普遍被认为是生态网络的结构性格局要素。常见的生态源地识别方法有：①特征识别法。即依据用地属性及所发挥自然生态功能等特征确定生态源地①；②综合叠加法，基于垂直生态过程的综合叠加法，利用景观格局指数分析、生物多样性服务分析、生境质量分析结果进行叠加识别生态源地②。生态廊道识别方法有：①直接识别法。即通过辨识现状斑块链接和以潜在的线性蓝绿空间确定生态廊道。②综合识别法。即通过结合适宜性分析及连通性分析构建最小阻力模型（Minimal Cumulative Resistance, MCR），以最小路径法获取潜在廊道③。③形态空间格局分析法（Morphological Spatial Pattern Analysis, MSPA）。该方法是目前常用识别生态源地及生态廊道的方法，其依据数学形态原理处理图像，可更准确分辨生态源地斑块和生态廊道。

刘颂等基于 MSPA 原理和绿色基础设施理论，将 MSPA 景观类型与绿色基础设施要素相联系，同时构建基于 MSPA 的区域绿色基础设施规划技术路线④。

以苏锡常地区绿色基础设施规划为实例，立足现状空间结构通过 MSPA 方法识别该区域绿色基础设施构成要素（图 7-7、图 7-8），依据景观链接度评价划分斑块等级并提取

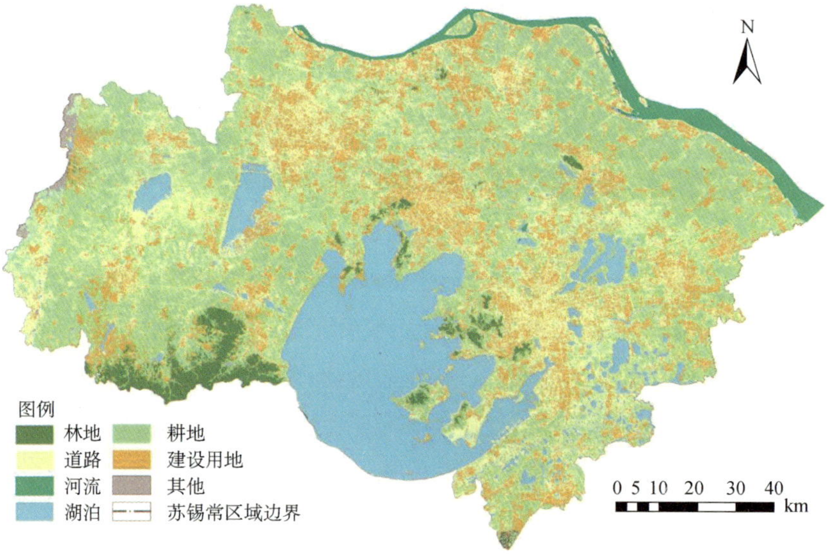

图 7-7 苏锡常地区土地利用现状图

来源：刘颂，何蓓．基于 MSPA 的区域绿色基础设施构建——以苏锡常地区为例[J]．风景园林，2017(8)：98-104.

① 李晖，易娜，姚文璟，等．基于景观安全格局的香格里拉县生态用地规划[J]．生态学报，2011，31(20)：5928-5936.

② 吴健生，张理卿，彭建，等．深圳市景观生态安全格局源地综合识别[J]．生态学报，2013，33(13)：4125-4133.

③ 张鹏，李世峰，刘瑶瑶．基于生态适宜性分析的平原煤矿县生态空间优化[J]．农业工程学报，2019，35(19)：274-282.

④ 刘颂，何蓓．基于 MSPA 的区域绿色基础设施构建——以苏锡常地区为例[J]．风景园林，2017(8)：98-104.

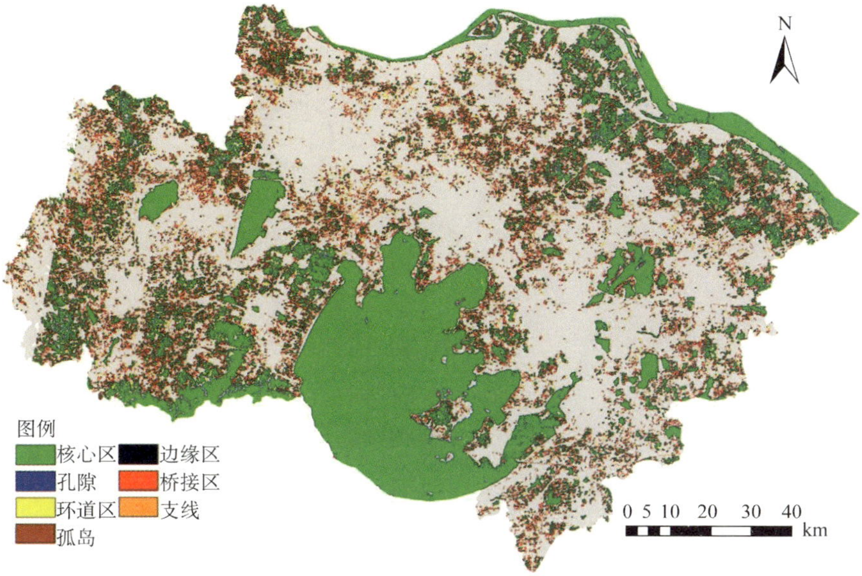

图 7-8 苏锡常地区 MSPA 分析图

来源：刘颂，何蓓. 基于 MSPA 的区域绿色基础设施构建——以苏锡常地区为例[J]. 风景园林，2017(8)：98-104.

出核心区，采用最短路径分析法识别潜在生态廊道。最终提出苏锡常地区的区域绿色基础设施“四纵三横一核十环”的基本网络结构(图 7-9、图 7-10)。

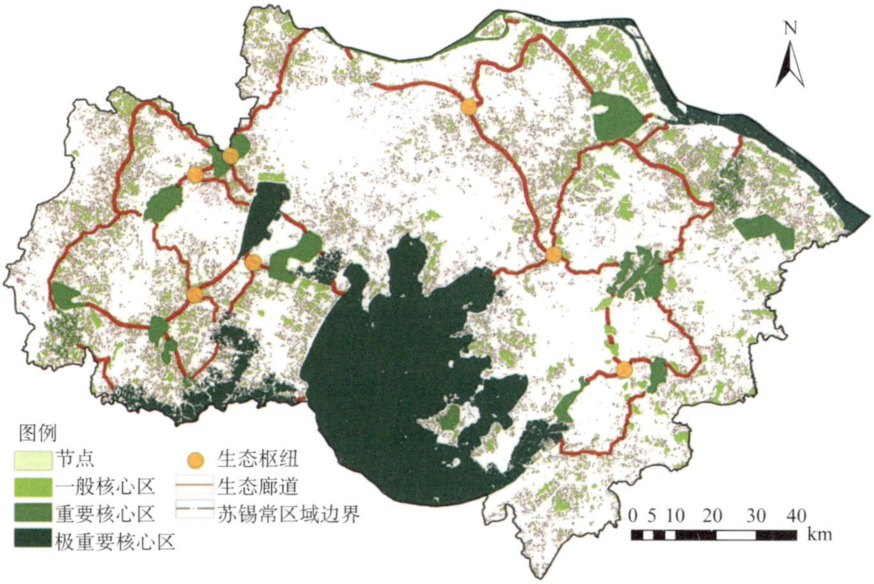

图 7-9 苏锡常地区绿色基础设施规划图

来源：刘颂，何蓓. 基于 MSPA 的区域绿色基础设施构建——以苏锡常地区为例[J]. 风景园林，2017(8)：98-104.

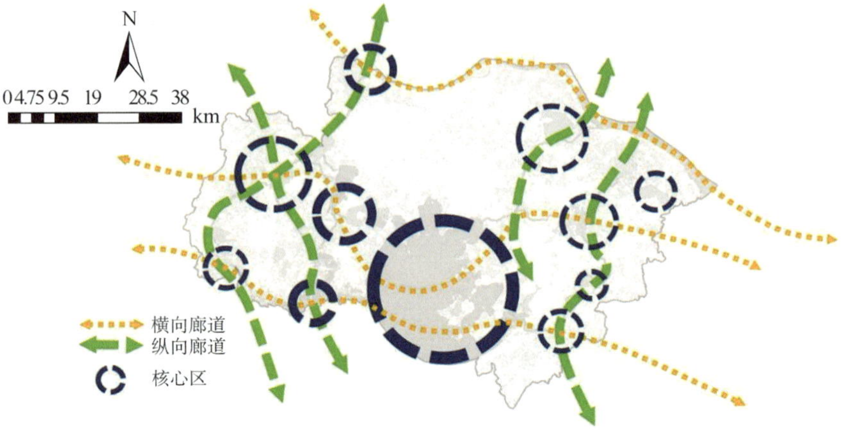

图 7-10 苏锡常地区绿色基础设施结构图

来源：刘颂，何蓓. 基于 MSPA 的区域绿色基础设施构建——以苏锡常地区为例[J]. 风景园林，2017(8)：98-104.

从空间布局来看，太湖作为整个区域绿色基础设施结构中的“一核”，规模最大、连接度最强，是保护的重点，需要对太湖水质进行监测与保护，以保护动植物的生存环境；围绕太湖有一系列的核心区相互连通形成“十环”，包括龙池自然保护区、滆湖及相邻生态斑块、阳澄湖及相邻生态斑块、太仓北集中农田等，风貌各异，在区域绿色基础设施中发挥着平衡区域生态环境、缓冲城市扩张压力的作用；而“四纵三横”的生态廊道将“一核”“十环”串联，形成既具备空间连接属性又具有景观生态功能的区域绿色基础设施网络体系。

（2）生态网络构建与优化

生态网络构建和优化以结构性生态要素评价为依据。借助生态网络的形态要素属性及廊道连通性评价、对生态源地及生态廊道重要性分级，进而分级保护各生态要素形成的水平生态格局及其承载的生态过程，最终实现系统层次分明，相互连接的生态网络。结构性生态要素评价方法包括：①景观格局指数评价法。其常用评价指数为生态源地形态指数、生态源度数和生态廊道综合指数。②网络分析法。结合图形理论并应用线点率指数、环通度指数、网络连接度指数等指标评价生态要素网络复杂性①。通常在实际使用中会结合多种方法进行评价，如刘颂等以江苏省常州市为例，基于绿色基础设施耦合要素识别，结合 GIS 缓冲区分析和叠加分析法，规划形成四源、四区、四廊、多园的常州绿色基础设施体系②；张远景运用 Fragstats3.3 软件计算生态源形状、生态廊道综合指数等景观格

① 郭纪光. 生态网络规划方法及实证研究[D]. 上海：华东师范大学，2009.

② 刘颂，章舒雯. 维护区域生态安全的途径：市域绿地系统规划研究——以常州市为例[C]//孟兆祯，陈晓丽. 中国风景园林学会 2014 年会论文集(上册). 北京：中国建筑工业出版社，2014：397-401.

局指数结合图形理论评价和构建生态网络①。有学者采用重力模型完善景观生态格局在空间维度的连续性和高效性来优化生态网络，如吴榛等基于重力模型结合廊道曲度指数对扬州生态网络进行定量分析并提出优化建议②。朱凤武运用重力模型构建不同情景下斑块相互作用矩阵，定量化作用强度并筛选出最优生态网络③。基于前期结构性要素评价结果，可剔除干扰斑块及廊道，最终连通构建要素形成初步生态网络结构布局。

此外，有学者以西安市为研究区域，通过综合运用 MSPA 法、景观格局指数评价法、最小成本路径法等方法，在分析西安市景观格局现状基础上识别生态源地，构建生态网络，并利用重力模型评估网络结构，最后提出优化策略。

其研究结果表明，西安市景观丰富度较高，但景观状况南北区域差异明显；生态源地主要分布在南部和东部，北部和中部综合阻力值高、连接度较低；生态廊道分布不均，基于水文分析得到的辐射道可以对生态廊道起到补充作用；通过新增生态源地、补设踏脚石及修复断裂点对生态网络进行优化，可改善生态源地分布不均、部分区域生态廊道过长及道路网阻隔等问题（图 7-11）④。

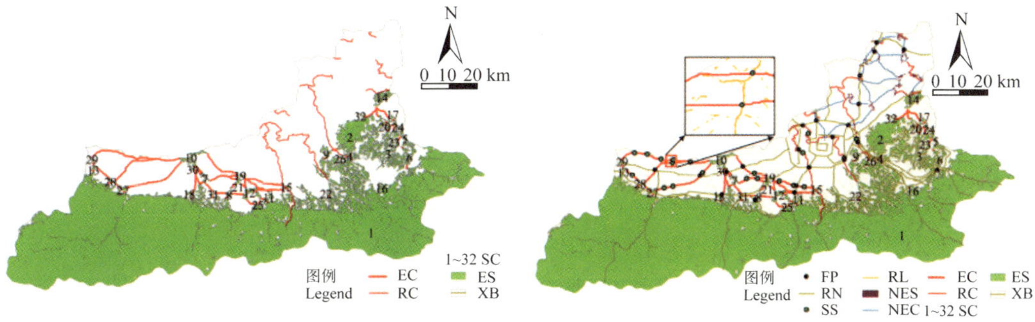

图 7-11 西安市生态廊道分布及生态网络优化图
来源：梁艳艳，赵银娣. 基于景观分析的西安市生态网络构建与优化[J]. 应用生态学报，2020，31(11)：3767-3776.

在市县域生态空间规划中，系统性思维立足维护生态过程，突出空间的网络结构，能更好保护生态系统完整性，发挥生态系统服务综合功能。但同时应意识到，生态格局和生态过程处于不断自组织演进状态，同时受到城市动态发展对生态空间动态干扰的风险。因此，需将系统性思维下构建的静态生态网络格局融入时间维度，放在生态空间、城镇发展空间和农业空间相互博弈的复合系统中研究其多种可能性。

① 张远景，俞滨洋. 城市生态网络空间评价及其格局优化[J]. 生态学报，2016，36(21)：6969-6984.
② 吴榛，王浩. 扬州市绿地生态网络构建与优化[J]. 生态学杂志，2015，34(7)：1976-1985.
③ 朱凤武，金志丰，沈春竹，等. 县域土地生态空间管控红线划定的方法研究——以江苏省金坛区为例[J]. 中国土地科学，2017，31(11)：25-31.
④ 梁艳艳，赵银娣. 基于景观分析的西安市生态网络构建与优化[J]. 应用生态学报，2020，31(11)：3767-3776.

7.3.3 弹性思维——应对多情景多目标要求

生态系统具有抵御极端干扰并在受冲击时仍能维持其主要功能、结构及自我调节能力的韧性特征。以静态的、蓝图式规划构建起的景观生态格局，在面对不断涌现的外界干扰及多变挑战时，很难维持生态系统韧性特征。因此，需要转变规划思维，以灵活动态的空间规划方式构建多情景下的景观生态格局，重塑生态系统韧性特征，支撑生态空间持续发挥生态系统服务功能效用。

弹性思维方式以综合、情景反馈和循环思考为特征①，注重灵活、包容、可调节的能力。当生态空间景观生态格局面临外界诸多不确定、不可控情景时（诸如气候变化、技术进步、重大基础设施建设、生产生活方式改变等），运用弹性思维于规划实践将突破静态的、蓝图式的规划模式，将干扰下生态格局动态变化纳入规划过程，对支撑市县级生态空间生态系统服务功能持续稳定发挥具有重要意义。

弹性规划指运用弹性思维于生态空间规划，关注空间在外力干扰下的变化对系统所产生的功能和结构的影响，并预判未来可能产生的风险干扰，因地制宜地提出解决预案。

弹性规划具有动态性、目标多样性和协调性特点。强调有针对性地、适宜性和灵活性地解决规划问题，注重"刚性和弹性"并存的规划策略。土地利用/覆被变化（Land Use and Cover Change，LUCC）最能直观地表达人类活动所改变的空间格局和时空变化过程，且常用表现形式 CA-Markov 模型、FLUS 模型、CLUE-S 模型等越来越广泛地应用于模拟土地利用的空间变化特征，并且以城镇空间发展目标、基本农田保护及其他干扰作为约束条件，可以有效预测未来生态空间演变的多种可能性。近年来，技术方法的不断革新促进了弹性规划研究发展。

在山东省滕州市市域生态空间规划中，为应对城市扩张等问题对生态安全格局的动态干扰，将动态生态安全格局构建定为目标，采用 CA-MARKOV 模型对未来空间发展的土地覆被进行模拟，以无约束条件、底线约束、中等约束和理想约束条件 4 个安全等级参与未来城镇和生态空间格局的多情景预测（图 7-12—图 7-15）。分析城市扩张对生态安全格局干扰影响机制，在建立城镇空间发展预测模型和生态空间格局安全性评价体系的基础上，提出"动态多情景模拟预测—生态空间安全性评价—方案协调弹性响应"的区域生态空间弹性规划途径②。

---

① 杜文武，张建林，陶聪．弹性理念，乡村重塑中的风景园林思考[J]．中国园林，2014，30(10)：102-106.

② 刘颂，刘蕾．基于生态安全的区域生态空间弹性规划研究——以山东省滕州市为例[J]．中国园林，2020，36(2)：11-16.

图 7-12　无约束条件下 2030 年生态空间格局

来源：刘颂，刘蕾. 基于生态安全的区域生态空间弹性规划研究——以山东省滕州市为例[J]. 中国园林，2020，36(2)：11-16.

图 7-13 底线约束条件下 2030 年生态空间格局

来源：刘颂，刘蕾. 基于生态安全的区域生态空间弹性规划研究——以山东省滕州市为例[J]. 中国园林，2020，36(2)：11-16.

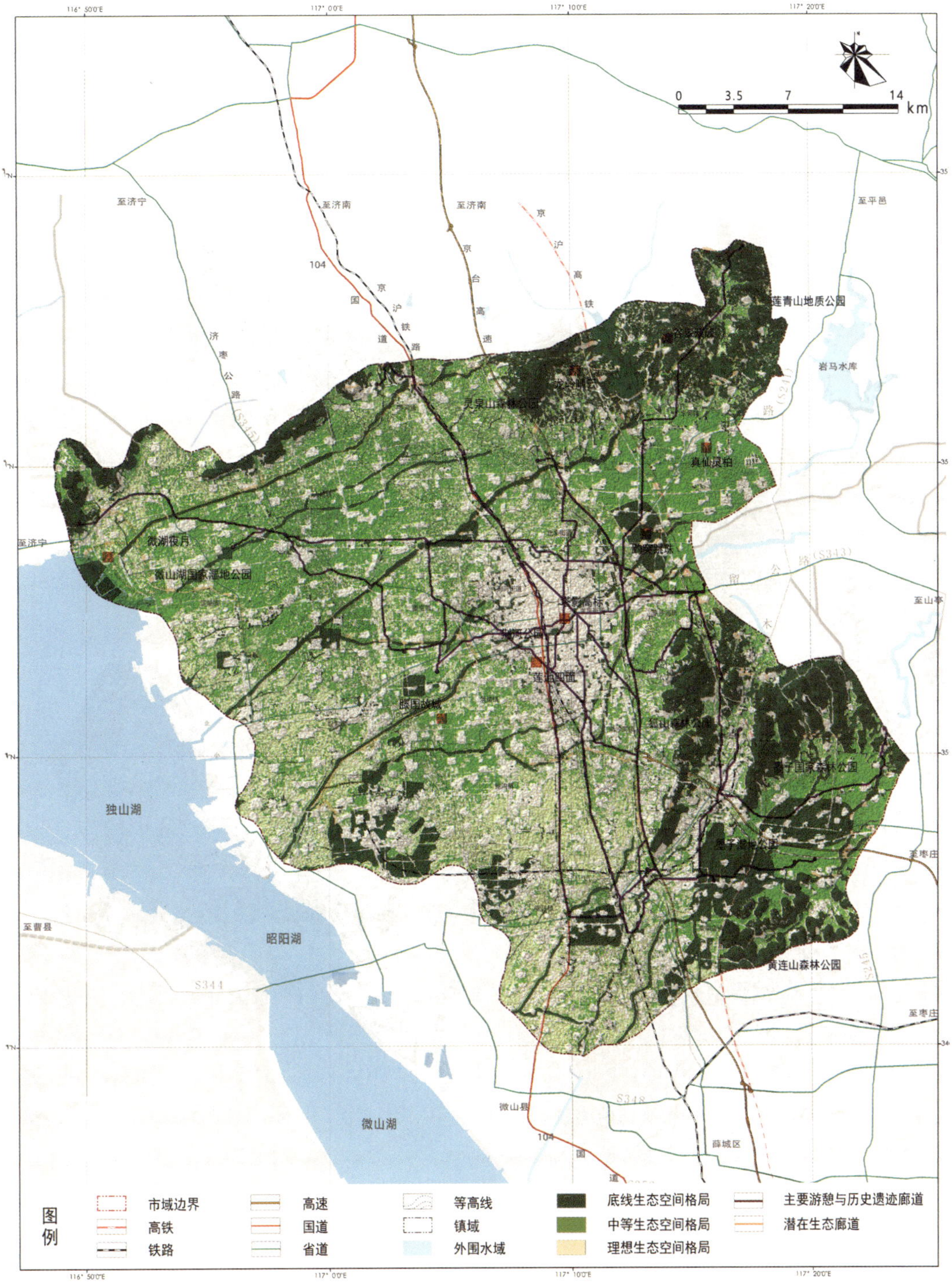

图 7-14　中等约束条件下 2030 年生态空间格局

来源：刘颂，刘蕾. 基于生态安全的区域生态空间弹性规划研究——以山东省滕州市为例[J]. 中国园林，2020，36(2)：11-16.

图 7-15　理想约束条件下 2030 年生态空间格局

来源：刘颂，刘蕾．基于生态安全的区域生态空间弹性规划研究——以山东省滕州市为例[J]．中国园林，2020，36(2)：11-16.

研究通过对 4 种预案的土地利用规模预测同用地需求对比发现，中等约束条件下的土地利用/覆被和生态空间格局为更适宜未来统筹协调发展的方案选择。以此方案为基础，提取该情景生态安全格局中的滕州市生态空间保护规划图(图 7-16)。

图 7-16 滕州市 2030 年城乡绿地系统规划图

来源：刘颂，刘蕾. 基于生态安全的区域生态空间弹性规划研究——以山东省滕州市为例[J]. 中国园林，2020，36(2)：11-16.

此外，陈永林等以长株潭城市群为研究对象，运用PSO-Markov模型对区域生态空间预测模拟并提出相适应的空间重构思路①；赵旭等运用CLUE-S模型对昌黎县“三生空间”发展预测模拟，并针对预测结果提出“三生空间”协调管理策略②；王旭等基于FLUS模型模拟预测四种情景下湖北生态空间未来发展状况③。

融弹性思维于市县级生态空间规划，采用“刚性—弹性”相结合的弹性规划管控策略，以动态、协调的技术方法，应对三生空间发展博弈及复杂因素对市县景观生态格局的动态干扰，是以灵活性、适应性的思维方式应对城市发展的不确定性和复杂性的途径。

底线思维以生态保护红线划定为抓手，强调生态安全核心要素保护，防止生态功能退化；系统性思维遵循景观生态格局结构与生态过程发展规律，强调保护生态安全要素的同时注重各要素的连通性、网络化结构，促进生态系统服务综合功能发挥，而弹性思维突破静态规划思维方式，融时间维度于规划考量，采用计算机模拟预测技术模拟多目标情景下生态空间景观格局，维持生态网络完整连通性，确保生态功能持续发挥。

① 陈永林，谢炳庚，钟典，等. 基于微粒群—马尔科夫复合模型的生态空间预测模拟——以长株潭城市群为例[J]. 生态学报，2018，38(1)：55-64.

② 赵旭，汤峰，张蓬涛，等. 基于CLUE-S模型的县域生产—生活—生态空间冲突动态模拟及特征分析[J]. 生态学报，2019，39(16)：5897-5908.

③ 王旭，马伯文，李丹，等. 基于FLUS模型的湖北省生态空间多情景模拟预测[J]. 自然资源学报，2020，35(1)：230-242.

8 城市公园绿地建设

刘 颂*

8.1 城市公园的产生与发展

8.1.1 城市公园溯源

世界造园史已延续几千年，从模仿天国乐土之“四分园”到中国秦汉“一池三山”；从再现柏拉图理式的法国规则式园林到模拟自然景致的英国风景园林；从气势恢宏的中国皇家园林到曲径通幽的江南私家园林，都为“非皇亲贵胄即富商豪门所有”，与平民无关。但这并不能阻止古代城市平民追寻自己的游憩空间：古希腊人在体育场周围设置了向公众开放的绿化区域；而古罗马一些城市的广场或墓园则允许平民游憩；我国唐代白居易在刺史任内主持西湖改造，西湖因此“绕郭荷花三十里，拂城松树一千株”，成为市民的乐土。追本溯源，古代的这些城市公共开放空间已经具备了现代公园的一些特点，是城市公园的雏形。

城市公园的另一个更为直接的源头是私园的公有化。17 世纪后，随着民主思想的进步，欧洲许多原属于皇家贵族的宫苑、猎苑和私园逐渐向市民开放，如英国的肯辛顿公园(Kensington Park)、绿色公园(Green Park)等。然而，回顾国外真正意义上的城市公园的发展历史，不过短短的 100 多年①。

8.1.2 城市公园产生的社会背景

18 世纪英国产业革命开始后，机器大生产占据了国民经济的统治地位，科技的飞跃使人类征服自然的欲望无限膨胀。工业的盲目建设，破坏了自然生态。城市和人口的飞速膨胀，造成了城市基础设施匮乏、空间结构混乱、交通拥堵、城市卫生条件和环境日趋恶化等问题的产生。在此背景下，社会改良者开始探索改善城市生存环境的对策，这些探索促生了现代城市公园。促使城市公园产生的直接因素是 1830—1840 年蔓延于欧洲大陆

* 刘颂，同济大学建筑与城市规划学院党委书记、教授，全国风景园林专业学位研究生教育指导委员会副主任委员。邮箱：liusong5@tongji.edu.cn。

① 江俊浩. 从国外公园发展历程看我国公园系统化建设[J]. 华中建筑，2008，26(11)：159-163.

的大霍乱。霍乱流行后，英国政府迫于舆论开始改善城市环境。1833 年，英国议会首次提出应通过公园建设来改善不断恶化的城市环境。之后，议会颁布法案，准许动用税收建造城市公园。

8.1.3 城市公园的发展

8.1.3.1 伯肯海德公园——第一个城市公园

1843 年，英国利物浦动用税收开始建造公众可免费使用的伯肯海德公园（Birkenhead Park），1847 年建成开放。伯肯海德公园是第一个使用公共资金建设的实践，被公认为世界上第一个城市公园（图 8-1）。它的建成推动了英国早期公园运动，影响了源于美国的城市公园运动。

图 8-1 伯肯海德公园

来源：刘颂，刘滨谊，温全平. 城市绿地系统规划[M]. 北京：中国建筑工业出版社，2011.

8.1.3.2 纽约中央公园和城市公园运动

伯肯海德公园建成后，公园作为近代欧美文明自我觉醒和救赎之产物在法国、美国等国相继出现。但真正对现代城市公园建设产生深远影响的则是被誉为“美国风景园林之父”的奥姆斯特德(Frederick Law Olmsted)和沃克斯(Calvert Vaux)所设计的纽约中央公园(图8-2)，他们的方案“传递民主思想进入树木和土壤之中”。公园于1876年建成开放，当时的纽约时报称它是“一座人民公园，是城市的肺，是男女老少、各阶层人民的休憩地，是给任何人以同等机会的游乐场所，是城市情绪的反映……”。纽约中央公园作为美国景观史上的一座里程碑，不仅满足了社会需求，成为公园设计的模板，还引导了城市开发和建设有序进行，促进了环境和经济良性循环。

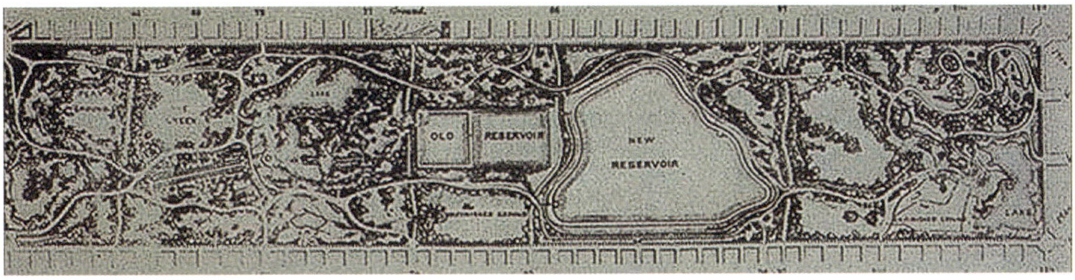

a. 规划图

b. 鸟瞰图

图8-2 纽约中央公园

来源：刘颂，刘滨谊，温全平. 城市绿地系统规划[M]. 北京：中国建筑工业出版社，2011.

纽约中央公园的巨大成功，掀起了一场席卷全美的城市公园运动。美国成为了城市公园的摇篮，可以说城市公园“花开英国而果结美国”。随后，人们认识到仅靠单个公园去改造城市环境的作用是有限的，美国开始重视城市公园系统和更广阔的区域性（国家）公园系统的建设。例如，波士顿历经奥姆斯特德和埃利奥特（Charles Eliot）两位大师的规划，形成了合理的空间形态和宜人的城市环境。其中奥姆斯特德在城市急速扩张时期利用线性开放空间连接主要公园形成了著名的城市公园系统——“翡翠项链”（图 8-3）；而埃利奥特则从更大的区域构建了大波士顿区域公园系统，涵盖了多个郊区开放空间和河流，使公园建设走在了城市发展之前，为波士顿今日美丽的城市景观格局奠定了基础。以水著称的明尼阿波利斯公园系统在城市扩张中则起到了导向作用。这个在 1883 年就提出构想的公园系统涵盖了在 19 世纪时人烟稀少的郊区开放空间，正是这具有前瞻性的规划构想使得明尼阿波利斯公园系统无可争议地成为“美国设计最好的公共开放空间”。

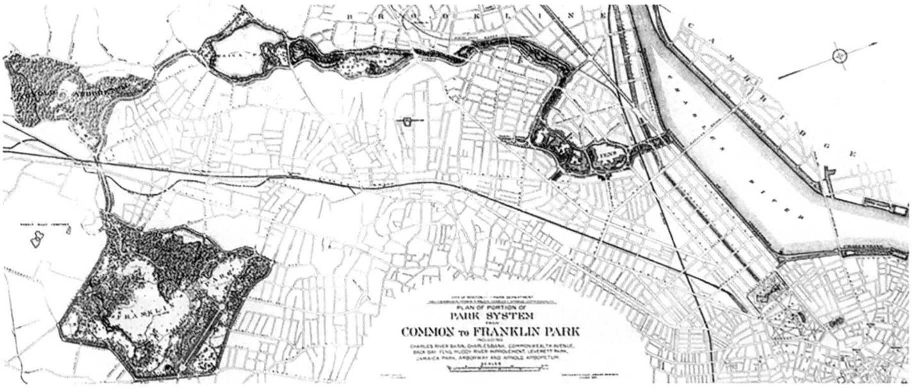

图 8-3 波士顿公园系统“翡翠项链”规划图

来源：刘颂，刘滨谊，温全平. 城市绿地系统规划[M]. 北京：中国建筑工业出版社，2011.

欧洲和加拿大受到美国的影响，也投入到城市公园建设的热潮中，城市公园运动扩展到了世界的范围。十月革命后，苏联出现了为劳动人民服务的文化休息公园，这种公园形式影响了 1949 年后我国的公园建设。亚洲的日本在明治维新后，从欧美各国引进了近代城市规划制度，于 1873 年制定了公园制度，当年开放的大阪市住吉公园是日本最早建造的城市公园。当时日本建设的公园有近 50 处保存至今。

8.1.3.3 第二次世界大战后的建设与发展

两次世界大战让各国暂时停住了建设公园的脚步。第二次世界大战后，各国面临重建，城市公园的发展也面临前所未有的机遇，出现了第二次建设高潮。波兰华沙重建计划、英国哈罗新城规划、朝鲜平壤重建规划等，都规划了城市公园。这一时期的城市公园建设不仅重视老城区，而且还将视野扩展到新城和郊区，通过自然公园、森林公园和线性绿色空间的建设，形成统筹城乡的公园格局。例如，自20世纪30年代起，英国在城乡规划内容中始终将保护农业地区和自然环境资源特色地区作为基本出发点，这种宏观的视野为伦敦创造了合理、宜人的城市环境。

20世纪70年代后，全球掀起了保护生态环境的高潮，学术界产生了“绿色城市”和“生态城市”的概念。第一次世界环境会议通过的《人类环境宣言》标志着生态思想开始引领城市公园建设，以河流、湿地为内容的生态公园层出不穷，城市公园进入了生态化的发展时期①。

8.1.3.4 当前城市公园的发展趋势

1）类型多样化，外延不断扩展

近年来国外城市公园除不断涌现的各类主题公园外，还有农业公园、垃圾公园、桥下公园等新型公园的出现，按照生态学的规律来建设的城市湿地公园也大量出现。这些公共园林空间是对城市公园完整内涵的有力补充，满足了现代社会发展的需要。

2）趋向网络化、系统化和生态化

21世纪以来，城市公园的发展同多项新技术、新学科的出现紧密相连，生态学、地理学和信息科学为公园的监测和规划带来了新的理论、方法和视角。公园布局由最早的集中、单一的模式，走向网络连接、城郊融合的发展趋势；城市公园也由单一的游憩功能，走向协调配置城市公园资源，强调“游憩—生态—景观”三位一体综合功能的系统化模式。

3）以保护各类绿地为目的的城郊公园建设

随着英国提出“郊野公园”的概念后，当前世界上形成了城郊公园建设热潮。例如，新加坡结合自身热带岛屿环境特点，在城市边缘大力建设各类公园，形成了“花园城市国家”的格局。此外，我国香港还专门颁布了《郊野公园条例》，为开设、发展及管理郊野公园和特别地区提供法律根据。

8.1.4 我国的城市公园

8.1.4.1 近代公园

我国城市公园起源于清末时期的帝国租界，最早出现的城市公园是位于上海英美公共租界的黄浦公园，当时称之为公共花园，此公园是中国的第一个城市公园，于1868年6月8日对外国人开放。其后，租界又相继建成虹口游乐园（今鲁迅公园）、顾家宅公园（今复兴公园）、极斯尔公园（今中山公园）。到1949年中华人民共和国成立时，上海市共有公园14座，总面积65.88 hm^2。北京、天津等地也兴建了专供外国人游览的城市公园，

① 江俊浩. 从国外公园发展历程看我国公园系统化建设[J]. 华中建筑，2008，26(11)：159-163.

如天津的民园。公园的形式多采用外国当时流行的形式，在内容和形式上促进了中国近代城市公园的发展，成为后来的中国城市公园的借鉴典型。这些殖民地公园的形式和风格在 1949 年以后为中国人所接受，替代了从来都是为少数人服务的中国古典园林，成为中国近代城市公园的雏形。1906 年，在江苏无锡、金匮两县，由乡绅俞仲等筹建的“锡金公花园”是我国自己建造的，对国人开放的近代公园。该园被公认为全国最早的免费开放式城市公园，也是我国第一个真正意义上的公园。

辛亥革命以后，相继出现了以广州越秀公园、中央公园、汉口市政府公园、昆明翠湖公园等为代表的城市公园。这些公园有的是在原有风景区、古建园林上造的，也有的是在新址上参照欧洲公园特点建造的，其造园手法直接来自欧洲的造园实践。

8.1.4.2 中华人民共和国成立后的公园建设

中华人民共和国成立后，在中国共产党和政府对城市公园建设的重视，对人民文化休息活动的关心下，我国城市公园的建设事业步入新纪元。我国的公园建设以当时苏联的文化休息公园模式为范本，在恢复、整修了中华人民共和国成立前留下的近代公园和历史园林的基础上，还大量新建了为广大人民群众服务的各种类型公园，使公园的数量不断增多，类型日趋丰富，规划建设、经营管理的水平亦不断提高和完善。1949 年以来，中国现代公园的发展大致经历了六个阶段：

(1) 1949—1952 年，国民经济处于恢复时期，全国各城市以恢复、整修旧有公园和改造、开发私园为主，很少新建公园；

(2) 1953—1957 年，第一个五年计划期间，由于国民经济的发展，全国各城市结合旧城改造，新城开发和市政工程建设，大量建造新公园；

(3) 1958—1965 年，公园建设速度放慢，强调普遍绿化和园林结合生产，出现了公园农场化和林场化的倾向；

(4) 1966—1976 年，全国城市公园建设不仅陷于停顿，还遭到破坏；

(5) 1977—2017 年，全国城市公园建设在改革开放的历史潮流推动下重新起步，成为城市建设中的重要内容。1992 年建设部等有关部门决定在全国范围内开展“国家园林城市”的评比，大力促进了全国各城市公园的建设。随后，在经营城市的理念下，各地政府逐步开始重视公园建设以促进土地升值。随着经济持续高速增长，公园建设速度普遍加快，大量精品不断涌现，管理水平亦明显提高；

(6) 2018 年至今，城市公园绿地建设呈现类型丰富、层级多样的体系化趋势。

8.1.4.3 公园城市理论下的城市公园化

2018 年 2 月，习近平总书记视察成都市天府新区时强调：天府新区是“一带一路”建设和长江经济带发展的重要节点，一定要规划好建设好，特别是要突出公园城市特点，把生态价值考虑进去，努力打造新的增长极，建设内陆开放经济高地。

近年来，贵阳、扬州等多个城市也提出建设公园城市的理念，并付诸规划建设实施。习近平总书记提出“公园城市”理念之后，在风景园林行业内外，乃至全国范围内被广泛热议。中国共产党第十九次全国代表大会报告指出：中国特色社会主义进入新时代，我国社会主要矛盾已经转化为人民日益增长的美好生活需要和不平衡不充分的发展之间的矛盾。……既要创造更多物质财富和精神财富以满足人民日益增长的美好生活需要，也要提供更多优质生态产品以满足人民日益增长的优美生态环境需要①。

中央城市工作会议提出：城市工作要把创造优良人居环境作为中心目标，把城市建设成为人与人、人与自然和谐共处的美丽家园。

“公园城市”无疑充分体现了中央对城市生态文明建设及对美好生活和幸福家园建设的高度重视。

1）“公园城市”的内涵

“公园城市”是将城市绿地系统和公园体系、公园化的城乡生态格局和风貌作为城乡发展建设的基础性、前置性配置要素，把“市民—公园—城市”三者关系的优化和谐作为创造美好生活的重要内容，通过提供更多优质的生态产品以满足人民日益增长的优美生态环境需求的新型城乡人居环境建设理念和理想城市建构模式。这一理念和模式着力通过对城市绿地系统和公园体系的布局优化、扩容提质和内涵升级，改善其作为公共服务产品供给的服务品质和均等化水平，建设全面公园化的城市景观风貌，用以优化城乡关系、完善城市格局、改善城市风貌、提升城市品位和竞争力、满足市民群众对美好生活的需要，以推动城市发展转型。

与城市生态环境建设的相关理念相比，“公园城市”理念相承于“园”、着眼于“城”、核心在“公”。我国从20世纪90年代开始开展“园林城市”的创建工作，21世纪以来又逐步推进“生态园林城市”的创建工作，大大提高了城市园林绿化建设的水平。相较于“园林城市”和“生态园林城市”，“公园城市”则着眼于我国城市化的美丽、健康、可持续发展，“公园城市”的提出是我国城市建设理念的历史性飞跃，在园林城市、生态园林城市等发展模式的基础上进一步提升了生态文明建设和绿色发展的内涵和目标。

“公园城市”理念更突出以下四个特点：

（1）更强调公共性和开放性，强调以人民为中心的普惠公平；

（2）更符合城市生态文明建设的需要，适应我国人口多、密度大、规模大的城市化特征；

（3）更突出城市绿地系统和公园体系与城市空间结构的耦合协调；

---

① 习近平：决胜全面建成小康社会 夺取新时代中国特色社会主义伟大胜利——在中国共产党第十九次全国代表大会上的报告[EB/OL].(2017-10-27)[2018-04-18].http://www.xinhuanet.com/2017-10/27/.

（4）更强调绿色生态空间的复合功能，能“提供更多优质生态产品”，融合更丰富的创新功能，带动城市转型发展①。

2）公园化城，场景营城

公园城市有两方面突出特征：一方面，不仅强调绿色空间的系统性，更强调绿色空间作为基础性、前置性配置要素与城市建设空间在功能和用地等方面混合布局，可总结为“公园化城”；另一方面，不仅强调绿色空间的物质营建，更强调以绿色空间为载体，统筹生态、功能、景观、业态、活动组织等多维要素共同营造城市氛围，提升城市的活力和吸引力，总结为“场景营城”。

“公园化城”，即转变“在城市中建公园”的思路为“在公园中建城市”，把公园化的绿色空间要素作为城市空间布局的基础性、前置性的配置要素，并促进绿色空间与建设空间的功能和布局混合，是激发城市活力、提升城市品位和吸引力的重要举措，是公园城市“人—城—境—业”高度和谐统一的空间基础。

“场景营城”的核心在于为实现城市发展和人居环境营建的目标定位，而运用多种手段营造的城市物质空间及社会、经济、文化、艺术、生态等方面的整体环境氛围。“场景营城”是城市发展建设一直遵循的基本原则之一。在城市建设理论和实践的发展过程中，城市有什么样的经济、政治、文化、社会特点，就会自主发育或人为培育出适应其需要的各类城市场景。从中国古代的国家都城到地方府县、商贸城镇、军事边镇的营建，从古代的雅典、罗马城市建设到近代的巴黎城市更新，再到现当代城市发展中的精明增长、新城市主义、景观都市主义、人性场所理论，都体现了“场景营城”的理念内涵②。

8.2 城市公园绿地的功能及分类

8.2.1 城市公园绿地的功能

城市公园作为供民众公平享受的绿色福利，是公众游览、休憩、娱乐、健身、交友、学习以及举办相关文化教育活动的公共场所，是城市绿色空间的主要组成和重要的城市绿色基础设施，承载着改善生态、美化环境、休闲游憩、健身娱乐、传承文化、保护资源、科普教育、防灾避险等重要功能。

1）生态调节

城市公园在维持城市生态平衡、改善城市热岛效应方面发挥着重要的作用。城市公

① 吴岩，王忠杰，束晨阳，等．“公园城市”的理念内涵和实践路径研究[J]．中国园林，2018，34(10)：30-33.

② 王忠杰，吴岩，景泽宇．公园化城，场景营城——“公园城市”建设模式的新思考[J]．中国园林，2021，37(S1)：7-11.

园的植物覆盖率高，植物群落在固碳释氧、蒸腾吸热、释放负离子、增加空气湿度，缓解城市热岛效应，改善城市小气候等方面发挥了积极的作用。另外，城市公园植物群落还能吸收二氧化硫、滞尘减尘、净化水体和土壤，能够有效地减少有毒气体，起到削减噪音、杀菌防疫的作用。

2）生物多样性保护

公园建成时间越长，其生态系统越趋于稳定，它们已成为城市野生动物的栖息地，大大丰富了城市生物多样性。城市中不同群落类型配植的绿地可以为不同的野生动物提供相应的生活空间，另外与城市道路、河流、城墙等人工元素相结合的带状绿地形成一条条绿色的走廊，保证了动物迁徙通道的畅通，提供了基因交换、营养交换所必要的空间条件，使鸟类、昆虫、鱼类和一些小型的哺乳类动物得以在城市中生存。因此城市公园绿地的建设对于保护和维持城市生物多样性具有决定性的作用。

3）防灾避险

随着城市化发展，高强度开发活动急剧地改变着大地固有的自然生态格局，城市的运转越来越依赖于诸如城市供水、供电、燃气、交通、排污等生命线工程设施。作为巨型“承灾体”，城市在面临地震、洪灾、台风等自然灾害以及战争、污染等人为灾害的威胁时，整体抗灾能力往往十分脆弱。合理布置城市绿地可以增强城市防灾减灾的能力，维持城市生态系统的平衡。公园绿地在灾害时能起到八类作用：①避难；②防止或减轻灾害；③信息收集发布；④消防医疗辅助；⑤提供临时避难生活空间；⑥卫生防疫；⑦重建活动的基地；⑧物资集散。如日本的公园与防灾功能紧密联系，大量小公园和安全地带通过街道相互连接，构成了防灾型的公园系统（图 8-4）。

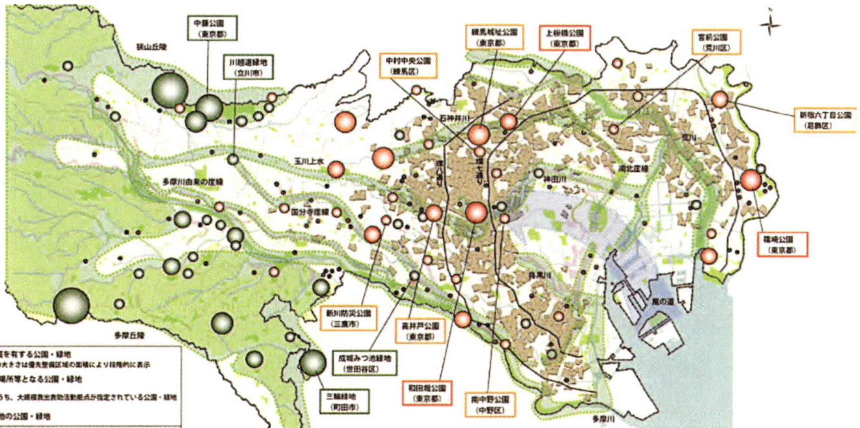

图 8-4　东京防灾公园布局图

来源：李艳. 全球城市发展背景下上海市城乡公园体系建设思考[J]. 上海城市规划，2018（3）：25-32.

4）雨洪管理

近年来城市内涝问题日益严重。城市内涝是指由于强降水或连续性降水超过城市排水能力致使城市内产生积水灾害的现象。城市内涝不仅是排水管道的问题，更是由于地面硬化、绿地减少、径流系数增加而加大了泄洪难的问题。城市公园绿地能够通过蓄渗雨水能有效减少暴雨条件下的地表径流。公园内的植被、水体等可以降低径流系数，消纳雨洪并回补城市地下水，减轻城市市政管道的行洪压力。公园绿地在减少城区暴雨径流，减缓城市内涝方面具有重要作用。研究发现在植被覆盖的城市地区，只有5％～15％的降水形成地表径流，其余降水都被植被拦截；而没有植被的城市区域，大约降雨中的60％以地表径流的形式排到城市下水道。城市绿地可以作为集蓄雨水的重要场所，通过绿地面积比的控制以及绿地结构的合理设计，形成城市的一种集雨格局，将大部分降雨利用，削减雨洪问题，补充地下水，缓解地面沉降，产生相应的生态环境效益。另外，经过植物、土壤、岩层的层层过滤，流向下游的水质可以将污染物过滤净化，使水质更加洁净。

5）多元文化服务

随着休闲时代的到来，人们的闲暇时间愈发充裕，人们对公园使用的需求也逐渐多元化。文化服务这一概念的提出始于20世纪80年代。20世纪末至21世纪初，生态系统服务的概念形成并普及，文化服务（culture ecosystem service）作为生态系统四大服务之一被广泛接受。生态系统文化服务定义为“人们通过精神满足，认知发展，思考、消遣和体验美感而从生态系统中获得的非物质惠益”。根据国内外学者研究进展以及千年生态系统目标总结出公园绿地所具有的主要文化服务功能包括：美学功能、休闲游憩功能、精神价值、文化传承功能、灵感启发和科学教育功能等。

8.2.2 城市公园绿地主体功能的演变

公园绿地的主体功能与价值目标关注的重点随着社会经济背景的演变，大概经历了景观化、生态化、人文化、社会化的不同转换①。

1）景观化（19世纪30年代—20世纪初）

19世纪工业化大生产导致城市和人口的急剧增加，快速工业化和城市化背景下的环境整治和美化运动推动城市开敞空间建设，公园绿地建设最主要的目的是疏散城市人口，提供空间缓冲。同时公园绿地被认为能够协助实现社会改革，使居民的物质和精神生活由于接触自然而得到提高，因此景观化是该阶段公园绿地建设的主题。

---

① 张京祥，李志刚．开敞空间的社会文化含义：欧洲城市的演变与新要求[J]．国外城市规划，2004(1)：24-27.

2）生态化（20世纪初—60年代末）

19世纪末20世纪初生态环境的重要性逐步被认知并反映到公园绿地的建设中，环境保护运动是最主要的推动力。1909年，美国通过了《荒野保护条例》，开始建设国家荒野保护系统和国家公园体系，随后欧洲也开始推进。1960年，面对日益严重的全球生态问题，环境保护运动在公园绿地充分体现。该时期，在城市扩展及规划改造中也更加注意对生态环境的保护，生态化是该阶段公园建设的主要目标。

3）人文化（20世纪70年代初—90年代）

该阶段城市公园建设的推动力包括种族与阶级矛盾、民主斗争和后现代文化兴起等多种因素。随着传统工厂衰落和现代服务业兴起，城市建设更关注如何构建一个高效率与和谐稳定的社会，以及改善城市生活与工作品质等诸多方面。该阶段人文主义回归，社会发展更重视对人的关怀，强调场所建设要满足人的生理和心理需求，强调对个体的人的关注。

4）社会化（20世纪90年代以来）：经济全球化、文化多元化、社会群落马赛克化成为城市社会最显著的变化。因为该阶段社会日益分化，面对已存在的社会差异，规划建设面向更广适用对象的公园绿地空间，需要关注不同文化、阶层、种族、年龄等社会群体，提供更大众化的服务设施，创造更能促进社会交流的场所。

21世纪公园绿地的社会和文化价值被提高，面对当今社会城市文化的多样性和马赛克式的社会群落，人们对城市绿地的需求也越来越多元化、复杂化。公园绿地的功能更多地从社会文化角度去解读，对公园绿地的要求除了传统的景观、生态功能外，更重要的是公园提供的支撑和促进新的生活方式、价值观念、民主精神等在城市空间上的融合。公园绿地应该是人们放松、交流以及开展政治和社会活动的空间，要更注重对社会和精神世界的整合以及对社会公平价值观的表达。

8.2.3 城市公园绿地分类及绿地游憩体系

《城市绿地分类标准》（CJJ/T 85—2017）将公园绿地（G1）定义为向公众开放，以游憩为主要功能，兼具生态、景观、文教和应急避险等功能，有一定游憩和服务设施的绿地，包括综合公园（G11）、社区公园（G12）、专类公园（G13）和游园（G14）四个中类（表8-1）。其中，综合公园和社区公园主要是从服务对象范围进行的分类，专类公园是从绿地的内容进行的分类，游园则是除以上各种公园绿地外，具有一定游憩功能的绿地。

为了适应中国城镇化发展由“城市”向“城乡一体化”转变，加强对城镇周边和外围生态环境的保护与控制，健全城乡生态景观格局；综合统筹利用城乡生态游憩资源，推进生态宜居城市建设；衔接城乡绿地规划建设管理实践，促进城乡生态资源统一管理。《城市绿地分类标准》（CJJ/T 85—2017）中增加了“区域绿地”（EG）大类，指市（县）域范围以内、

表 8-1 城市公园绿地分类

类别代码			类别名称	内容
大类	中类	小类		
G1			公园绿地	向公众开放,以游憩为主要功能,兼具生态、景观、文教和应急避险等功能,有一定游憩和服务设施的绿地
	G11		综合公园	内容丰富,适合开展各类户外活动,具有完善的游憩和配套管理服务设施的绿地
	G12		社区公园	用地独立,具有基本的游憩和服务设施,主要为一定社区范围内居民就近开展日常休闲活动服务的绿地
	G13		专类公园	具有特定内容或形式,有相应的游憩和服务设施的绿地
		G131	动物园	在人工饲养条件下,移动保护野生动物,进行动物饲养、繁殖等科学研究,并供科普、观赏、游憩等活动,具有良好设施和解说系统的绿地
		G132	植物园	进行植物科学研究、引种驯化、植物保护,并供观赏、游憩及科普等活动,具有良好设施和解说标识系统的绿地
		G133	历史名园	体现一定历史时期代表性的造园艺术,需要特别保护的园林
		G134	遗址公园	以重要遗址及其背景环境为主形成的,在遗址保护和展示等方面具有示范意义,并具有文化、游憩等功能的绿地
		G135	游乐公园	单独设置,具有大型游乐设施,生态环境较好的绿地
		G136	其他专类公园	除以上各种专类公园外,具有特定主题内容的绿地。主要包括儿童公园、体育健身公园、滨水公园、纪念性公园、雕塑公园以及位于城市建设用地内的风景名胜公园、城市湿地公园和森林公园等
	G14		游园	除以上各种公园外,用地独立,规模较小或形状多样,方便居民就近进入,具有一定游憩功能的绿地

来源:《城市绿地分类标准》①

城市建设用地之外,对于保障城乡生态和景观格局完整、居民休闲游憩、设施安全与防护隔离等具有重要作用的各类绿地,不包括耕地。

"区域绿地"依据绿地主要功能分为四个中类:风景游憩绿地(EG1)、生态保育绿地(EG2)、区域设施防护绿地(EG3)、生产绿地(EG4)。其中,"风景游憩绿地"指城乡居民可以进入并参与各类休闲游憩活动的城市外围绿地,"风景游憩绿地"和城市建设用地内的"公园绿地"共同构建城乡一体的绿地游憩体系。根据游览景观、活动类型和保护建设管理的差异,《城市绿地分类标准》(CJJ/T 85—2017)将风景游憩绿地分为风景名胜区(EG11)、森林公园(EG12)、湿地公园(EG13)、郊野公园(EG14)和其他风景游憩绿地

① 住房和城乡建设部.城市绿地分类标准:CJJ/T 85—2017[S/OL].(2017-11-28)[2022-01-13].https://www.mohurd.gov.cn/gongkai/fdzdgknr/tzgg/201806/20180626_236545.html.

(EG19)五个小类(表 8-2)。

表 8-2 风景游憩绿地分类

类别代码			类别名称	内容
大类	中类	小类		
EG			区域绿地	位于城市建设用地之外,具有城乡生态环境及自然资源和文化资源保护、游憩健身、安全防护隔离、物种保护、园林苗木生产等功能的绿地
	EG1		风景游憩绿地	自然环境良好,向公众开放,以休闲游憩、旅游观光、娱乐健身、科学考察等为主要功能,具备游憩和服务设施的绿地
		EG11	风景名胜区	经相关主管部门批准设立,具有观赏、文化或者科学价值,自然景观、人文景观比较集中,环境优美,可供人们游览或者进行科学、文化活动的区域
		EG12	森林公园	具有一定规模,且自然风景优美的森林地域,可供人们进行游憩或科学、文化、教育活动的绿地
		EG13	湿地公园	以良好的湿地生态环境和多样化的湿地景观资源为基础,具有生态保护、科普教育、湿地研究、生态休闲等多种功能,具备游憩和服务设施的绿地
		EG14	郊野公园	位于城区边缘,有一定规模、以郊野自然景观为主,具有亲近自然、游憩休闲、科普教育等功能,具备必要服务设施的绿地
		EG19	其他风景游憩绿地	除上述外的风景游憩绿地,主要包括野生动植物园、遗址公园、地质公园等

来源:《城市绿地分类标准》

8.3 公园绿地规划

公园绿地是城市绿地系统的重要组成部分,城市绿地系统规划主要对公园绿地的类型、位置(选址)、数量、规模、功能与景观形态进行控制与引导。

8.3.1 公园绿地规划的目标

1)满足使用功能的要求

公园绿地的规划设计应首先满足人们的使用要求。在城市公园绿地的规划布局中,应根据合理的服务半径,将不同种类的公园绿地均匀地分布于城市中适当的位置,尽可能避免公园绿地服务盲区的存在。在具体公园的规划设计中应先深入调查研究该公园绿地使用者的情况。这些情况包括使用者的年龄构成、生活习惯、休息时间的安排、户外活动的行为规律等，将以人为本的思想贯穿设计的整个过程。在功能空间划分、活动项目的设置及景观序列的安排、建筑小品的布置等方面都应结合心理学、行为学和人体工程学的原理、设计出使用频率高，真正供人们休憩娱乐的公园绿地。

2）保证绿地生态效益得到充分发挥

为了满足城市公园绿地的生态功能，在规划中应将大小不同的公园绿地分布于城市中，同时以绿带或绿廊的形式连成网络，这样可使公园绿地的生态效益得到充分的发挥。同时在具体的公园绿地设计中尽可能提高公园绿地的三维绿量。

3）发挥美化环境的功能

为了使公园绿地发挥美化环境的功能，在规划设计中应考虑公园绿地和周围环境及建筑之间的关系、绿地本身的景观构成、景观序列及艺术特色等内容。对于一些有特殊意义的公园绿地还应对其地方文脉、场所精神、文化内涵等进行探索。

从以上城市公园绿地的规划设计原则的阐述中，可以发现，在城市公园绿地规划设计中应抓住以下几个要点：

（1）合理的服务半径均匀地分布公园绿地，方便人们使用。

（2）公园绿地应具有一定的规模，同时这些公园绿地应连成一体。

（3）公园绿地的设计中应充分地研究人的行为、心理需求及特征，做到真正满足人们的使用要求。

（4）公园绿地的设计应以植物造景为主，加强种植设计。

（5）公园绿地的设计除满足使用和生态功能以外，还应该注意立意和构景，使人们在公园绿地中得到更高的精神享受。

8.3.2 公园绿地布局的一般原则

各类公园绿地在城市中的位置，应在城市绿地系统规划中确定，应结合河湖水系、道路系统及生活居住用地的规划综合考虑。

（1）系统性原则，各类公园绿地应统一规划，分区分级分类设置，注意布局的均匀性。

（2）生态性原则，各类公园绿地应优先选择有可利用的自然山水空间、历史文化资源以及城市修复的区域，尽量布置在生态敏感性较高，以及自然生态价值较高的区域，即内在的适合于绿地用途的地方。利用城市中的山地环境规划建设公园绿地的，园中宜包括不少于20%的平坦区域。

（3）可达性原则，各类公园绿地应方便到达，服务半径应满足市民日常游憩使用需求，并与城市主要道路有密切的联系，至少设置一个主要出入口与城市道路相衔接。

（4）因地制宜原则，利用不宜于工程建设及农业生产的复杂破碎的地形，起伏变化较大的坡地，利用现状地形条件；选择在具有水面及河湖沿岸景色优美的地段，发挥水系的作用;选择在现有树木较多和有古树的地段,在森林、丛林、花圃等原有种植的基础上加以改造,利用现状植被条件;选择在原有绿地的地方,或将现有的公园建筑、名胜古迹、革命遗址、纪念人物事迹和历史传说的地方,加以扩充和改建,补充活动内容和设施,利用历史文化资源。

(5) 可持续发展原则,应考虑将来有发展的余地,随着经济社会的发展和人民生活水平的不断提高,对公园绿地的要求会增加,应保留适当的发展备用地。

(6) 安全性原则,规划作为公园绿地的城市用地不应存在安全、污染隐患,确有必要的,对于可能存在的隐患应有确保安全的消除措施;因卫生防护和安全防护功能的需要设置防护绿地的区域,不得规划作为公园绿地。

8.3.3 城市公园的配置要求

随着人们对现阶段城市发展方式的反思及对土地资源短缺认识的提高,城市的发展模式已经逐步向"存量优化"转型,在此规划背景下,城市发展愈加注重品质的提升,而公园绿地是提升城市品质的重要支撑,其布局的公平性与便捷性直接影响了居民的生活质量①。城市绿地系统规划涉及的公园绿地指标主要有人均公园绿地面积、各类公园绿地面积、绿化用地比例、服务半径、公园绿地数量、公园绿地总面积、公园绿地游人容量等。

8.3.3.1 日本城市公园配置要求

日本政府十分重视城市公园绿地在改善城市生态、防治污染、防灾等方面的功能和作用,以法律规定城市公园完整的分类系统和相应的分布规律,东京的城市绿地的规划建设主要法律依据是《都市计画法》《都市公园法》《都市绿地保全法》和《首都圈近郊绿地保全法》等地方相关法规。其中《都市计画法》规定了城市化区域的公园规划建设的标准;《都市公园法》以城市规划范围内的绿地为对象,不仅确定了都市公园的配置结构、规模、设施、建筑密度等技术标准,还以法律形式确定了管理和运行机制、资金来源渠道等;《都市绿地保全法》和《首都圈近郊绿地保全法》则是以特定地区绿地保护为目的的专项法。

日本的公园体系主要由两大部分组成:一是自然公园,二是城市公园。城市公园又分四种类型:①居住区基干公园;②城市基干公园;③广域公园;④特殊公园(表 8-3)。前三类公园都规定了面积规模和分布要求或服务半径和服务人数。这样既能有效地保证居民日常游览、休憩、娱乐和康体的需要,又能使其与城市的其他绿地构成合理的、有效保持和

① 王冰倩,陈晓键.西安纺织城地区公园绿地布局优化研究[J].规划师,2020,36(2):12-19.

改善城市生态环境的绿地系统。所以,这三种类型的公园从系统功能上讲属于城市基础性公园。第四类公园主要是为满足人们(含外地游客)游览欣赏和文化生活的需要而设置修建的。

表 8-3　日本城市公园体系

<table>
<tr><td rowspan="13">城市公园</td><td>种类</td><td colspan="3">内　容</td></tr>
<tr><td rowspan="6">城市基础性公园</td><td rowspan="3">居住区基干公园</td><td>儿童公园</td><td>面积 0.25 hm^2,服务半径 250 m</td></tr>
<tr><td>近邻公园</td><td>面积 2 hm^2,服务半径 500 m</td></tr>
<tr><td>地区公园</td><td>面积 4 hm^2,服务半径 1 000 m</td></tr>
<tr><td rowspan="2">城市基干公园</td><td>综合公园</td><td>面积 10 hm^2 以上,要分布均衡</td></tr>
<tr><td>运动公园</td><td>面积 15 hm^2 以上,要分布均衡</td></tr>
<tr><td>广域公园</td><td colspan="2">具有休息、观赏、散步、游戏、运动等综合功能,面积 50 hm^2 以上,服务半径跨越一个市、镇、村区域,要均衡设置</td></tr>
<tr><td colspan="2" rowspan="4">特殊公园</td><td>风景公园</td><td>以欣赏风景为主要目的城市公园</td></tr>
<tr><td>植物园</td><td>配置温室、标本园、修养和风景设施</td></tr>
<tr><td>动物园</td><td>动物馆及饲养场等占地面积在 20%以下</td></tr>
<tr><td>历史名园</td><td>有效利用、保护文化遗产,形成与历史时代相称的环境</td></tr>
</table>

来源:路遥.大城市公园体系研究[D].上海:同济大学,2007.

制定城市公园配置模式(表 8-4):其中,以服务半径 250 m 的街区公园为基础,每 1 km^2 居住区内设立一个近邻公园,服务半径 500 m。在四个这样的居住区内设立一个供半径 1 000 m 以内居民利用的地区公园,并用绿化带将这些均匀分布的公园连接起来,形成点线结合的生态绿地系统。另外,在 10 万人口左右的城市内,还要求设立一个综合公园、一个运动公园,构成城市公园绿地体系。这种布局结构充分考虑了城市公园的居民游憩、保护生态、防治灾害、美化环境的多种功能,由建设省统一公布,逐步实施,保证了日本城市公园绿地建设科学合理的发展。

公园系统中有大量的小公园。以东京都区为例,到 2000 年 4 月为止,共建造街区公园 2 794 处、近邻公园 96 处、地区公园 18 处、综合公园 39 处、运动公园 26 处、特殊公园 53 处、广域公园 2 处、公共绿地与绿道 330 处。街区公园与近邻公园虽然规模与服务半径小,但由于其主要服务于近邻住区以内的居民,数量也最多且广泛分布于各个住宅区内。从历史上看,土地区划整理制度的施行与关东大地震直接促使了大量小公园的诞生。同时,像东京等大城市,由于建筑物密度大,土地价格高而且土地利用呈细分化趋势,在市区新建大规模公园绿地的成本也越来越高。这就决定了东京等大城市的都市公园系统是以小公园为主。

表 8-4 日本城市公园规划标准

公园类型		城市规划标准				
		使用者年龄	面积(hm^2)		服务半径(km)	
			最低	标准	最大	标准
大公园	普通公园	一般市民	10			2
	运动公园					(0.5 小时内步行距离)
	自然公园					(1 小时内步行距离)
小公园	近郊公园	近邻居民	2	5	1.5	1
	儿童公园	14.5 岁以下				
	少年公园	6.5～11.5 岁	0.5	0.8	0.8	0.6
	幼年公园	11.5～14.5 岁	0.3	0.5	0.7	0.5
	幼儿公园	6.5 岁以下	0.03	0.2	0.5	0.25

来源：路遥．大城市公园体系研究[D]．上海：同济大学，2007.

8.3.3.2 其他国家城市公园配置要求

合理制定各类公园的服务半径是规划布局城市公园的重要基础。各个国家的规划导则中，公园服务半径与人均公园面积指标相差较大(表 8-5)。

表 8-5 不同国家导则中有关公园面积、服务半径与人均公园面积指标

导则名称	国家/城市	公园面积与服务半径	人均指标(hm^2/千人)
《游憩地、公园及开放空间规划标准与导则》	美国	迷你型公园(＞0.4 hm^2，服务半径＜400 m) 邻里单元中的公园(＜6 hm^2，服务半径 400～800 m) 社区公园(＞10 hm^2，服务半径 1 600～3 200 m) 大型城市公园(＞80 hm^2，1 h 车程) 区域性自然保护公园(＞400 hm^2，1 h 车程)	迷你型公园(0.1～0.2) 邻里单元中的公园(0.4～0.8) 社区公园(2～3.2) 大型城市公园(2～4) 区域性自然保护公园(无)
《自然绿地可达性标准》	英国	大于 2 hm^2 的绿地，服务半径 300 m(5 min 步行距离) 大于 20 hm^2 的绿地，服务半径为 2 km 大于 100 hm^2 的绿地，服务半径为 5 km 大于 500 hm^2 的绿地，服务半径为 10 km	总数大于 1

续表

导则名称	国家/城市	公园面积与服务半径	人均指标(hm²/千人)
《伦敦开放空间指标体系》	英国伦敦	口袋公园(<0.4 hm²,服务半径<400 m) 小型开放空间(<2 hm²,服务半径<400 m) 局部公园与开放空间(2 hm²,服务半径<400 m) 区级公园(20 hm²,服务半径约为 1 200 m) 市区公园(60 hm²,服务半径约为 3 200 m) 区域公园(400 hm²,服务半径约为 3 200~8 000 m)	无明确要求
《城市公园与绿带法案》	韩国	社区公园 1(0.15~1 hm²,服务半径为 250 m) 社区公园 2(1~3 hm²,服务半径为 500 m) 社区公园 3(3~10 hm²,服务半径为 1 000 m)	无明确要求

来源:翟宇佳,周聪惠.基于实例的城市公园可达性评价模型比较[J].中国园林,2019,35(1):78-83.

8.3.3.3 我国城市公园的分级配置要求

我国《城市绿地规划标准》(GB/T 51346—2019)规定分级配置的综合公园、社区公园、游园应符合表 8-6 的规定。

表 8-6 我国综合公园、社区公园和游园规划分级设置规定一览

类别	服务人口规模(万人)	服务半径(m)	适宜规模(hm²)	人均指标(m²/人)
综合公园	>50	>3 000	≥50	≥1.0
	20~50	2 000~3 000	20~50	1.0~3.0
	10~20	1 200~2 000	10~20	1.0~3.0
社区公园	5~10	800~1 000	5~10	≥2.0
	1.5~2.5	500	1~5	≥1.0
游园	0.5~1.2	300	0.4~1	≥1.0
	—	300	0.2~0.4	—

来源:《城市绿地规划标准》①

8.4 国内外城市公园体系建设

8.4.1 伦敦城市公园体系

英国伦敦是著名的国际化大都市之一,是公认的“绿色城市”和“最适宜居住的城市”,

① 住房和城乡建设部.城市绿地规划标准:GB/T 51346—2019[S/OL].(2019-04-09)[2022-01-13].https://www.mohurd.gov.cn/gongkai/fdzdgknr/tzgg/201910/20191012_242194.html.

其绿色框架，如环城绿带、开放空间网络、人行道和运动休闲设施等都被国际社会所推崇。

伦敦开放空间规划早在 1929 年开始，由大伦敦区域规划委员会制定的，引入绿化隔离带概念和开放空间的一些指标。发展到 1976 年，由大伦敦议会制定的公园按照不同的大小等级来配置，即大城市公园、区域公园和地方公园。1976 年后关于伦敦开放空间最有意义的改变就是发展不同类型的绿色通道，也被称为“绿链”。最初的绿链由大伦敦议会整理调整，目的是保护大多数开放空间以及开发它们的休闲潜力。而后开放空间全面地以链状形式在伦敦东南部展开，在开放空间之间规划了绿链步道，连接成一串绿珠项链。穿越居住区等建筑密集区，通过密集绿化措施增加开放空间的可进入性和环境质量，完善伦敦绿地框架、康乐和自然保育系统（图 8-5）。

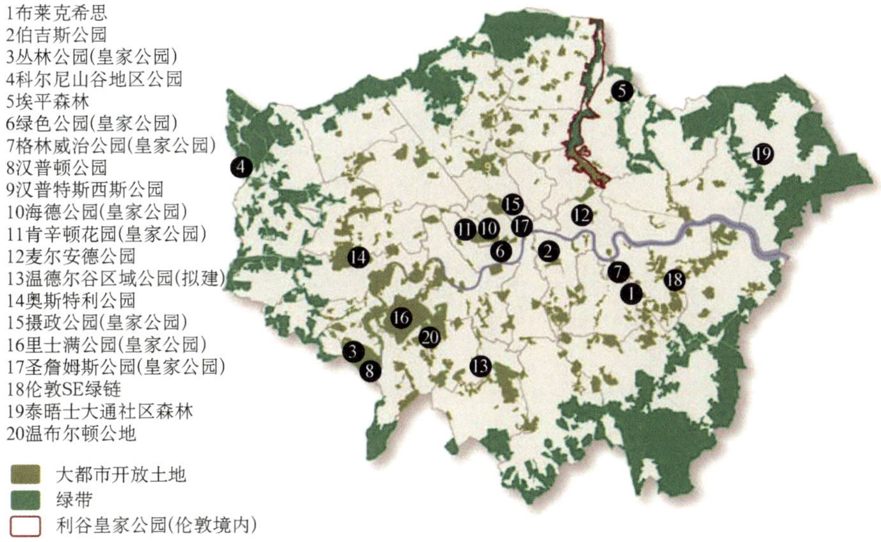

图 8-5　伦敦绿色网络图

来源：改绘自 Greater London Authority City Hall. The London Plan: Spatial Development Strategy for Greater London[EB/OL]. [2022-01-13]. https://www.brent.gov.uk/media/323954/AD%202%20Draft%20replacement%20London%20Plan,%20Oct%202009.pdf.

伦敦绿地的主要特色，体现在五个方面：开放空间标准、环城绿带、内在联系的公园系统、公园分级系统、自然保育和绿链。近年来，伦敦越来越重视增加绿地空间的公众可达性，提高绿地的连接性，提供花园（garden）到公园（park），公园到公园道（parkway），公园道到绿楔（green wedge），绿楔到绿带（green belt）的便利通道。

伦敦的开放空间主要包括公园、广场、廊道、森林地、自然栖息地、游憩场地、活动场地、农地、墓园地、儿童游乐场地、运动场地和伦敦边缘的郊区等。市域范围内公园数量达到 1 715 个，近 400 m 以内有一块相当规模的公共绿地。城区大型绿地比较多如海德公园、肯辛顿公园、圣詹姆斯公园、维多利亚公园等，大于 20 hm^2 的绿地占总面积的 67%，总体上来说，外层绿地多于内层，西南和东南多，而东区和南岸较少。

公园绿地分级系统完整是伦敦的重要特征，并对世界城市绿地规划具有示范性的重大意义。伦敦公园绿地根据规模、功能、服务半径、位置等，分成六级，并对其进行量化的规定(表 8-7、表 8-8)①。

表 8-7 伦敦公园的数量、面积和规模特征

公园类型	面积等级(hm^2)	数量(个)	比例(%)	面积(hm^2)	比例(%)
小游园	<2	776	45.52	649.6	4.05
社区公园	2~20	746	43.50	4 910.8	30.58
区级公园	20~60	132	7.70	4 332.9	26.98
市级公园	>60	61	3.56	6 164.0	38.39
合计		1715	100	19 507.3	100

表 8-8 伦敦绿地的分级系统

公园类型	面积(hm^2)	服务半径(km)	公园类型	面积(hm^2)	服务半径(km)
区域性公园	>400	3.2~8	小区及公园	>2	0.4
市级公园	>60	≥3.2	小型公园	<2	<0.4
区级公园	>20	1.2	带状绿地	不确定	各处均适宜

来源：张庆费，乔平，杨文悦. 伦敦绿地发展特征分析[J]. 中国园林，2003(10)：56-59.

8.4.2 上海市城市公园体系

《上海市城市总体规划(2017—2035 年)》提出 2035 年基本建成卓越的全球城市，令人向往的创新之城、人文之城、生态之城，具有世界影响力的社会主义现代化国际大都市；提出建设天更蓝、水更清、地更绿，人与自然和谐共生的美丽上海。在上海建设全球城市的总体目标下，生态空间将作为重要因素参与全球竞争，生态环境和宜居品质是重要的一环。公园是生态空间的重要组成部分，是具有改善城市生态环境、科教健身、文化艺术、防灾避灾等多种功能的城市公共开放空间，在满足人民日益增长的生态环境需求方面承担着重要作用。

《上海市生态空间专项规划(2018—2035)》提出完善由国家公园、区域公园(郊野公园等)、城市公园、地区公园、社区公园(乡村公园)为主体，以微型(口袋)公园、立体绿化为补充的城乡公园体系。结合现有生态资源，推进国家公园和郊野公园建设，在市域范围内建成 30 片以上大型区域公园(郊野公园)。中心城及周边地区结合楔形绿地和生态间隔带建设面积 50 hm^2 以上、郊区新城建设面积 100 hm^2 以上的大型城市公园，实现大型城市

① 张庆费，乔平，杨文悦. 伦敦绿地发展特征分析[J]. 中国园林，2003(10)：56-59.

公园主城区 5 km 半径全覆盖、郊区 10 km 半径全覆盖。结合居民的日常休闲需求建设一批服务半径 2 km、面积 4 hm^2 以上的地区公园，郊区各镇确保“一镇一园”。建设一批服务半径 500 m、面积 0.3 hm^2 以上的社区公园；结合保护和保留的自然村落，推进“一村一园”。结合城市更新见缝插针建设口袋公园（500 m^2～0.3 hm^2）（图 8-6）。

图 8-6　主要城市公园规划图

来源：上海市绿化和市容管理局，上海市规划和自然资源局.《上海市生态空间专项规划（2018—2035）》[Z]. 2020.

（1）国家公园：结合崇明岛、长江口、杭州湾、淀山湖等重点生态区域选址，建成 1 处以上的国家公园。

（2）郊野公园（区域公园）：嘉定外冈、松江松南及广富林、金山廊下、浦东临港、青浦青西、崇明长兴等地区建设 30 处以上的郊野公园（区域公园）。

（3）城市公园：结合中心城楔形绿地、生态间隔带建设一批面积 50 hm^2 以上的城市公园，每个新城建设面积 100 hm^2 以上的城市公园，划入“绿线”予以管控。

（4）地区公园：建设一批服务半径为 2 km、面积为 4 hm^2 以上的地区公园。

（5）社区公园：结合社区生活圈，建设一批服务半径为 500 m、面积为 0.3 hm^2 以上的社区公园。

重点地区：以外环绿带为纽带，向内连接楔形绿地、向外连通生态间隔带，实现从“环绕中心城的绿化带”到“环穿主城区的公园带”的功能跃升，打造“城周十里、林风斜阳”的环城公园带。

8.4.3 成都市城市公园体系

2018 年 2 月，习近平总书记在成都视察期间首次提出的“公园城市”理念，是关于生态文明建设的新论述，也是新时代背景下关于城市发展建设模式的新概括与新阐释。作为公园城市的首提地，成都积极开展公园城市理论研究与规划实践探索，加快建设践行新发展理念的公园城市示范区，积极探索城市可持续发展新模式。

成都市有独特的自然生态本底、深厚的历史文化底蕴，经济持续发展、生活休闲宜居、人居环境品质不断提升、城乡统筹协调发展，已具备建设公园城市的较好基础条件（图 8-7）。围绕“人—城—境—业”四大维度，突出生产、生活、生态空间的有机融合，努力实现高度和谐统一。

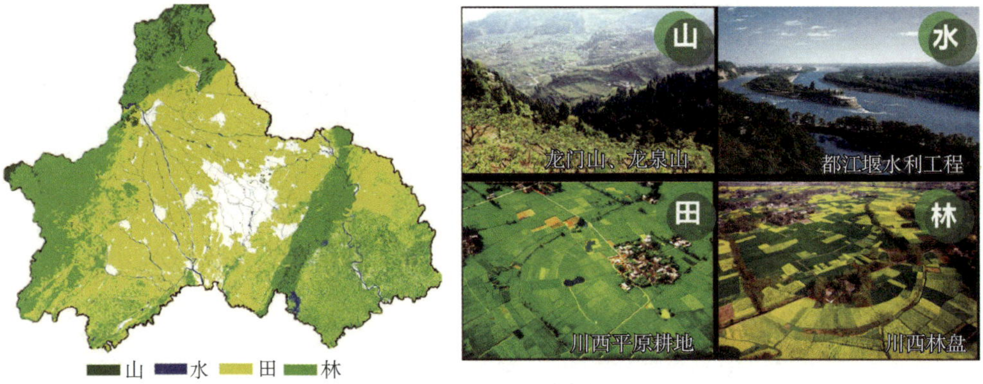

图 8-7 成都市建设公园城市的自然本底示意图

来源：《成都市美丽宜居公园城市规划及规划建设导则》①

① 成都市规划设计研究院（成都市天府公园城市研究院）. 成都市美丽宜居公园城市规划及规划建设导则[Z]. 2020.

1）围绕美化“境”，营造人与自然和谐共生的生命共同体

（1）以保护自然生态要素为前提，统筹山水林田湖草，锚固公园城市绿色空间本底。将生态底线作为城镇空间布局必须避让的基本前提，根据资源环境承载能力和国土空间开发适宜性评价，全面保护山水田林湖草生态要素，延续河网水系格局，严守耕地保护红线，并对龙生态价值及敏感性较高的区域进行重点保护，构建形成“两山、两网、两环、六片”的生态格局，保护美丽宜居公园城市的生态本底（图 8-8、图 8-9）。

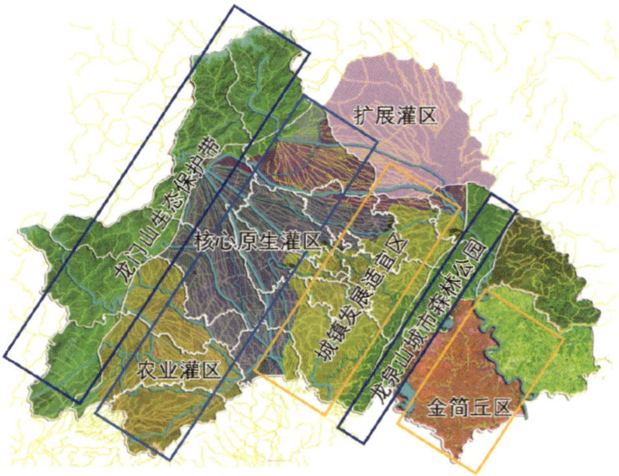

图 8-8　成都市生态评价
来源：《成都市美丽宜居公园城市规划及规划建设导则》

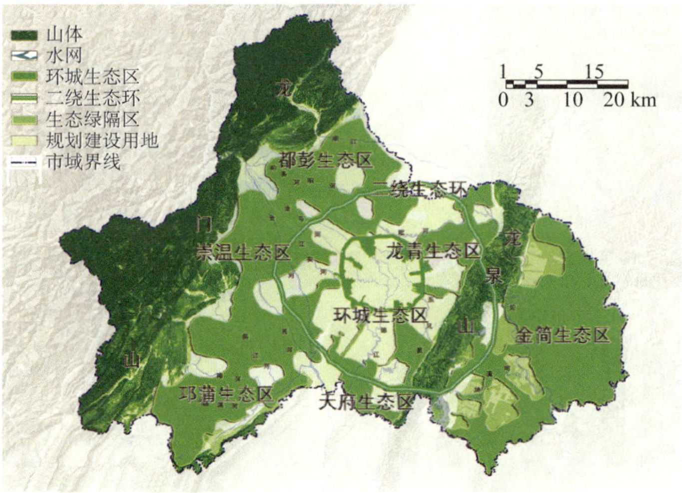

图 8-9　成都市生态安全格局
来源：《成都市美丽宜居公园城市规划及规划建设导则》

（2）以生物视角维系自然生境系统，构建三级生态廊道，保护生物多样性和生态栖息

地。最大化保护生境敏感度高的区域，锚固和串联动植物家园空间，全面提升生物多样性水平与生态空间效能，营造人与动物和谐相处的生态栖息地（图 8-10）。

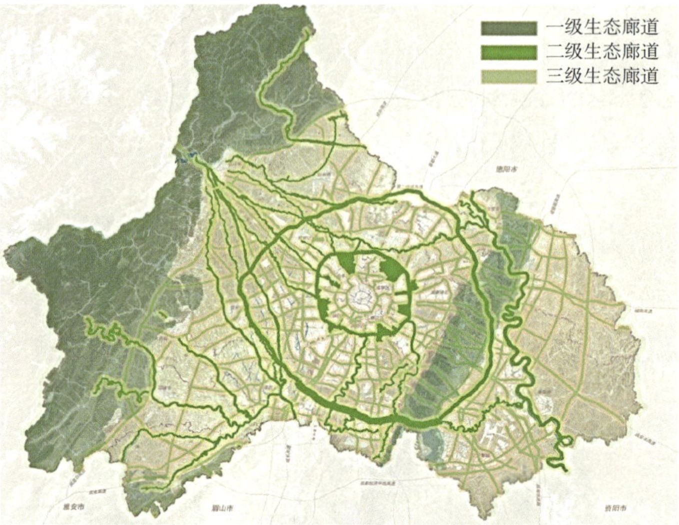

图 8-10　成都市三级生态廊道规划
来源：《成都市美丽宜居公园城市规划及规划建设导则》

（3）以人民对美好生活向往为出发点，构建星罗棋布、类型多样的三大类、15 小类、50 余种的全域公园体系。根据生态格局、资源禀赋与功能需求，首先结合市域生态格局划定形成三大类公园，包括在两山区域划定山地公园，在生态农业区划定乡村公园、在城市建设区域划定城市公园。其次结合自然及历史文化等资源条件、城市组团功能需求以及绿地规模，在三大类公园基础上细分形成 15 项中类公园，并结合居民日常生产生活多样化需求进一步细分为 50 余项小类公园。同时，充分发挥城市绿道及慢行网络的串联作用，依托全域公园体系引领城市空间形态的优化和城市功能品质的提升，形成“公园 + ”的空间布局模式（图 8-11）。

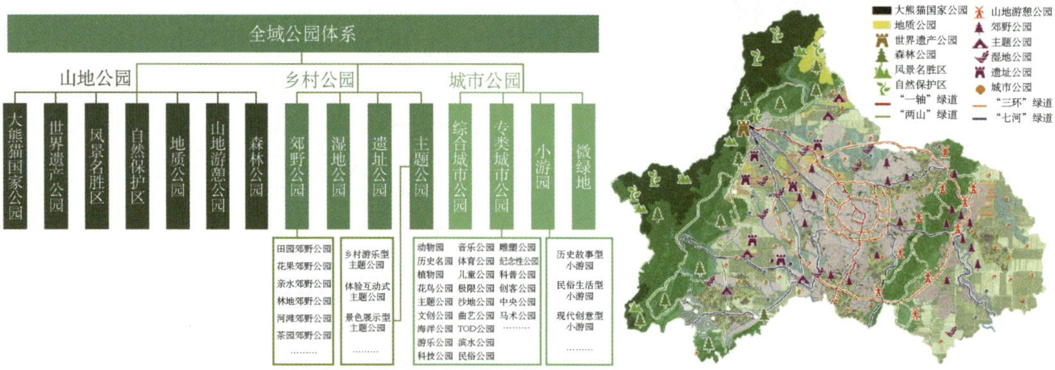

图 8-11　成都市全域公园体系及规划布局
来源：《成都市美丽宜居公园城市规划及规划建设导则》

2）围绕服务“人”，充分满足市民对美好生活的需要

围绕人的居住、工作、游憩、交通等方面，推进公园生活无时无处不在，实现让居民在生态中享受生活、在公园中享有服务，促进人情味、归属感和街坊感等的回归。

（1）满足居民对高品质居住需求，优化公共服务设施供给，强化重大区域型及功能性公共服务配置，满足居民国际化、品质化的公共服务需求；突出片区级公共服务设施建设，满足居民一般性的生活服务需求；建构满覆盖、便捷化、“公园＋”的 15 min 社区生活圈，满足居民日常生活所需的教育、文化、体育、医疗、养老等基本公共服务，并通过公园、广场、绿道等公共开敞空间积极营造居民交流场景，全面提升居住环境和宜居水平（图 8-12）。

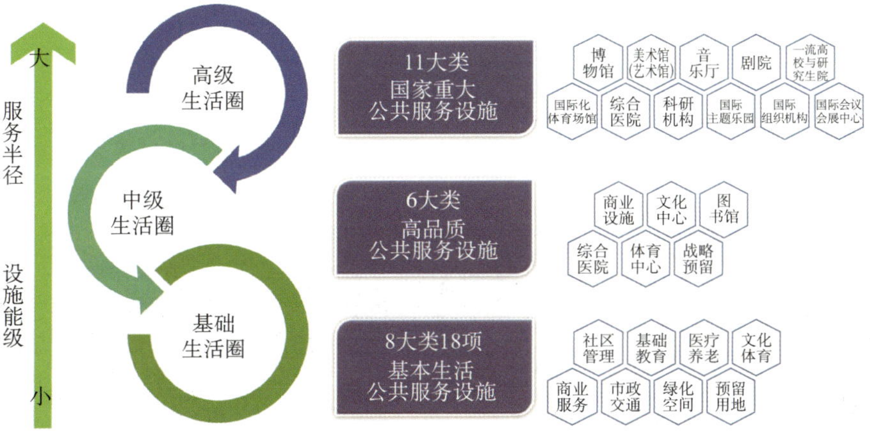

图 8-12　三个层级公共服务体系
来源：《成都市美丽宜居公园城市规划及规划建设导则》

（2）围绕人群工作需求，打造“产城一体、功能复合、配套完善、健康舒适”的现代化产业社区，以公园化开敞空间组织工作生产空间，营造舒适宜人、活力高效的高品质工作场景。基于居民休闲娱乐需求和游憩行为特征，结合全域绿色生态资源，积极营造绿道休闲健身、生态园林游览、都市农林体验、城市夜游等游憩场景，全面丰富居民生活的游憩体验。聚焦居民出行需求，构建“轨道＋公交＋慢行”绿色交通系统，打造简约健康的绿色出行方式，同时强化社区绿道建设，构建具有多元体验的步行交通网以及便捷舒适的自行车交通网，并围绕工作出行、通学出行等需求积极打造特色鲜明的“上班的路”“上学的路”（图 8-13）。

3）围绕建好“城”，构建新时代城市可持续发展的新型形态

（1）在城市总体层面，构建“园中建城、城中有园、城园相融、人城和谐”总体空间格局。充分尊重自然、顺应自然，依托山水田林湖草等生态资源本底，推动全域全要素国土空间“一张图”管控，以公园、绿地等引导城市功能布局，形成以绿色为底色、以山水为景观、以绿道为脉络、以人文为特质、以街区为基础的大美空间形态（图 8-14）。

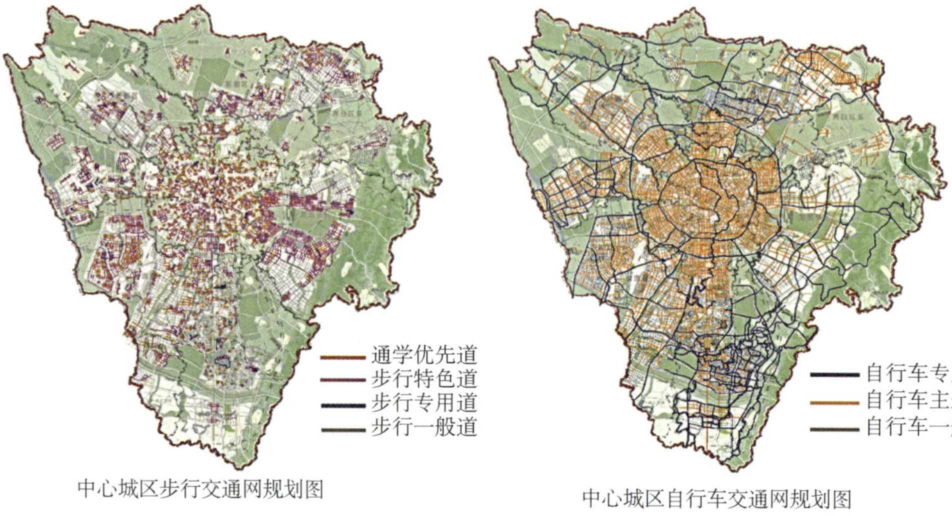

图 8-13　中心城区步行交通网及自行车交通网规划
来源：《成都市美丽宜居公园城市规划及规划建设导则》

图 8-14　成都公园城市总体形态
来源：《成都市美丽宜居公园城市规划及规划建设导则》

(2) 在片区层面，构建嵌套式、组群化布局的城绿交融空间布局模式。以大尺度生态廊道优化片区格局，以大型绿色斑块组织空间布局，以绿道串联片区功能板块，推动公园形态与城市空间的有机融合，同时将乡村田园风光积极引入到城市内部，形成内外连通的生态网络。

(3) 在社区层面，营造“开门见绿、推窗见景”的公园城市居民生活环境。打造多类型社区公园，以“见缝插绿”的形式增设小游园、微绿地、口袋公园等，以街区开放式绿地形式增加绿色公共开放空间，推动公园绿化空间与社区功能空间的无缝衔接与有机融合。

(4) 在街道层面，营造以人为本、安全、美丽、活力、绿色、共享的公园城市街道场景。保证行人与街区内部空间的交通与视觉联系，同时量化评估现状道路林荫率、绿视率，构建街道数据库，推动街道林荫化水平达到80%以上，全面提升居民出行体验(图 8-15)。

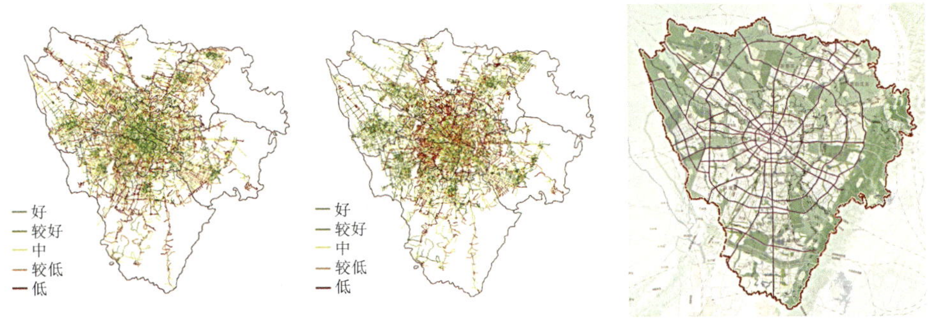

现状街道林荫化水平分析　　现状街道绿视率水平分析　　骨架型公园街道规划布局

图 8-15　公园城市街道规划
来源：《成都市美丽宜居公园城市规划及规划建设导则》

4）围绕提升“业”，推动城市经济组织方式的创新转变

（1）围绕实现高质量发展，重塑产业经济地理，创新经济组织方式，以产业生态圈统筹“人—城—产”营城逻辑，打造现代产业链、供应链、创新链，通过优质的城市公园城市环境、高效的资源配置协作吸引产业链所需的创新人才、高端人才迁入，并加速构建现代化开放型产业体系（图 8-16）。

图 8-16　成都市现代化产业体系
来源：《成都市美丽宜居公园城市规划及规划建设导则》

（2）以“产业生态化”为指导，构建绿色产业体系，推动先进制造业、生产性服务业和生活性服务业的高质量发展与低碳化迭代升级，推动“公园＋”新经济与新业态发展。

5）强化实施保障，构建分层级分类型的公园城市规划技术管理体系

为保障公园城市理念在各级各类国土空间规划中的有效传导与落实，在公园城市规划及建设导则指引下，加快《产业功能区规划建设导则》《成都市公园城市镇区规划建设导则》《成都市公园城市社区规划建设导则》等导则的制定工作，实现将公园城市理念落实至各层级规划中；完善分类型的专项技术导则，加快出台《公园城市公园绿地系统规划标准》《公园城市滨水空间城市设计导则》等，将公园城市理念落实至各类型专项规划中，提升公园城市品质、彰显公园城市空间特色，指导公园城市建设实践。除此之外，探索构建了实

施建设、保障支撑、评估监测相联动的公园城市建设支撑体系，确保公园城市建设早见成效(图 8-17)。

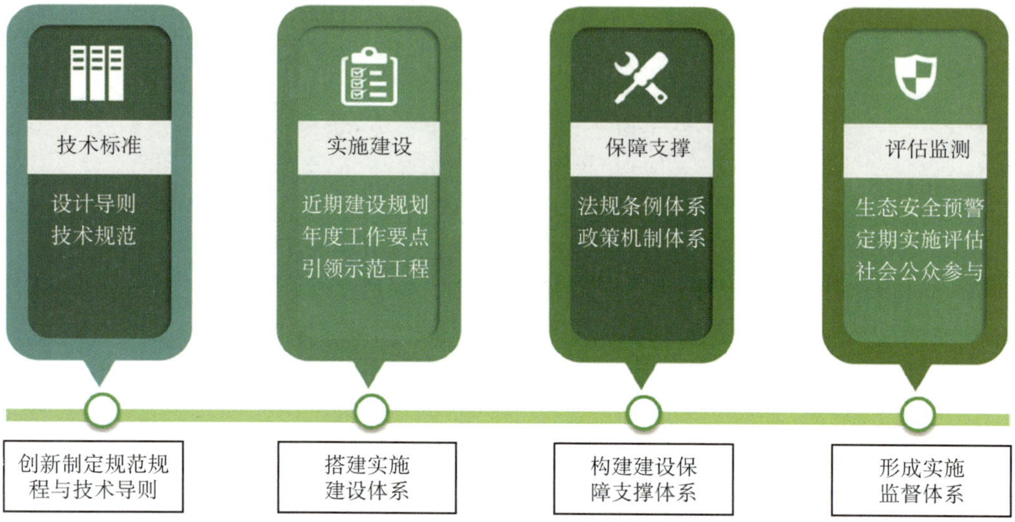

图 8-17 成都市公园城市实施保障体系
来源：《成都市美丽宜居公园城市规划及规划建设导则》

8.5 复合特殊功能的公园绿地设计案例

8.5.1 防灾避险公园——日本的大洲公园

随着地球温度上升及地表环境的不断恶化，近 10 年来世界各地的气候异常以及地震、海啸等灾害发生频繁，人类因灾害而受到损失或伤害甚大。面对突如其来的灾害，人类不仅必须采取对策，而且要未雨绸缪，这就是建立防灾系统的意义。日本曾被称作“灾害的博物馆”，自古以来各类自然灾害频繁。日本人也是在与灾害斗争的经历中成长起来的民族，尤其是对于防灾避灾、避难救援都积累了非常实用的经验。经历过数次大型地震之后，在把城市绿地等开敞空间活用于防灾对策这一点上，经验丰富，具体实现的实例首推市川市的大洲防灾公园①。

大洲防灾公园规模近 3 hm^2，是日本的“都市再生机构”在 1999 年秋季创设的《防灾公园街区建设事业》中的首例，随着这个公园的获奖，更带动了这项建设事业在日本全国的展开。2001 年竣工的大洲公园坐落于日本千叶县市川市的旧单栋式住宅区内，当时由住民开始对公园建设种种可能性进行推敲，1 年后才由政府在城市规划修订上做出决策，

① 齐藤庸平，沈悦. 日本都市绿地防灾系统规划的思路[J]. 中国园林，2007(7)：1-5.

2 年后建设事业被正式认可,到正式开放经历了 4 年(图 8-18)。

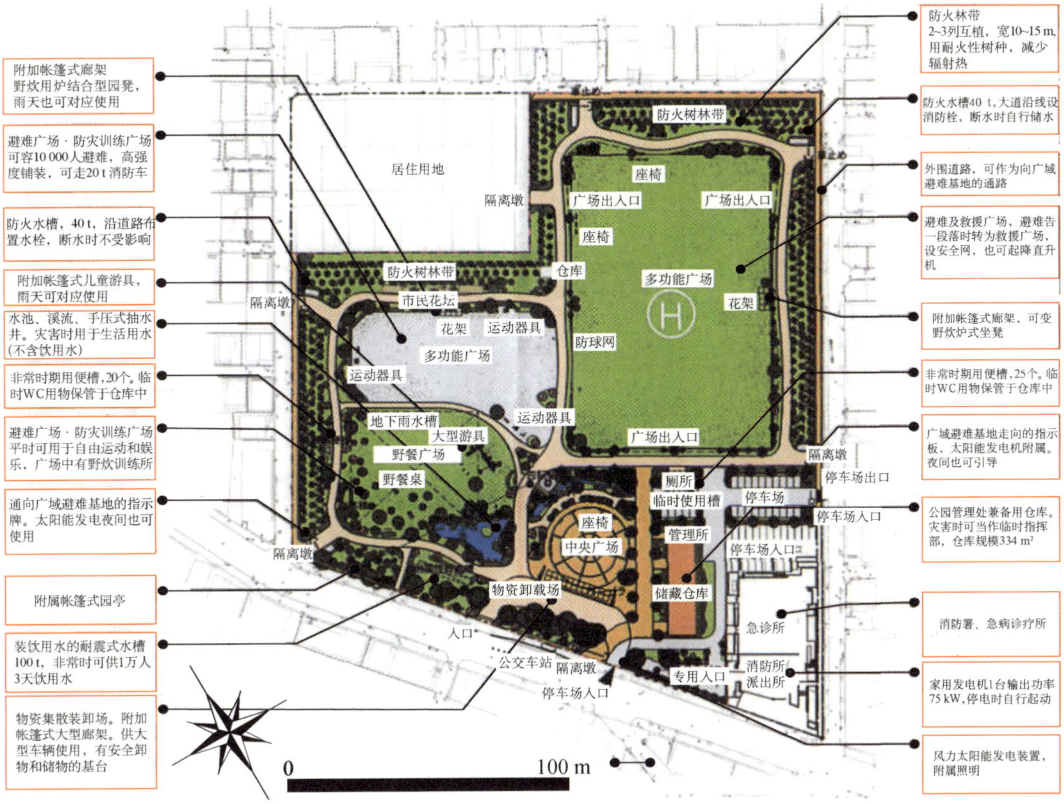

图 8-18　大洲公园平面图

来源:齐藤庸平,沈悦. 日本都市绿地防灾系统规划的思路[J]. 中国园林,2007(7):1-5.

1) 灾时公园运作模式

公园在宣传栏,公布有日常状态下的分区、灾害发生后的分区、灾害发生 3 天后的分区使用规划,使周边居民平时在公园娱乐活动时,就可以清楚地了解到灾害发生后应该到哪里避难,在哪里取得生活用品等(图 8-19)。大洲公园成功地实现了现代公园规划设计所提倡的平常与灾时兼顾、统一。

公园的场地应用具有很强的灵活性,这得益于公园大面积的广场和草地,在灾时可以灵活地根据灾情调配场地的应用,而不受地势、植物等因素的影响。灾害发生时共有的开敞空间主要是用于紧急状况下的避难,此时公园的避难人口会达到最大值,因此场地主要用于避难。灾害发生后,地震危险得到缓解,人们开始有计划地利用场地,此时场地除了用来避难外,医疗救护、应急物资流通都会来分占场地,没有避难空间的居民可以分流到附近的避难场所,或是转移到广域的防灾公园,在那个能够享受到更完善的避难服务。

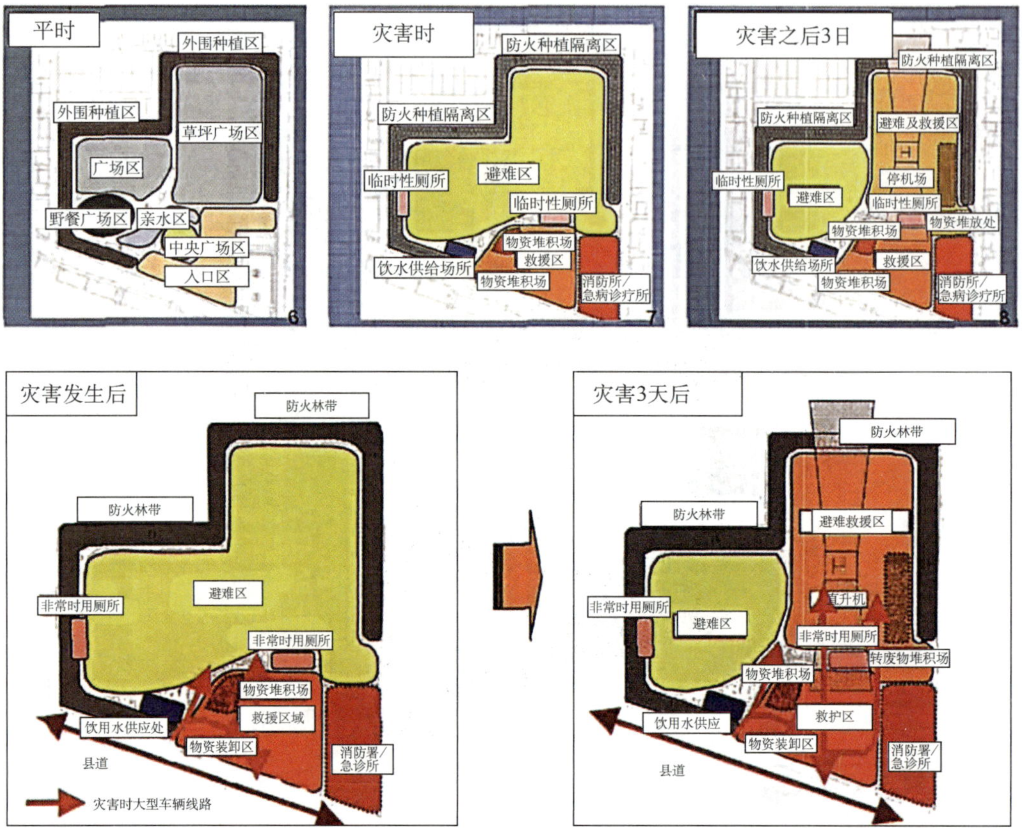

图 8-19 大洲防灾公园灾时利用形态

来源：齐藤庸平，沈悦.日本都市绿地防灾系统规划的思路[J].中国园林，2007(7)：1-5.

2）应急设施设计

（1）综合应急中心

公园南面的一角是公园的管理处兼仓库，灾时可作为应急指挥中心，仓库面积为 334 m^2，配备有充足的应急设施和食物等。管理处门口有广场和道路，在灾时能方便地进行物资集散活动。管理处边上是急诊室和消防署，在灾害时是应急医疗和救灾中心。该区还配备多种应急发电机，供应公园内的基础设施用电和生活用电。管理处背面的树林有应急厕所，应急设施齐全、规划合理，是优秀的应急指挥兼后勤基地。

（2）应急用水系统

公园沿周边道路布控有消防水槽，储存有 40 t 的水量，在灾时城市断水的情况下能正常使用。公园的水景内的水，灾时可作为生活用水使用，但不能作为饮用水。水景区边还有手压式抽水井，可抽取地下水。

（3）应急厕所

西部广场的西面有 20 个便槽，管理处北面，东北角广场的南面有 25 个便槽，在灾时配上储藏在仓库的帐篷，就能安全使用，这些应急便槽能够基本保证避难人口的需求，并保证避难环境的卫生。

（4）应急供电系统

公园在其他位置还配备有多种应急供电设施。如太阳能风力发电机，供附属设施用电；家用发电机，停电时能够自动启动。

8.5.2 口袋公园——佩雷公园

“口袋公园”最早于1963年由美国风景园林师罗伯特·泽恩（Robert L. Zion）提出，把散布于高密度都市区的小型公园称为“口袋公园系统”（midtown park）。美国是最早建设口袋公园的国家，佩雷公园（Paley Park）的建成标志着口袋公园建设的开始。20世纪60年代，在美国东海岸的费城，结合城市复兴，通过“邻里共享空间”和低收入社区合作，废弃空间被大规模改造成口袋公园。随后，萨凡纳市、伯克利市、波特兰市等城市相继建成多个口袋公园，形成了较为完整的体系。

佩雷公园（图8-20）由罗伯特·泽恩设计，位于美国纽约53号大街，公园总占地约400 m^2，于1967年建成，1999年重建，其年平均面积游客量较大，是中央公园的两倍之多。园中使用跌水、树阵广场、园林小品等景观要素和简单的空间组织，为周围的使用者

图8-20 佩雷公园

来源：罗曼. 口袋公园：都市空间的绿色针灸[J]. 公共艺术，2018(4)：98-103.

提供了一处可供交流的活动场所(图 8-21)。公园在入口处设置了台阶,以区别于周围环境,增强了空间的独立性。跌水的设计,在一定程度上减少了噪声干扰,使得公园环境更为舒适。由于场地空间比较规则,因此采用错开布置和组合,从而丰富空间层次、强化空间氛围。

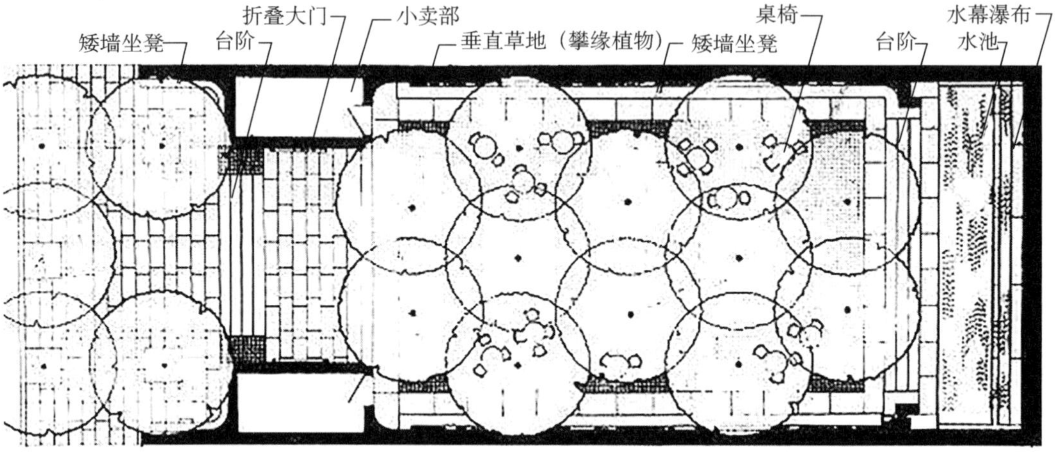

图 8-21 佩雷公园平面图
来源:吴巧. 口袋公园(Pocket Park)——高密度城市的绿色解药[J]. 园林,2015(2):45-49.

佩雷公园在设计的过程中,考虑得十分周全,人性化。在公园入口位置,是一条四级的阶梯,两边是无障碍斜坡通道。整个公园地面高出人行道,将园内空间与繁忙的人行道分开。公园将各种元素混合在一起,将不同的材质,多种色调以及声音元素融合在一起,在人们停留时间较长、使用频率较高的空间,选择方形边缘不规则的小体块的花岗岩铺装。而在人群使用较少的边缘区域,则选择方形平滑的花岗岩铺装,同时设计充分考虑老年人的需求,设置无障碍设施,最大限度地提高了场地的使用率。铁丝网做成的椅子搭配大理石材质的小桌台轻巧却不影响周围的环境。广场地面不是用水磨面,混凝土,而是用粗糙的蘑菇面方形小石块铺装,富有自然情趣。

公园主体区域是树阵广场,皂荚树间距 3.7 m,能提供足够宽敞的空间给游人活动。公园左右两面墙覆盖着藤本植物,还有五颜六色的花朵,赏心悦目。后面的水幕景瀑布作为景墙正对公园入口,具有很好的观赏效果,到了晚上,瀑布还能射出霓虹灯光,引人注目。在公园的使用方面,佩雷公园也因其精细而成熟的设计成为了一个很好的实例,它利用城市高楼的背景形成了很好的微观气候;利用白噪声减弱街道噪声;利用城市地区户外食物供应吸引人群;利用折叠座椅等各种休息设施容纳密集的人群。佩雷公园在各个细节上均很好地融入了城市,并且成为人们的城市生活中不可缺少的部分(图 8-22)。

图 8-22 佩雷公园空间
来源：吴巧. 口袋公园(Pocket Park)——高密度城市的绿色解药[J]. 园林，2015(2)：45-49.

参考文献

[1] 李方正，宗鹏歌. 基于多源大数据的城市公园游憩使用和规划应对研究进展[J]. 风景园林，2021，28(1)：10-16.

[2] 刘海龙，张丹明，李金晨，等. 景观水文与历史场所的融合——清华大学胜因院景观环境改造设计[J]. 中国园林，2014，30(1)：7-12.

[3] 路遥. 大城市公园体系研究[D]. 上海：同济大学，2007.

[4] 江俊浩. 城市公园系统研究——以成都市为例[D]. 成都：西南交通大学，2008.

[5] 上海市规划和国土资源管理局. 上海市城市总体规划[EB/OL]. http://ghzyj.sh.gov.cn/ghjh/20200110/0032-811864.html.

[6] 上海市绿化和市容管理局. 上海市城市公园实施分类分级管理指导意见[EB/OL]. [2019-08-22]. https://lhsr.sh.gov.cn/ysqzzdgk/20201110/70260bf7decb41fab7621dd37d664f70.html.

[7] 王彦. 基于平灾结合的城市公园规划设计研究[D]. 长沙：中南林业科技大学，2010.

[8] 曾九利，唐鹏，彭耕，等. 成都规划建设公园城市的探索与实践[J]. 城市规划，2020，44(8)：112-119.

历史保护

HISTORIC PRESERVATION

9 历史文化保护规划

邵 甬*

目前国土空间规划的研究、实践在如火如荼地进行，有关历史文化保护与传承的问题也正在进行一系列探索。我国国家文物局在编制历史文化空间的识别与重点功能区评价等相关技术指南，自然资源部也在试图将历史文化的保护和国土空间的规划更好地衔接，做到全国一盘棋、一张图。但是，我们的工作不应该只是画保护线，或者将已有保护范围的四至边界纳入一张图中，而是希望从更深层次探讨：国土空间的文化是什么？为什么要保护和传承国土空间文化？从实操的层面探讨如何更好地保护和传承国土空间的文化。

本章主要内容有三个方面：第一，国土空间的文化解读；第二，国土空间层面的历史文化保护传承的意义；第三，国土空间规划中的历史文化空间体系建构。

9.1 国土空间文化解读

也许很多人会问国土空间还有文化？以几个城市为例，意大利的威尼斯，在潟湖的范围内城镇沿着S形运河蔓延展开，建筑与水环境紧密有机地结合在一起(图9-1)。荷兰

图9-1 威尼斯城鸟瞰图
来源：www.quanjing.com.

* 邵甬，同济大学建筑与城市规划学院教授，中国城市规划学会历史文化名城保护规划学术委员会副秘书长。邮箱：nyshao163@163.com。

的阿姆斯特丹，处于河网密布的低地，荷兰人很早就开始改造自然水网，形成一条条规则的运河。在运河之间，他们建设规则的居住街坊和城市公共空间等。可见，同样是水网地区，威尼斯人与阿姆斯特丹人对水的利用和改造就表现出完全不同的理念和方法，这是他们文化的体现。

也门的西巴姆，是在沙漠地带难得的绿洲里面建造起来的，城市沿着交通路线，贴合地形和自然生态，形成了独特的高度密集的土质城市景观。日本奈良，远处的富士山在日本人眼里，已经不仅仅是一座自然的火山，而是民族的象征，春来秋去，花开花谢，富士山具有了诗意，因此它带有文化性。

以上案例因为符合《保护世界文化和自然遗产公约》(*Convention Concerning the Protection of the World Cultural and Natural Heritage*)提出的列入世界遗产的10条标准(6条文化遗产标准，4条自然遗产标准)中的若干条，被列入《世界遗产名录》(以下简称《名录》)。但是它们的列入不仅因为其历史悠久、形态优美，更在于其蕴涵了先人处理人地关系的智慧，具有突出的普遍价值。而这些智慧又外化于物，由内而外地形成了我们能够感知到的“独特”“美”和“诗意”。

再来看列入《名录》的中国遗产地。早期，列入《名录》的主要是单体建筑或者建筑群，比如故宫、布达拉宫、大昭寺、苏州的古典园林，后来发展到整个城市，如山西平遥古城(图9-2)、云南丽江古城，再接下来发展到相对乡土的建筑类型，如安徽皖南传统村落、福建的土楼等。2000年以后，中国有一些新的类型列入《名录》中，如大运河，分别在春秋、隋唐、元朝这几个历史时期进行建设，促进了中国的南北交通畅通、国家统一，大运河成为中国经济发展的命脉，同时也带动了沿线城镇的发展。

图9-2 平遥古城鸟瞰图
来源：www. quanjing. com.

后来列入《名录》的还有云南元阳哈尼梯田。它的突出普遍价值不仅仅在建筑物、建筑群或者村落的本身，而是与它的生态、生活、生产（“三生”）紧密结合在一起。梯田不仅很美，更是当地人在有限的自然资源条件下，智慧地利用、解决、处理人地关系所形成的。因此哈尼梯田不是因为建筑的价值而被列入《名录》，而是因为它智慧的人地关系处理，成为一种“文化景观”，而被列入《名录》。

过去，由于这些遗产地很美而将其美景圈起来保护的现象非常普遍。殊不知这仅仅是外在的表象和结果，只是文化最表层的表现。这些“美的”“诗意的”表象是如何形成的？以中国的国土空间为例，会发现国土空间的美和诗意的形成并不是偶然，而是自然属性、经济功能和社会文化的内在相互作用后形成的。

首先，自然条件在农耕时代，生产力条件比较低下的情况下，其主导作用尤其明显。如非常典型的江南水乡地区，水网密布、圩田塘浦、小桥流水、枕水而居，形成了江南水乡的总体特征。但是每个区域水乡特色不同，也会形成不一样的城镇形态和景观，从而表现出差异性。同理，虽同属徽文化区，但因为分别处于盆地、溪谷和山地，宏村、查济和阳产表现出截然不同的村落和自然环境的形态，也并没有统一固定的“徽派风格”。

其次，即使是“人弱地强”的现实条件，人们基于生活、生产等需求，在特定的生产力条件下，对自然环境进行利用和改造，从而形成了不同的处理人地关系的方法。

以贵州侗寨增冲村为例说明（图 9-3、图 9-4）：

图 9-3　贵州黔东南侗寨增冲
来源：张鹏 摄

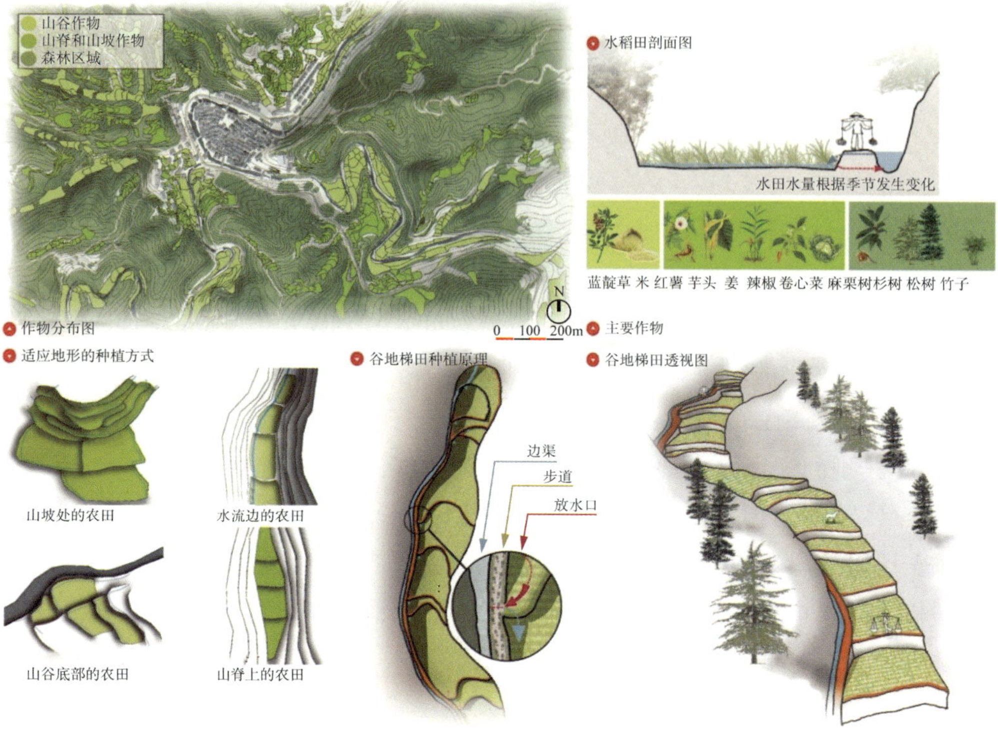

图 9-4 增冲村的农田和聚落
来源：同济—夏约中法联合设计成果

（1）贵州素有“九山半水半分田”之说，耕地非常有限且分散，同时水源丰富、林木茂密。数百年来增冲先民陆续从周边迁移到贵州，逐渐在这个艰苦封闭的环境中定居下来。为了最大限度地获得可耕作的土地，因地制宜在山坡处、水流边、山谷底以及山脊上开垦了农田。梯田垒土成埂，随等高线变化，或窄而细长，或开阔舒展，形态优美。稻作梯田独特的排灌系统使其历经百年的风雨侵蚀，不但没有陈旧、衰变，反而“老而弥坚”“越耕种田越肥”，成为了承担广大山区生计的主力军。在开垦水田的基础上，增冲先民还发展了稻鱼鸭复合农业系统：在将秧苗插进稻田的时候，鱼苗跟着放进去，等鱼苗长到两三寸（约 7～10 cm），再放入雏鸭。与稻田单作相比，食物链更长、食物网更复杂，能够增加土壤肥力，改善农田生态环境，实现了食物保障，同时也形成了独特的农田景观。

（2）增冲先民将村寨选址在山体与河流之间的平坝上，四周群山围绕，空间较为开阔。村寨形态上尽可能缩小建筑间距，住屋密集排布，屋檐相接、延绵成片。民居一层一般为生产性附属空间，堆放农具、柴草，养猪等；二层为生活空间，设置有火塘、卧室、起居室等；三层为粮仓、卧室等。可以说这些都是为了节约土地而形成的高度集约的生活空间。

（3）为保障基本的生活，增冲先民还发展出一套物尽其用的生存技巧。他们用当地生长的杉木建造民居、禾仓；用山上砍伐的木材生火做饭；用竹篾、藤条编制竹篓、镰刀、筐、簸箕等生活生产工具；用竹筒制作天然的“水管”，按照地势就近将河水或者山间汇集的山泉引至住宅或稻田，成为天然的“自来水”；用取自附近的石材铺就石板古巷道和水渠；用织布机将种植的棉花纺织成布，再利用蓝靛草染色，制作衣物。传统手工艺将自然资源转化成各种生活生产所必需的物品，形成了有机的资源循环利用，创造了更好的生存条件。

以上是增冲先民解决吃穿住等最基本的生理需求的方法，此外，还有他们为了满足粮食安全、预防自然和人为灾害所体现的智慧。

为预防粮食被烧而挨饿的风险，村落周边建造了一圈禾仓。禾仓是储存稻米的建筑物，一般建在水塘中间，可以有效地防火以及防鼠害，底层用来养猪，二层中间是封闭的储存空间，外侧立面上有一排排的禾晾，储存和晾晒一体化，是一种极具特色的晾晒稻谷的方式，保证了粮食安全。

增冲村南北西三面都是增冲河，东面是山，增冲先民利用东西向自然山势坡地开辟出一个个平整的台阶，以此作为房基营造居住空间，同时南北低、中间高，鼓楼位于中心最高处，使雨水由东向西、由中间向南北两侧自然排放，避免暴雨、河水上涨等给村落造成的洪涝灾害（图 9-5）。

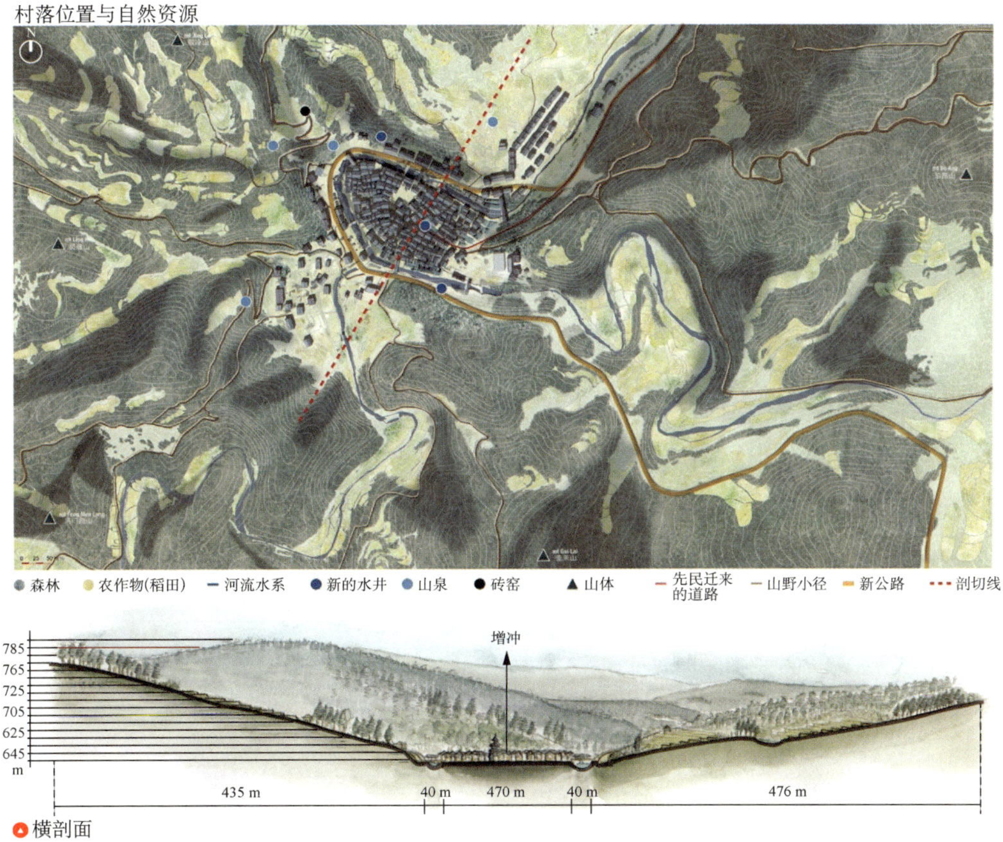

图 9-5　增冲村的选址

来源：同济—夏约中法联合设计成果

图 9-6　增冲村的禾仓
来源：同济—夏约中法联合设计成果

侗族人用杉木建房，一旦发生火灾，顷刻间全村寨就会被大火吞噬。为防火，增冲村村落周边一系列禾仓下的水塘形成了初级防火体系。村寨内紧邻房屋的地方还修建了大大小小的水塘，如鼓楼前就有一个较大规模的水塘。水塘之间用水渠串联，平时水塘蓄满水，一旦发生火灾，就近取水灭火。由水塘和水渠组成的防火系统极大程度上减少了火灾的发生。增冲人除了使水塘具备防火功能，还在里面养鱼，水渠也融排水、灌溉、生活用水等功能为一体，同时还是一道景观(图 9-6、图 9-7)。

侗族群体意识强，喜好公共生活，村落里最重要的位置建设了由鼓楼、风雨桥为核心的公共空间系统。鼓楼是村寨集会、迎宾庆典、歌舞娱乐的地方，风雨桥除交通外，兼有休息、聚会、社交、纳凉、娱乐、观景、交易、迎送、庆典等功能。它们共同成为增冲村民闲暇之余联络感情、沟通交往的场所，促进了社区的凝聚力，还有助于商讨公共事务，建立集体规则，制定乡规民约，调解民事纠纷，共同维护村落的集体利益。在长期与自然合作过程中，在增冲村民的信念中，树木、森林、土地的一切都渗透着精神，充满着无形的自然能量。因此，增冲还有萨坛、土地庙等神圣空间，供人们表达对自然的敬畏。

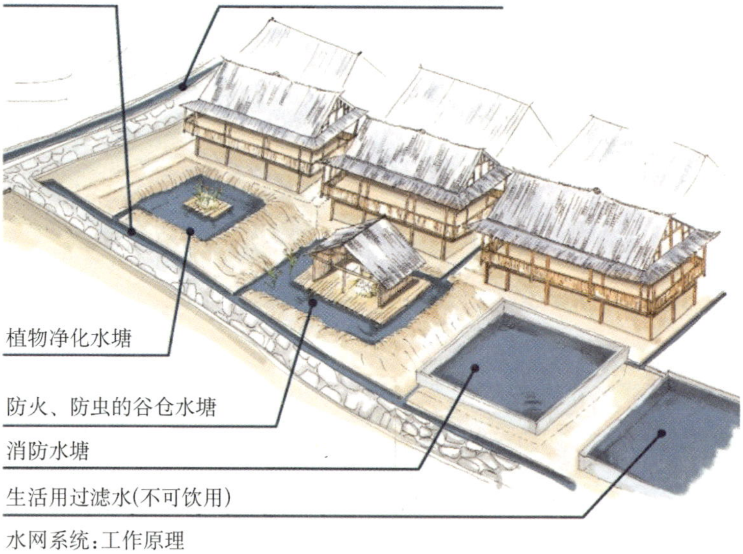

图 9-7　增冲村的水系
来源：同济—夏约中法联合设计成果

在不同生产力水平的社会，人类有特定的技术和谋生手段，形成特定的利用自然的方法与智慧。当人类的需求、生产力水平与自然三者关系均衡的情况下，人地关系处于一种平衡状态；当三者无法平衡的情况下，就会产生人地矛盾，而乡土智慧就是协调人类需求与生产力，使之与自然相平衡的智慧。

经过分析研究，可以看到小小的侗寨蕴含着大大的智慧。根据马斯洛需求层次理论，增冲村在贵州西南地区人弱地强的情况下，智慧地尊重自然、利用自然、改造自然，形成了满足生理需求的复合式的农业生产系统、高度集约的生活空间、物尽其用的生存技巧，满足安全需求的禾仓系统、防火体系、防洪微地形处理，以及满足自我实现、尊重及交往需求的空间，从而形成了独特的国土空间文化。

在中国的国土空间形成过程中，除了以上这些比较普遍的逻辑之外，还有中国特有的制度和精神层面的影响因素。

《周礼考工记》中记载："匠人营国，方九里，旁三门，国中九经九纬，经涂九轨，左祖右社，前朝后市，市朝一夫。"这段话字虽然不多，但几千年来在中国城市规划、建设方面起着关键作用：中国古代的都城、府州县城都能够看到这段话所起的作用，甚至日本、韩国等很多古城也深受影响。

《管子》中大量提到了因地制宜、因势利导的规划思想。如在营国思想上，强调"仓廪实则知礼节，衣食足则知荣辱"。而在营城思想上，却与《周礼考工记》完全不同。比如城市选址，提出"凡立国都，非于大山之下，必于广川之上，高勿近阜而水用足，下毋近水而沟防省"，即要考虑城市与山、平原和水之间建立比较好的关系。关于城市形态，提出"因天材，就地利，故城郭不必中规矩，道路不必中准绳"，不一定要规规矩矩，道路也不必非要横平竖直，可以根据地形地貌进行规划建设。关于城市规模，提出"夫国城大而田野浅狭者，其野不足以养其民；城域大而人民寡者，其民不足以守其城"，如果城市规模很大，但周边的田野很贫瘠，那么周边田野的产出就不足以供养城里的居民；如果城市规模很大，但人口很少，那么这些人就不足以来守这个城。可见，《管子》强调了应该和谐处理城乡关系、人口和城市规模关系。

《管子》中还有很多关于生态保护的论述，如"山林虽广，草木虽美，禁发必有时；国虽充盈，金玉虽多，宫室必有度；江海虽广，池泽虽博，鱼鳖虽多，罔罟必有正""地利不可竭""一年之计，莫如树谷；十年之计，莫如树木"等，都传达出可以向自然界索取资源，但是不能过度的思想。可见，中国人其实很早就已经有了今天所说的"可持续发展"的思想，已经提出了应该在人、地之间达到和谐的关系。

还有风水学说，觅龙、察砂、理水和点穴的地理四科都传达出在聚落选址、营造周边环境时应该遵循"天人合一"原则的思想。从风水思想中的最佳城址选择可知：我们地处北半球，如果北面的山比较高，可以挡住冬日的寒流；地形北高南低，可以较好地接收日照与夏日的南风，以及形成良好的排水；良好的水系便于水上联系，可以调节小气候等。千百年的经验告诉人们，符合这样风水条件的地方，可以让人身体健康、心情愉悦，从而能够获得比较好的发展条件，所以，人们认为这样的城址是风水宝地。但风水宝地不仅是一个简单的聚落，而是在于聚落与它所在的山水、阳光、气候是否协调，也就是生态、生产和生活的空间是否能够良性地互动。这是需要预判从而进行选择的，并对好的条件加以利用，对不好的条件进行规避或者改造。

通过以上案例，可以总结出国土空间文化包含了由表及里的三层内涵。

(1) 物质文化：人们长期创造的物质产品及其表现的文化，如田园景观、聚落风貌、建筑等；

(2) 制度文化：为维护社会稳定、社会秩序而约定俗成的伦理道德及礼仪规范，如礼仪文化、权力制度文化等；

(3) 精神文化：某一个群体作为稳定的共同体所具有的共同的心理结构与情感模式，如价值观、自然观、生存观等。

因此，不能简单地去看山、水、林、草、湖、田和聚落，在中国(当然在世界很多其他地方也是如此)，它们是千百年来我们的先人科学地、智慧地处理人地关系所体现出来的物质、制度以及思想意识文化。我们欣赏国土空间的美与特色，不仅要懂得欣赏建筑和景观，更要懂得理解其中的传统智慧，这才是“诗意栖居”的核心内涵。

9.2 国土空间文化保护

首先，需要回答这样一个问题：为什么要保护和传承国土空间文化?

前文提到，《保护世界文化和自然遗产公约》提出了能够列入世界遗产的 10 条标准。2015 年，《中国文物古迹保护准则》中对文化遗产的价值体系进行了梳理，共有 5 种价值。第一种，历史价值，作为历史见证的价值。第二种，艺术价值，作为人类艺术创作、审美趣味、特定时代的典型风格的实物见证的价值。第三种，科学价值，作为人类创造性和科学技术成果本身或创造过程实物见证的价值，包括前文提到的处理人地关系的智慧。第四种，社会价值，包含了记忆、情感、教育等功能，在知识的记录和传播、文化精神的传承、社会凝聚力的产生等方面，具有社会效益价值。第五种，文化价值，包括文化多样性、文化传统的延续及非物质文化遗产要素等相关内容：①体现民族文化、地区文化、宗教文化的多样性特征所具有的价值；②自然、景观、环境等要素因被赋予文化内涵所具有的价值；③与其相关的非物质文化遗产所具有的价值。

荷尔德林所写，又经过海德格尔升华，众所周知的一句话：“人，诗意地栖居在大地上。”这是我们今天解读国土空间文化以及对其进行保护传承的出发点，也是目的。

国土空间文化包含了三层内涵，即思想文化、制度文化和物质文化，这三者由内而外。在当前生态文明建设中，仅仅保护碎片化的物质遗存是远远不够的，而应该通过物质文化由表及里，深入学习中国千百年来在处理人与自然关系的过程中深层次的思想文化及为其建立的制度文化，这样既能更好地理解当前碎片状存在的物质遗存，也能为当下国土空间规划中建立当代智慧的基础。因此，探讨国土空间的文化恰恰是为了更好地理解为什么要做国土空间规划。

国际上很早就开始形成共识，1972 年的《保护世界文化和自然遗产公约》中就划分了三种类型的遗产。第一类是文化遗产，包括文物（monuments）、建筑群（group of building）和遗址（site）。事实上，笔者不赞同将“site”翻译成“遗址”，因为从“site”的定义中可以看到，指“从历史、审美、人种学或人类学角度看具有突出的普遍价值的人类工程或自然与人联合工程以及考古遗址等地方”，也就是并不一定是“遗址”，或者“遗址”仅仅是“site”的一部分，其中还包含了文化景观、文化线路等。第二类是自然遗产，比如美国的黄石国家公园、中国的九寨沟。第三类是混合遗产，有时候也叫作复合遗产，或者叫作双遗产，这类遗产地的自然特征（如生物多样性）很突出，同时文化性也很突出，比如新西兰东格里罗国家公园，中国的泰山、黄山。除外，还有其他的国际组织评选的世界灌溉工程遗产，以及重要农业文化遗产、工业遗产、20 世纪建筑遗产等，都是针对某一个方向、某一个领域的文化遗产。

需要特别说明的是，20 世纪 90 年代以后逐步受到重视的文化遗产中的“文化景观”就是属于具有突出普遍价值的“自然与人类的共同作品”。文化景观分为三种类型：第一种是人类有意设计和建筑的景观，包括出于美学原因建造的园林和公园景观，它们经常（但并不总是）与宗教或其他概念性建筑物或建筑群有联系。比如意大利文艺复兴时期设计建造的城堡等，城堡和周边的景观完全结合在一起，又比如西班牙阿兰胡塞的文化景观。第二种是有机进化的景观，它产生于最初始的社会、经济、行政以及宗教需要，并通过与周围自然环境相联系或相适应而发展到目前的形式，包括两种次类别，一是残遗物（化石）景观，代表一种过去某段时间已经完结的进化过程，不管是突发的或是渐进的，它们之所以具有突出普遍价值，就在于显著特点依然体现在实物上；二是持续性景观，它在当地与传统生活方式相联系的社会中，保持一种积极的社会作用，而且其自身演变过程仍在进行之中，同时又展示了历史上其演变发展的物证，如德国莱茵中上游的河谷。第三种是关联性文化景观，这类景观列入《世界遗产名录》，以与自然因素、强烈的宗教、艺术或文化相联系为特征。比如中国的杭州西湖，因为有三潭印月、雷峰塔，而不再是一个自然的湖，而是带有强烈诗意的景观。

再来看法国的最新趋势。笔者于 2010 年出版的《法国建筑·城市·景观遗产保护与价值重现》一书中写道，当时法国遗产体系中，保护对象分为五种类型，即文物建筑、文物建筑周边环境、景观地、保护区（相当于中国的历史文化街区）以及建筑、城市与景观遗产保护区（ZPPAUP）。但是在 2016 年以后，法国将后四种整合为杰出遗产地（Sites Patrimoniaux Remarquables）这一新的类型。

这个变化很值得探讨。“site”在1930年《景观地法》中就作为一种独立的保护对象类型被提出。之前笔者把它翻译为“景观地”，因为法律中景观地的定义是指具有艺术、历史、科学、传奇或画境价值的自然或建成地区，并且禁止（除特别授权外）进行任何可能改变其外观的活动①。1976年，法国创建了“法兰西大景观地”称号，并在2010年列入其环境法。与自然保护区不同，这个景观地就是“人工和自然结合的”。比如著名的卢瓦河谷，卢瓦河谷分布着很多城堡、城镇，但法国人认为是山、水、田、聚落以及河谷中的微观气候，或者说风土，共同构成了河谷的突出普遍价值，卢瓦河谷是人与自然共同作用的结果，其中的特征价值要素缺一不可。因此，对这一世界遗产地的保护与管理，具体体现在如何更好地处理这几个要素的关系，如城镇不能无限制地蔓延，生产空间需要更好地符合地方气候条件等。在《卢瓦河谷遗产管理计划》中对卢瓦河谷景观格局进行了梳理，建立了卢瓦河谷景观破坏风险识别网格，它有助于较快地对景观破坏进行识别，指定可能会影响的方面（公共政策、活动等），然后运用现有的干预手段采取应对措施。

为此，提出了三种干预尺度：大景观，即卢瓦河谷整体规模，从河床到山坡和梯田（大约1 km至10 km以上）；中景观，即影响构成卢瓦河谷地貌的单位和要素（大约100 m至1 km）；小景观，即地块的尺度（大约1 m至100 m）。

比如，要保护以葡萄园为代表的农田景观，既不是某一个聚落，也不是一条河，更不是一座山，而是一个河谷，这是体现了人和自然共生的“site”，即景观地。

2016年对保护对象的整合，其实体现了法国人对于遗产地中人与自然关联性的高度重视，更加表现出对国土空间高品质发展中文化价值的重视。

日本遗产领域的发展趋势也值得关注。以前大家熟悉的是它的“文化财”，包括有形文化财、无形文化财、民俗文化财、纪念物（史迹、名胜、天然纪念物）、文化景观、传统建筑物群、埋藏文化财等，还有“古都的历史风土”。2004年，日本颁布了《景观法》，规定“良好的景观”包括城镇、农田、渔村等景观，适用于所有城镇和乡村地区，主要目的是促进城乡良好的景观形成，实现保护和塑造美丽国土景观、创造个性丰富的生活环境以及富有活力的地域社会。

2015年又提出“日本遗产”的概念，以地方为主体，将分散在各个地域的“点”状遗产以“面”的方式重新全面整合包装，以故事叙述的方式重新呈现，战略性地向日本国内外宣传，从而促进地方社会经济发展。截至2019年5月20日，已认定了83项“日本遗产”。

从这些发展趋势中，可以看到三个共同点：第一，都在试图讲好国家、民族的故事；第二，凸显民族和地域的文化；第三，与国土空间的规划相衔接。

那么回到中国，现有的遗产保护体系中的遗产类型包括了表9-1的内容。

---

① 注：截至2018年12月31日，法国国家领土上有2 700处列级景观地，面积1 133 780 hm^2；近4 000个登录景观地，面积约1 500 000 hm^2。

表 9-1 中国现有遗产保护体系中的遗产类型和数量

遗产类型		数量
世界级	世界自然和文化遗产	56 处
	人类非物质文化遗产代表作	32 项
	全球重要农业文化遗产	15 处
	世界生物圈保护区网络	34 处
	国际重要湿地	36 处
	世界地质公园网络	39 处
国家级自然遗产	自然保护区	474 处
	重要湿地	46 处
国家级文化遗产	历史文化名城	136 座
	历史文化名镇(村)	799 个
	历史文化街区	873 片
	文物保护单位	5 058 项
	历史建筑	2.35 万处
国家级非物质文化遗产		1 372 项

注:除表中所示外,省市区级还有相应级别的自然遗产、文化遗产和非物质文化遗产等。

在建立国家遗产体系的过程中,确切地讲是 2000 年以后,我国已经在遗产类型方面做了很多探索,而且取得了显著的成果。这个探索是什么?就是在空间上,从点状向线性、区域性的拓展;内涵上,从单一要素向关联性遗产的拓展;方法上,从静态的物质保存到活态的遗产保护的发展。这些都在逐步指向国土空间的历史文化内涵与保护方法。

首先,在国家层面来进行历史文化及其承载空间的梳理。比如大运河,它是隋唐大运河、元明清京杭大运河和浙东大运河的总称,范围跨过了 8 个省级行政区,是跨区域的遗产。这在以前的文物保护单位、名城名镇名村的保护体系中很难进行整体保护。但是在《大运河浙江段遗产保护规划(2012—2030)》中,经过大量的调查研究最终整理出了大运河遗产的类别,包括水利工程遗产及相关的文化遗产、其他的物质文化遗产、聚落遗产、相关的非物质文化遗产,以及生态与景观环境。所以它们不再是一个个孤立的文物保护单位,而是围绕某个专题的有机关联的整体。这需要在国家层面进行历史文化的梳理与保护,如今建立大运河国家文化公园就是一种很好的制度创新。又如丝绸之路,更是跨国境的文化遗产。

在省级层面,笔者团队很早就开始了基于地域文化的跨行政区的历史文化保护探索。比如在 20 世纪 80 年代就开始对江南水乡区域展开研究,又如前几年对安徽省皖南地区展开研究,虽然不是整个省域的范围,但也是一个相对完整的文化地域。

在皖南的研究中,笔者团队首先对其自然基底开展研究,发现即使在人们认为比较单纯的文化地域里，实际也分为两大地理板块，一个是沿江的平原区，另一个是丘陵山地区。山是阻隔的自然要素，形成了相对封闭和安全的大环境；水是流通的自然要素，使得封闭的环境与外界保留了沟通的可能和路径；而众多的山间盆地则构成了可聚族而居的小环境，这是皖南地区的自然环境总体特征，也构成了皖南地区两个各有特色的文化板块。沿江平原区是皖南地区早期文明的发源地，也是战争和近代化的主要发生区域，因此表现出更强的开放性、多样性。丘陵山地区则相对封闭，形成了皖南地区的文化核心区域。

皖南地区的历史文化资源不是孤立存在的，而是以自然环境和地域文化为基底的“面”，以河网水道、古驿道等交通通道为轴线的“线”和以聚落为领域的“点”共同构成“网络状”空间分布特征（图 9-8）。

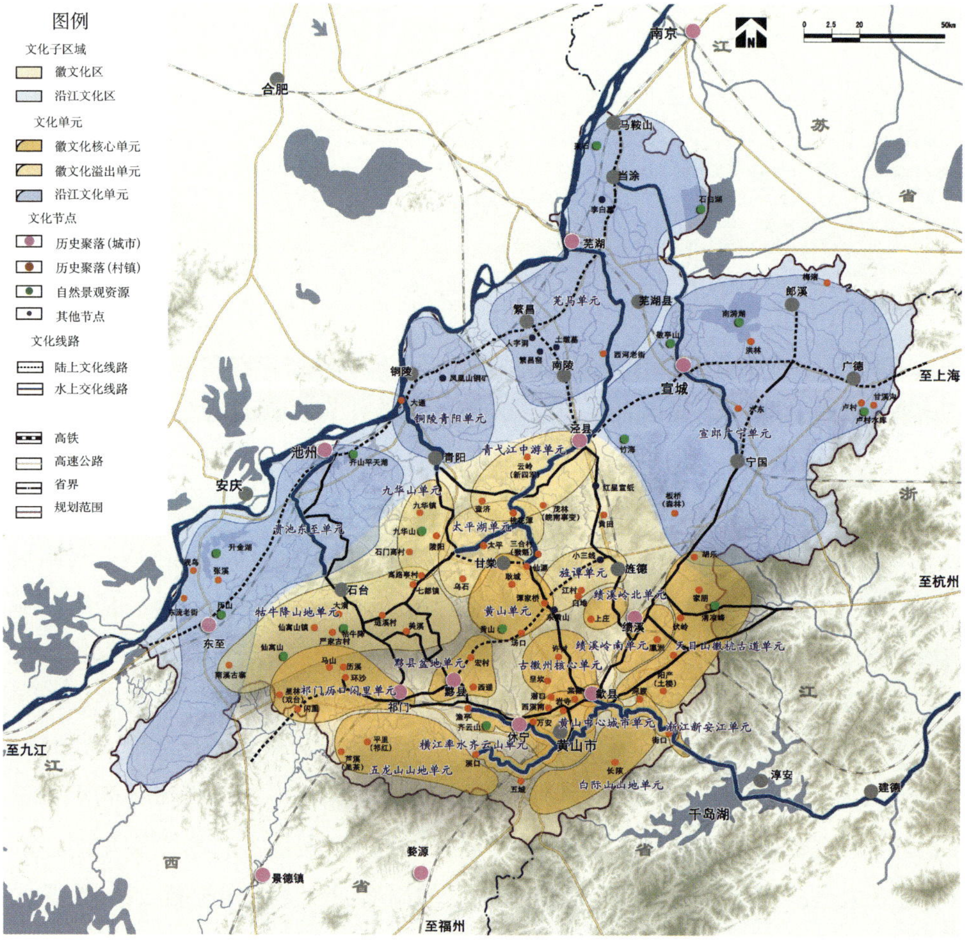

图 9-8 皖南地区基于地域文化的历史文化空间体系

来源：《皖南区域性历史文化资源保护规划》①

---

① 上海同济城市规划设计研究院有限公司. 皖南区域性历史文化资源保护规划[Z]. 2016.

(1) 网络节点:建构筑物、聚落和自然景观物。单体形式存在的建构筑物可以是聚落的构成要素,也可以是自然景观物的构成要素。但是从区域的视角,建构筑物与聚落、自然景观物一样,都是构成网络的节点。以聚落为例,皖南地区的聚落有城市、集镇和村落三个层级。

(2) 网络的连接线:水系航路与驿道。网络中的节点通过或长或短的连接线相互联系,这些连接线往往是水系航路和驿道。它们不仅在皖南内部及其周边区域承担着非常重要的沟通联系的功能,也是皖南发展的重要生命线,大量的历史聚落也因此而生、因此而衰。

(3) 网络的基底:自然环境和地域文化。区域不仅是由空间上的节点和线性的发展轴线构成的,还有其自然地形地貌和浸润其中的地域文化作为基底。

从历史遗存调查中也可以发现,丘陵山地区留存的历史文化资源点比较多,集聚度比较高;而沿江的历史文化资源点多样且丰富,但是留存的资源点相对少。如果将所有的法定保护名录都标注出来,会呈现出碎点状分布特征(图 9-9)。然而历史上它们的发生、形

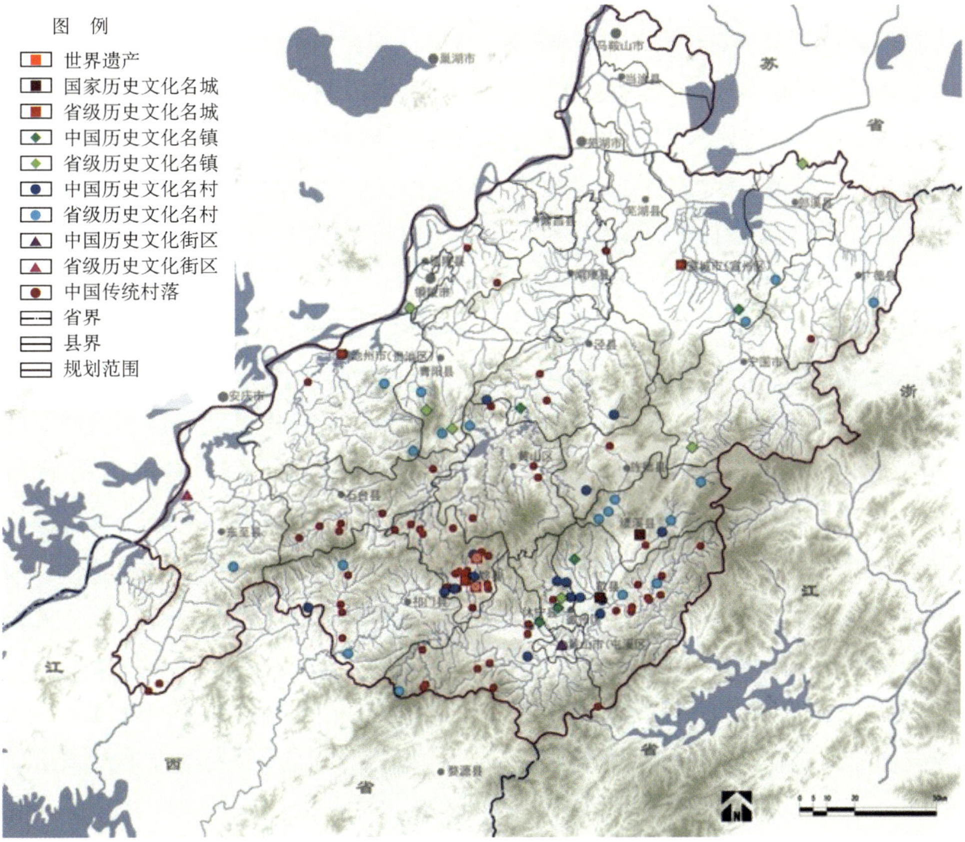

图 9-9 皖南地区的碎点状的历史文化资源点

来源:《皖南区域性历史文化资源保护规划》

成、发展过程中，从来不是孤立存在，而是呈现网络状的、整体空间的分布特征。所以笔者团队在皖南的工作中将这些碎点又通过历史上的交通线（可能是水路、陆路）联系在一起，还原出了历史上的网络状空间结构。其中的城、镇、村是这个网络的节点，具有辐射和吸收能量的作用；交通线路则是传递能量的通道。

同时，皖南地区的历史文化资源也不是静态存在的，而是呈现出动态发展的生命体特征。一方面，网络中的各个部分本身在动态变化着；另一方面，它们又相互作用、相互促进，推动个体和整体的发展。

可以看到，皖南地区的历史文化资源是在这个独特的自然和历史环境条件下，个体分工协作，相互影响、相互促进，群体共同发展的结果。这种区域性历史文化资源动态发展的"生命体"特征是我们今天进行历史文化资源保护与利用工作的重要基本认知，能够更好地思考资源保护与地区发展之间的关系。但是很多时候往往只重视单个建筑或者单个聚落的保护与利用，而很容易陷入静态割裂的状态。

因此笔者提出三点建议：

（1）在对区域性历史文化资源整体价值科学认知的基础上，建立区域性保护框架。以往的遗产保护工作主要着眼于个体聚落或建筑的保护，而建立区域性历史文化资源保护框架需要打破行政界限，根据历史文化资源的形成机制、特征和保护现状，建立"网络化"的保护框架，合理确定区域保护工作的空间格局，明确管控措施，从而既系统又有重点地保护历史文化资源。比如对区域山地丘陵环境保护、山间盆地河谷田园环境保护、重要水道环境保护、湖泊环境保护、聚落结构和聚落本体的保护等。

（2）探索区域性历史文化资源保护和发展的管理创新，建立管理协调机制。在现实中，与历史文化资源分布相关的边界与行政边界往往不相重合，而以行政区划为边界的管理行为和以"条状"为主的管理模式导致同一文化区域内的历史文化资源在保护与发展管理中被割裂，从而无法体现完整的地域文化特色，难以谋求区域共同发展。因此对区域性历史文化资源的有效保护与利用必须打破现有的行政边界和"条状"管理模式，围绕地域文化传承、历史文化资源形成机制和特征建立有效的管理机制。应当建立区域性历史文化资源保护和发展的管理平台，在明确省、市、县、镇村四级管理目标和工作重点，明晰职责的同时，建立管理协调机制。比如对文化线路、文化单元、文化板块进行整体的保护规划、管理和监测的机制等。

（3）从城乡统筹的角度，探索区域性历史文化资源利用模式创新。以区域性历史文化资源整体价值和"生命体"特征认知为基础，研究从地方垄断和竞争性地开发历史文化资源的方式，向区域差异性共享和协同利用历史文化资源的方式转变。在历史文化资源价值体现的同时，探索区域性城乡经济、社会、文化全面可持续发展的经验。

以皖南地区黟县盆地特色单元为例，该盆地内除了名声在外的西递、宏村两个世界遗产地外，其黄山山脉的背景、纵横交错的水网、建制悠久的古县城、广袤宜人的田园和大量集中分布的古村落，共同构成了"山、水、城、田、村"的整体格局。目前西递、宏村等传统村落得到了保护，但是整体格局以及其中的很多"点状""线状"的历史文化资源，正在被不恰当的产业发展、过境重要交通设施建设等破坏。因此需要在该盆地单元内进行有针对性的产业发展、城镇化、道路交通、景观控制等方面的引导。如通过特殊的特色农业扶持政策，保护盆地的田园基底；调整盆地内交通组织，规避不恰当的重大交通设施，以历史交通轴线为基础构建以县城为核心、主要村落为节点的网络状交通结构；采取组团方式控制和引导聚落空间和产业发展，发展乡村间多元协作的旅游等，从而达到以乡促城，以旅游业和现代服务业为支撑，推动城乡整体发展水平的提高。

再下一层级就是市县级，以笔者团队在浙江省嘉兴市的一个针对性研究为例。

首先是嘉兴市域遗产资源识别与特征解析。为建立更加完善、系统的区域遗产保护体系，研究以历史文化名城嘉兴为样本，从遗产资源的空间层积与内在逻辑关系出发，采用文化地理学方法，对其体系结构、社会经济和文化景观等方面的特征进行识别，以期在当前国土空间规划背景下，为文化空间的保护和地域特色的突出提供思路。基于大量的文献和田野调查获得的信息，通过对区域自然环境、区域重要历史事件等的梳理，对嘉兴市域遗产资源的层积性分析如下（图 9-10）。

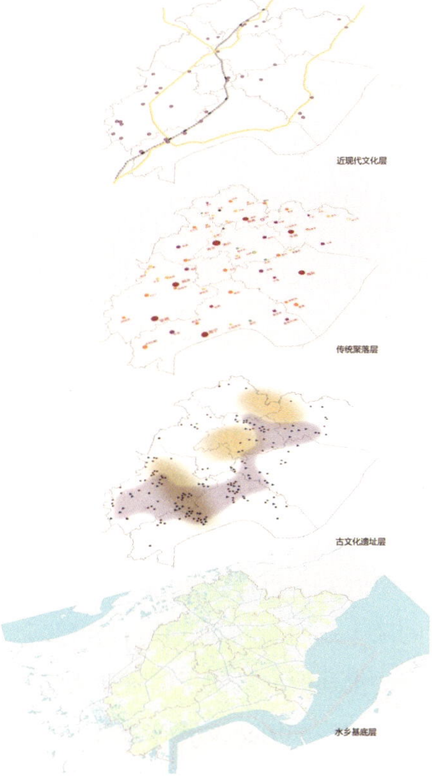

图 9-10　嘉兴市域遗产资源空间层积图

第一层：水乡基底层

嘉兴目前的环境基底层是自然形成与人类改造的共同结果，反映了嘉兴人民在历史发展过程中尊重自然、利用自然的智慧。这一空间层积的典型遗产就是现存的水乡环境背景，它是市域遗产资源的重要组成部分，也是其他遗产资源赖以形成的基础。

第二层：古文化遗址层

古文化遗址层是自然环境下人类聚居的证明。虽然因海侵和地壳运动的影响，这些遗址可能已不完整，或者被埋于地下及杭州湾水下，但是依然十分重要。包括考古业已挖掘或尚未挖掘的，数量与规模均不确定的遗址、墓葬，以及可移动文物。

第三层：传统聚落层

传统聚落层是历史积累下嘉兴市域空间特色的代表。但因朝代更迭，这一层积上的遗产资源不断发展变化、更新叠压。这一空间层积上的典型遗产包括城镇、村庄，以及街市、各种建(构)筑物及其环境要素。

第四层:近现代文化层

近现代文化层是嘉兴近代历史发展的代表。这一层积是西方文化传入以后与地方文化结合形成的文化资源,它的形成时间不长,在数量、规模、类型等各个方面虽然都无法与传统聚落层相比,但也是嘉兴城乡文化资源的重要内容。

同时,通过对城乡遗产资源的形成机制梳理,对区域遗产体系结构、社会经济、文化景观进行关联性分析发现,嘉兴所在的太湖区域农业、手工业、商业发达,交通便利,星罗棋布的镇、村相互依存,形成城镇网络,在社会经济特征上具有极大的相似性。水乡的基底特征与镇村体系,完美地完成了区域间产业分工的细化,并依托区域水网完成了空间上的联结。以制衣为例,其整条产业链包括棉麻种植、桑蚕养殖、纺线制丝、织布制绸、裁衣刺绣等过程。在清代,湖州的德清,嘉兴的石门、桐乡等地区水系发达、圩田广袤,其村庄主要种植棉麻桑叶;乌青(今乌镇)地处多条河道的交汇口,作为桑叶集散地,将收购后的桑叶供应给以养蚕、制丝为主的南浔;随后南浔的丝线再供应给濮院、王江泾、双林等镇以制成不同品类的绸缎;最后由地处海边的乍浦港销往世界各地。

嘉兴处于长江太湖水系与东海海域的影响之下,但经过数千年的改造,市域内几乎找不到原始的自然环境区域,在空间层积上形成了农业、水利、交通、聚落、建(构)筑物等多种遗产资源。其中影响最为深刻的就是塘浦圩田系统,它重构了嘉兴地区的微地形。与此同时,在时间维度的积累下,嘉兴市域的人居聚落、交通体系与自然基底相互影响、相互促进,在空间上共同构建了独特的地域文化景观特征。

因此,以地域文化的分析为基础,从遗产资源层积性与关联性的角度出发,在充分识别和认知遗产资源的结构体系特征、社会经济特征和文化景观特征的基础上,可以建立文化空间保护整体框架,从而实现从文化资源"点状"保护向"网络状"保护的转变,并与当前的国土空间规划和城乡可持续发展紧密结合。

上述研究解决了以资源为出发点构建保护框架的缺陷,避免了普查信息遗漏的问题。梳理遗产的历史发展脉络与资源形成体系时,可以循着一定的轨迹有目的地整理,以完善保护体系及其内容。即使某些物质遗存已经消失或部分消失,其完整的脉络体系也可为文化遗产资源的展示所用,并为信息知识的传递提供依据。这对将当前碎片化的遗产资源做整体价值的识别、认知、阐释与展示,以及进一步的活化利用都具有非常重要的意义。

这一新思路与新方法的探索,可以说是市域遗产保护从物质空间遗存保护向地域文化脉络保护的转变,对同类别或相似的历史文化名城(历史城市)在市域层面的保护具有重要参考价值。同时,从遗产资源的空间层积与内在关联的逻辑出发去研究地域文化,能够明确市域文化空间保护的框架与内容,为市域层面的国土空间规划提供重要的思路、方法与路径。

9.3 国土空间规划中的历史文化空间体系建构

前文主要是从思想层面、文化视角来分析国土空间。本节讲如何保护传承的问题。遗产保护领域已有一套规划体系，但是它在实施的过程中存在着一些问题。

9.3.1 保护规划与原来的城市总体规划的关系

2005年的《历史文化名城保护规划规范》(GB 50357—2005)中，对历史文化名城保护规划定义：以保护历史文化名城、协调保护与建设发展为目的，以确定保护的原则、内容和重点，划定保护范围，提出保护措施为主要内容的规划，是城市总体规划中的专项规划。

历史文化名城保护规划虽然是总体规划的专项规划，但在大规模城市开发建设的过程中，保护规划的严肃性不足，缺乏刚性管控内容。对于总体规划，保护规划仅仅是建议性材料。保护控制要求向法定规划体系的传导非常困难。

9.3.2 保护规划与控制性详细规划衔接的问题

2003年开始推进的上海市历史文化风貌区保护规划(控制性详细规划)是国内系统性地将保护规划与控制性详细规划衔接的较早尝试。保护要素和内容在法定的城市规划体系中获得定性、定位和定量。风貌区规划同时也成为上海市控制性详细规划体系形成中最早一批实践项目。

《历史文化名城名镇名村街区保护规划编制审批办法》(2014)中明确规定：

第五条　历史文化名城、名镇保护规划应当单独编制，下列内容应当纳入城市、镇总体规划：

(一)保护原则和保护内容；

(二)保护措施、开发强度和建设控制要求；

(三)传统格局和历史风貌保护要求；

(四)核心保护范围和建设控制地带；

(五)需要纳入的其他内容。

第七条　编制历史文化名城、名镇、街区控制性详细规划的，应当符合历史文化名城、名镇、街区保护规划。

也就是明确规定了，历史文化街区保护规划的规划深度应当达到详细规划深度，并可以作为该街区的控制性详细规划。

《中共中央 国务院关于建立国土空间规划体系并监督实施的若干意见》规定：

（三）分级分类建立国土空间规划。

相关专项规划是指在特定区域（流域）、特定领域，为体现特定功能，对空间开发保护利用作出的专门安排，是涉及空间利用的专项规划。……国土空间总体规划是详细规划的依据、相关专项规划的基础。

（五）相关专项规划可在国家、省和市县层级编制，不同层级、不同地区的专项规划可结合实际选择编制的类型和精度。

（八）……延续历史文脉，加强风貌管控，突出地域特色。

9.3.3 国土空间规划中历史文化保护传承的目标

国土空间总体规划是文化遗产保护专项规划的基础，表示总体规划不是单方向指导保护规划的依据，保护规划也需要研究哪些保护要求涉及空间利用，需要纳入国土空间规划，以及在各级国土空间规划中如何纳入。历史文化保护与传承在国土空间规划体系中具有重要地位。因此，国土空间规划中历史文化保护传承应包括四大目标：

（1）国家文化安全格局保护与加强；

（2）地域文化空间保护与传承；

（3）国土空间的高质量发展；

（4）美好家园高品质生活建设。

9.3.4 国土空间规划中历史文化保护传承体系的构建

对原来的规划体系进行梳理，可以发现不同层级的规划对应的情况：国家层面是没有文化遗产保护方面的总体规划相对应的；省级层面有探索，但是也没有明确；市县层面，如果某个城市是历史文化名城，那么就要求编制历史文化名城保护规划，如果不是，则只是在总体规划中将文物保护单位等在一张图中标注，并不涉及整体的城市层面的历史文化保护与传承体系的梳理和保护框架的建构；街区层面要求有详细规划，但是如果不是历史文化名城则也没有；乡镇层面也只有历史文化名镇名村才要求编制保护规划。因此，历史文化空间实际上被局限在非常有限的名城、名镇、名村中，虽然说文物点很多，但是它们的碎片化存在无法实现前文所说的四大目标。

城市总体规划体系理论上可以实现上下传导，国土空间规划将这种传导制度化。但名城规划体系相互孤立，各种名城名镇名村规划之间不存在传导。由此产生的问题包括：

（1）遗产保护缺乏区域整体视角。因此，遗产保护需要向区域拓展，进行网络化研究，关注线形遗产，关注文化圈和文化单元。

（2）遗产保护过度关注申报。因此，文化遗产登录体系既要有自下而上的申报，也要有自上而下的国家指定、省级指定。比如“海上丝绸之路”起点的关键城市、体现国防主张的九边重镇、促进民族融合关键城市等，需要直接在上层进行指定，并提出基本保护方针。

（3）遗产保护忽视文化本底。未列级文化资源被普遍忽视，应根据资源禀赋和区位优势确定不同的保护与发展方式。

基于以上思考，笔者认为应当从国家到乡镇层面形成重点不同、可以向下传递的规划体系。比如在总体规划层面，要有国家历史文化保护传承规划，来保护国家文化战略空间；省级应该有省域的历史文化保护传承规划；市级应该有市域的、县级有县域的历史文化保护传承规划。其中历史文化名城规划已相对比较完善，但是在详细规划层面，不应该仅仅在名城才有历史文化街区规划，其他的非名城，如果街区保存较好，也可以进行保护。历史文化名镇、名村、传统村落也是如此。

这几个层面的规划的重点是不一样的：国家层面强调战略性；省级层面强调协调性，特别是行政协调；市县层面要强调实施性；详规的层面要强调可操作性。

目前，国家层面，历史文化保护传承体系、三个国家级的文化公园（长城、大运河、长征国家文化公园）已经被提出；省级层面，比如安徽、广东、海南、浙江、云南等地有过相关研究，但还需要进一步统一规范化。

9.3.5 工作路径

工作包括四方面：第一，资源识别，包括对既有法定的历史文化和自然景观资源的识别，以及对潜在的历史文化和自然景观资源的识别；第二，在识别的基础上，对历史文化资源的特征进行解析，对其历史价值、科学价值、艺术价值等进行评价，对其真实性、完整性进行评价；第三，基于评价的结果，进行保护传承体系的建构，包括国家层面体现中华文明标志体系的建构，省和市县层面重点对历史文化和自然景观网络的构建，以及对历史文化功能区进行明确；第四，进行空间管控，划定保护红线，确定保护与传承的要求，实施历史文化空间保护的管理和用途的管制，并依据案例实际情况逐一细化。

9.4 结语

法国著名的规划理论家弗朗索瓦丝·萧伊曾经写过一本书《建筑遗产的寓意》，她认为人们因为工业化、全球化、信息化正在失去“营造的能力”；人们不知道如何更好地与自然相处，因为工业化等代替了人的本能，人们失去了体会、感受以及适应自然的能力。所以笔者认为，国土空间规划不仅仅是“多规合一”，更应当是一次“再造魅力空间”的契机，如此，高质量发展、高品质生活的“美丽中国”才有可能实现。

10 历史文化街区保护中的交通安宁化

卓 健*

自1982年我国首次建立历史文化名城保护制度以来,现已基本形成以历史文化名城为主体、覆盖历史文化名镇名村的保护体系,并建立起从历史文化名城,到历史文化街区,再到历史建筑与文物保护单位的三个层次的保护框架①。街区层次一直都是地方政府实施遗产保护的关键②。它既可贯彻总体层面的历史文化名城保护规划,又可为下一层次的单体建筑保护创造积极的条件。同时,街区保护的实施性强,便于形成一定规模和效果,在空间范围上具有较大的弹性。

然而,近年来城市中的小汽车交通迅速增长给历史文化街区保护带来了新的问题。快速机动化引起的城市道路拥堵,已成为普遍多发的城市病,严重影响了居民的日常出行和生活安排。为此,各地方政府对城市交通问题的重视程度明显提高,并加强了城市交通规划的编制。但如果规划编制只是为了解决交通系统本身的问题(如道路拥堵),就容易局限于城市交通基础设施网络的供给能力,而忽略了周边街区的特殊性。在交通拥堵问题比较突出的老城区,规划常常通过拓宽道路来疏解交通,破坏了城市街区原有的传统风貌和宜人尺度③。尽管近些年来城市保护工作的受重视程度有所提高,也编制了不少历史文化街区保护规划,但从规划文件的层次关系上看,街区保护属于控制性详细规划层面,低于城市总体规划层面的交通规划。

其实,历史街区保护与城市交通治理并非简单的局部与整体的关系,而是分别代表了地域化和网络化两种不同的空间组织方式,二者之间的矛盾并非不可调和。历史文化街区是在小汽车出现之前发展起来的,这一空间组织方式曾经不需要小汽车交通就能有效运转,那么是否可以通过强化这种空间组织方式,从需求的角度减少小汽车的使用,进而实现缓解交通拥堵的目的呢?事实上,街区保护除了实现历史文化遗产保护的目的,的确还可以起到抑制小汽车交通增长的作用。因此,协调矛盾的根本方法还在于规划思路的转变,无论是街区保护还是交通规划,都应当更多关注政策措施之间的关联性。

---

* 卓健,同济大学建筑与城市规划学院城市规划系系主任、教授,全国高等教育城市规划硕士专业学位教育指导委员会秘书长。邮箱:jian. zhuo@tongji. edu. cn。

① 赵中枢,胡敏.历史文化街区保护的再探索[J].现代城市研究,2012(10):8-12.

② 阮仪三,孙萌.我国历史街区保护与规划的若干问题研究[J].上海城市规划,2010(4):2-9.

③ 惠英,张玉鑫,杨东援,等.历史街区的交通规划设计编制框架探讨[J].城市规划学刊,2005,183(5):101-106.

欧洲城市的交通安宁化实践为此提供了很好的例证。它既是城市总体交通政策措施的组成部分，也是在街区层面改善空间环境品质的重要手段，充分利用了空间环境特征和交通行为选择之间的相互作用关系。本章从四个方面探讨这一交通规划理念应用于我国历史文化街区的可能性：第 1 节重点分析当前机动化背景下我国历史文化街区保护面临的主要问题；第 2 节从理念认识和措施实践两方面简要介绍欧洲交通安宁化的发展演进，着重指出我国对交通安宁化理念的一些认识误区；第 3 节以法国巴黎内城为例，具体说明交通安宁化在传统街区中的应用及效果；第 4 节简述安宁化措施在我国应用的可行性和需要特别注意的一些问题。

10.1 机动交通组织是历史文化街区保护必须面对的问题

历史文化街区是城市历史文化特征和传统建筑风貌最为突出且最具代表性的历史地段。大部分历史文化街区的道路系统和街巷空间都是在小汽车出现之前形成的，其组织结构和空间特征并不适于小汽车交通。当前，以小汽车增长为主要特点的快速机动化趋势，对历史文化街区中的传统交通空间造成了直接冲击，而小汽车带来的生活方式变化，则成为一些历史文化街区活力减退的主要原因。

10.1.1 快速机动化对我国历史文化街区保护的冲击

当前，基于小汽车交通的新生活方式渐成趋势，对城市空间布局产生了重要影响。配建大型停车场的购物中心逐渐取代了传统商业街成为主要的消费场所；以大卖场、量贩店为中心的采购行为需要使用小汽车以方便运输；当代社会中非工作交通出行明显增加并主要使用小汽车，它的可达性直接影响了餐饮、娱乐、零售等商业业态的布局和发展。

小汽车及其伴随的生活方式对传统街区的冲击更为明显。历史文化街区主要有两种类型。一类历史文化街区曾经是本地居民的公共生活中心，保留并延续下来的商业服务职能是维持街区活力的重要基础。但由于小汽车在传统街区中不方便通行和停放，致使区内的商业服务在与大型购物中心的竞争中吸引力不断下降，逐渐退出了本地居民的日常生活圈而日渐衰败。有一些街区则蜕变成主要供外来游客观光消费的场所，表面上看在旅游商业的支撑下似乎保持了街区活力，但脱离了本地文化、日常生活和社会脉络的滋养，很难说这样的街区保护有利于文化传统的真正延承①。

另一类传统街区以居住为主要功能。随着生活水平不断提高，由于老的居住环境难

① 毕凌岚，钟毅．历史文化街区保护与发展的泛社会价值研究——以成都市为例[J]．城市规划，2012(7)：44-59.

以满足现代生活的需要，有条件的居民(特别是年轻人)陆续搬离，而购买私人小汽车就是居民搬离主要原因之一。随着城市保护工作的扩展，居住型传统街区的保护将逐步提上议事日程。一方面出于项目实施经济平衡的考虑，另一方面也为了给街区发展注入活力，居住型传统街区在实施保护的过程中，往往会植入新的功能(如文化展示、小型商业和服务等)，而这些新增功能连带着也给保护规划提出了机动交通运输要求。

10.1.2 两种比较极端的解决办法

我国的机动化趋势仍将持续一段时间，机动交通组织将是历史街区保护无法回避的问题。当前，在处置方法上存在两种比较极端的倾向。一种侧重从城市交通的整体网络考虑，沿用了一般城市道路交通的做法，将机动交通直接引入传统街区。这一做法短期内的确可以起到疏解交通的作用，但却牺牲了街区的空间风貌特征：传统街巷的人性化尺度让位于机动车道；人行道加车行道的通用道路断面设计也不符合传统街道的做法；设置的交通信号设施(如红绿灯、交通标志等)与传统街区的风貌景观格格不入。

为避免上述问题，更多的保护规划采用了另一种极端的做法——将风貌保护区步行化，把机动交通彻底排除在保护区外围。步行化固然对街区的风貌保护是有益的，但在交通上却形成局部区域的交通梗阻，对城市整体的交通组织(包括公共交通)影响较大。由于交通量转移，步行区周边道路的交通压力增大，空间环境质量因此降低。此外，步行化街区要取得好的效果，往往都需要对公共空间进行大规模的改造，实施成本很高。因此，实施步行化一定要谨慎做决策，步行化区域一般只适用于用地规模不大、局部风貌特征特别突出的历史街区。与此同时，还要处理好步行区外围的机动交通组织，并保障在特殊或紧急情况下，消防急救等车辆仍可以方便地进入步行区。

10.1.3 可渗透街区的概念

我国城市遗产保护工作经过30多年的发展，大部分城市中风貌特征明显的局部地段已经基本得到保护，下一阶段的工作将更多地与城市更新和旧区改造项目结合，向一般性的风貌街区拓展，老城区的路网结构和整体空间格局，也将成为城市保护的对象。这就需要规划上探索出适于大范围应用的交通组织方法，正面应对小汽车交通增长和城市保护之间的冲突。

如果将城市视为不断生长演化的有机体，交通系统就是它的循环系统。历史文化街区要得到持续的有效的保护，不能完全脱离这一系统的滋养，历史文化街区对城市交通来说应当是“可渗透的”。尽管传统街区的空间组织形式有一定的特殊性，并不适合小汽车交通，但我们也必须认识到小汽车交通已经是当代城市交通体系中不可缺少的重要组成部分。如何借助这一交通方式的渗透有效激发历史文化街区的活力，同时又将小汽车交通对空间环境品质的影响控制在最低程度？欧洲城市的交通安宁化实践为此提供了有益的经验借鉴。

10.2 交通安宁化再认识

“交通安宁化”译自英文的“traffic calming”，后者已经成为近年来西方城市交通相关文献频繁出现的关键词，但在我国尚未得到应有的重视①。现有的中文文献对这一概念的中文译法还没有达成共识，其他译法有“交通稳静化”“交通静化”“交通平静化”“交通平息化”等。其中的相当一部分文献只是介绍国外交通安宁化的措施和做法，而没有就其理念目标、相关政策和发展趋势做出详细阐述②。还有部分文献谈及这些措施在我国城市的应用，也只是局限于机动车，介绍如何通过在局部路段设置减速措施，以达到提高道路安全的效果③。现有中文文献的实际状况反映出我国当前对交通安宁化理念在认识上仍存在局限和偏差。而我国交通安宁化在实践应用上的迟缓，则与当前快速机动化的现实背景不无关系。在许多城市饱受交通拥堵困扰、地方主管部门为排堵保畅绞尽脑汁的当下，如果没有全面充分地阐明交通安宁化的意义，仅从道路安全一个方面是难以提出令人信服的规划措施建议的。

10.2.1 欧洲交通安宁化的产生背景

“交通安宁化”最初源于20世纪60年代一些欧洲城市市民的自发行为。当时，欧洲城市与我国城市现阶段的快速机动化非常相似，小汽车交通迅速增长并带来了一系列问题：道路安全日趋恶化、城市公共空间被侵蚀、汽车的噪声和尾气降低了城市环境品质，借助小汽车交通带来的便捷性，中产阶级纷纷搬离中心城区，传统城市出现了“内城渗漏”现象……为了阻止小汽车交通的“侵略”，荷兰代尔夫特市的居民自发展开了街道改造运动，最终促成荷兰政府修改《道路交通法》，以立法方式确立“庭院式道路”这一安宁化措施，最大限度地降低小汽车交通对居住社区的干扰。这一经验很快传播到邻国德国，并发展成“30 km/h 限速区”。随后，法国、瑞士、比利时、英国也纷纷出台了类似的政策和措施。如今，安宁化已经成为欧洲城市广泛采用的小汽车交通管制手段，覆盖了大部分中心城区，

---

① 中国知网上使用“交通静化”“traffic calming”“交通安宁化”等关键词分别进行全文搜索，总共可以找到的中文相关文献不超过35篇。作为对比，若使用“慢行交通”进行全文搜索，却可以找到约270篇相关文献。

② 韩超，袁舒萍，李强. 国外交通平息理论研究及应用[J]. 规划师，2007，23(9)：94-97.

③ 金键. 城市交通稳静化探讨[J]. 交通运输工程与信息学报，2003，1(2)：82-102.
金键，郭孜政. 城市居住区交通稳静化措施研究[J]. 交通运输工程与信息学报，2006，9(3)：42-45.
潘福全. 道路交通静化在交通安全中的应用[J]. 道路交通与安全，2006(7)：1-8.
钱政华，丁建明. 城市交通宁静化措施与影响分析[J]. 华东公路，2009，177(3)：86-90.

甚至扩展到一部分郊区①。

欧洲的交通安宁化是伴随着快速机动化过程逐步完善起来的，二者的发展演变并不矛盾。其政策出发点并不是简单地把小汽车排除在城市之外，而在于寻求适应机动化增长和保持传统城市环境品质之间的平衡关系，在城市地区通过对小汽车交通采取适当的管制，以减少机动交通对城市生活环境品质的副作用。经过半个多世纪的实践经验积累，欧洲的交通安宁化不仅在中心城区得到广泛的应用，而且观念认识和措施手段相比于早期都有了明显的发展变化。及时纠正我国对交通安宁化的一些片面认识，是正确学习借鉴欧洲城市实践经验的重要前提。

10.2.2 交通安宁化的基本理念和原则

一般认为，交通安宁化是只针对机动车的管制措施，目的在于限制或排斥小汽车交通。这是一种常见的误读②。正确的交通安宁化其核心理念应当是：通过构建多种出行方式平等共享的交通空间，发展多方式的城市交通体系，从而降低小汽车过度增长对城市环境造成的损害③。也就是说，交通安宁化措施不仅涉及机动交通，还包括公共交通、非机动交通等各种城市交通方式，其目的并不在于排斥小汽车，而在于削弱它在城市交通体系中的优先地位，促成不同交通方式使用者之间的权利平等。

空间共享和路权平等是交通安宁化的两个核心原则。在小汽车出现之前，城市交通空间基本都是多种方式共享的。由于小汽车交通速度快，与其他交通方式冲突容易引发事故，因此现代城市的交通组织通常采用空间划分的方式，按交通速度给不同方式划分道路空间。而出于交通效率的考虑，空间划分往往以方便小汽车交通使用为原则。这一做法对传统城市街区的负面影响也逐渐显现出来：单一交通功能的车道挤占了传统的多功能的城市道路空间，不仅造成道路用地资源的紧张，而且降低了传统街道的活力；出于安全考虑的空间分离措施，实际上纵容了小汽车的快速行驶，反而成为道路安全的重大隐患。近年来，不少欧美城市开始认识到这种以小汽车为中心的交通组织方式的弊端，在中心城区重新倡导多种

---

① HASS-KLAU Carmen. Illustrated guide to traffic calming[M]. London: Friends of the Earth, 1990.
哈斯克劳，诺尔德，比科尔，等. 文明的街道——交通稳静化指南[M]. 郭志锋，陈秀娟，译. 北京：中国建筑工业出版社，2008：232.
KOHLER, U. Traffic and transport planning in German cities[J]. Transportation Research, Part A: Policy and Practice, 1995, 29A(4): 253-261.

② 笔者曾将“交通安宁化”名词解释作为城市规划专业研究生入学试题。其中，约50%～60%的考生认为“是一种限制小汽车交通”“优先发展慢行交通”的措施，约15%的考生认为是“人车分行”，只有不到10%的考生回答含有“多种交通方式平等共处”的意思。

③ ITE-FHWA. Traffic calming: state of the practice[R]. McLean, VA: Institute of Transportation Engineers, Federal Highway Administration, US Department of Transportation, 1999: 206.

交通方式共享的街道空间设计①,其经验基础就源于多年来的交通安宁化实践。

弱化道路空间分隔是重新分配路权的开始,而限制小汽车通行速度则是安宁化措施中另一个调节路权的重要手段。法国国家交通安全中心的研究表明,当小汽车行驶速度从60 km/h降低到30 km/h,道路通行能力不会明显减弱,但道路交通的安全性却可以明显改善,尤其是大幅度降低道路交通事故中的死亡率②。在此基础上,交通安宁化对小汽车速度的限制更多是出于路权的考虑。配合特定的道路优先规则,低速行驶的小汽车也可以变得相对友好,相对安全地和其他交通方式共享同一个道路空间。而且,小汽车限速行驶还可以压缩侧向安全距离,从而缩减机动车道的宽度,为其他交通方式让出一部分道路空间。

交通安宁化并不意味着牺牲居民交通出行的便捷程度。维持城市交通体系的整体效率,满足不断增长的居民交通需求,既是安宁化的第三条原则也是它得以推广实施的基础。为此,交通安宁化并非局限于城市街区尺度的政策,而是城市整体交通政策的一部分,并与各个交通系统的建设发展以及城市用地规划布局调整紧密关联③。具体来说,交通安宁化提倡的路权平等并不是每一条道路上的绝对平等,而是在整个城区范围的整体均衡。快慢配合就显得非常重要——只有该快的地方能快起来,该慢的地方才能慢下去④。对小汽车交通来说,并非在整个城区范围所有道路上都要限速行驶,它在交通性主干道上仍保留着优先通行权和高效率。而在生活性街区的内部道路上,优先权就要受到严格限制,而其他交通方式则成为最便捷的系统。除了对小汽车交通采取措施以外,交通安宁化政策还包括优先发展公共交通系统并提高其运行效率,改善非机动交通的设施条件,结合城市功能的用地布局调整,使得其他交通方式的效率提升足以弥补局部的小汽车交通效率损失,并鼓励引导居民选择绿色的交通方式出行。

10.2.3 交通安宁化目标措施的发展演进

在交通安宁化实践的深化过程中,政策目标的调整往往带来措施手段的变化。从总体上看,最突出的发展演进体现在以下四个方面。

10.2.3.1 从路段限速到划区限速

小汽车行驶速度管制是交通安宁化的根本措施。而驾驶员遵守限速规定的程度,直接影响着安宁化措施的效果。在多年实践过程中,不同城市曾提出不同的限速标准,有

---

① 卓健.城市街道研究与规划设计[M].北京:中国建筑工业出版社,2010:309.

② CERTU. Le guide "zone 30": méthodologie et recommandations[S]. Bagneux: Guide technique du CERTU, 1992: 64.

③ CERTU. Plans de déplacements urbains: guide[S]. Lyon: Guide technique du CERTU-MELT, 1996: 263.

④ 卓健.慢行交通再认识[J].理想空间,2013(59):12-15.

15 km/h、20 km/h、40 km/h 等。经验表明30 km/h 是最为合理的阈值，既易于遵守，实施下来的综合效果也最好。早期的安宁化主要针对个别安全问题比较严重的路段（如小学、医院门前的道路），通过设置限速标识、驼峰、减速带等强制性措施进行限速，但实施下来效果并不好。后期的安宁化普遍采用分区控制的方式，即划定限速区范围，范围内的所有道路都实施同一的限速规定，Zone 30（即"30 km/h 限速区"）成为当前欧洲城市中最常见的安宁化街区①。行为心理学的研究成果表明，驾驶员的行为方式（包括速度控制）很大程度上会受到所处环境的外部特征的影响。划区限速方式只需要在限速区进出道路路口设置限速标识，不需要在所有路段上添加，就可以明确传递"你已经驶入（出）一个特殊限速区"这一信息，限速区内还可以通过交通空间环境的特殊设计，继续强化限速信息，积极引导驾驶员改变驾驶行为。这一做法相对于单纯采取强制方式，更有助于提高驾驶员遵守限速规定的自觉性②。

10.2.3.2 从小汽车交通管制扩展整个交通体系优化

小汽车限速是交通安宁化的基本措施，但除此以外，交通安宁化对机动交通的调整还涉及交通流线组织、流量控制、交通规则制定以及停车布局等多个方面③。小汽车交通是安宁化措施的主要对象，但并非唯一对象。如前所述，实施交通安宁化仍需正视并满足居民不断提高的交通出行需求。在实践过程中，交通安宁化逐渐从单一针对小汽车逐渐发展为总体城市交通政策的组成部分，成为协调不同交通方式相互关系，实现整体优化的重要手段。一方面，安宁化措施包括对公共交通、非机动交通等替代小汽车交通方式的扶持，例如为自行车和步行提供连续、安全、舒适的通道；另一方面，也重视小汽车交通和其他交通方式的相互作用关系并加以利用，例如通过组织对向的自行车交通可以加强小汽车限速的效果。

10.2.3.3 从单一的限速到综合的空间整治

早期的交通安宁化主要聚焦道路交通安全问题，当前实践则将政策目标提升到城市生活环境品质整体改善的高度。一些城市甚至将街区的安宁化改造，作为促进居民认同感，解决街区社会问题的契机④。政策目标的演化相应带动了措施和程序的调整。除了最基本的

---

① CETUR. Guide Modération de la vitesse en agglomération: recommandations techniques sur la limitation généralisée à 50 km/h[S]. Document technique du CETUR, Bagneux, 1990: 144.

② CETUR. Réduire la vitesse en agglomération[S]. Document technique publié par le Centre d'Etudes des Transports Urbains, MELTM, Paris, 1993: 90.

③ FHWA. Federal highway administration university course on bicycle and pedestrian transportation[R]. McLean, VA: US Department of Transportation, 2006: 40.

④ 这方面的突出例子是英国的安宁化街区项目"Home Zone"。在欧洲，英国是较晚建设安宁化街区的国家，但它的政策目标吸取了欧洲各国的实践经验，也最全面。在初期的示范项目中，相当一部分街区选取的是社会问题突出的工人住区。

限速措施外，当前的安宁化街区建设更加重视整体交通环境的整治，街头绿地广场、儿童游戏场、街道家具、绿化种植、建筑材质和夜间照明等，都是安宁化街区规划需要认真考虑的细节问题。而贯穿项目实施全过程的公众参与，也为调整各方利益提供了润滑剂①。

10.2.3.4 从自发性的局部实验到法律保障下的全面推广

欧洲国家的道路交通法规基本都是随着小汽车交通发展逐步建立起来的，其内容也主要围绕机动交通。初期的安宁化实践只是个别城市的实验，甚至是一些街区居民的自发行为，所采取的措施并不符合当时道路交通法的规定。但这些试验性改造所取得的效果逐步得到了政府的认可，并推动了相关法规条文的修订。目前，大部分欧洲国家都已将交通安宁化纳入全国性的道路交通法规体系，并从交通标识、设置标准、通行规则等各个方面，为实施交通安宁化提供有力的法律保障。由此可见，交通安宁化在欧洲也不是一蹴而就，而是经历了一个由局部实验到全面推广的过程，其间道路交通法规的多次修订，既体现了政府的谨慎态度，也说明了法律保障的重要性。

10.3 交通安宁化在巴黎内城的具体应用

第二次世界大战后，小汽车作为自由平等的象征在欧洲大举进入普通家庭，一些国家政府曾出台比较激进的政策，改造城市以适应小汽车交通②，给传统的城市空间带来了多方面的影响。产生于这一背景下的交通安宁化，虽然没有直接指向历史街区的保护，但实践中所涉及的区域大部分都是中心城区以居住功能为主、具有传统特色的街区。这些街区的安宁化实践成功平衡了机动化需求和城市空间品质保护之间的矛盾关系，一方面它强制小汽车交通适应于传统的城市空间环境，另一方面它使得传统街区也能跟上现代生活方式的变化，重新获得活力。保留对本地居民的吸引力，这是欧洲城市历史街区实现保护和持续发展的重要基础。

法国虽然不是欧洲最早试行交通安宁化的国家，但它后发制人、博采众长。1992 年，法国国家交通研究中心总结了欧洲各国的经验，编制并发布了《Zone 30 规划设计技术导则》，在全国城市聚集区推广安宁化街区建设，取得了良好的效果③。以下我们以巴黎内城为例，说明在传统街区中实施交通安宁化的具体措施和做法。

---

① DfT. Home zone challenge：guidance to prospective bidders[S]. London：Department for Transport，2001：6. DfT. Home zones：planning and design[R]. London：Traffic advisory leaflet 10/01，2002：10.

② 代表性的国家如荷兰，当时的左派政府标榜“每个工人家庭都应当买得起小汽车”，同时为保障小汽车在城市里畅行制定了《道路交通法》；法国总统乔治·蓬皮杜在 1971 年的著名论断则更具有代表性：“要改造城市，使之适应小汽车。”

③ CERTU. Les Zones 30 en France：bilan des pratiques en 2000[R]. Lyon：Rapport CERTU-MELT，2003：71.

10.3.1 巴黎内城概况

巴黎内城也就是严格意义上的巴黎市，处于大巴黎城市聚集区的中心位置，占地面积约 105 km^2。汇集了众多文物建筑和古迹，保留了大量从中世纪到 19 世纪不同时期建成的街区，是欧洲著名的历史文化之都。与此同时，巴黎又是欧洲大陆上重要的经济政治中心，巴黎内城一直保持着 200 多万稳定的居住人口。在协调城市保护和现代化生活需求的关系上，巴黎有丰富的可供借鉴学习的成功经验。

巴黎于 1993 年开始启动以“宁静街区”(quartier tranquille)为名的交通安宁化项目。1999 年起纳入《大巴黎交通出行规划》(PDUIF)并成为该规划调整城市交通结构的重要手段之一。经过 20 多年的持续实践，巴黎内城现有近 70 个安宁化街区，覆盖了全市 37% 的城市道路(图 10-1)，其中大部分的安宁化街区都是传统的历史街区，目前仍是重要的生活性街区。而巴黎市划定的两个实施最严格保护的“历史保护区”(secteurs sauvegardés)也基本为安宁化街区所覆盖。因此，以巴黎内城为案例来具体说明交通安宁化在传统街区保护中的应用再合适不过了。

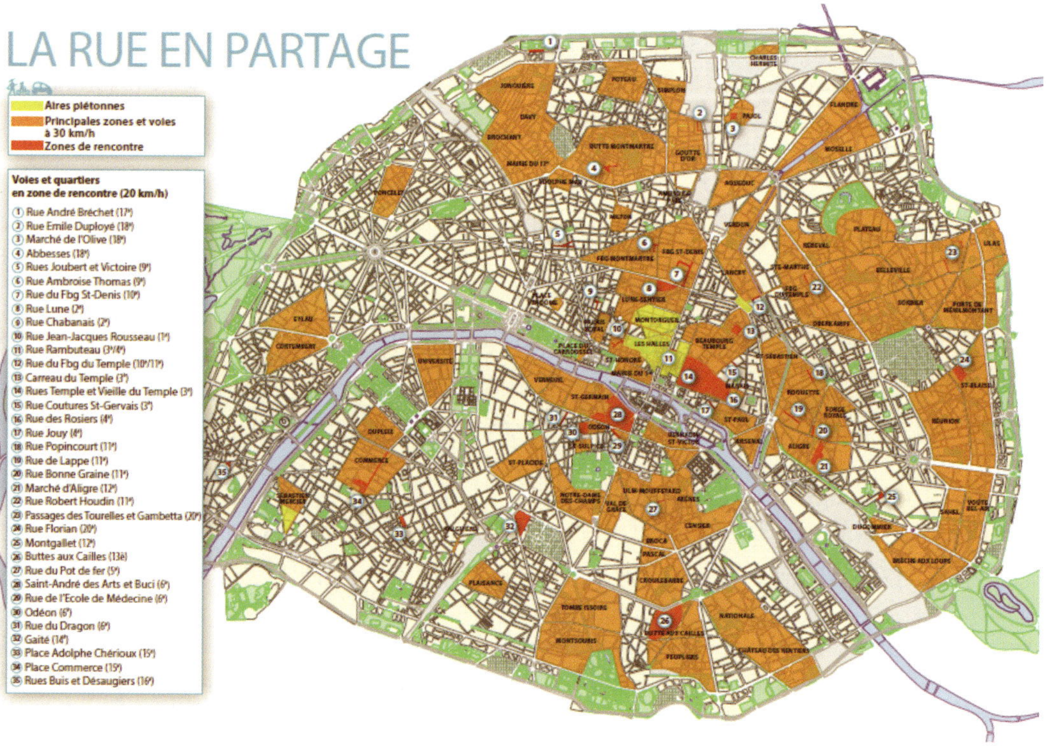

图 10-1　巴黎现有的“安宁化街区”分布图
(浅黄色区域为步行区、红色区域为聚会区、橙色部分为 30 km/h 限速区)
来源：巴黎市政府官方网站 www. paris. fr.

10.3.2 安宁化街区范围的确定

巴黎内城的交通安宁化采用了划区限速的管制方式。在划定安宁化街区边界时，特别注意避开交通主干道、公交线路和重要的交通吸引点。确定合理的安宁化区域的用地规模也很重要，过大或过小都不利于限速规定的遵守。巴黎经验表明，以 500 m 为半径控制一个限速区的规模(约 50 hm^2 见方)，实施效果较好。遇到限速区整体范围比较大时，则需要借助城市干道再细分成若干个限速区。合理控制限速区规模，也有助于避让城市主干道和公交线路，实现限速区内外的快慢配合。

巴黎的安宁化街区普遍采用 30 km/h 限速规定，在此基础上，进一步对局部人流活动密集的区域，分两个层级实施更为严格的机动交通管制。对划为“聚会区”(zone de rencontre)范围内的道路实施 20 km/h 的限速，而在划为“步行区”(aires piétonnes)的范围内，步行具有最高优先权，只有本地居民的机动车可以驶入，且车速应控制在接近步行的速度。由此也可以看到，即便是巴黎内城这样高密度和高活动强度的历史城区，对划定步行区也是非常谨慎的，协调传统街区中保护和机动交通的关系主要还靠 30 km/h 限速区。

10.3.3 安宁化街区的边界控制

安宁化街区内的所有道路均实施同样的限速规定，这样就省去了在每条道路上分别设置限速标识的麻烦，也避免了对街区内传统风貌的影响。但限速区出入口的警示和空间处理就显得尤为重要。为让驾驶员遵守限速规定，有必要通过简明的标识提醒其正驶入一个特殊的区域。为此，法国的《道路交通法》专门增加了两个交通标识牌，分别标示 Zone 30 的起始点和终止点(图 10-2)。为了加强警示效果，往往还会对限速区道路入口进行特别的空间改造，采取收窄路幅宽度以及结合抬高的过街人行横道设置减速带等措施，形成门户效果，并迫使驶入的驾驶员减速(图 10-3)。

图 10-2 法国 30 km/h 限速区的专用交通标识 B30 和 B51
来源：法国道路交通法(Code de la route)条款 R411-4

图 10-3　安宁化街区入口道路空间改造

10.3.4　安宁化街区的小汽车交通组织

穿越交通往往对遵守限速规定缺乏自觉性，大量的穿越交通对街区的生活环境也容易造成负面影响。为此，巴黎的安宁化街区在限速的基础上，还对区内的机动交通的流线进行重新组织，以避免过境交通穿越。具体做法包括：街区出入口道路限制为单进或单出，通过交叉口空间改造，组织以单向交通为主的区内机动交通流线（图 10-4）。通过机动交通组织的重新安排，既保证了区内小汽车的通达性，又可以有效限制过境交通的穿越，同时单向交通还可以节约机动交通所需的道路空间。

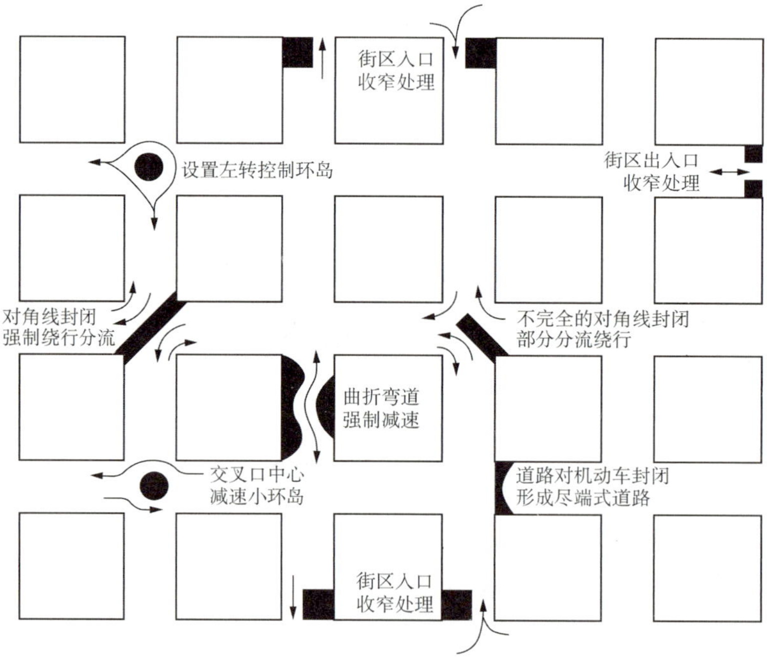

图 10-4　安宁化街区内的机动交通组织

改绘自：FHWA. Federal highway administration university course on bicycle and pedestrian transportation［R］. McLean, VA: US Department of Transportation, 2006: 325.

10.3.5 安宁化街区内部道路空间整治

限速区内的道路空间整治重点分路段和交叉口。巴黎经验表明，限速条件下 4. 2～4. 5 m 宽的机动车通道，就足以满足对向小汽车的安全会车要求（图 10-5），即便是需要通行大型货车的路段，双向车道总宽度也只需要放宽到 5 m①。因此，限速后的机动车道宽度可以收窄，节约下来的道路空间转用于拓宽人行道、开辟自行车道或增设停车带。为了鼓励居民减少小汽车的使用，巴黎的限速区尽可能增加路内停车数量，为街区居民提供低廉的公共停车位。而路侧停车带也作为规划设计的一种空间元素，或用于压缩机动车通道宽度，或用于组织曲折的机动交通动线。

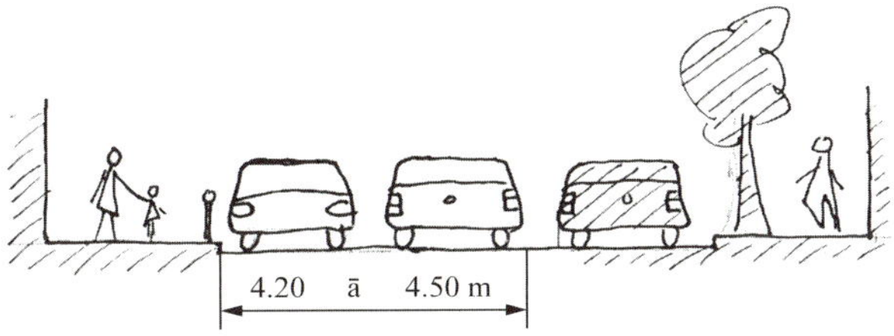

图 10-5　安宁区内的机动车通道可以压缩
来源：Rue de l'avenir. Aménagements et bonnes pratiques[S]. Documentation de Rue de l'avenir，2007：8.

道路交叉口改造可以强制小汽车减速，方便行人穿越，丰富了空间景观。主要有以下三种方式：一是在平面上缩小交叉口的面积大小（图 10-6），二是改变交叉口地面铺装或作抬高处理（图 10-7），三是在交叉口中心设置小型减速岛或减速桩。

图 10-6　缩小交叉口的空间处理
来源：Rue de l'avenir. Aménagements et bonnes pratiques [S]. Documentation de Rue de l'avenir，2007：10.

① 关于双向机动车道的紧凑宽度问题，我国学者的研究也有相似的结论。赵波平等对北京胡同的研究从建筑尺度、交通方式和市政设施角度探讨了胡同的合理宽度，建议交通集散性胡同宽度 5～7 m，生活性胡同宽度 4～5 m。付帅等结合英国街道设计导则和我国部分城市案例，建议生活性街道的双向车道宽度为 4.8～5.5 m。

图 10-7 交叉口抬高处理

来源：CERTU. Les zones 30 en France: bilan des pratiques en 2000[R]. Lyon: Rapport CERTU-MELT, 2003.

10.3.6 扶持非机动交通

巴黎把扶持鼓励非机动交通出行也作为交通安宁化必不可少的组成部分。首先，街区的安宁化改造要确保区内步行和自行车交通流线的连续性，增加公共自行车租赁点和自行车停车位等设施，并且与学校、公园、商业等公共服务布局衔接，使非机动交通真正成为安宁区内最便捷的系统；其次，配合街道家具、绿化种植、场地设计等，提高非机动交通的舒适性和安全性。如取消或减少人行道和车行道之间的高差，或在保留高差的路段结合减速带设置抬高的人行横道，这样既能改善步行舒适度，也能体现路权平等的意图。此外，安宁化街区内还可以根据新交通法订立特殊的交通规则，赋予非机动交通一定的优先权，如单行道上允许自行车双向通行，或为自行车设置特别的路口优先通行规则。

10.3.7 安宁化措施和其他规划的衔接整合

特别需要强调的是，巴黎的交通安宁化并不是一项孤立的技术措施，目前已经整合进《交通出行规划》，成为城市总体交通政策的有机组成部分，并通过交通规划与其他规划政策进行协调衔接。例如，安宁化街区的划定，就需要结合公交线网规划调整、社会住宅建设和政策、棚户区改造、商业网点布局、社会救助项目等其他政策措施进行综合考虑。这方面的具体做法因区而异，限于篇幅，不作展开讨论。比较典型的一个常见问题是交通安宁化会对区内商业服务网点产生影响，对此，巴黎在建设安宁化街区的过程中，会采取非常谨慎的态度进行前期研究，并结合商业主管部门的一些政策措施进行布局调整。因此，巴黎实施交通安宁化的过程一定也是跨部门协作的过程。

10.3.8 实施效果

从巴黎多年的实践效果来看，交通安宁化的确给城市带来了多方面的好处。它明显提高了城市道路交通安全状况，有效抑制小汽车交通的过度发展，鼓励非机动交通出行，并间接增强公共交通的吸引力。2007 年，大巴黎地区交通委员会对 1999 年编制的《城市交通出行规划》进行了规划的实施评估。巴黎内城的小汽车交通量平均每年减少了 4.1％，公共交通的客运量增加了 1.9％，自行车交通的增幅也达到 30％～50％①。其中交通安宁化的贡献功不可没。

除了调节交通结构方面的这些作用外，交通安宁化对相关街区交通环境的整治也平衡了机动交通通达和传统空间保护的关系，重新在街区内部建立起人性化空间尺度，从整体上改善了城市空间的综合品质。深厚的文化积淀、良好的宜居环境，构成了巴黎跻身世界城市前列的重要竞争力②。

10.4 交通安宁化在我国历史文化街区保护中的应用

我国当前快速机动化背景下所面临的城市空间风貌特色退化问题，与欧洲城市实施交通安宁化针对的问题非常近似。而安宁化街区在欧洲中心城区的普及应用程度以及取得的良好效果，让我们有理由预见不久这一措施也会在我国城市逐步实施并具有良好的发展前景。但也应该看到，欧洲城市交通安宁化实践经历了长时间、不断完善的过程，才达到今天被社会广泛接受的程度。这也从一个侧面说明了小汽车交通管制是一个敏感问题，短时间内普及安宁化街区并不现实。

如前所述，历史街区中机动化趋势与城市空间特征保护之间的矛盾最为突出。历史文化街区保护若要具有可实施性和持续性，也不能再回避机动交通的协调组织问题。因此，先期在历史文化街区保护中试行交通安宁化措施，积累经验后再逐步推广到其他城市

---

① STIF. Rapport d'évaluation du PDU d'Ile de France[R]. Paris: Syndicat des transports d'Ile-de-France, 2007: 126.

② 英国《经济学人》发布的 2011 年全球最具竞争力城市排名，法国巴黎和中国香港并列第四，前三名依次为美国纽约、英国伦敦和新加坡。日本“森纪念财团”和韩国首尔研究院发表的《2012 年全球城市综合竞争力指数排名》中，巴黎位列第三，仅次于伦敦、纽约。中国社会科学院发布的《2012 全球城市竞争力报告》中，巴黎位列第四，次于纽约、东京、伦敦。

街区，就成为我国城市建设发展安宁化街区现实合理的路径选择。

10.4.1 安宁化应用于历史文化街区保护的可行性

首先，交通安宁化的根本目标是改善城市环境品质并提升街区活力，而非局限于解决交通问题。这与我国历史文化街区的保护目标从根本上讲是一致的。历史文化街区的保护不是博物馆式的保护，除了要维持既有的物质空间特色环境，更重要的还在于保护街区内真实的社会生活①。通过空间整治为当地居民创造宜居、宜商的生活环境，满足他们安居乐业的各方面生活需求（包括交通出行的需求）。政策目标的一致性是交通安宁化可以应用于历史街区保护的根本基础。

其次，历史文化街区原有的街巷空间不是小汽车时代形成的，但不适于小汽车交通并不等于完全不能有小汽车通行。欧洲的历史街区大多允许小汽车有条件地通行。交通安宁化的一个最重要的原则性转变在于要小汽车交通适应城市空间环境的约束。在安宁化街区内，通用的交通性道路设计方法被摒弃，而是因地制宜，通过交通空间的精细化设计寻求小汽车通达和空间环境品质保持之间的最佳平衡点。近年来，城市交通空间的精细化设计得到国内外城市的广泛重视。纽约、伦敦、洛杉矶、阿布扎比、新德里等城市纷纷出台街道设计导则并着力构建具有综合功能的街道空间②。我国原住房城乡建设部（现为中华人民共和国住房和城乡建设部）也于 2013 年年底发布了《城市步行和自行车交通系统规划设计导则》，对道路空间设计提出更为人性化的建议。这些经验都为历史文化街区保护过程中转变思路，更好地共享交通空间，实施交通安宁化提供了有益的技术参考。

再次，历史文化街区保护既不意味着维持现状，也不仅仅是改善表象的物质环境和风貌景观。保护实际上是一种良性的干预，其根本目的在于遏制街区的衰退，重新为街区注入活力。前文的分析说明机动化及其伴随的生活方式变化加速了传统街区的衰退。而在当代社会中，交通出行对社会经济生活的重要性将越来越突出。交通安宁化不仅要解决传统街区小汽车交通的通达问题，还可以通过提高其他交通方式的安全、舒适和效率，全面改善街区的交通条件，从而激发其自身的更新能力。特别需要说明的是，我国城市有很大一部分历史文化街区是传统的居住区，目前整体风貌尚可，但缺乏风貌品质特别突出的路段，单纯靠公共投入进行保护更新，政府财力有限也无法长期维持。但改善这一类街区交通条件，往往可以促进新功能的植入，吸引社会资本投入参与街区保护与更新。

尽管交通安宁化不是针对历史街区保护提出来的，但欧洲城市实施安宁化的中心城

---

① 夏健，王勇．从重置到重生：居住性历史文化街区生活真实性的保护[J]．城市发展研究，2010(2)：134-139.

② NYC-DoT. Street Design Manuel[EB/OL]. New York City Department of Transportation, second edition, 2013. [2014-04-15]. http://www.nyc.gov/streetdesignmanual.

区有相当一部分就是保护街区。交通安宁化本身也是多样化的，安宁化街区并没有单一的标准模式，有的街区以居住为主，有的则为包含商业的混合街区。安宁化措施还具有良好的兼容性，不仅可以大范围推广，还可以结合步行区或实施更严格的限速管制，满足局部地段更高的保护要求。交通安宁化本身的灵活性也为应用于历史街区保护创造了有利条件。

最后，我国历史文化街区保护工作越来越得到地方政府的重视，并常常和旧区改造、市政设施更新等项目相互结合，多部门的协同合作是工作组织上的一大特点，这为探索交通安宁化创造了非常积极的工作环境。成功的安宁化街区，不仅需要公众参与，更需要多个政府相关部门的通力合作，协同创新。

10.4.2 在我国城市应用需要注意的问题

在实践探索过程中，我们必须清醒认识到我国城市有别于欧洲城市的一些具体情况，不能简单地移植或完全照搬欧洲城市安宁化街区的做法，特别是以下三个方面的问题需要在实践中因地制宜，具体分析，探索对策。

首先，和欧洲的中心城区相比，我国老城区普遍存在支路网系统不健全的问题。原有的一些街巷脉络因为缺乏维护或被不合理占用，逐渐退化甚至萎缩堵塞。在我国历史文化街区保护中引入交通安宁化措施，要考虑的很可能不是小汽车限速，而是疏通恢复支路网系统，梳理街区内整体的交通组织，建立保障应急通道，在此基础上，还要考虑客货运交通的组织，然后才是小汽车交通的管制。

其次，我国城市中非机动交通的交通量远比欧洲城市大，非机动车的种类也特别复杂，除了常规的自行车外，还有电动自行车、助动车、三轮车等。通过道路空间设计和交通规则制定扶持非机动交通的思路没有错，但具体做法的侧重点与欧洲城市有较大区别，既要处理好步行和其他非机动交通的关系，又要保障非机动交通网络的连续性和安全性。对非机动交通流量特别大的区域，可考虑设置非机动车专用通道。为了防止助动车和电动自行车行驶过快，可以采用砌块式地面铺装，发出的声响也有助于提醒行人注意避让。

最后，从欧洲交通安宁化的发展历程来看，立法保障是非常重要的制度基础。随着交通安宁化相关认识的不断提高，各国的道路交通法规相应进行了多次修订。相比之下，我国的道路交通相关法规还不够完备，短期内也很难为交通安宁化修订相关条文，或为安宁区确定特殊的交通规则。现有道路交通法规条款的表述不够严密，对交通违法行为的处罚性约束机制也不够健全，这在某种程度上纵容了不文明的道路交通行为。客观上讲，在我国培养文明守法的交通出行习惯还需要相当长的一段时间，因此，在历史文化街区内实施交通安宁化，目前不能过多依赖道路使用者遵守规则的自觉行为，而应当更多考虑如何通过空间设计“硬性引导”使用者改变错误的行为习惯。

10.5 结语

交通安宁化是欧洲城市经过多年实践总结发展而成的适用于城市中心地区的综合的交通政策，为平衡小汽车和其他交通方式的关系、机动化需求和城市生活环境品质的关系，提供了具体可行的工具箱。而它在欧洲历史文化街区中的普遍应用，也体现了欧洲对城市遗产实施积极保护的理念，城市街区是生活着的街区而非博物馆，在满足城市保护要求的前提下，也要积极地增强街区的自我更新能力，使之跟上现代生活，从整个城市和社会获取各方面的滋养。

在我国城市中心区实施交通安宁化，对妥善处理当前快速机动化带来的多种城市问题（包括历史街区的保护问题）具有重要意义。但是有效的实践首先需要正确的理论指导，从当前相关中文文献来看，对交通安宁化的理念和方法还存在着一定的认识偏差。本章的核心内容就在于廓清对交通安宁化方面的各种误区。笔者对巴黎内城案例的详细解剖有两个目的，一方面说明历史文化街区内如何实施交通安宁化，另一方面也为交通安宁化的再认识提供具体直观的例证。从欧洲城市的实践，我们也认识到城市规划的理论和方法都是在实践中不断修改完善的，尽管开始的时候实施安宁化困难重重，但只要目标正确，方法得当，规划实施的良好效果最终将赢得公众的支持。我们相信在不久的将来，交通安宁化就会在中国城市，特别是在历史文化街区中取得重要的发展。

11　上海松江老城风貌区城市设计

周　俭*

11.1　项目背景

上海市委、市政府提出“十四五”时期大力发展五大新城战略，力争将松江等五大新城建设成为独立的综合性节点城市，并在各新城内选取了若干重点地区开展规划设计方案的征集工作。松江老城风貌片区作为松江新城的重点地区之一，启动了保护更新城市设计的方案征集。

松江老城风貌片区以仓城历史文化风貌区为核心，留存了大量历史建筑、风貌街巷和河道水岸，记载着松江曾经的辉煌和荣耀，流淌着松江新城的文化基因和价值内涵，是松江迈向高品质生活未来之城的重要精神家园（图 11-1、图 11-2）。

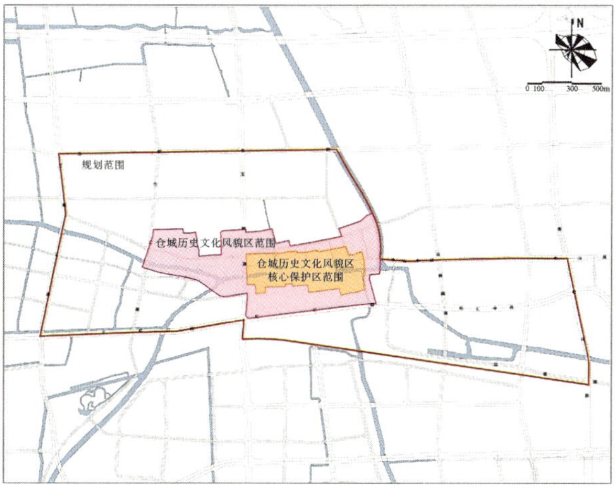

图 11-1　松江老城风貌片区规划范围图

由于同济城市规划设计研究院团队自 2017 年起就参与了仓城历史文化风貌区的规划工作，这次也应邀参与了本次设计方案的征集。通过努力，团队获得优胜并进行了后续方案的深化工作。

---

* 周俭，同济大学建筑与城市规划学院教授，全国工程勘察设计大师。邮箱：zhouj@tongji.edu.cn。

图 11-2 松江老城风貌片区现状照片

11.2 定位和目标

11.2.1 确定规划目标

本次规划确立了“兼顾保护与发展，寻求两者平衡点”的总体理念，确定了松江老城未来的发展目标和总体定位。

本次规划将复兴松江老城成为“记忆的中心、活力的中心、漫游的中心、联动的中心”，塑造新老松江人心中“因为老城，所以松江”的城市心理认同，助力松江建设独立的综合性节点城市。

11.2.2 制定规划策略

设计团队研究了老城片区的价值与问题，提炼核心议题，相应地提出规划策略：①“联动区域动力”，以中心区位价值联动城市各发展版块；②“再续人文活力”，以历史人文价值再续老城中心的活力；③“重塑慢城魅力”，以人本尺度价值重塑一种惬意的生活；④“激发空间引力”，以营城思想价值延续老城的空间特质。

11.3 主要内容

11.3.1 梳理蓝绿系统，优化空间布局

规划延续老城片区的“水—城”历史关系，构建“依水筑城，水为景廊，城聚成组”的空间组织原则，形成“五水入城，城水相依，南橙北紫，绿道纵横”的空间发展结构，并形成“三

带＋两区”的重点项目群(图 11-3)。

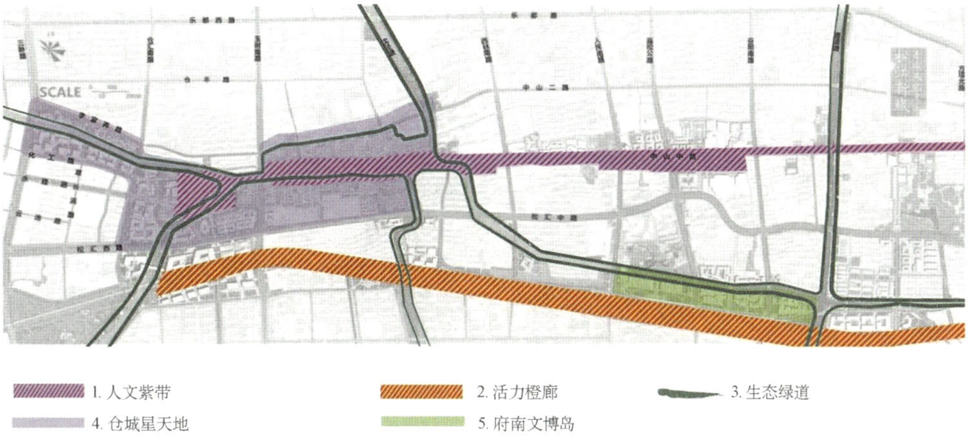

图 11-3　规划空间结构图

“三带”为依托中山路、市河两侧打造的展示松江城市历史、再续历史活力的“紫带”，利用沪昆铁路高架后的桥下空间打造的“橙廊”活力公园，以及依托水系打造的连接城区周边生态休闲空间、联通南北城区的慢行活力“绿道”(图 11-4—图 11-6)。

图 11-4　现状建筑肌理图

图 11-5　城市设计总平面图

“两区”之一为基地东南侧，府城南部，集展陈、文化交流、休闲、商业于一体，为松江群众文化生活搭建的新舞台——府南文博岛（图 11-7）。

图 11-6　城市设计鸟瞰图

图 11-7　府南文博岛鸟瞰图

另一区为基地西侧的“仓城星天地”，即重点城市设计范围。规划打造由仓城向西，以“肌理渐变、尺度渐变、新旧混建”为特色的空间片区。仓城历史文化风貌区核心保护范围为主体的“仓城文邦”片区，仓城历史城墙范围为主体的“朝西印象”片区（图 11-8—图 11-10）以及西侧的“星河云创”片区。

图 11-8　“朝西印象区”鸟瞰图

图 11-9　“朝西印象区”漕运博物馆效果图

图 11-10　“朝西印象区”文创产业区效果图

“仓城文邦”是以文化功能为主的区域，重点打造四个主题功能区，包括：“仓城粮邦”传统文化体验区、“仓城颐养”都市水乡度假区、“仓城秀邑”文化创新休闲带、“仓城创源”小微文创孵化器片区。“朝西印象”是以商业、休闲功能为主的区域。通过还原仓城历史肌理和打造“百年漕帮”特色文化体验，成为本地工作和居住人群的休闲生活目的地。其中的“星河云创”地块以办公为主，辅以完善的商务配套功能，并规划高星级酒店一处。

11.3.2 深挖历史文化资源，重塑历史风貌特色

松江老城风貌区内现有不可移动文物保护单位 127 处。其中，市级文物保护单位有 2 处，区级文物保护单位有 9 处，另有 116 处文物保护点。此外，还有传统历史街巷、历史风貌河道等多处历史遗存。在详细现场调研的基础上，规划团队对所有的历史文化资源进行了摸底和评估，确定了保护措施和后续活化利用的方案。

为了确保新建项目和传统风貌相协调，规划把老城划分成风貌控制核心区、风貌控制协调区和风貌控制融合区。对于街坊尺度、街坊面积、建筑风貌、立面要素，以及各类风格建筑的控制比例等都提出了控制要求（图 11-11）。

序号	文物单位地址	文物单位名称	文物单位级别	现状	备注
1	中山西路仓桥弄南	大仓桥	市级	已修缮	
2	松汇西路480号内	颐园	市级	已修缮	

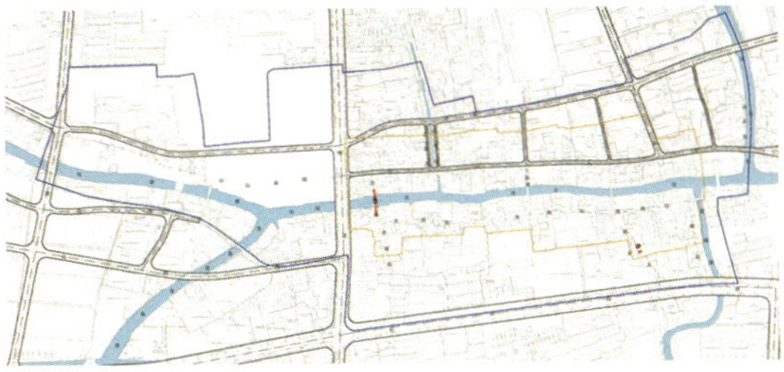

仓城风貌区范围内共有市级文保2处　市级文保单位

序号	文物单位地址	文物单位名称	文物单位级别	现状	备注
3	中山西路花园浜与古浦塘交汇口东侧	云间第一桥	区级	已修缮	
4	中山西路266号	杜氏雕花楼	区级	已修缮	
5	中山西路258号	费骅宅	区级	已修缮	
6	中山西路150号	葆素堂	区级	已修缮	
7	启安弄17号	王氏宅	区级	已修缮	
8	中山西路朱家廊18号	陈氏孝堂	区级	已修缮	
9	陈家弄3号	杜氏宗祠	区级	已修缮	
10	玉树路125号	水次仓关帝庙	区级	已修缮	
11	松汇西路480号内	赵氏宅	区级	已修缮	

仓城风貌区范围内共有区级文保9处　区级文保单位

图 11-11　盘点历史建筑信息

11.3.3 提出老城片区未来产业发展构想

规划提出，未来松江老城风貌区将重点打造文化创意和特色旅游等产业。在文化创意方面，以历史空间为载体，以环境独特性和历史沉淀为吸引力，吸引文化创意人员进驻，

图 11-12　市河夜景效果图

打造文化高地与内容生产基地，让仓城成为新时代内容产业的发动机。同时，引入数字内容产业的高端配套功能，比如金融、法律、平台分发、人力资源等，促进基地与大学城、科技影都的联动，使其成为传统产业的助力器。

在旅游方面，还原“水汇老城”历史水系格局，规划水上旅游集散中心，打造“水上松江”的旅游品牌，联动方塔园、广富林、浦江之首等松江文化名片（图 11-12）。

11.4　规划设计创新

11.4.1　历史性城镇景观的工作方法，层层推进生成设计方案

本次规划以历史性城镇景观的工作方法为指导，叠合建筑、河道、街巷等物质空间遗产基底与历史城墙范围、遗迹遗址、民间故事传说、访谈记忆点、代表性历史功能点等人文信息，通过“道路街巷、密度肌理、建筑尺度、功能分配”等设计层次由“历史”向“未来”延伸，逐步生成空间形态的设计方案，从而使得方案生成过程有理有据，与基地现状完美契合（图 11-13—图 11-20）。

图 11-13　叠合历史要素生成方案・阶段一

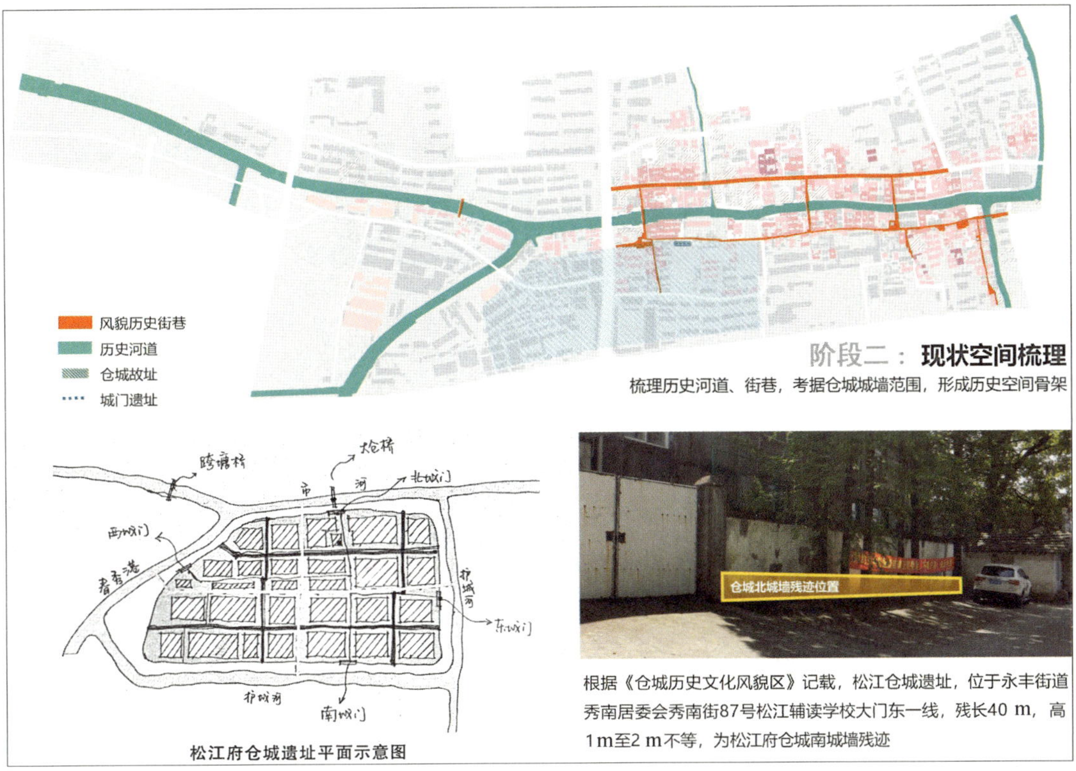

图 11-14　叠合历史要素生成方案・阶段二

图 11-15　叠合历史要素生成方案・阶段三

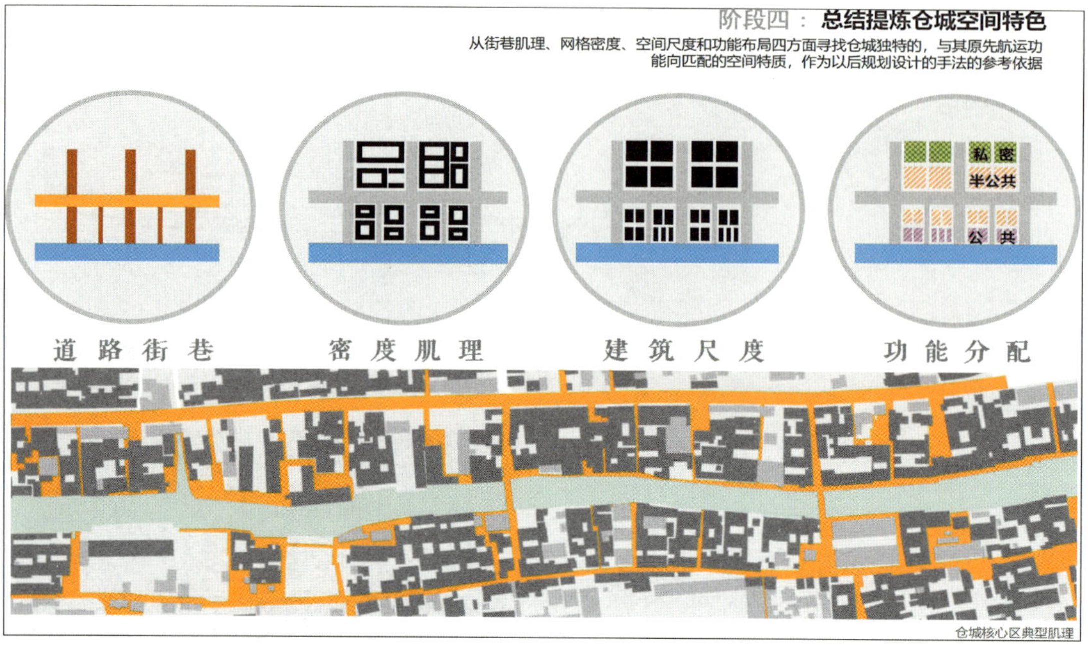

图 11-16　叠合历史要素生成方案·阶段四

图 11-17　叠合历史要素生成方案·阶段五

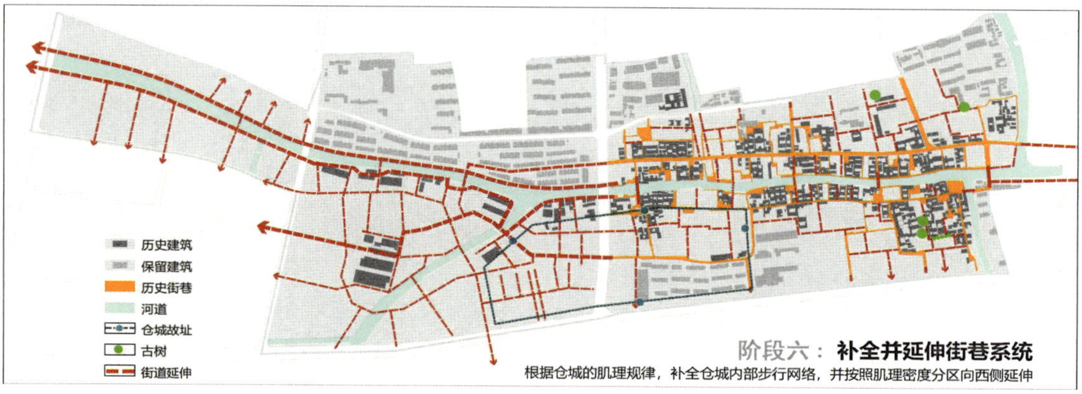

图 11-18　叠合历史要素生成方案·阶段六

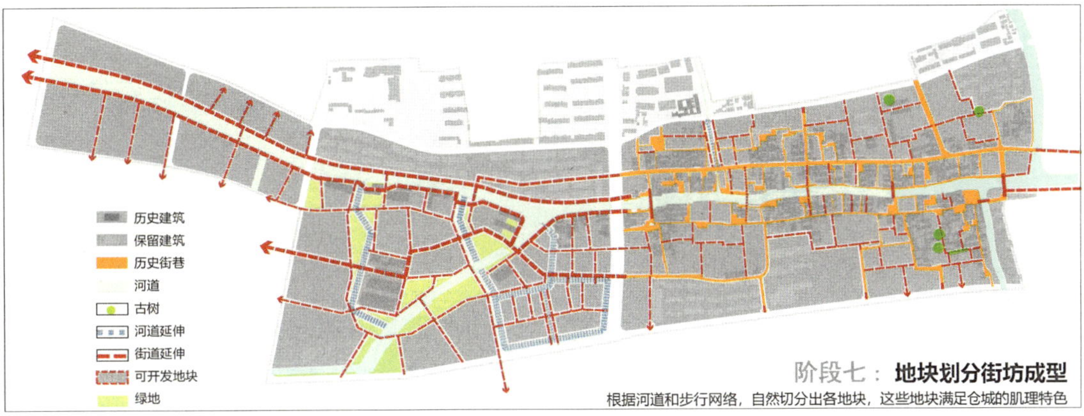

图 11-19　叠合历史要素生成方案·阶段七

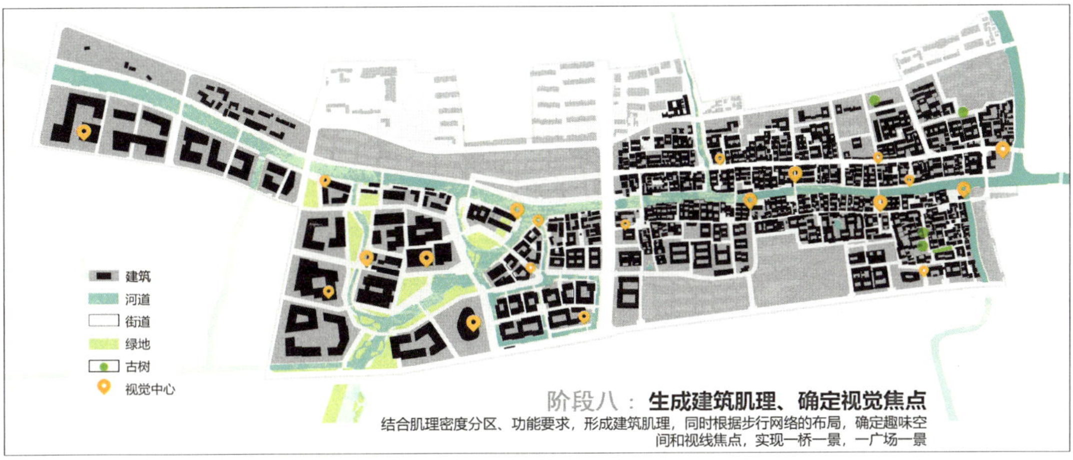

图 11-20　叠合历史要素生成方案·阶段八

11.4.2　鼓励公众参与，了解市民心声

本次规划的宗旨是复兴松江老城，因此需要着重了解松江当地居民的真实意愿，了解他们心目中松江老城的记忆和未来的目标。为此，规划团队在项目开展过程中充分调研，鼓励公众积极参与(图 11-21、图 11-22)。

在项目调研阶段，团队广泛开展线下问卷访谈，选取不同年龄段的老松江人和新松江人，调查他们对松江城市特色的认知以及对未来城市建设发展的设想。在方案设计阶段，团队经常与一些热心市民进行交流，了解现状信息和方案中存在的问题，以此为基础对方案进行修改、优化，力求方案的可操作性更强。

图 11-21　市民线下访谈

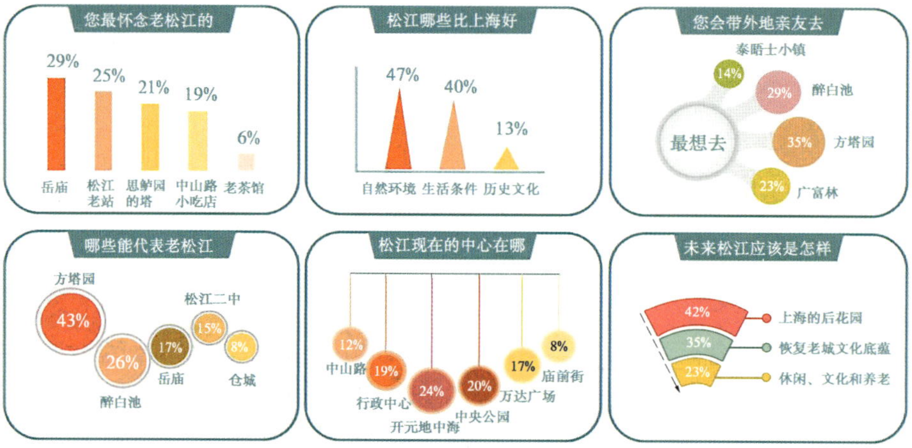

图 11-22　市民访谈问卷汇总

11.5　项目实施情况

本次规划方案征集于 2021 年 5 月初结束。同济城市规划设计研究院团队经过多次的深化修改，在同年 8 月提交最终成果。目前，规划正在有序实施中。为推动松江地区文旅产业发展，仓城历史文化风貌区内部分地块正在开展控规调整工作，增加更多文化、商业功能用地。

图 11-23　中山西路夜景效果图

此外，在松江区永丰街道的领导下，对中山西路沿线的历史建筑修缮工作也始终有条不紊地进行着，目前已完成了多处文保点的修缮工作。部分历史建筑在完成修缮后，招商引进了文化类企业，实现了对文物建筑的活化利用（图 11-23—图 11-25）。

图 11-24　修缮后的康氏宅(已改为布艺展示馆)

图 11-25　修缮后的王子彝宅(已改为书画馆)

规划中提出的非遗文化产业引进在有序进行中。例如永丰街道现正在同著名的昆曲名家俞粟庐、俞振飞的后人进行沟通，拟在仓城地区利用历史建筑营建“江南曲圣纪念馆”，大力弘扬传统的昆曲文化(图 11-26)。

图 11-26　永丰街道与俞氏后人座谈会
来源：“仓城古韵”公众号

参考文献

[1] 周俭，吴瑞梵. 历史性城镇景观方法的运用：从实践者的视角[M]. 上海：同济大学出版社，2018.

[2] 吴瑞梵. 城市时代的遗产管理历史性城镇景观及其方法[M]. 上海：同济大学出版社，2017.

12 南宁市三街两巷历史文化街区城市设计

张 恺 房 钊*

12.1 项目背景

本系列项目包括《南宁市三街两巷历史街区策划及城市设计深化》(以下简称《三街两巷城市设计》)及其配套的3个子项目,分别为《南宁市三街两巷历史街区文化旅游业态研究》《南宁市三街两巷保留改造建筑概念方案设计》和《南宁市三街两巷新建建筑概念方案设计》。

“三街两巷”是南宁主城区规模最大的历史文化街区,贯穿了宋代以来1 000多年的城市变迁历史,并在民国时期形成了民生路、兴宁路、解放路三条不同风格、不同功能的骑楼街(图12-1)。

民生路　　兴宁路　　解放路

图12-1 三街民国时期老照片

来源:红豆社区网 hongdou. gxnews. com. cn.

三街两巷是老南宁的“根”,但本底薄弱,骑楼建筑大部分已被拆除或改建,现状大量建筑为建于20世纪80年代之后的“握手楼”。基础设施严重老化,需要进行根本性的改善(图12-2)。

---

* 张恺,上海同济城市规划设计研究院有限公司规划设计四所所长、教授级高级工程师。邮箱:102097765@qq. com。
房钊,上海同济城市规划设计研究院有限公司规划设计四所所长助理、工程师。邮箱:520527996@qq. com。

图 12-2 片区内民居状况(改造前)

2017 年,南宁市政府将“三街两巷”改造工程作为广西壮族自治区成立 60 周年大庆献礼项目之一,为配合此项工作,南宁市规划管理局(现名:南宁市自然资源局)委托上海同济城市规划设计研究院编制《三街两巷城市设计》,并配套编制系列项目用于指导后续实施。

12.2 明确定位

12.2.1 明确“以保护实施为目的”的工作方案,制定可控目标

自 2012 年南宁市规划管理局开始启动该片区规划编制工作,至 2016 年已形成多轮规划成果,但始终未能推进实施,主要原因是保护与发展相脱离、实施主体不明确,以及规划目标不可控。

本次规划在市政府的大力支持下,重新调整思路,明确了“以城市设计为指导、以保护实施为目的”的工作方案,确定了“政府为责任主体、国有公司为实施主体”的项目推进方式。在明确主体的基础上,“恢复一个老南宁,同时具有可操作性”成为可控的目标。

图 12-3 依据传统肌理,恢复传统“井”字形街巷空间

12.2.2 明确“保护、传承、民生”三大关键词

经历了前期工作的反复，各方逐步达成共识，共同将“保护”“传承”“民生”作为本次规划工作的三大关键词。在物质空间上，坚持历史文化街区保护底线，恢复传统空间格局，在保护历史建筑的基础上形成多元建筑风貌。在功能内涵上，加强文化传承，延续和彰显街区文化脉络。在设施配套上，注重民生，完善各项基础设施配套，激活城市功能综合发展。

12.2.3 明确“老南宁・新生活”的发展定位

通过本项目的实施，激发衰败的历史文化街区焕发活力，通过对历史元素的梳理和彰显，还南宁人一个“老南宁”，并形成新的文化地标。特别是通过对历史的解读，恢复一系列重要的历史记忆点，激发市民的文化认同。

12.3 主要内容

12.3.1 保护传统空间格局、恢复历史记忆点

为排除现状大量复杂信息的干扰，规划团队首先通过研究不同历史时段的空间肌理演变，以此为依据对现状空间进行整合；恢复传统“井”字形街巷空间，恢复“沿街商业骑楼、内部巷道民居”的传统建筑组织形式。

此外，依据老照片及历史档案，通过建筑修缮、复原等手段恢复重要的历史记忆点，形成新的城市人文空间。中华电影院、民生路岗亭、苏缄纪念广场等记忆点在一期建设完成开放后，备受群众欢迎（图 12-4）。

12.3.2 注重商业和文化传承

规划一方面提出“老字号回归”方案，通过政策引导等手段，鼓励传统老字号的回归；另一方面，结合大量公有产权房的退出，将一批具有南宁地方代表性的文化业态注入街区。

三街两巷为南宁市历史悠久的传统商业区，因此在商业业态的策划方面，除了有选择地恢复老字号店铺外，对现状有特点的业态及商家，例如金狮巷的打金摊、上得利银楼等，均给予政策扶持，帮助其回迁经营。

通过对历史的研究和梳理，邓颖超纪念馆、漓江书院、壮锦山河新尚博物馆、苏缄殉难遗址、南宁城隍庙等一批文化设施，结合历史建筑的修缮，得以在一期落地。文化氛围的

提升对地块周边起到了良好的带动作用(图 12-5)。

图 12-4 依据老照片,通过建筑修缮、复原等手段恢复重要的历史记忆点

图 12-5 鼓励老字号的回归,注重文化设施的打造

12.3.3 改善环境、优化基础设施

在基础设施方面，本次规划整合大范围内的步行交通及地铁接驳，并设计了基于轨道交通站点的商业走廊；在不影响保护建筑的前提下安排地下停车，缓解“老区停车难”的问题；整合现有资源，升级教育、社区、医疗等配套设施。同时，通过城市设计导则，对街巷景观、指示系统、管线位置、灯光照明等提出设计要求（图 12-6）。

图 12-6　改善环境、优化设施
来源：上图为笔者自摄，下图为南宁威宁集团提供

12.3.4 城市设计统领、实施项目跟进

在《三街两巷城市设计》的统领下，通过产权梳理、社区调研等基础工作，合理制定留、改、拆实施方案；以“指标 + 形态引导”的图则形式，保证了城市设计的延续性和可解读、可管理。为推进实施，在《三街两巷城市设计》基础上编制后续配套项目，用以对接下一层级设计（图 12-7）。

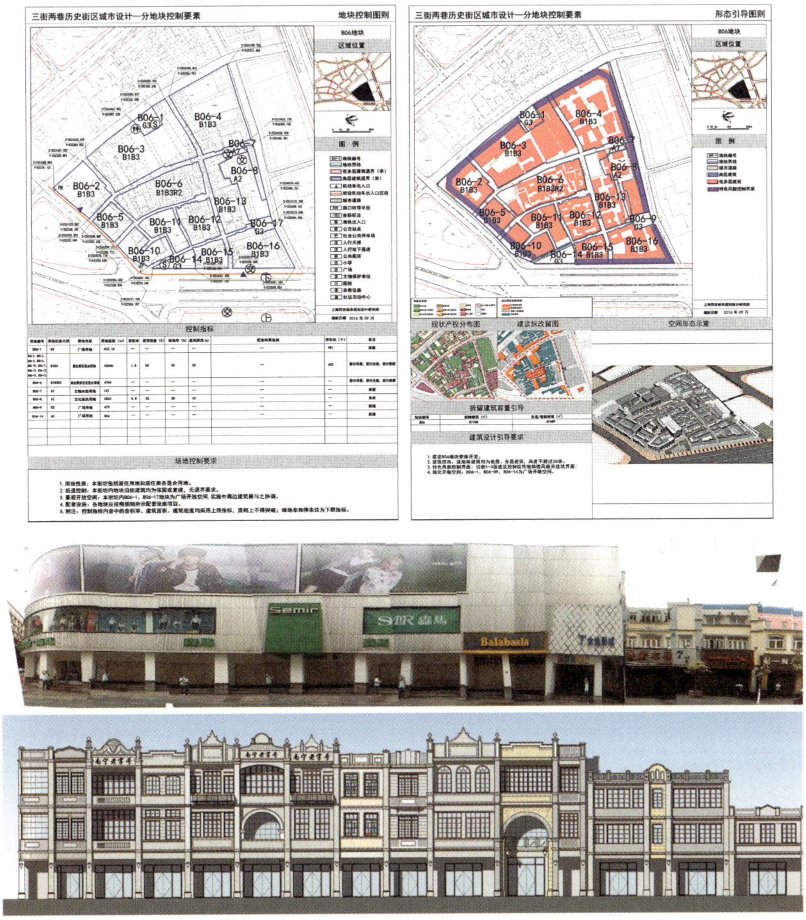

图 12-7 编制图则落实城市设计的管理，编制立面改造方案深化城市设计

12.4 主要的设计创新

12.4.1 打破历史街区边界，强调城市设计的适用性和可操作性

三街两巷现状中的非传统建筑占比较大，历史要素支离破碎，社区环境衰败。因此，以常规的历史文化街区保护规划方法无法回应其更新需求。

本次规划借助城市设计手段，在研究范围上打破历史街区边界，在工作方法上改变以往分层逐项编制的传统思路，强调适用性和可操作性，将保护规划、详细规划、业态规划、建筑设计、街道导则等融为一体，因地制宜。

12.4.2 城市设计与风貌保护相结合，重建文化认同

面对已遭到严重破坏不再清晰的城市风貌，项目组通过对史料的研究，总结三街各自

的历史风貌特点，以历史建筑的修缮、历史场所的复兴、历史风貌的恢复等手段，改变“无差别”的街道场景，重建城市文化身份认同。以实事求是的原则，对凡是符合保护要求、符合现阶段发展条件并对街区发展有积极推动作用的更新活动，就大力推进。

例如民生路和兴宁路骑楼在历次城市改造中已经失去原貌，规划依据历史资料恢复其外立面，极大地提升了市民对城市文化的认知。同时，本次更新没有改变其建筑内部结构及商业业态，保护了多年来该地段商业培育积累的成果(图 12-8)。

图 12-8 商业街仅改造外立面，保留原商家业态

12.4.3 “编制—实施”的全过程跟进

项目组深入参与优化项目一期的征收补偿政策，配合施工方解决现场问题，与规划管理部门、市城乡建设委员会、城市建设投资公司、业主代表、施工团队等建立了良好的互动关系，成为“三街两巷”片区更新的重要协同参与者。

项目组参与制定分期实施方案，对一期工程合理划分工作面，包括对文物保护单位的修缮、骑楼建筑的整治、新建建筑的施工、街巷及基础设施的改造等内容，保证了工程的有序推进。通过小范围内的谨慎实施，既做到对历史遗存的保护和城市风貌的整体统一，也有利于总结经验完善下一步计划(图 12-9)。

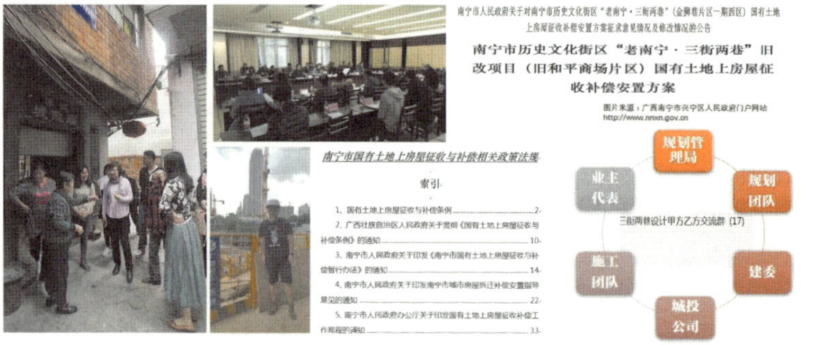

图 12-9 “编制—实施”的全过程跟进

图片来源：广西南宁市兴宁区人民政府门户网站 http://www.nnxn.gov.cn。

12.5 项目实施情况

12.5.1 成为南宁市新的文化地标

《三街两巷城市设计》于2017年8月获南宁市人民政府批复，3个子项目同期获南宁市规划管理局批复。三街两巷一期保护改造工程于2017年9月启动，2018年10月完工，2018年12月正式开街；二期工程于2019年启动，2020年底完工并正式开街。

重新开街后的三街两巷迅速成为南宁市新的文化地标，市民反响热烈，是南宁“夜经济”推广案例以及“壮美广西”推广的重要窗口，成功实现了“老南宁·新生活”的项目定位。

新时代新作为新篇章

老南宁·三街两巷历史文化街区 正式开街引来游人如织

明清老宅蕴藏邕城记忆 骑楼牌坊再现繁华盛景

逛三街两巷，这些地方别错过

图 12-10 三街两巷开街后，成为南宁市新的展示窗口

来源：上图来自“老南宁·三街两巷”公众号，下图来自《南宁晚报》2018-12-20

12.5.2 政府主导，规划全过程参与，设计还原度高

在三街两巷保护更新过程中，政府的主体地位发挥了关键性的作用，在历史保护、风貌控制、功能调整、工程组织等重大问题上，均加强了规划的可控性和传导性。

从建成效果来看，三街两巷片区城市设计的还原度很高（图 12-11）。规划中确定的空间布局、重要节点方案、城市设计导则、业态布局等，均在实施过程中得到了较好的延续。这一成果得益于政府主导和规划编制团队的全程参与。

图 12-11 规划设计还原度较高

12.5.3 极大推动了南宁市的历史保护工作

三街两巷项目的成功落地和积极反响，一方面证明三街两巷的历史遗留问题并非无法破解，从而极大地增强了所有参与实施者的信心。另一方面，三街两巷在沉寂多年之后，焕发出新的生命力，可以说是一次城市文化的觉醒。三街两巷保护更新的成功为南宁

市创建历史文化名城积累了经验，目前其他四个历史文化街区的保护更新工作也在积极推进之中（图 12-12）。

图 12-12　三街两巷的改造极大推动了南宁历史保护工作

12.5.4　成为南宁市以城市设计指导城市建设的范例

该项目以政府与企业合作的方式，将历史建筑保护与旧区更新有机结合起来，以历史文化和民生保障为先导，改变了过去单一的商业开发模式。更新改造获得的良好成效使该项目成为南宁市以城市设计指导城市建设的范例（图 12-13）。

图 12-13　银狮巷夜景

来源："老南宁·三街两巷"公众号

参考文献

[1] 南宁市人民代表大会常务委员会. 南宁市历史街区保护管理条例[Z]. 2013.

[2] 南宁市规划管理局. 南宁市“三街两巷”历史街区策划及城市设计获市人民政府批复[EB/OL]. http://ghj.nanning.gov.cn/common/index/Content.aspx?content_id=15947.

[3] 杨波. 老南宁・三街两巷历史文化街区开街[N]. 南宁日报, 2018-12-24.

专项研究

MONOGRAPHIC STUDY

13 总体城市设计技术要点

李继军*

13.1 现代城市设计发展概述

13.1.1 现代城市设计兴起

工业革命后，新型交通和通信工具发生了一系列的技术变革，城市人口不断集聚，随之产生了公共卫生安全问题、城市交通问题、居住空间分异等诸多城市问题，使得西方城市的空间环境和物质形态必须相应地做出改变。在此背景下，近代城市设计凭借其构造优美城市空间的物质技术手段得以产生。其中克里斯多弗·仑主持的伦敦重建规划、欧斯曼的巴黎改建设计、朗方的华盛顿规划设计及阿姆斯特丹旧城改造均是代表性的案例。

第二次世界大战以后，随着城市的发展，各种矛盾日益突出，传统的城市设计已经不能适应进一步发展的需要。现代城市设计摒弃了过去单纯注重审美因素的设计方法，开始关注人与空间的内在互动关系，强调环境设计对人们活动、心理感知的重要意义。在开展城市物质空间建设的同时，城市的变化逐步延伸到社会、文化等精神方面。在此背景下，20 世纪 60 年代美国学者首先提出了现代城市设计（Modern Urban Design）的概念，并展开广泛的社会实践。

有别于传统城市设计蓝图式的规划，现代城市设计综合了解决城市问题、追求更高品质城市环境等多元属性，其在设计思维方式上，追求社会、文化、环境、生态等多方面的综合协调发展。

13.1.2 现代城市设计发展

13.1.2.1 现代城市的探索——柯布西耶“光辉城市”

1945 年后的西方社会面临着第二次世界大战后复兴和工业化带来的城市问题。以柯布西耶“光辉城市”为代表的一系列现代城市建设思潮，既体现了时代性又具有技术性，

---

* 李继军，上海同济城市规划设计研究院有限公司五所所长、教授级高级工程师，中国城市规划学会住房与社区规划学术委员会委员。邮箱：lijijun68@163.com。

对当时在西方延续了数十年的物质形态设计为主的规划思想，起到了划时代的推动作用。

第二次世界大战后的20世纪40—60年代的20多年时间里，正是西方工业革命后大量乡村人口进城，导致城市组织混乱、各种生活配套及市政设施不足等城镇化问题日益凸显的阶段。城市规划被视为建立在物质主义之上的形体规划设计，美学观念成为城市规划的核心和出发点，与建筑设计一样，城市设计被视为一门艺术。

柯布西耶针对西方工业化时期大城市盲目发展和拥挤不堪的城市环境，提出了“光辉城市”的设想。柯布西耶的终极目标是要建设一种与传统城市截然不同的、能够适应现代工业化生产方式和汽车时代的现代城市，他称之为“光辉城市”。在光辉城市的平面图里，柯布西耶设想出一个能容纳150万人的城市交通网络，与建筑一起为城市提供便利。每一个方块街区的大小都是400 m×400 m。与如今密集的城市住宅群不同，建筑物之间相隔400 m、通过长廊连接，通过长廊可以直接到达幼儿园等配套设施。机动车交通被高架起来，地面空间以步行为主，通过交通的垂直分流为居民提供更高品质的城市空间。

柯布西耶希望通过城市功能分区，在市中心建高层，降低密度，空出更多空间作为城市绿地为市民服务，构建棋盘式道路和垂直人车分流的交通体系，建立小城镇式居住单元等措施解决城市问题。柯布西耶将理性决策、系统方法引入城市设计实践中，相较物质形态设计为核心的传统城市设计有划时代的意义。20世纪60年代，系统方法、理性决策和控制论被引入城市规划中，标志着城市设计从物质形体设计艺术向系统和理性的城市规划科学转变。

13.1.2.2 从空间形态设计向人文场所营造转变——摩西与简·雅各布

在柯布西耶现代城市建设思想影响下，20世纪初的纽约市长罗伯特·摩西，通过城市公共设施、交通设施和城市更新运动三个领域实践其城市设计理念。城市公共设施方面，在纽约大都市区兴建公园、建造桥梁、开发公共住房、策划大型公共建筑，对纽约大都市的城市空间影响甚为深远。交通设施方面，摩西决策建设联通纽约大都市区的园林大道、高速公路和桥梁。但不断新建高速公路并未达到预期效果，甚至在一定程度上加重了交通拥堵。城市更新运动方面，摩西关注为中产阶级提供住房、推动高等教育发展和兴建大型文化设施。纽约城市建设中的空间变化，不断引来社会学家、心理学家的关注，也随之出现了对纽约城市建设的批判观点。凯文·林奇用心理学的研究方法来分析城市空间，认为城市设计应该引导空间环境形成良好的识别性和意象性。简·雅各布斯强烈地批判了第二次世界大战后美国采取的大规模城市更新运动，并针对其严重破坏城市文脉的事实，提出了“文化是城市的主要作用”“多样性是城市的天性”等著名观点。受到这些丰富思想的影响，西方现代城市设计的工作重点逐渐从城市美学主义转向了实现人本主义的综合目标，从“决策者”设计向社会参与转变。

人本主义思潮的另一个重要内容就是提倡通过公众参与的方法，使社会中每个人的价值都能得到充分体现。与 20 世纪末期西方城市规划工作方法的整体转型一样，现代城市设计开始质疑过去“精英”式的设计方法，转而注重运作过程中良好的社会参与和支持程度。

13.1.2.3 从形态设计向设计引导转变

现代城市设计更强调设计的可实施性和可操作性，主张通过城市设计对空间形体的控制和引导作用来塑造理想的城市形态。

受西方土地所有制、城市建设的公共属性等因素影响，20 世纪 80 年代后，以美国为代表的城市设计，从形态设计转向更加注重设计引导。城市设计开始注重通过政策、标准和制度来管理较大范围的城市空间建设。例如，英国城市设计强调建筑设计语境下的城市设计管控，强调延续文脉和地方特色、保护环境敏感区域，协同人和自然、城市和自然的关系，提出城市设计是“公共艺术”。

当前，利用编制设计导引(而非编制具体的城市设计方案)的方式来发挥城市设计调控空间建设的作用，已经成为各国社会实践的主流方式。

13.1.3 现代城市设计的特征与内涵

随着城市发展建设的不断探索，城市设计已经贯穿在整个城市规划的过程中，包括政府的社会治理、区域协同、空间美化、分异平衡等方面，逐步具备了如下特征。

13.1.3.1 物质空间的可感受

城市设计最终的目标是通过多种实践途径，达到设定的愿景目标。尽管作用方式多元、思考模式多样，但最终是通过空间形态反映在物质空间上，城市形态和风貌的最终检验者是城市中的人。

13.1.3.2 管理控制的可操作

尽管城市设计的结果反映在空间上，但由于土地权属多元、土地制度多样等因素，城市设计的实施中，很难通过管理者单方面实施。《作为公共政策的城市设计》一书中提出，设计者必须与管理人员和开发商合作，政府应该通过管控引导等手段来强化城市设计的目标实现。

13.1.3.3 公共利益的可参与

城市规划的宏观性往往是自上而下的作用，无论城市规划的哪个层次，从自上而下的角度，大众的接触和参与实际上在一定程度上是受到限制的。而城市设计则从人文关怀的角度体现了公众利益诉求，这对自上而下的规划往往是一种优化、完善。例如社区规划中的公众参与，更多地体现了公众诉求对地方意愿的完善。

13.1.3.4 时间维度的可适应

城市设计已经逐步从蓝图规划向动态规划转变。城市设计有一个时间维度，“设计蓝图”的表述形式可能会根据实际情况变化，但不变的是公共诉求和愿景目标，以及对公共利益的再分配。例如人们对交通出行方式的变化，从工业化初期的忽视慢行交通、小汽车优先，到现在绿色、慢行交通回归、公共交通导向变化，可以在城市规划相对稳定的宏观格局下，通过城市设计优化体现（表 13-1）。

表 13-1 国内外总体城市设计主要内容及成果概览表

项目	美国波士顿城市设计发展计划	美国旧金山城市设计	英国环境部编制的城市设计纲要	中国深圳城市设计研究报告	中国成都天府新区城市设计
内容	1. 整体格局 —路网形式 —内城与外城 —意向 2. 中心地区的格局 —商业/交通/邻里 —特别区域 —中心的形式 3. 组织与肌理 —扩展/紧缩 —空间肌理 —居住形式 —系统与自助 4. 运动系统 —交通/步行 —旅游 5. 开放空间 —开放空间的分布 —开放空间的级别 6. 时间上的计划 —发展速度 —开发与更新的策略	1. 城市格局 —地形 —街道与道路 —建筑及组群 2. 城市保护 —自然区 —历史建筑 —街道建筑 3. 主要新建筑开发 —视觉和谐 —高度与体量 —超大基地 4. 邻里环境 —卫生与安全 —邻里气氛 —游憩的机会 —视感悦目	1. 城市格局 —中心区与居住区 —特别地区和核心区 2. 城市设计政策 —公共空间特色 —运动系统 —地形、边界、通道、边缘、节点 —安全和保障 —多样化 —通达性 —吸引人的功能 3. 建筑设计政策 —基本问题与目标 —设计基本原则 —材质、细部的质量 —功能效率和持续性 4. 文脉与地方特色 5. 环境敏感区域的开发 6. 设计表达 7. 公共艺术 8. 城市设计计划	1. 结构与形成 2. 道路与交通 3. 人口与密度 4. 高层建筑区域 5. 住区发展 6. 工业发展 7. 旅游开发 8. 广告管理 9. 景观与环境 —绿化发展 —污染防治 —自然区保护 —旅游与休闲开发	1. 城市格局 2. 道路与交通 3. 产业布局 4. 生态格局构建 —生态红线划定 —通风廊道 —水体弹性保障体系 5. 空间视廊 6. 文脉与地方特色 7. 游憩体系 8. 地标及特色产业区块 9. 重点地区城市设计
成果		研究报告 执行政策	公共政策	研究报告	设计文本、图纸

13.2 国内城市设计发展回顾

13.2.1 内涵与外延演进

专家学者普遍认为国内的城市设计大致可划分为四个阶段,从最早的萌芽到现在的趋于成熟。

13.2.1.1 计划经济时期的标准化建设阶段

中华人民共和国成立后,在计划经济的指导下,城市规划与建设为体现社会主义国家的优越性,大量标准化设计的职工住宅、大型集会广场、城市公共轴线出现,体现交通“现代化”的宽马路、方格网奠定了大部分新建城市空间的格局,然而这些看似公平、标准的资源配给模式,却忽视了人对空间的场所体验,对城市而言也忽略了城市本身的风貌特色,甚至对传统风貌特色产生了破坏性影响。该阶段城市建设受到折中主义与新建筑运动的潜移默化影响。

13.2.1.2 改革开放后的城市设计探索阶段

改革开放后,随着经济体制的市场化转型,城市建设不再是单一的政府行为。建设主体逐步多元化,西方的城市规划管理理念逐步引入,深圳的控制性详细规划管控图则就是初期对城市建设管控的探索。然而改革开放初期,由于体制改革的渐进性以及经济发展阶段的影响,城市开发建设的规模有限,并未进入实质性城市设计大规模实践阶段。这一阶段的城市设计主要处于理念引进和方法探索的阶段。直到1990年,中国城市规划学术研讨会第一次在我国明确提出了城市设计的概念,并探讨了发展方面的相关问题。

13.2.1.3 伴随快速城镇化大量城市设计实践阶段

随着改革开放不断深入,国内城市普遍进入快速城镇化阶段,城市建设、空间延展大量出现,中国的城市建设进入了高潮阶段,为国内城市设计实践提供了良好机遇和平台。1991年颁布的《城市规划编制办法》中提出“在城市规划的每个阶段都应当运用城市设计的方法”,明确了城市设计在城市发展建设中的作用。

13.2.1.4 从空间回归人本,从物质回归文化

事实上,因为中国城镇化和中国发展的特殊性,单纯舶来的西方现代城市设计理论与实践难以在国内城市建设中直接套用。新区建设、旧城更新、总体风貌管控等多元的国内城市设计探索涌现。在大规模城市建设需求和地域特色丧失的双重压力下,中国的城市

设计逐步趋于将物质设计与环境优化、特色塑造以及文化传承等内容相结合的综合设计形式。在“五个统筹”、人与自然和谐发展的宏观思想指引下，城市设计向上到总体规划、战略层面，向下到建筑设计、微观景观设计，贯穿着规划的全过程。

13.2.2 城乡规划体系下的总体城市设计

2017 年 6 月住房和城乡建设部发布了《城市设计管理办法》(以下简称《办法》)，规范城市规划管理、编制、实施等工作，《办法》明确规定了城市设计工作目标、内容、编制组织、审批、监督、实施等(图 13-1)。

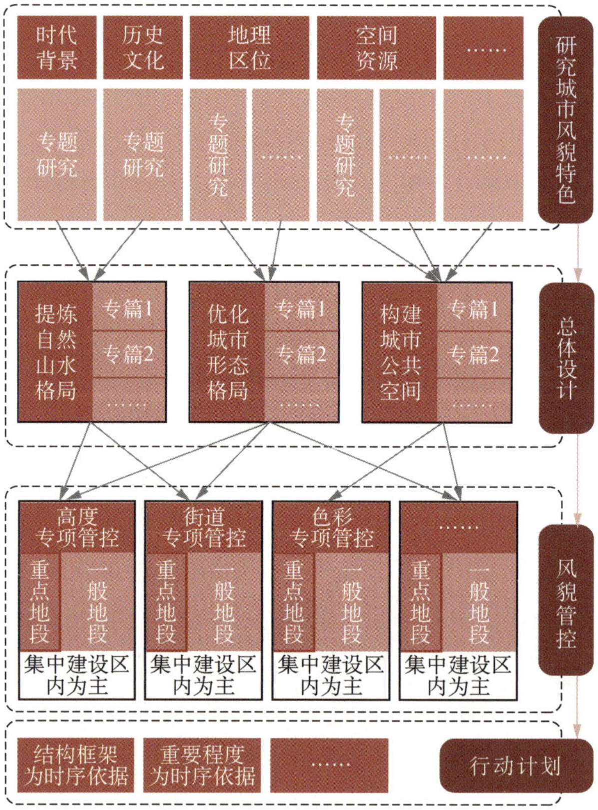

图 13-1 城乡规划体系下总体城市设计主要内容

《办法》中明确界定了城乡规划体系下，城市设计是落实城市规划、指导设计、塑造城市特色风貌的有效手段，贯穿于城市规划建设管理全过程。通过城市设计，从整体平面和立体空间上统筹城市建筑布局、协调城市风貌，体现地域特征、民族特色和时代风貌。

城市设计分为总体城市设计和重点地区城市设计。区别于微观层面的城市设计(狭义上的“城市设计”)，总体城市设计工作内容包括确定城市风貌特色、保护自然山水格局、优化城市形态格局、明确公共空间等，并可以与城市(县)总体规划一并报批。更加强调在总体规划层面的结构性控制与核心要素识别，以及风貌系统的建构。

13.2.2.1 面向实施的格局形态引导

随着城市工作会议的召开、会议精神的落实以及《办法》发布实施，城乡规划体系下的总体城市设计工作已经逐步形成共识，普遍开展。总体城市设计内容框架建立，重视成果的落地实施，并配合总体规划等宏观层次规划进行编制。

13.2.2.2 以公共政策为落实

城乡规划体系下，总体城市设计研究是开展城市总体规划编制之前或者同时对整个规划区空间结构及物质形态的先期分析与控制方法的论证。总体城市设计作为空间发展研究报告等重要议题的支撑性内容发挥着积极作用，表现为公共政策，通过法定规划附加图则等形式落实实施。

13.2.2.3 侧重城市公共空间的导控

受国内土地所有制以及规划体系的影响，作为城市公共利益空间表征的总体城市设计，其目标和工作重点通常是城市公共空间，包括：山水格局、生态体系、城市开放空间系统、历史文化特色空间等。而对市场开发的土地等则以开发引导为主。

总体城市设计侧重的是对城市结构性格局的研究、结构性空间的识别，并针对结构性要素提出相关管控要求。

13.2.2.4 法定规划的有效补充

2008年正式实施的《城乡规划法》中，充分赋权了总体规划、详细规划两类规划，并对法定规划的管理、编制、监督等做出了明确规定。受法定规划框架体系约束，法定规划在实际规划管理中存在局限。城市设计作为研究型的规划内容，对法定规划管理体系起到了有效补充作用，可以针对具体城市问题进行研究，并形成有针对性的行动指引(图13-2)。

例如上海黄浦江两岸贯通工程，按照法定规划划定蓝线、绿线并进行管控的刚性管控，难以达到滨水活力空间营造的愿景目标。在绿线范围内增加市民驿站、投放无障碍设施等公共资源，则需要通过城市设计专项管控导则加以补充而实现。

13.2.2.5 存在局限

伴随着国内城镇化进程，国内进行了大量的城市设计实践，城市设计在城乡发展建设中发挥着积极的空间优化、建设引导作用，但也存在一定局限。

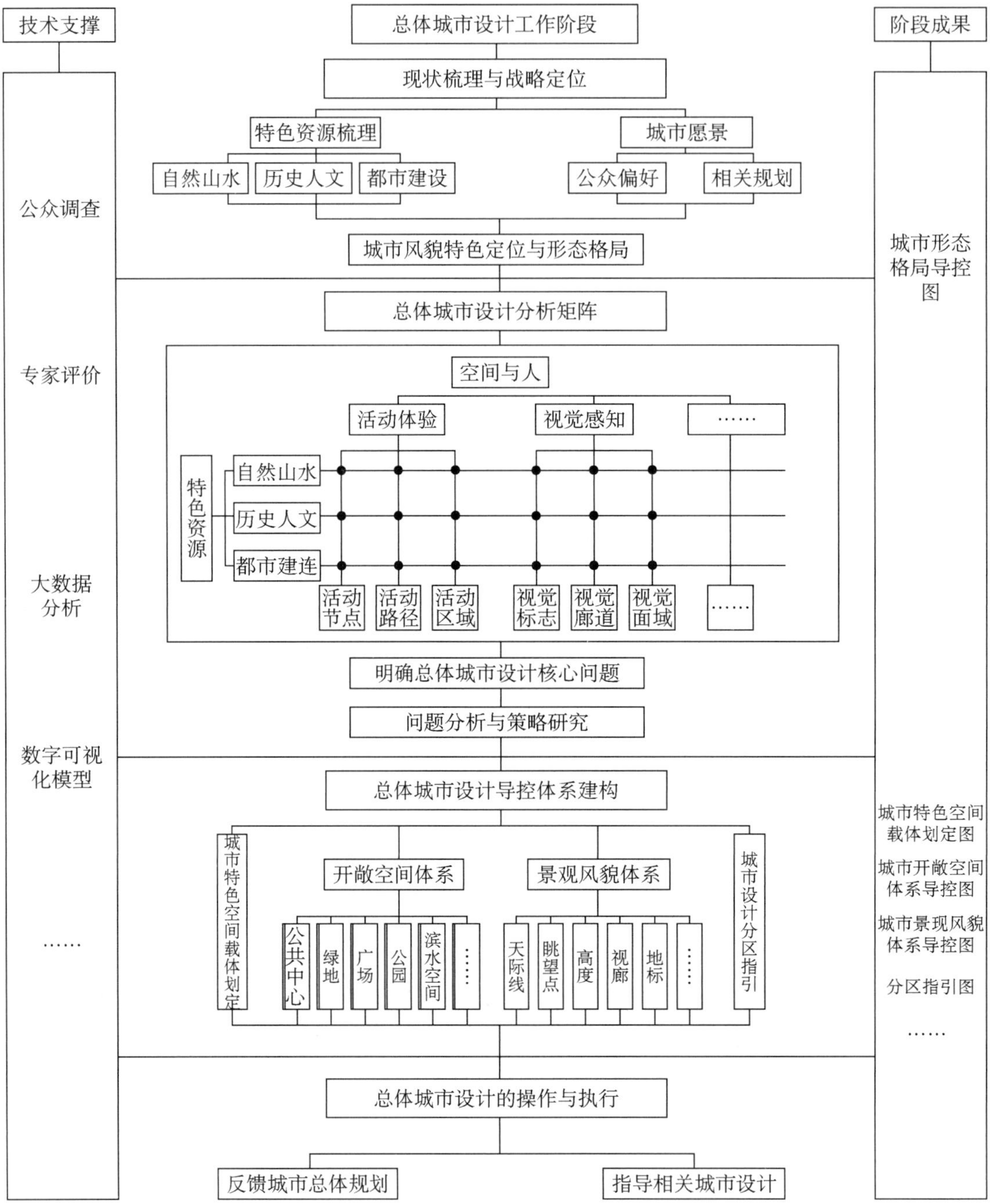

图 13-2 城乡规划体系下总体城市设计与总体规划的关系示意图

一方面，没有法律法规赋权，需要通过法定规划体系实施管控。由于没有法律法规的赋权管理，城市设计涉及流域问题、跨行政区的空间问题等，在规划实施中往往存在落实困难或需要多部门协调实施等问题。例如总体城市设计中确定的某些生态廊道，往往会涉及自然保护区、城区外部郊野地区的生态空间、城区内部的绿地空间，而这些空间的管理往往分布在不同管理部门下，管理碎片化往往会导致协调实施难等问题（图 13-3）。

图 13-3 城市设计实施中面临的管理碎片化问题示意图

另一方面，非法定规划的弹性大，落实中容易失序、失控。城市设计工作也因为其非法定性，而存在实施弹性大，甚至管控失序、失控等问题。例如一些重要生态空间往往因为土地开发价值高，而被用于商业性开发，城市设计中希望管控的生态区域往往难以充分落实，城市设计并没有发挥底线管控以及目标引领的作用，反而可能成为调整规划的工具。

13.3 国土空间规划中的总体城市设计

13.3.1 国土空间规划体系下的城市设计

13.3.1.1 国土空间规划体系对城市设计的要求

2021 年自然资源部发布的《国土空间规划城市设计指南（TD/T 1065—2021）》（以下简称《指南》）中，明确提出，城市设计是营造美好人居环境和宜人空间场所的重要理念与方法，通过对人居环境多层级空间特征的系统辨识，多尺度要素内容的统筹协调，运用设计思维，借助形态组织和环境营造方法，依托规划传导和政策推动，实现国土空间整体布局的结构优化，达成美好人居环境和宜人空间场所的积极塑造。城市设计是国土空间高质量发展的重要支撑，贯穿于国土空间规划建设管理的全过程。

在《办法》基础上，《指南》补充了美好人居环境和宜人场所空间、高品质空间环境等方面的要求。关键词的变化，体现了以人为本的思维转变。城市设计的对象将不再是单纯的城市空间，而是有温度的城市生活。

13.3.1.2 法定国土空间规划与城市设计的关系

在国家空间规划体系重构背景下，城市设计与空间规划的对应关系也发生了一定的变化。“五级三类”的国土空间规划对城市规划体系下的总体规划与详细规划的内涵有所延展，研究范围基本保持不变，城市规划体系中的区域规划、专项规划等均以特定区域、特定领域的形式纳入国土空间规划体系中的专项规划。城市设计适应的重组构成总体城市设计、专项城市设计、详细城市设计，分别运用至总体规划、专项规划、详细规划中。总体城市设计是国土空间总体规划的有效补充。

13.3.2 国土空间规划中总体城市设计的新特征

13.3.2.1 城市设计研究将贯穿规划全过程

不管是在城市规划体系背景中，还是现行国土空间规划体系下，城市设计的非法定属性，决定了城市设计研究无法脱离中国空间规划体系而单独存在。同时，城市设计在城市环境塑造、居民生活质量提高等方面的作用能让空间规划更具科学性与艺术性，使得城市设计和空间规划成为不可分割、互为补充的统一体。2017 年《办法》出台，提出城市设计是落实城市规划、指导建筑设计、塑造城市特色风貌的有效手段，贯穿于城市规划建设管理全过程，明确了城市设计作为方法手段与城市规划构成密切的关系。2019 年，《中共中央 国务院关于建立国土空间规划体系并监督实施的若干意见》中提出，运用城市设计手段，改进规划方法，提高规划编制水平，再一次昭示出城市规划与设计是不可分割的两部分。

13.3.2.2 全域、全资源、全要素管控

与过往城市设计重视城市空间环境不同，国土空间规划体系下，"城市设计"的研究对象将从"城市空间"向"城乡空间"延展，基于人与自然和谐共生的原则，研究市域生产、生活、生态的总体功能关系，优化开发保护的约束性条件和管控边界，协调城镇乡村与山水林田湖草海等自然环境的布局关系，塑造具有特色和比较优势的市域国土空间总体格局和空间形态。基于本地自然和人文禀赋，加强自然与历史文化遗产保护，研究城市公共空间系统、重要廊道和节点、天际轮廓线等空间秩序控制引导方案，提高国土空间的舒适性、艺术性，提升国土空间品质和价值。

国土空间规划全资源、全要素视角下的城市设计，对于非集建区也要有城市设计的理念和思维，强调人对空间场所的体验，比如说生态空间也应在生态保护的基本前提下，合理适度地融入人的游憩、科考等公共活动而不是简单的林地面积、绿地面积等量化指标。

13.3.2.3 强调历史文化、自然环境等城市特色风貌

国土空间规划体系下，城市设计更强调自然和历史文化资源的保护，运用城市设计方法，优化空间形态，凸显本地特色优势。具体包括：

挖掘本地历史文化资源，梳理市域历史文化遗产保护名录，明确和整合各级文物保护单位、历史文化名城名镇名村、历史城区、历史文化街区、传统村落、历史建筑等历史文化遗存的保护范围，统筹划定包括城市紫线在内的各类历史文化保护线。保护历史性城市

景观和文化景观，针对历史文化和自然景观资源富集、空间分布集中的地域和廊道，明确整体保护和促进活化利用的空间要求。

提出全域山水人文格局的空间形态引导和管控原则，对滨水地区（河口、海岸）、山麓地区等城市特色景观地区提出有针对性的管控要求。

明确空间形态重点管控地区，提出开发强度分区和容积率、密度等控制指标，以及高度、风貌、天际线等空间形态控制要求。明确有景观价值的制高点、山水轴线、视线通廊等，严格控制新建超高层建筑。

落实对乡村地区分区分类特色保护、风貌塑造和高度控制等空间形态管控要求，发挥田野除农业生产外的生态、景观和空间间隔作用，营造体现地域特色的田园风光及文化风貌。

13.3.2.4 增量空间、存量空间并重

在快速城镇化背景下，经济发展优先的粗放式发展模式下，城市建设往往优先利用增量空间，老城、旧城的空间环境优化被后置。国土空间规划体系下，城市的无序蔓延将被城市开发边界、生态保护红线、永久基本农田保护线等刚性管控约束，城市的增量空间将在适度范围内拓展。而在“以人为本”“城市双修”等宏观战略部署下，强调对于空间资源的高效节约利用，城市中仍存在的空间品质不高、设施配置不齐等现象将得到优化和改善。

对于存量空间的再利用问题，北京、上海、深圳等国内发达城市通过城市更新单元管控等手段，已经在存量资源绩效的释放上有所探索创新。但对于存量资源的地籍、权属等限制条件的技术探索，将随着政府管理体制机制进一步优化。

国土空间规划体系变革下，城市设计将面临的不仅是新区建设、新城规划，还会面临城市更新等存量空间优化工作，而完全靠政府的投入推动存量更新难以实现。通过城市设计研究实现存量与增量规划之间的协调将有利于优化城市公共环境，提升品质。同时，更新中的增量合法性及规划约束与引导也将成为总体城市设计下一步所面临的重要课题。

13.4 国土空间规划中总体城市设计技术要点

《指南》构建了国土空间规划体系下城市设计技术体系。

为了顺应国土空间规划技术标准体系重构大局，探索城市设计在国土空间语境下的技术思路、方法与实施路径，明确了不同层面的国土空间规划编制和管理中城市设计方法的运用。总体规划阶段的城市设计（总体城市设计）分为跨区域、市县域、中心城区三个层面。

13.4.1 五大设计原则

13.4.1.1 设计思维

从全要素空间资源综合治理的角度，在国土空间规划中运用设计思维，强化城市设计对规划的支撑作用，提高规划编制和管理水平，提升国土空间品质。

与国土空间总体规划的管控的底线原则不同，城市设计的导向目标是愿景思维，这也决定了城市设计工作将是总体规划管控的有效补充。同时通过阶段性指标去监督底线和愿景的落实情况（图 13-4）。

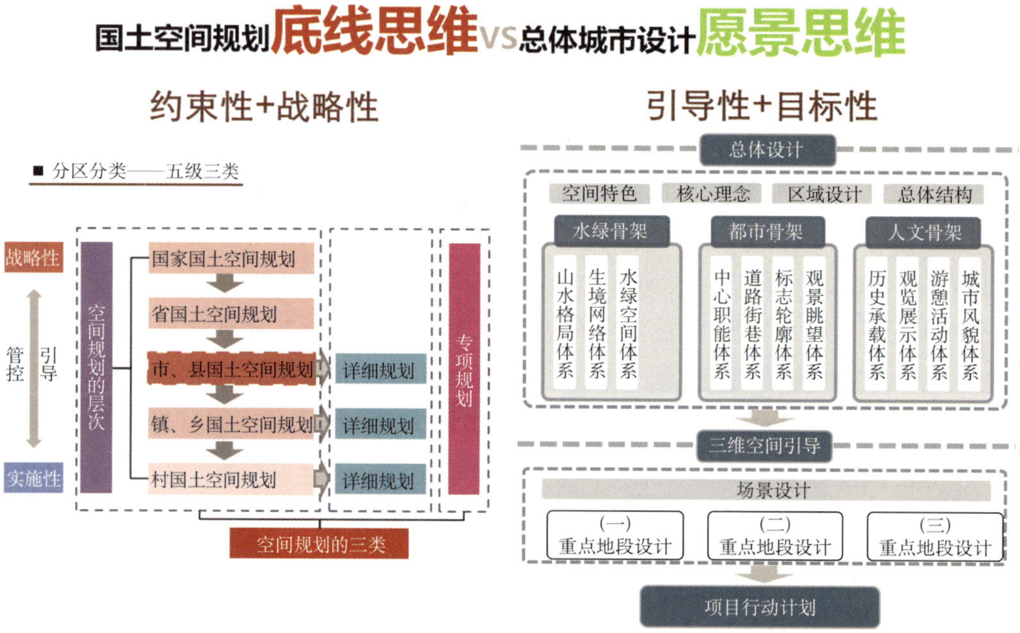

图 13-4 法定规划的底线思维与总体城市设计愿景思维对比示意图

13.4.1.2 问题导向

根据每个城市的具体情况，寻找其在国土空间品质方面存在的主要问题，从目标定位、空间组织、实施机制等方面提出解决方案和实施措施，做到有的放矢。

强调质量和绩效。城市设计的核心目标是为了追求高品质的空间环境，对于空间绩效要有明确的管理导向，以避免大量低效空间、低质空间存在。

13.4.1.3 整体统筹

从城、镇、村与山水林田湖草生命共同体的整体视角出发，坚持区域协同、陆海统筹、城乡融合，协调生态、生产和生活空间，着力改善人与环境的关系。

通过风险评估、整体统筹等技术手段，建立建成空间和大自然格局之间的系统性联系。

13.4.1.4 以人为本

坚持以人民为中心，从使用者的角度塑造高品质人居环境，满足公众对于国土空间的认知、审美、体验和使用需求，不断提升人民群众的安全感、获得感和幸福感。

逐步理顺人本空间体系设计和机动车交通系统等其他系统的关系，从而构建重视空间体验的高品质空间。

13.4.1.5 因地制宜

充分考虑自然条件、历史人文和建设现状，尊重地域特点，延续历史脉络，结合时代特征，传承空间基因，因地制宜开展城市设计。

要从大的地理格局到微观系统建立格局视野的统一。大自然山水格局与城市空间结构性格局并重，避免千城一面，彰显城市个性。

13.4.2 跨区域层面总体城市设计——4项内容

在跨区域层面运用城市设计思维，协调人居环境建设与区域自然生态、历史人文资源之间的关系，凸显跨区域空间特色，为城市群、都市圈、发展廊带、一体化示范区等跨区域的协调发展提供支撑。

13.4.2.1 协同划定跨区域空间组织中的约束性条件

遵循区域观、整体观，从空间特色、人文体验等角度协同相关专业划定跨区域空间组织中的生态保护红线、永久基本农田及其储备区、核心保护林地、地质灾害避让地段、文化保护线等约束性条件。

13.4.2.2 确定跨区域特征区的协同保护与发展要求

调查跨区域自然生态、历史人文等特色资源，综合分析评价特色资源空间分布特征及其影响要素，划定跨区域特征区，确定协同保护与发展的要求。

13.4.2.3 确定跨区域重要开敞空间的导控要求

结合跨区域自然环境，确定具有生态间隔作用的重要开敞空间，提出跨区域绿道、蓝道、风景道、历史文化线路等的框架性导控要求。

13.4.2.4 形成共识性的设计规则和行动计划

根据跨区域的空间组织与空间营造特点，拟定需要共同遵守的空间设计规则，强化跨区域整体形象。汇集各地区的相关诉求，凝聚共识，明确下阶段工作目标与重点，并形成相应的协同行动计划。

13.4.3 市县域层面总体城市设计——5项内容

协调城镇乡村与山水林田湖草的整体空间关系，对生态、农业和城镇空间进行全域全要素整体统筹，强化市县域整体空间秩序。

13.4.3.1 全域全要素特色资源的评估和保护

进行市县域自然山水、历史文化、都市发展等特色资源的识别和评估，并提出保护与发展要求。

13.4.3.2 明确市县域整体特色定位

根据市县域特色资源禀赋，结合上位规划、市县性质、发展定位、功能布局、制约条件、公众意愿等，从区域协同、城乡统筹的高度确定市县域整体特色定位。

13.4.3.3 协调城镇乡村与山水林田湖草的整体空间关系

梳理市县域空间演进脉络，妥善处理自然与人工、保护与发展的关系，提出城镇乡村与山水林田湖草相协调的整体空间关系。重点关注对自然环境产生干预的建设活动，协同其他专项规划共同参与“三条控制线”的研究与制定过程，优化规划管控底线。

13.4.3.4 提出市县域蓝绿空间网络的框架性导控要求

综合考虑市县域空间格局，结合自然山水、历史人文、公共设施等资源，建设组织合理、结构清晰、功能完善的市县域蓝绿空间网络。提出结构性绿地、水体等开敞空间的布局要求，增强开敞空间的生态服务功能（如改善热环境、风环境），并为市民提供多样化的公共游憩和康乐设施。

13.4.3.5 形成覆盖城乡不同地区的分类设计指引

结合特色资源和管控主体，以空间特色为导向，形成覆盖城市与乡村的分类设计指引。

13.4.4 中心城区层面总体城市设计——5项内容

在中心城区层面运用城市设计方法，整体统筹、协调各类空间资源的布局与利用，合理组织公共空间与景观风貌系统，提升城市空间品质与活力。

13.4.4.1 构建城市特色空间结构

综合自然环境、历史人文等因素，对各级城市中心、发展轴线和功能片区等分别进行梳理，确定城市特色空间结构并提出城市功能布局优化建议。

13.4.4.2 组织城市公共空间系统

充分挖掘文化特色和场所精神内涵，组织多类型、多层次、多功能的城市公共空间系统。对重要的广场、街道、公园、绿地、水体等提出框架性引导要求，优化慢行系统、游览线路等公共活动通道，打造开放舒适、生态宜人的行为场所体系。

13.4.4.3 完善城市景观风貌系统

结合公众意象调查，对重要的标志、路径、节点、边界、片区等景观要素分别进行梳理，构建可感知、可识别与可延续的城市景观风貌系统，系统地展示自然山水、历史文化和都市发展魅力。

13.4.4.4 对城市标志节点、视线通廊、天际线等关键要素提出导控要求

研究各类标志节点的分布，对其空间形态及风貌特征等提出导控要求。研究城市重要特色资源“观”与“被观”的空间关系，明确重要视线通廊的导控要求。对城市天际线、色彩等要素进行系统构建，并提出导控要求。

13.4.4.5 明确城市设计重点控制区

明确对于延续地方文脉、彰显城市特色、提升国土空间品质有重大影响的片区，如城市中心区、新城新区、旧城更新区、交通枢纽地区、滨水地区、沿山地区、历史风貌与遗产保护区等，提出框架性要求。

13.5 国土空间规划中的城市设计探索与实践

13.5.1 跨区域层面总体城市设计实践

13.5.1.1 长三角生态绿色一体化发展示范区

长三角生态绿色一体化发展示范区规划范围包括上海市青浦区、江苏省苏州市吴江区、浙江省嘉兴市嘉善县全域，约 2 413 km^2（含水域面积约 350 km^2）。先行启动区规划范围包括金泽、朱家角、黎里、西塘、姚庄五个镇全域，约 660 km^2。

生态格局：综合河湖本底、活水畅流、清水绿廊、林田分布等生态要素，构建“一心两廊、三链四区”的生态安全格局，形成人水相依、城水相融的生态绿色示范区。

开敞空间体系：丰富风景体系，构建由郊野公园、城市公园、小镇公园和口袋公园组成的四级公园体系。至 2035 年，示范区人均开放公园绿地面积达到 15 m^2/人，400 m^2 以上绿地、广场等公共开放空间 5 min 步行可达覆盖率达到 90%以上。

导控要点：

（1）定格局——区域生态格局导控与落实。

（2）理廊道——绿道、蓝道、风景道等跨区通道的导控。

（3）定指标——制定管控指标体系并分解到各行政单元落实。

13.5.1.2 长白山保护开发区空间总体设计

吉林长白山保护开发区空间总体规划，涉及白山市、通化市、临江市等多个行政单元。通过对区域同类或相关资源的综合分析评价，确定跨区域重要开敞空间的导控要求。

13.5.2 市县域层面总体城市设计实践

13.5.2.1 上海城市总体城市设计探索全域导控体系

上海结合新总体规划的编制，探索了一条适合自身国际化大都市建设的城市设计管控体系。上海总体城市设计管控机制与流程可以概括为三方面：法定化路径、向下传导、行动指引。

法定化路径，即通过将城市设计管控条款纳入总体规划，并以专题报告、城市设计导则、可行性分析报告等形式，形成法定化条文条例加以管理。上海城市设计在三个阶段法定化——总体规划纳入、控制性详细规划纳入和城市设计图则法定化（表 13-2）。

表 13-2　上海城市设计类型与法定规划衔接一览表

城市设计类型		范围与内容	与法定规划衔接关系
总体城市设计		针对较大的（一般规模在 100 km^2 以上）区域进行的总体规划层面的城市设计，旨在对未来发展提供纲领性的定位并统筹各系统的结构，为下层次工作提供指导和依据	与总体规划衔接，衔接内容包括：总体风貌定位、城市格局、空间形态、分区传导、专项协同、详细计划等
地区城市设计	框架性城市设计	针对范围较大且开发主体不明确的地区进行的城市设计，给出地区未来发展的框架性设计，引导地区后续设计深化和开发建设	与单元控制性详细规划衔接，衔接内容包括：发展目标与策略、空间结构、景观风貌与空间形态、公共开放空间系统、交通系统和组织、土地利用和功能布局、环境可持续设计等
	实施性城市设计	针对开发主体明确、拟近期建设的街区或地块进行的城市设计，给出项目开发建设的具体方案，指导城市建设和项目实施	纳入控制性详细规划、转译为附加图则，衔接内容包括建筑形态、公共空间、交通空间、各层空间、功能业态、历史风貌 6 大类，52 项城市设计管控要素

来源：根据上海《城市设计编制标准（征求意见稿）》《上海市控制性详细规划成果规范（2020 试行版）》整理

向下传导，即分级分类落实。上海划定“三级五类”地区，相关管控要素通过规划设计全过程进行层层落实，并在建设实施阶段结合《上海市控制性详细规划成果规范》，在不同类型与等级的地区（即“五级三类”地区）进行差异化管控（表 13-3），并在控制线详细规划中引入附加图则，对地块的建筑形态、公共空间、交通空间、地下空间、文保要求提出更为细致的要求，强化城市设计要素的管控引导。

表 13-3　上海“三级五类”地区城市设计管控要求

地区名称		内涵与要求
三级地区	一级地区	鼓励开展国际方案征集，城市设计成果应经过多方案比选，达到形态布局以上深度，控制要素以强制性为主，并开展建筑方案验证
	二级地区	城市设计成果应经过多方案比选，成果达到城市设计总平面图深度以上，城市设计强制性控制要素以弹性控制为主，按需开展建筑方案验证
	三级地区	按需开展城市设计专题研究（如城市天际线、街道界面、公共空间等），城市设计成果达到系统图分析深度，以此合理确定建筑高度、贴线率等控制指标
五类地区	公共活动中心； 历史风貌地区； 重要滨水区与风景区； 交通枢纽地区； 其他地区	具体管控要求详见《上海市控制性详细规划成果规范（2020 试行版）》

来源：《上海市控制性详细规划成果规范（2020 试行版）》

行动指引，即结合五年计划建立项目库实施机制，结合政府行动计划将城市设计蓝图分解成项目包或专项导则，指导近期项目实施。

同时，上海城市设计是全域管控，创新性地将乡村地区纳入城市设计体系统筹考虑，通过进一步编制、发布《上海市郊野乡村风貌规划设计导则》《上海乡村振兴设计师手册(2019)》等导则、指南手册，形成覆盖城乡不同地区的分类设计指引。

13.5.2.2 南宁市总体城市设计构建全资源视角的空间格局

广西南宁市地貌分平地、低山、石山、丘陵、台地五种类型。丰富的地貌类型使得南宁的城市空间山水田林等各类要素交织，在山水林田湖草海全资源视角下构建公共空间格局成为南宁总体城市设计的创新探索(图 13-5)。

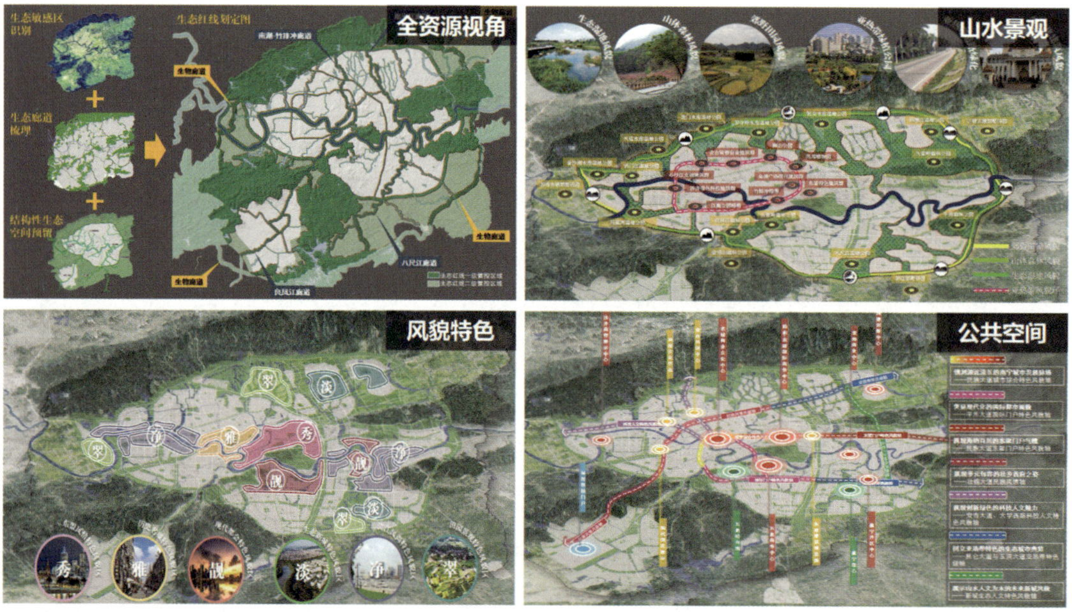

图 13-5 南宁城市设计全资源视角示意图
来源：《南宁市总体城市设计》①

空间管控实施层面，全资源体系难以全面精细管控，必须抓大放小、分级别管控，行动实施由小及大。南宁总体城市设计划定三类重大功能区，设置两级管控力度(图 13-6)。

① 上海同济城市规划设计研究院有限公司. 南宁市总体城市设计[R]. 2018.

重大功能区分类	一级管控区域	二级管控区域
景观类重大功能区	市级城市公园和生态廊道	片区级城市公园和生态绿道
都市类重大功能区	CAZ地区、其他城市级公共服务中心、沿江重要景观区域	片区和组团级中心
文化类重大功能区	城市级历史文化风貌集中区、城市级民族文化展示区、大学集聚区、城市级文化中心	组团和片区级文化中心、一般历史文化集中区域
管控要素	特色风貌、城市轴廊、景观廊道标志眺望、公共空间、文化活动、建筑形态、道路交通等	
管控方法	重点片区城市设计、全要素图则管控	重点片区城市设计、核心要素管控

图 13-6 南宁城市设计分级管控示意图

来源:《南宁市总体城市设计》[①]

13.5.3 中心城区层面总体城市设计

13.5.3.1 北京中心城区总体城市设计注重构建城市空间秩序

北京城区空间秩序主要导控空间格局、景观风貌、建筑高度、第五立面、城市色彩五方面。同时,针对区域环境气候特征,对蓝绿空间、风廊道等要素进行了重点研究和管控。为体现生态文明建设宏观理念,北京中心城区构建两级通风廊道系统,提升绿色开敞空间占比,塑造组团式城市格局。到 2035 年形成 5 条宽度 500 m 以上的一级通风廊道,多条宽度 80 m 以上的二级通风廊道,绿色开敞空间占比提高到 70%左右。根据地区特色引导形成特色风貌分区,协调城市景观风貌(表 13-4)。对城市建设高度秩序进行统筹研究、管控;重要轴线、视廊等空间秩序强化管控。

13.5.3.2 南京总体城市设计总体导控与特殊管控并行

江苏南京中心城区分布着较多的历史文化风貌地区和紫金山玄武湖等人文景观地区,在城市设计管控中难以与一般城市开发地区统一管控,结合城市特质,南京总体城市设计中将总体导控与特殊管控结合,形成了总格局管控与特色地段控制两套管控体系。

① 上海同济城市规划设计研究院有限公司. 南宁市总体城市设计[R]. 2018.

表 13-4 北京中心城区特色风貌管控分区

类型	古都风貌区	风貌控制区	风貌引导区		
分区	二环路以内	二环路与三环路之间	三环路以外		
引导要求	实行最为严格的建筑风貌管控，严格控制区域内建筑高度、体量、色彩与第五立面等各项要素，逐步拆除或改造与古都风貌不协调的建筑，实现对老城风貌格局的整体保护	按照与古都风貌协调呼应的要求，细化区域内对建筑高度、体量、立面的管控要求，加强对传统建筑文化内涵的现代表达	处理好继承和发展的关系，充分吸收传统建筑元素，鼓励采用现代建筑设计手法与材料，展现具有创新精神的时代特征和首都特色		
			城市中心风貌引导	平原城镇风貌引导	山前城镇风貌引导
			第一道绿化隔离地区所限定的中心大团地区	边缘集团	海淀山后、丰台河西、石景山部分地区等
			结合重要功能地区和枢纽地区，合理布局高层建筑，形成大疏大密的现代都市风貌特征	倡导水、林、天、称的和谐共生。严格控制“组团式”的城市格局和适度集聚的空间形态，构建城景交融、和谐统一的风貌特征	倡导山水环境与城镇组团在空间形态上的有机融合。严格保护山峦背景，塑造显山露水、田园城区的特色风貌

来源：《北京中心城区总体城市设计要点》

这一控制体系在后续出台的《南京市特定地块城市设计图则编制技术标准（试行稿）》中得以细化，提出了五类、两级特定地块，即一公共中心型、交通换乘型、滨山沿水型、历史文化型特定地块，以及一级、二级特定地块，并提出了更有针对性的管控细则（表 13-5）。

表 13-5 南京市各类特定地块城市设计的核心管控内容建议

管控内容		管控要素	一级区段	重点地段							
				公共中心型		交通换乘型		滨山沿水型		历史文化型	
				一级	二级	一级	二级	一级	二级	一级	二级
街区建筑	退界管控	建筑控制线	■	■	■	■	■	■	■	■	■
	连通管控	跨地块可连通范围	□	■	□	■	□	□	□	□	□
	高度管控	高层塔楼控制区	□	■	■	■	■	□	□	□	□
		特殊高度控制区	□	■	□	■	□	■	□	■	□
	界面管控	街墙控制线/界面管控线	□	■	□	■	□	■	□	■	□
	建筑设计指引	建筑总平面示意	□	■	□	■	□	■	□	■	□
		建筑体量/方位/密度;地标	□	■	□	■	□	■	□	■	□
		风格/色彩/材质/屋顶/特殊形式	□	□	□	□	□	■	□	■	■

续表

管控内容		管控要素	一级区段	重点地段							
				公共中心型		交通换乘型		滨山沿水型		历史文化型	
				一级	二级	一级	二级	一级	二级	一级	二级
绿地水体广场	空间管控	地块内集中绿地广场	□	■	□	■	□	■	□	■	□
	场地竖向引导	关键点标高	□	□	□	□	□	■	■	□	□
	景观设计指引	景观示意或设计意向	□	□	□	□	□	■	□	■	□
地下空间	地下退界管控	地下建筑控制线	□	■	■	■	■	□	□	□	□
	地下连通管控	地下跨地块可连通范围	□	■	□	■	□	□	□	□	□
交通与通道	开口管控	机动车出入口范围	■	■	■	■	■	■	■	■	■
	流线引导	特殊车行流线	□	■	□	■	□	□	□	□	□
		公共慢行路径	□	■	■	■	■	■	□	■	□
	通道管控	重要公共通道	□	■	□	■	□	■	□	■	□
	道路设计指引	特殊道路空间断面示意	□	□	□	□	□	□	□	□	□
公共活力	活力引导	公共功能业态	□	■	■	□	□	□	□	□	□
		公共活力界面	□	■	□	□	□	□	□	□	□
		公共活力节点	□	■	□	□	□	□	□	□	□

备注:表中"■"所示项为建议地块城市设计图则中的必绘内容;表中"□"所示项为建议地块城市设计图则中的选绘内容。以上内容可以根据具体项目的实际情况进行增补、调整或删减。

来源:《南京市特定地块城市设计图则编制技术标准(试行稿)》

13.5.4 多种技术方法的创新运用

城市设计的空间分析手段按照数据类型与技术处理特点,可以分为:经典分析类、数据模拟分析类、大数据分析类(表 13-6)。

13.5.4.1 视域分析法研究城市标志空间的视线关系

基于凯文·林奇城市设计要素理论体系,对城市地标区域或节点进行空间认知体系梳理,结合空间要素体系之间的视线关系,通过视域分析对相关地区的开发建设高度、强度、连续性等内容进行相关管控。

步骤 1:对城市核心地标进行梳理。

表 13-6 城市设计空间分析手段一览

经典分析类	数据模拟分析类	大数据分析类
· HAT 文献转译法 · 城市形态推演法 · 空间包络分析法 · 要素分解重构法 · PAA 原型抽象分析法 · PAC 城市设计拼合比对法 · 案例比较分析法 · 山水景观叠图法	· 生态敏感阈值法 · SMA 行景映射法 · 风貌因子评价法 · SFV 空间特色评价法 · 生境网络法 · GHA 绿地居住匹配法 · 墨菲指数中心区界定法 · CEC 切割要素叠加法 · 地图还原场景模拟分析法	· IFA 业态大数据抓取方法 · 百度网络热度检索法 · AWH 滨水活力度评价法 · 手机信令数据转译法 · CHA 人群冷热点分析法 · "人-地"错位度分析法 · 三维峰值波动分析法

步骤 2:分析视域联系及空间认知网络联系(图 13-7)。

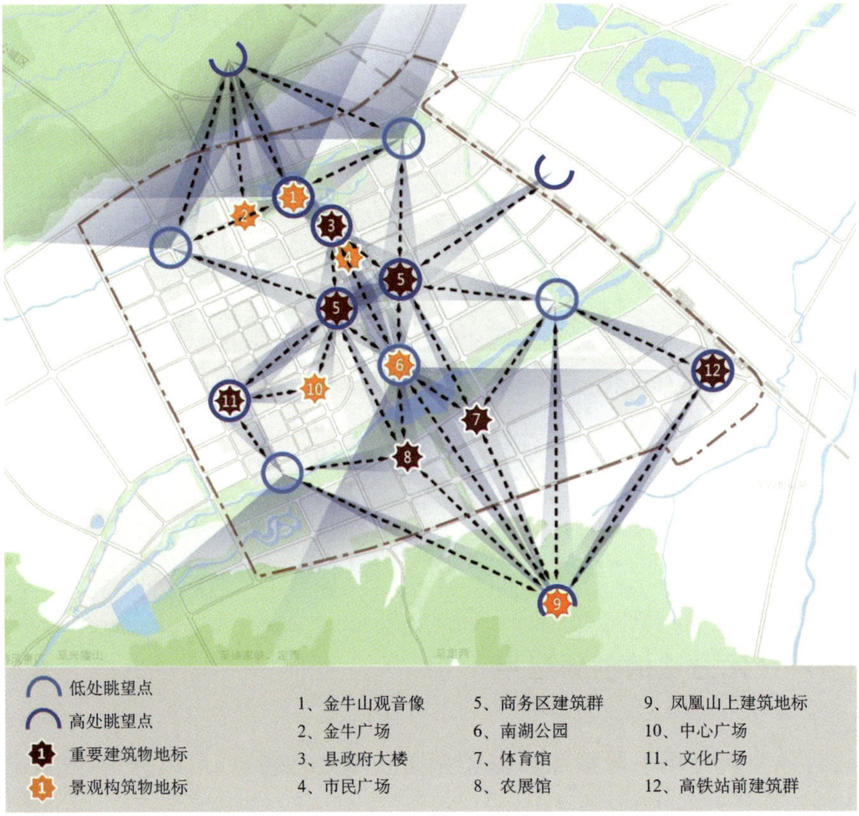

图 13-7 榆中县中心城区(县城片区)地标与眺望体系规划图

来源:《榆中县中心城区总体城市设计》[①]

步骤 3:结合地标认知分析,对公共空间视线体系进行优化,进而控制视线廊道等(图 13-8)。

① 上海同济城市规划设计研究院有限公司.榆中县中心城区总体城市设计[Z].2017.

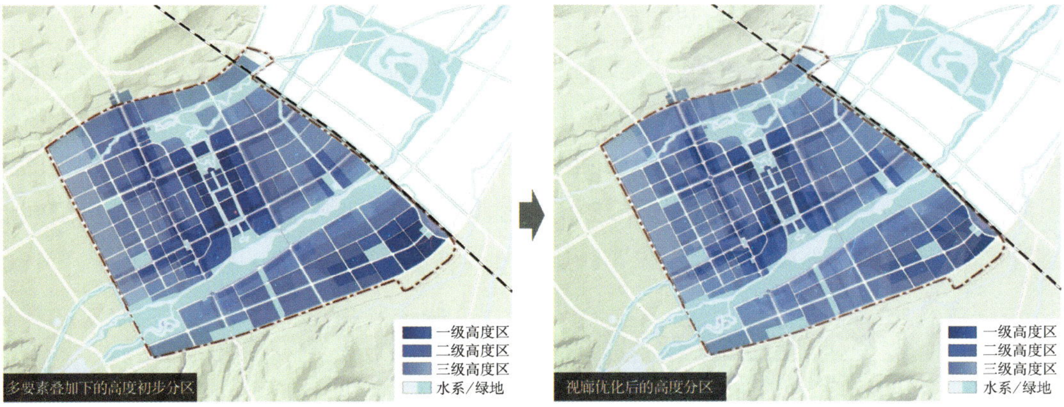

图 13-8 利用视廊对高度分区进行修正示意图
来源:《榆中县中心城区总体城市设计》①

13.5.4.2 要素叠加法研究城市开发强度

城市空间形态千变万化,影响城市空间形态的要素众多,主要可以分为街区地块的用地性质、街区空间容量等级以及街区周边的各类环境要素三个类型(图 13-9)。

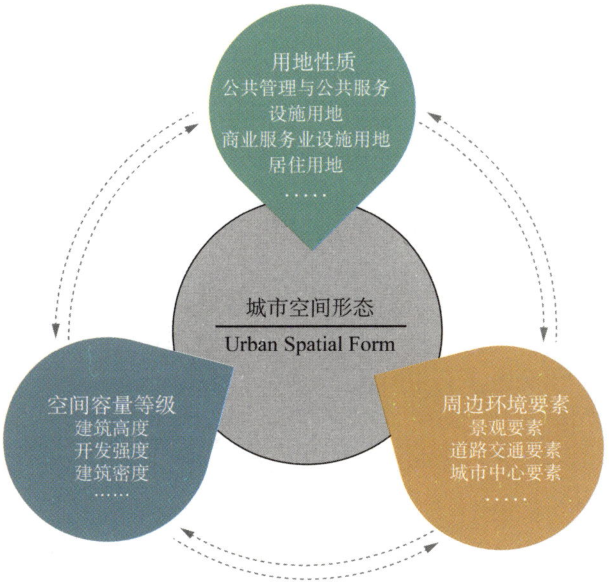

图 13-9 城市空间形态影响因子模型

在同等外部条件下,城市空间形态的模式与用地性质有着很大的联系,通过确定地块的用地性质可以大致确定地块的容积率。由于建筑高度和建筑密度与容积率呈正相关,

① 上海同济城市规划设计研究院有限公司.榆中县中心城区总体城市设计[Z].2017.

由地块容积率可以大致推断地块的建筑高度和建筑密度。

根据城市空间形态的“逻辑”内涵属性与“表现”外延属性，该研究将从空间形态属性中与高度和强度两个核心属性有关的“容量”入手，首先从城市空间形态形成的最根本的动力和机制出发，得到城市空间形态的基本模型，然后通过对于空间形态外延属性中的关系因子和设计美学修正来对基础模型进行优化，得到最符合城市发展目标和城市空间形态特色的控制原则，为城市空间形象和品质提升提供依据（图 13-10、图 13-11）。

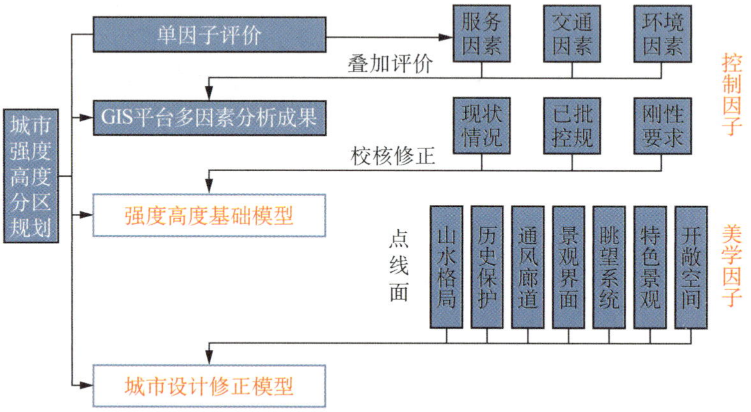

图 13-10 控制因子与美学因子叠加分析框架图

来源：《南宁市总体城市设计》[①]

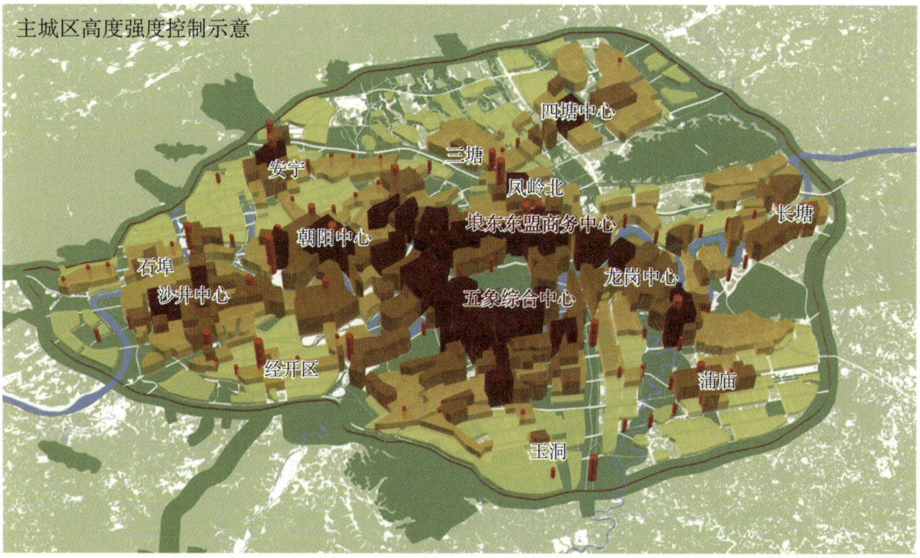

图 13-11 控制因子与美学因子叠加分析后形成的城市高度强度分级管控示意图

来源：《南宁市总体城市设计》[②]

① 上海同济城市规划设计研究院有限公司. 南宁市总体城市设计[Z]. 2018.

② 同上。

因子选择流程主要根据城市地块的固有因子和风貌规划对城市形态影响的设计因子的叠合，实现在地块自身属性基础上的设计形态调整。

控制因子主要考虑与用地可建设潜力有关的因素，直接影响各地块容积量高低数值的判定。修正因子综合了美学、视廊、文化控制、政策支持等多种柔性因子，实现在刚性评分基础上柔性调整，使结果更加符合次风貌规划设计意图。

13.5.4.3 大数据分析法研判城市空间结构及中心体系

通过手机信令等大数据进行分析，极大地丰富了城市设计分析的科学合理性，可以通过直观的人群活动情况分析支撑规划城市中心体系等相关设计，提升城市空间设计与人的活动之间的匹配关系。

步骤1：通过手机信令、百度热力图等大数据分析人群活动密集地区（图13-12）。

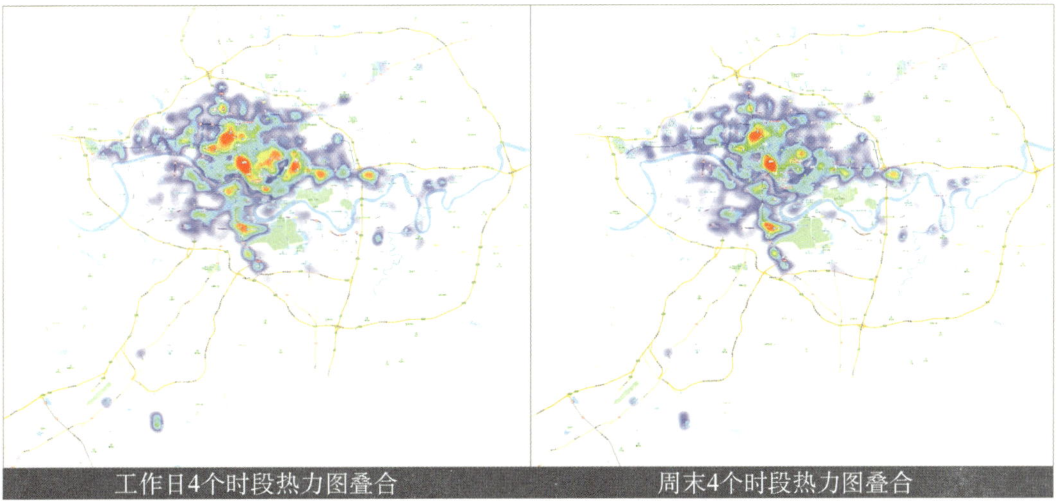

图 13-12 南宁市不同时段百度热力图叠合分析
来源：《南宁市总体城市设计》[①]

步骤2：对大数据分析得出的中心地区与规划结构性中心地区进行耦合分析（图13-13）。

步骤3：结合耦合分析结论优化城市中心体系及空间结构（图13-14）。

① 上海同济城市规划设计研究院有限公司. 南宁市总体城市设计[Z]. 2018.

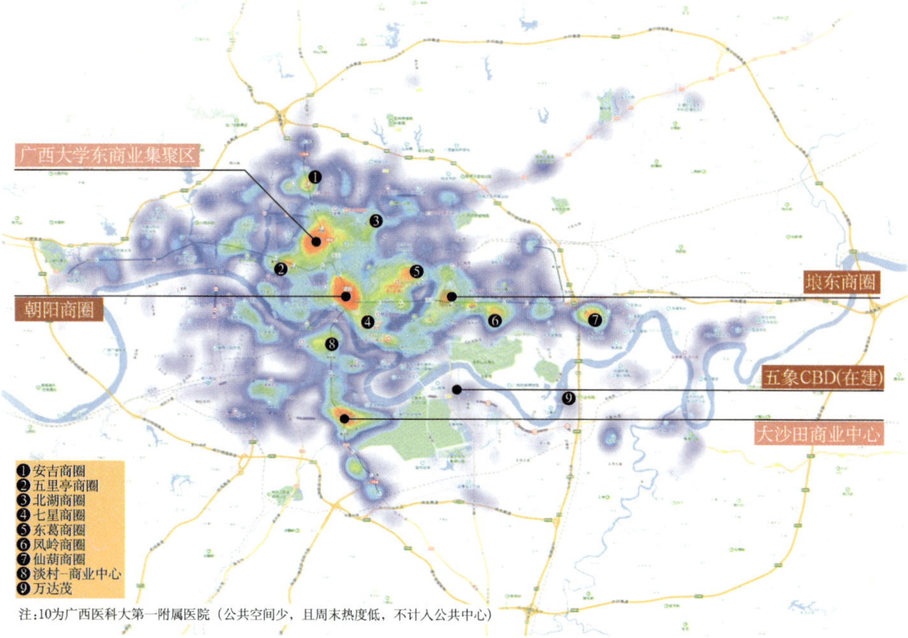

图 13-13 大数据(多日多时段百度热力图综合)与中心体系耦合分析

来源:《南宁市总体城市设计》①

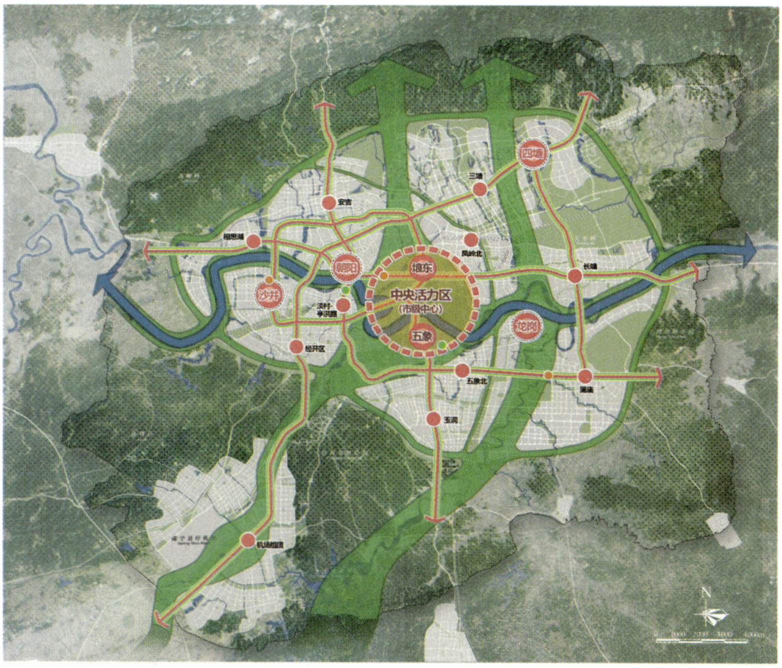

图 13-14 南宁市公共中心体系规划图

来源:《南宁市总体城市设计》②

① 上海同济城市规划设计研究院有限公司. 南宁市总体城市设计[Z]. 2018.

② 同上。

13.6 小结

13.6.1 内涵变化——从城区到全域

从城乡规划体系到国土空间规划体系，城市设计营造美好人居环境和宜人空间场所目标一如既往。但在国土空间规划视角下，总体城市设计的研究对象从以城区为主的城市空间向全域空间进一步延展。

13.6.2 核心要素——大地理格局，全资源、全要素

总体城市设计实践的核心要素是基于大地理格局视角的城市风貌特色梳理、提炼，进行有效管控、彰显城市历史文化、山水自然等特色。因此在新的国土空间规划体系下，建立全资源、全要素视角的城市设计分析体系十分必要。

13.6.3 分级对应——贯穿国土空间规划全过程

国土空间规划体系下，城市设计工作作为法定规划的有效补充，分级对应到国土空间规划的五级体系中，贯穿国土空间规划全过程。

13.6.4 兼容创新——生态、智慧等理念不断融入、创新

新时代的总体城市设计不再是"终极蓝图"式的方案设计，而是在新时代发展理念下，不断融入生态设计、智慧城市、气候适应等可持续理念的动态创新体系。

（感谢南宁市总体城市设计项目组周俭、陆天赞团队，榆中县中心城区总体城市设计项目组李继军团队，以及文中引用的其他团队项目的原作者及其参与人员。）

14　土地开发绩效和潜力

程　遥*

14.1　基本概念

14.1.1　低效用地

城镇低效用地是指经第二次全国土地调查已确定为建设用地中的布局散乱，利用粗放、用途不合理，建筑危旧的城镇存量建设用地，且权属清晰，不存在争议①。

从这个定义来看，低效用地的内涵包括两个要点：一是“存量建设用地”，是在全国土地调查中确定为建设用地的，它的现状是事实上的建设用地，而不是规划中的建设用地。在国土资源部的指导意见中，对于低效用地的定义相对明确，就是第二次全国土地调查（包括土地调查变更）中界定的建设用地。

二是“低效”，即低效率、低品质、不安全、利用不合理的用地。在一些省份，在低效的判定标准之上，还可以纳入国家产业政策规定的、禁止类的、淘汰类的产业用地，不符合安全生产和环保要求的用地，退二进三的产业用地，以及布局散乱设施落后且规划确定改造的城镇工矿和城中村。也就是说在单纯的低效范畴之内还夹杂了一些经济社会的内涵和规划意图——从现状拓展到规划，如在有明确规划导向或规划的语境下，这种相对低效的用地也可以判定为城镇低效用地。

14.1.2　政策脉络和地方创新

2008 年初发布的《国务院关于促进节约集约用地的通知》，从节约集约角度出发，提出了空闲、废弃、闲置和低效利用的土地是存量更新的重点；2012 年国土资源部印发了《国土资源部关于大力推进节约集约用地制度建设的意见》，2013 年又发布了《关于开展城镇低效用地再开发试点的指导意见》，这两个文件明确提出了“城镇低效用地”的概念，

* 程遥，同济大学建筑与城市规划学院城市规划系副系主任、副教授，中国城市规划学会学术工作委员会副秘书长。邮箱：chengyao@tongji.edu.cn。

① 原国土资源部. 国土资源部关于印发《关于深入推进城镇低效用地再开发的指导意见（试行）》的通知[EB/OL].（2016-11-11）[2022-01-13]. http://www.mnr.gov.cn/gk/tzgg/201702/t20170228_1991910.html.

同时又将 10 个省份指定为开发试点；2016 年《关于深入推进城镇低效用地再开发的指导意见(试行)》把城镇低效用地再开发工作拓展到了各地、各省市层面。城乡规划与住房建设部也从存量更新的角度探讨了怎样提升土地利用的绩效，怎样促进低效空间的再开发。

总结试点省份和代表性地方对于城镇低效用地再开发的一些相关政策，这类用地的定义有共同性，也有差异性。怎么理解建设用地，到底是现状还是规划？大部分是沿袭国土资源部土地调查“现状”概念，是现状认定的建设用地；但也有一些省份，是规划认定的。例如江苏省，则将该类用地的范畴拓展至“位于土地利用总体规划确定的城镇建设用地范围内”，又例如广东省，更强调“三旧”，即旧镇、旧厂、旧村庄。此外，浙江省作为试点 2014 年就开始推进城镇低效用地的再开发，2018 年浙江省国土资源厅出台了《关于进一步做好城乡低效用地再开发有关工作的通知》，把低效用地再开发的工作从城镇推广到了乡村，反映该省在面向新的一轮国土空间规划时，存量从城镇到城乡的拓展，更好地匹配增减挂钩和指标的空间配置优化目标。

14.1.3 国土空间开发潜力

我国在经历了经济快速发展的阶段之后，经济社会进入了新常态，城乡建设转向了内涵集约式的发展，存量提质改造和增量的结构调整并重，以资源消耗为手段的粗放发展方式的转变成为必然选择。从国土开发强度来看，各省份中最高开发强度(建成区占省域面积的比重)已经达 14%，且存在巨大的区域不平衡现象。例如，江苏、山东两省，虽然是我国的重要粮食生产基地，但开发比重仍高达 14%左右，生态空间受到挤压。生态空间的稀缺性为发展埋下了生态安全隐患。

即使在这样的背景下，过去 10 年，我国多数东部省份的开发强度仍保持相对较快的增长，10 年间开发强度增长了约 2%；值得注意的是，在开发强度较低的中西部省份，在过去 10 年间，开发强度的相对增速也是很快的，甚至有的地方增长超过 4%。建设和农业空间对国土资源的争夺，使得生态空间在国土空间中的占比长期被忽视，造成短时间内不可恢复的损失，这一现象不仅出现在我国东部沿海地区，中西部省份也同样存在。

另外，如果将土地供应的存量和增量进行比较，存量供应逐渐超过增量供应是一个必然趋势。在东部的一些地市，近年存量和增量供应量接近 1∶1；但在中西部，仍然以增量供应为主。且在东部地区存量与增量土地供应基本持平，也是在现实倒逼下的必然选择。

14.2 从效率到绩效到潜力

第一，从效率到绩效。回顾以往的工作，我们能够掌握的关于存量用地或者说是低效的用地的最好数据，是自下而上由企业、农户个体统计并汇总的数据，例如亩均税收、亩均产出、一户多宅等数据。这些工作的特点是数据量大、统计工作量大、耗时长。在国土空间规划的背景下，从亩均产出、税收或者是一些效率的指标来判断它是不是要改、能不能改，相对来说太片面。因为国土空间规划是非常综合的、内涵非常丰富多元的规划，考虑到的除了诸如亩均的产出、税收、人均指标等经济因素，还有社会、生态的因素，更重要的还有空间政策的导向。例如，“三线”的划定是否会对空间绩效的评价和有潜力的挖掘目标产生影响？这是我们需要在国土空间规划的背景下去思考的。

第二，从绩效到潜力。识别出低绩效土地之后，是否就可以自动转换成以后的存量挖潜目标空间？其实也不是这样，从绩效到潜力低效还需要综合考虑用地整治的可实施性和必要性。地方在存量挖潜中存在非常多的现实问题和困难，充分考虑挖潜的必要性、成本收益的可持续性是必要的。地方政府从空间治理角度将低效用地顺利地转换为更高效的土地利用方式，这一过程中存在很多困难。所以在识别出低效图斑、用地、企业之后，需要一个多部门“会诊”的过程，综合判别图斑的价值和是否需要转化为存量挖潜目标，即是否需要进行存量优化。这将是未来国土空间治理中大量存在的，与利益相关企业、团体、个人和政府的各个部门协商的过程，是相当复杂的。这也是为什么存量规划相对于增量规划成本更高、更难推进，它涉及的利益相关者和要素非常多，完成挖潜的时间成本和经济成本都要比增量用地的扩张高得多。因此，挖潜的审慎推进和存量空间的治理是国土空间规划里亟待解决的问题。

14.3 国土空间开发潜力的规划层次

与国土空间规划从国家到村庄五级三类体系相对应，国土空间开发潜力的研究也是多层次的，并非需要在每个层次内都实现精确到某个图斑能不能转化为潜力，转变为什么功能的程度。过去开展的相关工作，实际是精度“一插到底”的体系，即省的数据是从一家家企业、一个个住户汇总上来的，是自下而上汇总和摸底排查出的结果。也就是说在不同层面，它的精度是完全一致的，只是在成果的表现上，很可能是一个数字分解到地级市、县级单元，但实际上它背后的逻辑和内涵是完全一致的。

在新的国土空间规划体系中，省或者地级市域等宏观层面，没有必要也不需要达到这样的精度；或者说如果省或地级市的精度达到了乡镇甚至图斑精度，是不科学的，因为这样的精度在宏观层面并不能更好地解决挖潜问题。在新的语境下，绩效需要考虑的，除了经济问题以外，还有社会、生态、空间、政策等一系列问题，更需要讨论空间政策、规划管理、成本收益、土地权属等一系列问题，因此在每个层面去实现从效率到绩效再到潜力，考虑的因素是不一样的。

举个例子，在省的层面，从经济角度来说，可能更多地去考虑经济的发展整体导向和态势，即经济、产业的引导方向，很难明确界定省的主导产业。那么在地级市、县级市就会有具体的主导产业了，可以以此判断哪些地块的产业是比较受鼓励的，将其纳入低效还是高效的评判因子。再到乡镇层次，需要更具体，甚至需要具体到行业分类和不同行业亩产税收等指标的绩效门槛。

14.4 绝对低效与相对低效

对于土地低效的评判标准显然不应该是全国一根线，如果以此标准，根据统计数据，可以一刀切地去认定中西部地区的大部分省份是不集约的，而东部的省份都是集约的。从绝对值上当然可以这样认为，但土地利用的绩效水平应该是和经济社会的发展阶段相对应的。

同济大学赵民教授从十几年前就开始研究长三角全生产要素投入与土地节约集约水平的关系。他提出，我们土地节约集约的水平是与生产的发展阶段、经济社会的发展阶段紧密相关的。在经济增长的某些阶段，必然是相对粗放的发展，缺乏集约发展的能力和动力；但在一些阶段，地方是有能力实现集约的，对于这些有能力实现集约，但却没有显著的绩效水平提升的地方则可以判定“相对低效”。

这种“相对低效”是在宏观层面，在更微观的层面，由于种种原因造成的资源错配也可以认为是一种相对低效。举例说明，上海的北外滩是城市未来的国际航运中心、国际商务中心、中央商务区，但是因为历史原因，沿着水系虹口港有一些仓储、工业，假设这些用地的地均产出仍然非常高，高于一般的郊区工业，能不能认为它是高效呢？如果从空间的中微观尺度来看，仍然不能判定它是高效的，因为它所占据的区位距离未来的CBD步行只有5 min的距离，即使是亩产非常高的工业，我们仍然认为它是不集约的情况。这也是为什么我们不能简单、机械地统计每个企业数据，不能“一刀切”地去判断低效还是高效。

14.5 国土空间潜力挖掘的实际困难

在我们国家很多省市，农村的居住密度还是非常高的，而且因为农村的红利逐渐显现，双栖人口①和就近城镇化是非常明显的，宅基地退出越来越困难。以A省为例，2020年双栖人口占全省总人口的14%，这个比例是很高的。我们可以判断，双栖人口的城乡双重身份的生活模式会越来越常见。相应地，如果单方面通过低效乡村建设用地尤其是宅基地来实现存量指标腾挪，地方会觉得有很多困难。在我们调研的一些农村，住宅

① 指既在城市生活又在农村生活，家有农村宅基地，还有城市住房的人口。

的空闲比例特别高，废弃宅基地、建新不拆旧现象普遍，这些看似巨大的潜力，但如果没有出台宅基地退出的相关政策，没有在产权上解决这一问题，在现阶段实现潜力挖掘是非常困难的。

相对来说，工业似乎是较好挖潜的地类，但也存在一些问题。有些企业虽然破产，但因为土地往往作为抵押进行融资，政府回收的困难非常大；另外低效企业的退出机制不完善，在签订供地合同时没有对企业的综合效益门槛界定清楚，政府将很难依法责令企业退出，或者提升绩效。因此，在浙江、河南等地逐渐推出了“标准地”的机制。

14.6 国土空间潜力挖掘的机制

国土空间潜力评价和挖掘应建立“部门会诊”机制，包括发展和改革委员会、经济和信息化部门、农业农村部、环境保护部门、人力资源和社会保障部门等一系列的部门，搭建长效平台，规定部门在工作中间承担怎么的支撑作用，最后汇总到自然资源和规划部门进行综合整治，这是多部门联合的工作，是一种协同工作机制。同样的工作，在市县层面就会非常不一样。

部门协同的工作在市县层面要更为细致，例如自然资源和规划部门划定城镇开发边界，低效用地在边界内外会有不同的整治政策，市县级发展和改革委员会要明确地块企业是否属于鼓励的或者是淘汰的产业，是不是跟本地的主导产业相契合；市县级税务部门提供企业的税收情况；经济和信息化部门确认企业的运转是否正常、产值大概多少；市县级环境保护部门提供能耗水平；市县级人力资源和社会保障部门则从从业岗位等角度判别企业对地方经济社会的贡献，通过多部门汇总情况并对企业是否需要整治做出综合的判断。

14.7 国土空间潜力挖掘的案例：以我国东部某省份 A 的地级市 B 为例①

14.7.1 B 市国土空间开发的总体特征

B 市总面积约 17 192 km^2，全市地势西北高，东南低，山地和丘陵面积约占 2/3。山地多呈西北东南向延伸，由北向南，山地与河流沟谷相间分布。根据第三次全国土地调查初步结果，2019 年 B 市域建设用地面积 30 余万 hm^2，占土地总面积的 18%。2019 年 B 市农用地面积为 150 万 hm^2，占土地总面积的 80%；其中耕地面积为 75 万 hm^2，占农用地总

① 考虑到案例数据的敏感性，本案例的地名采用隐名，数据都经过人为调整，有可能会存在不闭合情况。

面积的 55%。2019 年 B 市未利用地面积 6 万 hm^2，占土地总面积的 3.5%。

结合近年来第二次全国土地调查变更数据，可以发现 B 市建设用地总量缓慢增长，农用地基本保持稳定，未利用地总量有部分减少(图 14-1)。

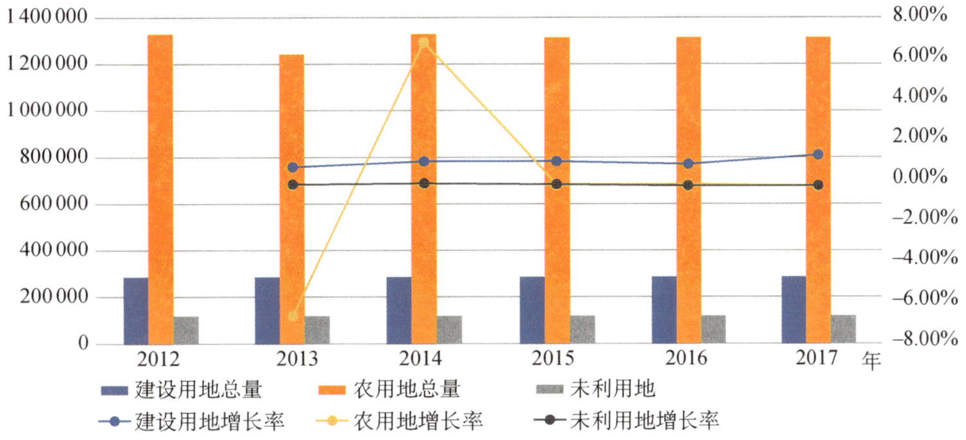

图 14-1 2012—2017 年 B 市三大类用地变化情况(单位:hm^2)

14.7.1.1 建设用地变化情况

从规模来看，2012 年至 2017 年 B 市建设用地总量从 28 万 hm^2 增长到 29.5 万 hm^2，增加了 1.5 万 hm^2；超过 80%的增长量来自城镇村庄建设及工矿用地，其中城镇建设用地增加了 0.6 万 hm^2，村庄用地增加了 0.6 万 hm^2，工矿用地减少了 0.01 万 hm^2。从趋势来看，在 A 省几类建设用地中，城镇建设用地的增长率相对最高，但每年的增长速度逐渐放缓，从 2013 年的 3.8%降到 2017 年的 1.6%(图 14-2)。

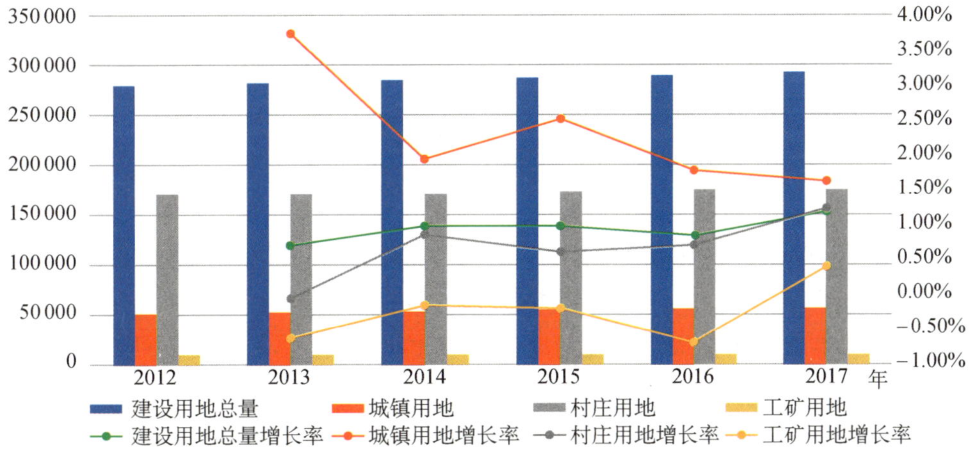

图 14-2 2012—2017 年 B 市建设用地变化情况(单位:hm^2)

14.7.1.2 农用地变化情况

根据第三次全国土地调查结果，2019 年 B 市的农用地总量在全省位列第一；农用地比例除了市辖区最低外，其他均在 80%左右；市域内分布上呈现西北地区多，东南地区较少的格局。

2012 年至 2017 年，B 市域的农用地总面积从 152 万 hm^2，变为 150 万 hm^2，其中耕地从 84 万 hm^2 变为 75 万 hm^2，占比基本不变，耕地减少的速率大致等于农用地总量减少的速率（图 14-3）。

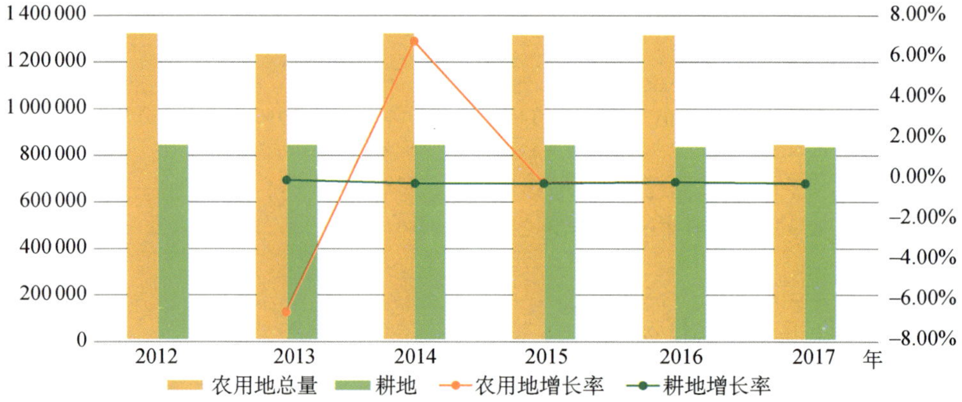

图 14-3 2012—2017 年 B 市农用地变化情况（单位：hm^2）

14.7.1.3 未利用地基本情况

B 市未利用地面积约 6 万 hm^2，占比与 A 省其他地级市相比较低；类型上以裸岩石砾地居多；大多分布于北部山地区和西部低山丘陵区，与地形地貌有关。

14.7.2 B 市国土空间开发的特征总结

14.7.2.1 建设用地总量大，开发强度居中，绩效低

B 市建设用地总量达 30 万 hm^2，位于 A 省第二位。从开发强度来看，B 市的国土开发强度为 18%，在 A 省中处于中等偏下的地位。

根据 2017 年 A 省各地级市建设用地和 GDP 的回归情况，B 市位于回归线下方，表明 B 市以较高的建设用地面积承载了较低的 GDP。进一步考察 A 省各地级市工业用地地均产值和商贸物流用地地均产值，B 市这两个指标也处于 A 省最低水平。

根据 2017 年 A 省各地级市地均 GDP 和地均人口的回归情况，B 市人口密度在省内居中，但地均产值偏低：地均 GDP 为 10 亿元/km^2，在 A 省位于倒数第二，仅为该省第一

位城市的三分之一,建设用地地均 GDP 也仅位于倒数第三。

综上,B 市是 A 省常住人口最多、土地面积最大的地级市,其建设用地总量在全省地级市中位居第二,国土开发强度在 A 省处于中等水平。总体上看建设用地绩效低于 A 省大部分地级市,与省内沿海城市存在较大差距(图 14-4)。

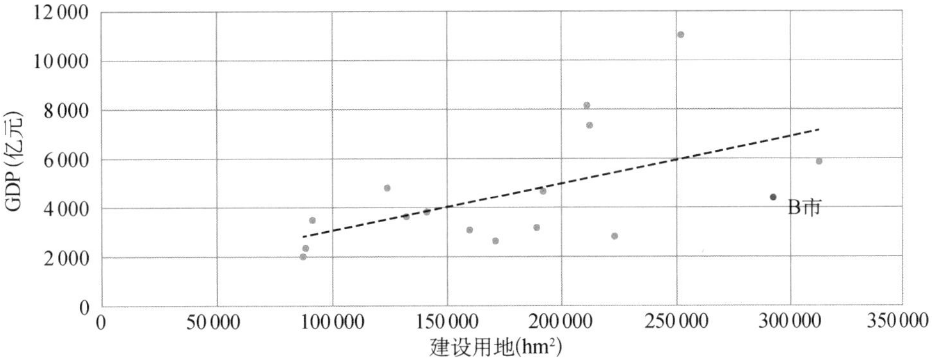

图 14-4 2017 年 A 省各地级市建设用地与 GDP 回归情况

14.7.2.2 农村宅基地使用粗放,人均指标过高

B 市农村宅基地比例约占总建设用地的 45%;且农村人均宅基地超过 300 m^2/人,远超 A 省关于建设用地的控制标准中的户均宅基地面积指标。

14.7.2.3 建设用地结构与布局有待进一步优化

全市农村宅基地占建设用地总规模的 45%,城镇建设用地仅占 35%,低于全省水平(40%左右)。城镇建设用地和农村居民点用地之间的比例与人口分布不协调。

对于城镇不同类型建设用地比例,B 市与其他各市的相似之处为:总体比例最高的用地类型是工业用地(40%),其次是城镇住宅用地(20%),二者之和约为 60%;另外城镇村道路用地(15%)以及商业服务业设施用地(10%)比例也较高。

从 B 市与 A 省其他地级市城镇建设用地结构差异来看,B 市工业用地比例较高,但从经济结构看,B 市的主导产业并非功能工业,而是商贸物流,工业经济占比不高,2018 年 B 市第二产业增加值占比低于第三产业(近 50%),侧面反映了 B 市工业用地产出率低的情况。

14.7.2.4 国土开发情况地区差异大

B 市地均人口和地均 GDP 都呈现市辖区高,外围各县低的格局,用地绩效方面各地区差异巨大,最低县地均 GDP 仅为最高区的 1/10。

建设用地总量较高的集中在市辖区和各县(市、区)县城所在的街道或镇。开发强度市辖区远高于外围区县，并以市辖区为中心在市域内呈现较明显的核心—外围的圈层结构，而农用地总量分布与国土开发强度分布相反。

14.7.2.5 面临空间资源瓶颈

对比土地利用规划，B 市的国土开发面临空间资源瓶颈。一方面 B 市建设用地、城乡建设用地指标倒挂，2019 年 B 市域建设用地总量为 30 万 hm^2，已远超《B 市土地利用总体规划（2006—2020 年）》（以下简称《土规》）规划的 2020 年建设用地总规模的 25 万 hm^2；2019 年 B 市城乡建设用地 25 万 hm^2，而《土规》中规划的 2020 年城乡建设用地 20 万 hm^2（约束性指标）。可见，2019 年 B 市的城乡建设用地指标已经较 2020 年规划出现倒挂。

14.7.3 B 市国土空间开发特征的成因机制分析

14.7.3.1 增量驱动的路径依赖

B 市建设用地从 20 世纪 80 年代以农民建房和乡镇企业用地为主，到 21 世纪演变为以开发区和房地产开发为主，在经济社会发展速度远远超过规划预期的同时，城镇、工矿、基础设施、乡村等各类建设用地全面扩张，用地粗放，建设用地集约利用水平不高。

B 市增量驱动路径依赖主要体现在工业用地的扩张上。B 市工业企业的经济增长过度依赖于规模增长，技术创新能力大大不足，产业层次有待提升。目前，B 市工业发展仍以资本密集型和劳动密集型为主，需要占用大量土地空间，且过度依赖大量投入。并且 B 市多数企业的经济增长点主要依赖于规模扩张引起的增长，缺乏技术革新发展的能力。

此外，B 市土地利用政策的不严格导致企业利用优惠政策大规模圈地，把土地作为资本而不是生产要素进行投资，工业用地效率低下。很多企业集约节约用地意识不强，存在多征少用、征而不用、囤地圈地等行为，不重视土地内涵挖潜，导致工业用地大量浪费和低效。

14.7.3.2 绝对粗放和相对粗放

B 市市辖区周边的县（市、区）的经济社会发展水平较低，导致其土地利用粗放的阶段特征；而市辖区经济社会发展水平较高，但土地的利用绩效相比其他城市仍然偏低，这主要体现在工业用地的粗放利用上。

14.7.3.3 可供开发的空间较为受限，存量土地更新难度较大

1）土地生态环境脆弱

随着 B 市工业化、城镇化的快速发展，各种污染物的排放量逐年增加，造成水体

污染和局部土地污染；不合理的耕作方式和农药化肥过度使用，破坏农田生态环境；低山丘陵区生态脆弱，加之人为破坏和不合理利用，局部水土大量流失，土地退化较为严重。

2）耕地后备资源较为匮乏

B市域山地、丘陵占比达三分之二，由于地貌类型限制，扣减耕地特别是基本农田后，可供开发的空间十分有限。2019年全市人均耕地0.07 hm^2，低于全国平均水平，且一半以上的耕地是旱地。B市的未利用地多为坡度在15度以上的坡地，宜开垦为园地、林地，但开发成耕地的难度大；且未利用地分布较分散，图斑较零碎，难以开发利用。

3）城区存量土地更新难度大

B市城中村中可供大面积更新的存量土地相对有限，如某县计划在2～3年内完成更新；近年来房地产市场趋向饱和，拆迁、安置成本逐年提高；经过多年开发，现状的老城区用地混杂、产权复杂，更新难度较从前大幅提升。

14.7.3.4 集体建设用地浪费严重，影响国土开发整体效率

B市是A省第一人口大市和重要的农业生产区，农村人口多，农村宅基地比例较高，农村人均宅基地面积过高，且农村住宅多以低层建筑为主，占地面积大、容积率低。

农村常住户中，六十岁以上夫妻两人居住的"老年户"较多，部分子女成家后在村内另建新的宅基地，部分子女已在外安家定居。

B市农村空置闲置宅基地数量多，比例高。村内有很多废弃的宅基地，房屋破旧甚至倒塌，由于缺失宅基地收回机制，再加上这些废弃宅基地零散、不集中连片，复垦成本高、难度较大，因此多处于空荒状态。"一户多宅"现象普遍，农村新建宅基地，不拆除复垦旧宅基地的"建新不拆旧"，加剧了"空心村"问题。

除此之外，集体建设用地挖潜空间大，但目前缺乏制度和资金保障。

虽然B市近年来积极推进城乡建设用地增减挂钩，且进行了田、水、路、林、村土地综合整治，但增减挂钩实施难度较大，在新农村建设的村庄搬迁整治、新建农村社区、公共服务设施和基础设施配套的过程中，也不可避免地导致建设用地的增加。

14.7.3.5 乡村就地城镇化的比例较高，城乡双栖现象普遍，影响农村建设用地的有效利用

虽然近年来B市在不断完善农业转移人口市民化的相关政策机制，但城镇化率尚不高（2017年为57.4％），城乡二元结构依然明显，大量城镇外来务工人员、城中村城边村原有居民、农村地区就地转移就业人口市民化程度低。

B市县内人口迁移，就地就近城镇化特征明显，人口分布相对"稳态"。根据该市《农业转移人口市民化发展规划2016—2020》，近六成的农民工在本市（街、乡）内转移

就业。而且外来务工人员就业和居住比较稳定，从就业的稳定性看，75%以上的外来务工人员有固定单位，从事现职时间长；从居住条件看，37.7%的外来人口在城镇购买了商品房。

此外，城镇外来务工人员市民化意愿不高，大多由于房价高、收入低、生活成本高、不愿放弃农村户口的附着利益而不愿落户，居住证制度的实施更使落户城镇的必要性进一步降低。因此B市城乡双栖现象普遍，大量人口选择在城乡居民双重身份中频繁切换，导致农村户籍人口的减少较慢，也难以真正实现市民化，农村宅基地退出和集体用地的整理难度也相对更大。

14.7.3.6 工业用地低效，缺乏有效调控机制

第一，工业用地投资强度达标率高，但容积率达标率低，建设相对粗放。对照所在A省建设用地的控制标准，全市工业区地均产出和容积率的达标率都相对较低。

第二，已破产、停业的工业企业用地回收难。由于企业在经营过程中往往以土地作为抵押进行融资，且融资力度较大，在企业破产后，土地资产转移给银行，只能走拍卖程序，政府回收难度较大。

第三，低效企业的退出机制不完善。在签订供地合同时，对于企业运营的综合效益往往没有明确规定，因此难以考核企业及强制退出。而且低效工业用地评判标准不明确，没有统一标准，政策难以执行，"腾笼换鸟"策略只能针对破产企业进行。

14.7.3.7 土地批而未供，影响土地资源的有效利用

近年B市土地市场存在批而未供的情况较为普遍。批而未供土地主要集中在市辖区，这些未供土地不仅占据了大量的发展空间，影响了土地资源的有效利用；还阻碍了政府土地收入的增长，以及对其他领域的投资和受益的拉动。

14.7.3.8 住房需求持续增加，房价上涨

B市作为全省人口最多的地级市，且随着近年来农业人口向城镇转移，城乡居民对商品住房的刚性需求、改善性需求总量上升；同时，由于B市地价、房价水平在全省相对较低，库存量不大，全市住房用地需求将持续增加，房价的持续上涨将进一步推动建设用地增长。

14.7.3.9 缺乏有效的国土空间规划机制和制度保障

第一，原规划体系中，土地规划与城乡规划衔接不畅，城乡规划仅平衡规划区内人均指标，乡镇各自编制规划，缺乏全域城乡建设用地指标的平衡和运作机制，未能合理确定各种类型用地的比例和空间布局，有计划地供应建设用地。

第二，各类专项指标的下达和管理相对粗放。

第三，各部门统计数据范围与口径不一致，无法与其他部门的管理数据库对接，在土地集约利用评价工作上未能形成合力，无法有效处置低效闲置土地，提高土地集约利用程度。

第四，规划实施监管不到位。部分违法用地没有按规定要求进行拆除，农业结构调整没有相应的规划用途审查，导致各类农用地与规划目标相差较多。

14.7.4 B市国土空间用地总体绩效评价

14.7.4.1 评价技术路径

从B市域各区县的土地利用情况来看，部分县(市、区)开发强度高、存量空间小、增量增速快、流量配置效率低、土地开发质量不高，土地集约水平差异较大。鉴于目前B市尚无对各个县(市、区)土地节约集约利用的现有评价研究，将各个县(市、区)作为评价研究的着力点。按照“五量调控”总体导向，构建评价指标体系，以县(市、区)为评价单元，综合运用各类经济社会与土地利用统计资料，对B市各个县(市、区)土地总体和重点地类展开分层次、分重点的节约集约利用度评价。

14.7.4.2 评价指数与指标选取

1) 一级评价指数构建

构建“用地总量指数、用地增量指数、用地存量指数、用地流量指数、用地质量指数”五大指数。

2) 二级评价指标选取及解释

按照一级指数分类，选取19个二级反映指标(表14-1)。

表14-1 县(市、区)建设用地综合评价指数与指标选取

一级指数(准则层)	反映指标(指标层)	指标计算方法及解释
用地总量指数“总量锁定”	发展空间余量	(2020年版《土地利用总体规划规划》中建设用地规划总规模—2019年建设用地总规模)/建设用地总规模，用以反映城乡建设用地扩张的后备空间量
	建设用地比重	2019年建设用地/行政区面积，反映建设用地总体规模与地区总体建设开发强度
	生态用地占比	2019年生态用地占行政区面积(生态用地＝林地、草地、未利用地、湿地、滩涂等)比例
	基本农田占比	2019年基本农田面积/2019年所有农田面积

续表

一级指数（准则层）	反映指标（指标层）	指标计算方法及解释
用地存量指数“存量优化”	建设用地结构（工业）	（工业用地面积/建设用地总量）/（第二产业增加值/GDP），反映工业用地比重合理性
	耕地占补平衡节余指标收益	通过整治，可补充耕地指标面积/3
	工业用地合规度	集体用地属性的工业用地面积/工业用地总面积，反映符合两规合一的工业用地比重
	工业用地低效用地	低效用地占全部工业用地比重（根据《A省建设用地控制标准（2019）》，低于同类行业最低标准，即判定为低效用地）
用地增量指数“增量递减”	新增建设用地面积变化率	2019年与2014年建设用地总量差值/2014年建设用地总量，反映建设用地增速
	人口与空间城镇化关系	2014年至2019年城镇人口变化率/城镇建设用地变化率，反映流量城镇建设用地的人口承载效能增效情况
	新增建设用地的经济效率	2014年至2019年第二、三产业增幅/建设用地变化率，反映流量建设用地的经济承载效能增效情况
用地流量指数“流量增效”	批而未供	批而未供占比
	供而未用	闲置用地占比
用地质量指数“质量提高”	人口密度	2019年人口总量/城乡建设用地总面积；反映现状建设用地人口承载力现状
	地均GDP	第二、三产业产值/建设用地总面积；反映现状建设用地经济承载力现状
	户均宅基地面积	2019年农村户均宅基地面积，反映农民宅基地的利用集约度
	单位工业用地工业产值	2019年工业用地产值/工业用地总面积，反映工业用地生产效益
	单位工业用地工业增加值	2018年工业用地增加值/工业用地总面积，反映工业用地利用效率的指标
	单位工业用地税收	2018年工业用地税收值/工业用地总面积，反映工业用地产出效益

3）指标筛选与权重确定

本研究采用专家打分法确定指标的权重体系（表14-2）。

表 14-2 县(市、区)建设用地综合评价指数与指标权重测算

指数	指数权重	指标	指标权重	属性
用地总量指数“总量锁定”	0.2	发展空间余量	0.2	正
		建设用地比重	0.3	负
		生态用地占比	0.1	负
		基本农田占比	0.4	负
用地存量指数“存量优化”	0.1	建设用地结构(工业)	0.2	负
		耕地占补平衡节余指标收益	0.3	正
		工业用地合规度	0.2	正
		低效用地	0.3	负
用地增量指数“增量递减”	0.1	新增建设用地面积变化率	0.2	负
		人口与空间城镇化关系	0.4	正
		新增建设用地的经济效率	0.4	正
用地流量指数“流量增效”	0.2	批而未供	0.33	负
		供而未用	0.34	负
用地质量指数“质量提高”	0.4	人口密度	0.2	正
		地均 GDP	0.2	正
		户均宅基地面积	0.2	负
		单位工业用地工业产值	0.2	正
		单位工业用地工业增加值	0.1	正
		单位工业用地税收	0.1	正

4）指标打分与权重计算

计算 B 市各个县(市、区)各项指标并进行标准化处理,然后分别逐一乘以指标权重和指数权重,得到各县(市、区)各项指标的值,最后汇总后得出各县(市、区)五项指数以及综合评价指标值。

14.7.4.3 土地节约集约利用“五量”重点调控区域

1）建设用地“总量锁定”重点区域

未来,严控该类型区域建设用地规模,合理安排建设用地规模、布局、结构和开发时序,实施土地利用总体规划的定期评估和适时修编,努力实现规划建设用地的总规模“有序增长”甚至“零增长”;推进集中建设区外的现状工业用地和宅基地的减量化,重点实施生态修复和农业复垦。

2）建设用地“存量优化”重点区域

未来,该类县(市、区)应综合运用土地、经济与产业政策等手段,在淘汰落后产能、关

停"三高一低"企业、提高第二产业准入门槛的同时，加大对第三产业发展的扶持力度；适度压缩新增工业、商业用地规模，以土地利用紧约束控制并促进建设用地经济产出的提升。同时，适度提高未来建设开发、村镇改造中的建筑容积率，增大土地开发利用强度。此外，针对现状低效建设用地减量化推进不力的情况，应继续加大对县（市、区）的督导，通过激励政策鼓励县（市、区）推动低效工业用地提质转型工作；借助土地整治重点工程等形式，适度增加对该类县（市、区）减量化补偿的扶持力度。

3）建设用地"增量控制"重点区域

未来应严格控制该类县（市、区）的新增建设用地规模，减少新增建设用地计划。按照严控新增建设用地总量，对新增建设用地实行稳中有降、逐年递减的办法，有序地增加存量建设用地供给比例。推进土地利用计划差别化精细化管理，统筹安排新增建设用地计划、城乡增减挂钩计划和集中建设区外低效建设用地减量化计划；加大新增建设用地计划和集中建设区外减量化规模关联力度，将区县年度新增建设用地计划分解量与现状低效建设用地盘活和减量化等工作关联；调控人口与空间城镇化关系，提升新增建设用地的经济效率，增强新增建设用地在人口、经济上的承载能力。

4）建设用地"流量增效"重点区域

未来，该类县（市、区）建设用地的需求不是单纯靠新增建设用地，而是主要通过批而未供用地、供而未用闲置地减量化产生的流量。今后要大力盘活该类县（市、区）闲置用地的存量，稳定土地流量指标，同时健全建设用地"增存挂钩"机制，优化供地程序，采取一定的量化式管控手段和奖惩办法，确保土地市场供应不受影响。

5）建设用地"质量提高"重点区域

大力推动低效工业用地的提质转型，推动绩效标准与供地条件相捆绑的工作；加大土地投入强度，适度集中集聚，提升地均 GDP；加大农村宅基地整治力度，盘活利用闲置宅基地和闲置住宅，并对应"一户多宅"问题进行认定和处置。实施土地复合利用，推进基础设施和公共设施用地的综合开发利用，积极探索土地的立体开发，最大程度地节约集约利用土地。实现"效益""宜居""低碳"和"生态"目标。

6）土地节约集约利用"综合调控"重点区域

对于这类型地区，重点提高城镇综合容积率、鼓励村庄的集中布局、腾退低效闲置的工业用地、提高建设用地绩效。

15　双评价的技术要点及案例解析

黄　震*

15.1　认识双评价

15.1.1　双评价的定义

双评价，全称是资源环境承载能力与国土空间开发适宜性评价。

资源环境承载能力是指基于特定发展阶段、经济技术水平和生产生活方式和生态保护目标，一定地域范围内资源环境要素能够支撑农业生产、城镇建设等人类活动的最大合理规模①。它用作判断区域内土地资源、水资源、矿产资源、能源、旅游资源、水环境、大气环境等资源环境要素对这个区域经济社会发展的最大人口规模、经济规模和建设规模的支撑能力。概括地说，就是判断资源(利用)、环境(质量)、生态(基线)、灾害(风险)四类要素，定量测度国土空间发展的综合潜力，人类活动的承载能力，以及为人的经济、社会活动提供的生态系统服务能力。资源环境承载能力评价，实际上是对自然资源和生态环境本底的相对客观的评价。

国土空间开发适宜性是指在维系生态系统健康和国土安全的前提下，综合考虑资源环境等要素条件，特定国土空间进行农业生产、城镇建设等人类活动的适宜程度。它是用于判断国土空间自然条件对城镇(开发)、农业(生产)、生态(保护)三类利用方式的适宜程度及评判分级，是着重于从资源保护和开发利用关系、人地关系分析基础上的分析和判断。双评价的最终出口，都要落实在用地的适宜性分区、开发的限制性分类和风险的警示性分级上。

以上二者并不是一个并联的关系，资源环境承载力的主要的作用是论证后面国土空间开发的适宜性。

* 黄震，上海同济城市规划设计研究院有限公司成都分院副院长、高级工程师。邮箱：329161510@qq.com。

① 自然资源部.关于印发《资源环境承载能力和国土空间开发适宜性评价指南(试行)》的函[EB/OL].(2020-01-19)[2022-01-13].http://gi.mnr.gov.cn/202001/t20200121_2498502.html.

15.1.2 双评价的位置

国土空间规划体系的改革是国家系统性、整体性、重构性改革的重要组成部分，可以将其归纳为“五级三类四体系”（图 15-1）。

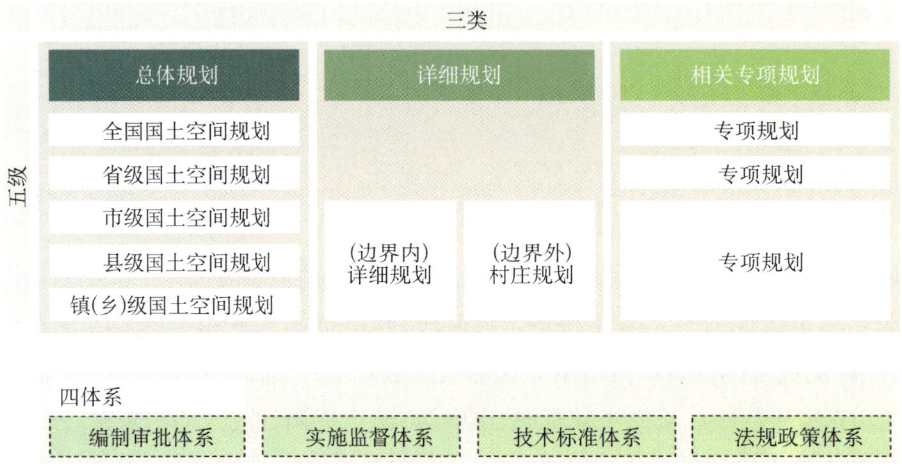

图 15-1 五级三类四体系

双评价是国土空间规划的中技术标准体系中的一项内容，是国土空间规划调查分析阶段的核心环节，是国土空间规划编制的前提与基础，是国土空间规划实施与监督的理论依据（图 15-2）。

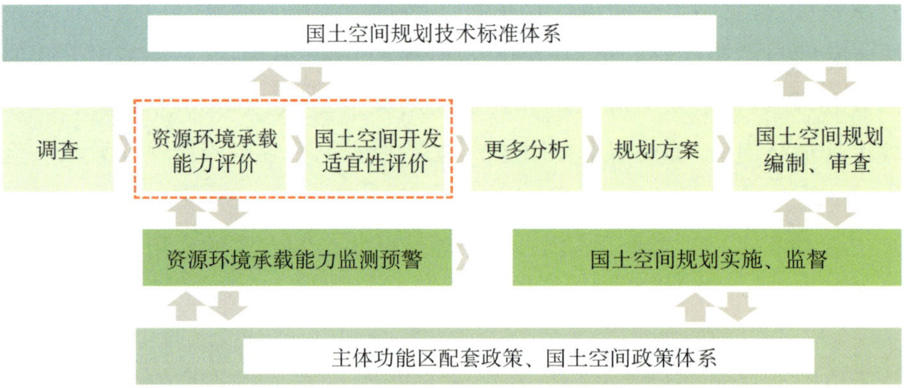

图 15-2 双评价的位置示意图

开展资源环境承载能力和国土空间开发适宜性评价也是以往规划的必做内容。但是，本轮国土空间规划与以往的城市总体规划、土地利用总体规划相比，具有以下两个方面的鲜明特点：

第一，评价方法上历经了从单要素向多要素系统综合评价的转变，从单一功能向全域要素功能的转变。

第二，双评价的作用也从总量调控转变为空间约束与指引。

双评价是国土空间规划"五级三类四体系"的四体系中技术标准体系的一部分，而且是比较前置的一部分。资源环境承载力评价和国土空间开发适宜性评价是整个国土空间调查分析阶段的核心环节，也是国土空间规划编制的前提与基础。

为什么提出双评价？过去规划中也时常会出现一些评估或所谓的承载力的评价，但这些往往比较局限或者片面，常见的就是水资源的评价和土地建设适宜性的评价。而国土空间的技术体系强调土地管理，也展示了从土地管理到自然资源管理的思维的转变。双评价在某种程度上也延续了原来主体功能区评价的内容。

双评价最终的目的是尽量减少人为的主观意志的干扰，通过比较客观的数据，对国土空间的资源进行定性定量的分析，通过分析建立数据库为后续所有的技术推演提供基础。对于这些数据和技术推演的要求是能够反推，也就是说每一项评估结果都能够反馈到最初的数据。

15.1.3 双评价产生的背景

15.1.3.1 中国共产党第十八次全国代表大会(2012年11月8日)以来习近平总书记重要讲话要求

(1) 绿色发展，就其要义来讲，是要解决好人与自然和谐共生问题。人类发展活动必须尊重自然、顺应自然、保护自然，否则就会遭到大自然的报复，这个规律谁也无法抗拒。

(2) 环境就是民生，青山就是美丽，蓝天也是幸福，绿水青山就是金山银山；保护环境就是保护生产力，改善环境就是发展生产力。

(3) 各级领导干部对保护生态环境务必坚定信念，坚决摒弃损害甚至破坏生态环境的发展模式和做法，决不能再以牺牲生态环境为代价换取一时一地的经济增长。

(4) 系统梳理和掌握各类生态隐患和环境风险，做好资源环境承载能力评价。

(5) 建立健全资源环境承载能力监测预警长效机制，做到"治未病"。

(6) 在开展资源环境承载能力和国土空间开发适宜性评价的基础上，抓紧完成长江经济带生态保护红线、永久基本农田、城镇开发边界三条控制线划定工作，科学谋划国土空间开发保护格局。

(7) 经济社会发展格局、城镇空间布局、产业结构调整与资源环境承载能力相适应。

15.1.3.2 政策导向

2015年9月，中共中央、国务院印发的《生态文明体制改革总体方案》(中发〔2015〕

25号）指出，规划编制前应当进行资源环境承载能力评价，以评价结果作为规划的基本依据。

2017年3月，自然资源部发布的《自然生态空间用途管制办法（试行）》（国土资发〔2017〕33号）要求，在系统开展资源环境承载能力和国土空间开发适宜性评价的基础上，确定城镇、农业、生态空间，划定生态保护红线、永久基本农田、城镇开发边界，科学合理编制空间规划。由此可见，以双评价为前提和基础来编制国土空间规划成为基本共识，加强双评价在国土空间开发格局优化中的应用势在必行。

2017年9月，中共中央办公厅、国务院办公厅印发了《关于建立资源环境承载能力监测预警长效机制的若干意见》。

2018年4月，在深入推进长江经济带发展座谈会上，会议提到习近平总书记要求"在开展资源环境承载能力和国土空间开发适宜性评价的基础上，抓紧完成长江经济带生态保护红线、永久基本农田、城镇开发边界三条控制线划定工作"，"以空间规划统领水资源利用、水污染防治、岸线使用、航运发展等方面空间利用任务，促进经济社会发展格局、城镇空间布局、产业结构调整与资源环境承载能力相适应"，"建立健全资源环境承载能力监测预警长效机制，做到'治未病'，让母亲河永葆生机活力"，做好资源环境承载能力评价在此形成了较为完整的表述。

2018年9月，机构改革后的自然资源部空间规划局启动了《资源环境承载能力和国土空间开发适宜性评价技术指南（试行）》（以下简称《技术指南》）制定工作。

2018年12月的十三届全国人大常委会第七次会议、2019年3月的第十三届全国人民代表大会第二次会议提到坚持底线思维，以国土空间规划为依据，把城镇、农业、生态空间和生态保护红线、永久基本农田保护红线、城镇开发边界作为推进城镇化不可逾越的红线。自此，作为优化国土空间格局的基本依据和编制国土空间规划的前提条件，资源环境承载能力评价和国土空间开发适宜性评价的重要性日益凸显。

2019年5月，《中共中央 国务院关于建立国土空间规划体系并监督实施的若干意见》（以下简称《意见》）的印发，标志着国土空间规划体系构建工作正式全面展开。《意见》要求"坚持节约优先、保护优先、自然恢复为主的方针，在资源环境承载能力和国土空间开发适宜性评价的基础上，科学有序统筹布局生态、农业、城镇等功能空间，划定生态保护红线、永久基本农田、城镇开发边界等空间管控边界以及各类海域保护线，强化底线约束，为可持续发展预留空间"。科学开展资源环境承载能力和国土空间开发适宜性评价成为科学进行空间布局、编制国土空间规划的关键和基础。

2020年1月，《技术指南》颁布。

15.1.4 双评价的发展阶段

15.1.4.1 1.0 阶段

2013 年,《中共中央关于全面深化改革若干重大问题的决定》首次正式提出建立空间规划体系。"资源环境承载能力和国土空间开发适宜性评价"概念见诸重要政策文件开始,各部门相继出台了若干技术规程。这些评价都是各部门针对事权范围的单独评价规范,各要素是单一的,由相关行政主管部门分别开展,不同部门之间评价体系不统一,评价结果不一致,相互交叉、相互影响。例如:

2016 年,国家发展和改革委员会、国家海洋局等 13 部委联合印发《资源环境承载能力监测预警技术方法(试行)》;

原国土资源部 2016 年 7 月出台《国土资源环境承载力评价技术要求(试行)》;

住房和城乡建设部 2009 年颁布《城乡用地评定标准》;

水利部 2016 年 11 月发布《全国水资源承载能力监测预警技术大纲(修订稿)》。

15.1.4.2 2.0 阶段

2016 年 10 月国家发展和改革委员会、国家海洋局等 13 部委联合印发《资源环境承载能力监测预警技术方法(试行)》以及 2015 年 9 月国家测绘地理信息局、国家发展和改革委员会关于印发《市县经济社会发展总体规划技术规范与编制导则》的通知,将资源环境承载能力评价和国土空间开发适宜性评价表达为并行且相互关联的两个评价。

为更好地开展评价工作、推动规划工作开展,广东、河南等多个省份"多规合一"主管部门陆续出台了地方评价规程,总体沿用了这一并联模式。其间,诸多大院名校均开展了评价方法的系统性研究。既有双评价术规程具有一定的可操作性,较为有效地支撑了相关规划的编制及资源环境承载力监测预警等相关工作,很多评价要素与评价方法在《技术指南》中得以继承。但这种分部门探索也存在难以跳出部门逻辑、要素指标考虑片面、承载力与适宜性评价逻辑关系不清、可载与否的二元化识别对空间规划支撑不足等问题。

2.0 阶段比较重视综合性,以资源环境承载能力监测预警技术方法为基础,在城乡规划实践中重视资源环境承载的容量(人口、经济规模),但显然偏重城镇建设指向,以中心城区为主,相对忽略对全域生态保护、农业生产功能指向的评价,将整体结果机械表达为超载与否。形式上两个并联评价之间形成了一种并联交错模式,相互独立,评价指标存在重叠交叉,且方法不一。

15.1.4.3 3.0 阶段

2018 年 9 月,机构改革后的自然资源部空间规划局启动了新一轮评价技术指南的编制工作，经过多轮论证和试评价，形成了目前的技术指南试行稿。技术指南经过反复磨合论证，最终将技术框架表达为"一个评价、两项产出（适宜性和承载规模）、三类指向（生态、农业、城镇）、四个功能（禀赋与本底识别、问题与风险识别、潜力分析、情景分析）"。技术指南确认了承载能力和适宜性关系的清晰表达——适宜性是支撑条件的原值和基础、承载能力是基于短板理论的特定资源约束下的承载规模。

3.0 阶段在分别给出资源环境承载能力与国土空间开发适宜性定义的基础上，将二者内涵统一为"一定国土空间内自然资源、环境容量和生态服务功能对人类活动的综合支撑水平"，内容上从单要素向多要素系统综合评价转变、从单一功能向全域全要素功能转变，是新版评价技术指南的重要特点。在评价指标的选取上，避免使用开发利用现状数据和经济社会指标，更加侧重于资源环境本底的挖掘、资源环境承载能力原值的评价测算。基于内涵认识的变化，将评价目标从单纯总量调控向空间约束与指引转变，承载规模与适宜性成为一个评价中互为基础、相互印证的两个结果。

15.1.5 双评价的任务

双评价通过这么多不同阶段的概念演化和工作推进，最终要完成什么任务呢（图 15-3）？

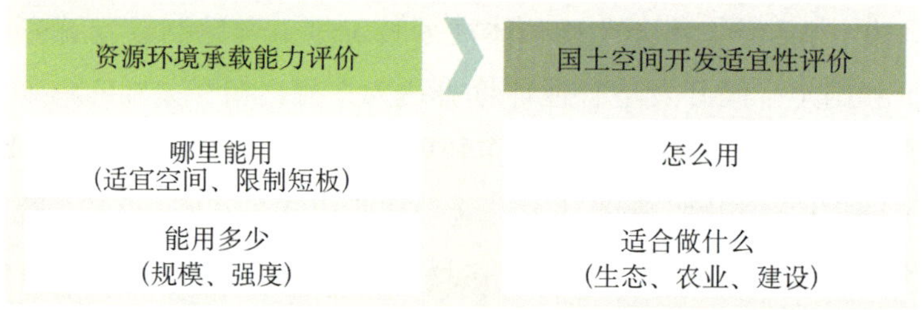

图 15-3 双评价的任务思考

资源环境承载能力评价，实际上是对自然资源和生态环境本底的相对客观的评价。判断区域内土地资源、水资源、矿产资源、能源、旅游资源、水环境、大气环境等资源环境要素，定量测度国土空间发展的综合潜力，以及对这个区域经济社会发展的最大人口规模、经济规模和建设规模提供生态系统服务的能力。

国土空间开发适宜性评价，用于判断国土空间自然条件对城镇（开发）、农业（生产）、生态（保护）三类利用方式的适宜程度及评判分级，是着重于从资源保护和开发利用的关系、人地关系分析基础上的分析和判断。

双评价二者之间应当呈现一种耦合逻辑，是串联递进的关系，是一种技术支撑，通过对比现状（如开发利用现状、基本农田红线、生态保护红线等）可以对既有规划成果进行校正。最终是要明确农业、生产、城镇建设的最大合理规模和适宜空间，落实在用地的适宜性分区、开发的限制性分类和风险的警示性分级上，完善主体功能区布局，划定生态保护红线、永久基本农田、城镇开发边界，优化国土空间开发保护格局。

15.1.6 双评价的相互关系

资源环境承载能力是客观本底，国土空间开发适宜性要合理判断。

通过环境承载力和开发适宜性明确哪里能用，即整个国土空间范围内适宜的空间是哪些、限制的短板是哪些。需要注意的是，适宜空间不能等同于城镇开发边界，二者不是同一个概念，适宜空间不是一个线性的边界，只是客观的描述，描述适宜的空间究竟在哪里、有多少、限制短板在哪里。

在此基础上提出一个可用的规模和强度，即资源环境承载力的最大值，且不会因为现状的人口多、规模多，承载力就小。这与传统规划中提到的以现有规模来反馈承载力的思路是相反的。这就是国土思维的具体表达，明确资源环境承载力，通过国土空间开发的适宜性来回答“哪里能用、怎么用、用作什么”的问题。例如，整体承载能力低的区域，不适合进行大规模建设开发或农业开发，但这样的区域里，也存在建设开发或农业开发适宜程度较高的地块。

15.2 总体技术流程

15.2.1 技术流程

严格遵循“生态优先、科学客观、因地制宜、简便实用”的评价原则，围绕生态保护、农业生产、城镇建设功能特征，根据土地资源、水资源、生态重要性、生态系统脆弱性、自然灾害危险性、环境容量、经济发展水平等指标的综合评价，得到资源环境承载能力评价结果。

根据生态保护、农业生产、城镇建设功能指向的资源环境承载力评价结果，判断国土空间开发适宜性评价，总结刻画资源环境本底主要禀赋特征，为科学编制国土空间规划奠定坚实基础。

评估工作运行环境采用地理信息系统软件，统一采用 2000 国家大地坐标系，高斯-克吕格投影，陆域部分采用 1985 国家高程基准。

双评价的总体技术流程如图 15-4 所示。

其中，以下几点值得注意：

（1）其中涉及海域的，还要开展陆海统筹。

（2）不同功能指向和评价尺度，要采用差异化的指标体系。在国土空间规划的不同

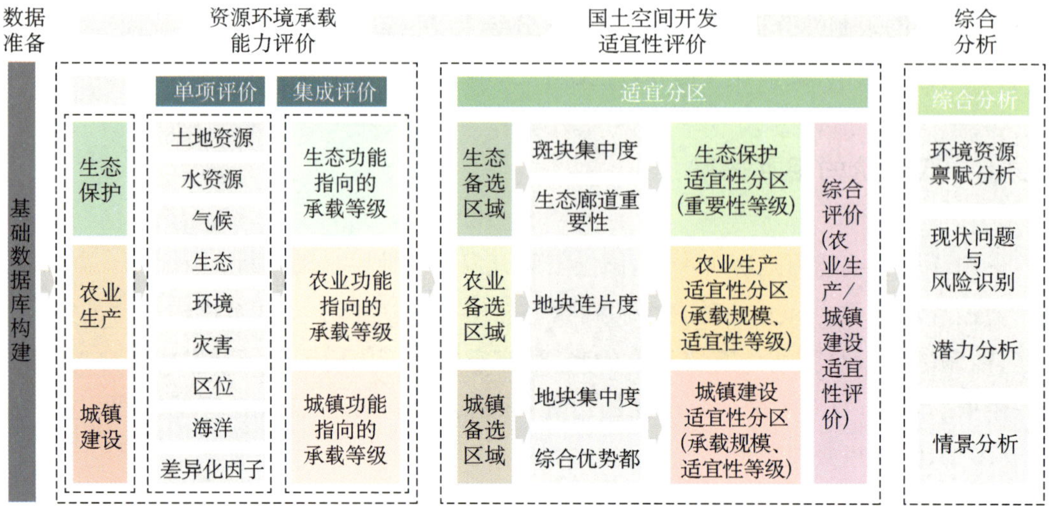

图 15-4 总体技术流程

阶段，相关评价标准是根据国土空间规划使用要求而制定的，或多或少地具有人为判断或干预成分。因此，为双评价的评价标准和评价程序制定一定的规程或技术指南，是减少人为干预的关键举措，有利于进行横向的和纵向的比较。

（3）双评价作分项专业性很强，会不同程度地受数据精度和可靠性的制约。开展双评价之前，应先进行数据筛选、转换、集成，构建可靠的基础数据库。

15.2.2 双评价的技术流程

双评价的技术流程如图 15-5 所示。

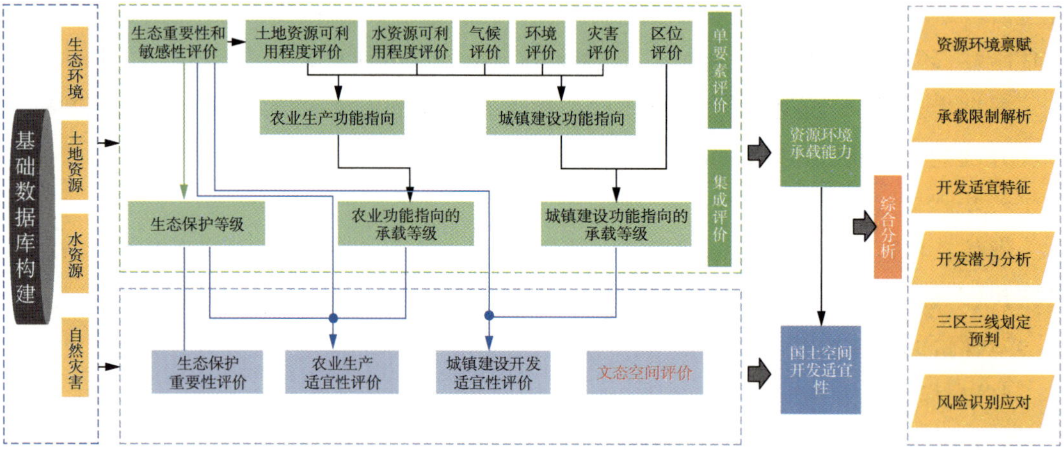

图 15-5 双评价的技术流程图

15.3 案例解析

本节使用山西省某县的双评价资料进行案例解析。

15.3.1 数据准备

目前数据来源渠道多种多样，这导致数据形式多样、质量不一。即使同一部门由于时间或技术应用关系也会导致数据质量不同、坐标系统不一，需要对数据进行一致性处理，比如：

统一坐标基准和投影方式：评价统一采用 2000 国家大地坐标系，高斯-克吕格投影，陆域部分采用 1985 国家高程基准。

统一数据基础：以第三次全国国土调查数据为准。

统一规划范围：某县实际管辖范围 2 676.60 km^2。

统一计算精度：优先使用矢量数据叠加形成的图斑作为评价单元，使用栅格数据的采用 30 m×30 m 计算精度。为防止栅格范围与规划范围不一致，统一将栅格矢量化处理。各指标数据叠加赋值时，将评价单元(面状数据)与待传递属性的面状数据空间叠加，每个评价单元按面积权重获取属性(图 15-6)。

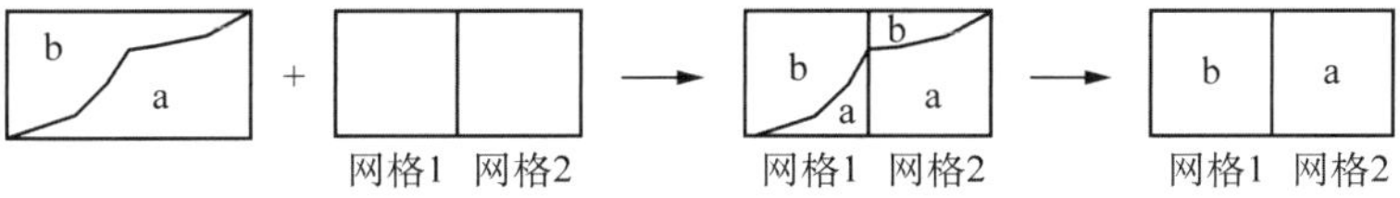

图 15-6 数据空间叠加示意图

15.3.2 案例展示

15.3.2.1 生态保护重要性评价

开展生态系统服务功能重要性评价、生态敏感性评价，集成得到生态保护重要性，划分为极重要、重要、一般三个等级。

生物多样性维护、水源涵养、水土保持、防风固沙、海岸防护等生态系统服务功能越重要，或水土流失、石漠化、土地沙化、海岸侵蚀等生态敏感性越高，且生态系统完整性越好、生态廊道的连通性越好，生态保护重要性等级越高。

省级生态保护重要性评价要衔接相应的全国结果。市县层面直接使用省级结果，并根据更高精度数据和地方实际进行边界校核和局部修正。

山西省层面划定某县生态保护红线区域包括历山国家自然保护区、太行洪谷森林公园、云台山区域，涉及的乡镇包括中村镇、土沃乡、张村乡、龙港镇，总面积约 220.07 km^2。

修正完善生态保护：

(1) 针对重要水源地张峰水库、山则水库水域周边 300 m 范围内的陆域纳入一级生态保护区，生态保护重要性为极重要区进行控制，总面积约 23.10 km^2。

(2) 太岳山中条山水源涵养生态屏障区主要建设以涵养水源为主要功能的防护林体系，提高碳汇能力、水源涵养能力，保护地带性典型生境。沁河是山西第二大水系，西北源头位于太岳山区，东部水系连着长治盆地与巍巍太行，一路穿山越岭后汇入黄河。

所以在评价生态保护重要性时首先将天然林纳入生态控制区，其次将某流域尤其是张峰水库上游的水源涵养区林地纳入生态控制区，面积约 782.25 km^2。

(3) 结合省级数据最终得到生态保护集中区（生态保护红线）面积 243.17 km^2，生态控制区面积约 782.25 km^2，生态空间面积共计 1 503.91 km^2，占全县总面积比重为 38.56%（图 15-7）。

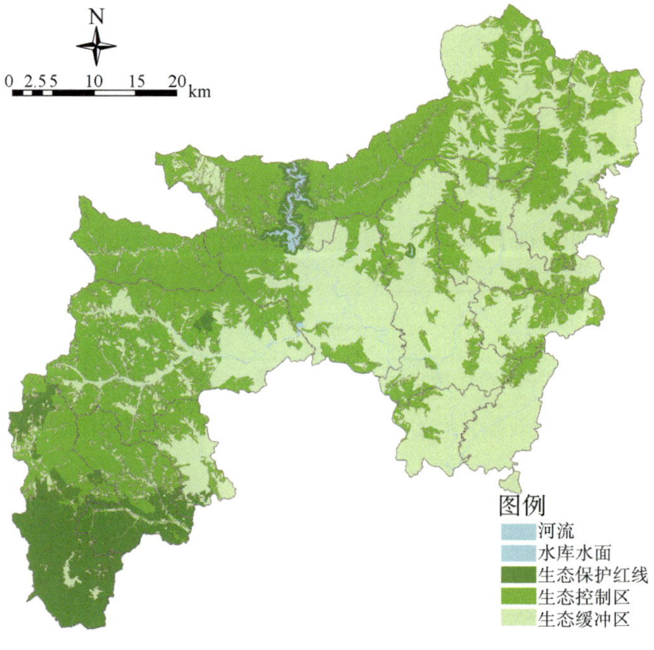

图 15-7 生态保护重要性评价等级图

15.3.2.2 农业生产适宜性评价与发展规模

开展农业生产的土地资源、水资源、气候、环境、生态、灾害等单项评价，集成得到农业生产适宜性，划分为适宜、一般适宜、不适宜三个等级。

地势越平坦，水资源丰度越高，光热越充足，土壤环境容量越高，气象灾害风险越低，且地块规模和连片程度越高，农业生产适宜性等级越高。

1）单项评价

（1）土地资源评价

坡度分级评价：利用全域数字高程模型（Digital Elevation Model，DEM），计算地形坡度，按≤2°、2°～6°、6°～15°、15°～25°、>25°划分为高（平地）、较高（平坡地）、中等（缓坡地）、较低（缓陡坡地）、低（陡坡地）5 个等级，生成坡度分级图（图 15-8）。

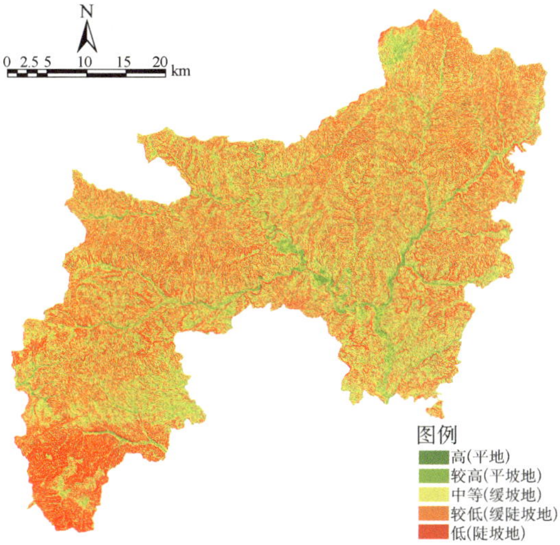

图 15-8　农业生产适宜性评价坡度分级图

农业气候评价：根据《某县耕地地力评价与利用》对全域进行农业气候分区，受地形制约，水热条件、气温、地温、日照、降水量、蒸发量、风向风速等影响，划分为 3 个农业气候区分别为是温暖半干旱区（暖区）、温和半湿润区（温区）、温凉湿润区（凉区）（图 15-9）。

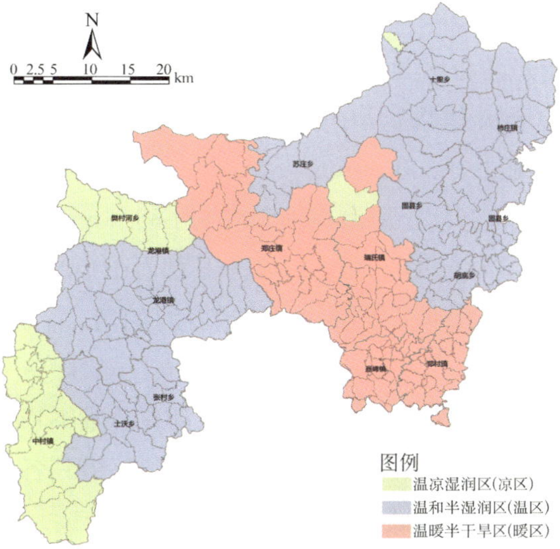

图 15-9　农业生产适宜性评价农业气候分区图

耕地质量分级评价：根据《某县 2014 年度耕地质量等别数据库》中的国家利用等(GJLYD)将某县的耕地资源分为 11 等、12 等、13 等，通过 ArcGIS 软件采用自然领域法进行插值分析，得到全县的耕地质量分级图(图 15-10)。

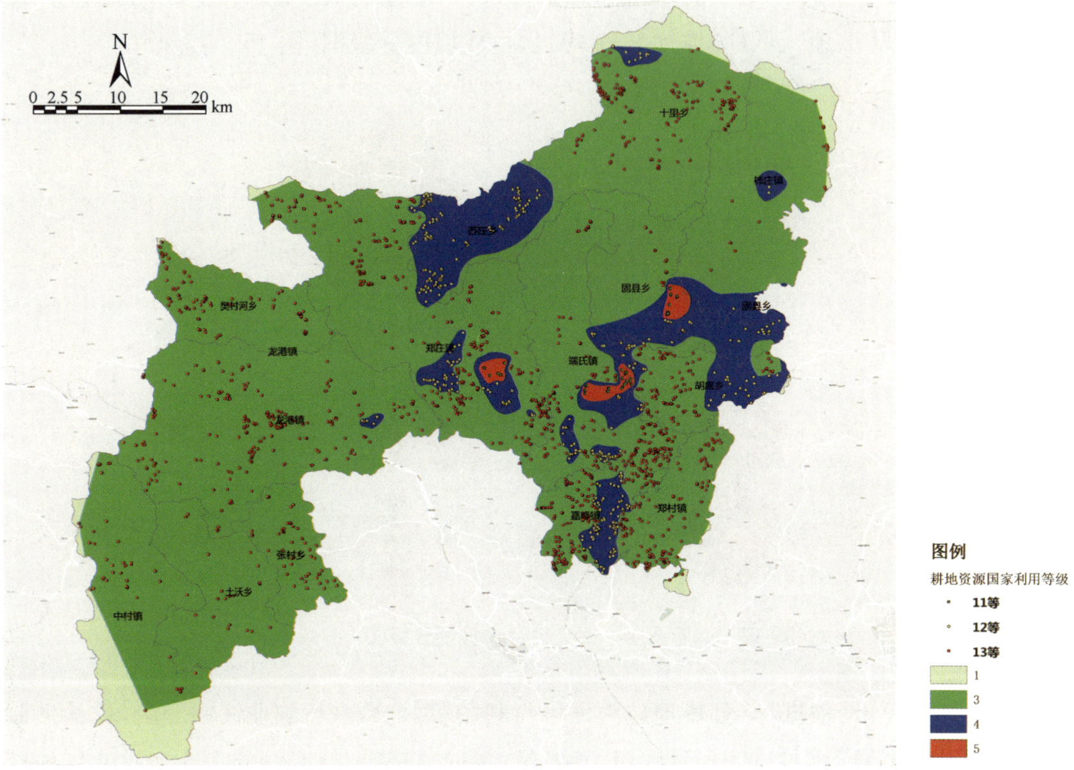

图 15-10 农业生产适宜性评价耕地等级插值分析图

(2) 水资源评价

降雨量评价：与地形地貌分区类似，全县可分为山地、丘陵、河谷川地三个气候区。县域降水量处于 560～800 mm 以内，其中山区年降水多在 700 mm 以上，丘陵区大多在 620～680 mm，河谷川地则少于 600 mm。

某县 2013—2017 年的降水量分别为 644.7 mm、685.1 mm、525.6 mm、698.1 mm、532.3 mm，均位于 400～800 mm 的降雨量范围，全县都属于半湿润区域。

总的来说，某县降雨量总体呈北部少、南部多的趋势，各乡镇间降雨量差距较小(图 15-11)。

水资源总量模数：某县 2013—2017 年的全县水资源总量平均值为 10.29 m^3/km^2，属于水资源总量一般地区。针对县域各小流域的径流量计算得到各自的水资源总量模数。

得到结论：沁河主河流域等级最高；端氏河、必底河、郑村河、龙渠河、中村河、张村河为较好等级；县河、下川河与苏庄河为一般等级；十里河等级最低(图 15-12)。

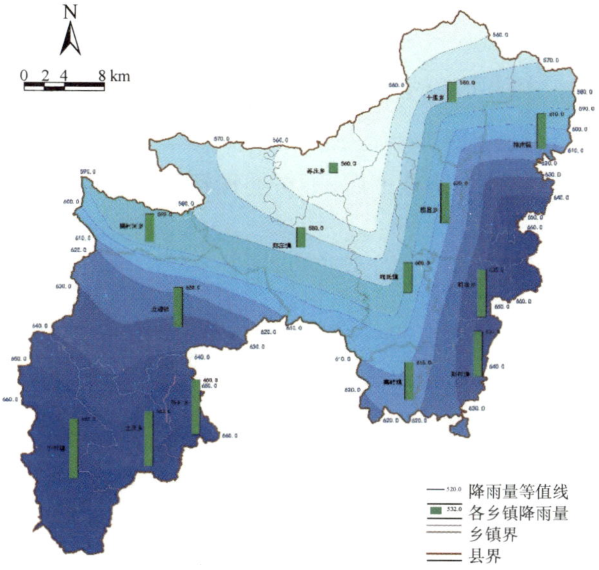

图 15-11 农业生产适宜性评价降雨量插值图

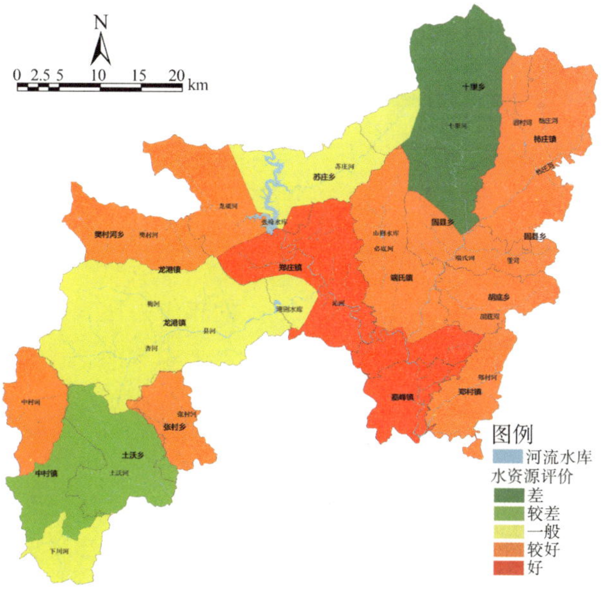

图 15-12 农业生产适宜性评价水资源评价图

(3) 气候评价

某县年积温为 3 556.9～4 702.2 ℃，其中≥10 ℃的活动积温为 2 465～4 160 ℃，天数一般在 170～200 天，初日河谷川一般为 4 月 8—13 日，80%保证率为 4 月 19—24 日；丘陵区位 4 月 20 日左右，80%保证率为 4 月 30 日左右；山区推迟至 5 月 2 日左右，≥10 ℃的活动积温河川谷为 3 800 ℃以上，丘陵区为 3 400 ℃，山区为 3 200 ℃以上。

2018 年,某县的年活动积温为 3 458.7 ℃。

按 1 600～3 200 ℃、3 200～3 800 ℃、3 800～4 200 ℃生成活动积温分级图。全县活动积温是处于 1 500～4 000 ℃的≥10 ℃的活动积温范围内,是属于光热条件较差(一年一熟)的等级。

因此,评价基于农业气候区的修正后,不再叠加资料不全的气候修正因子。

(4) 灾害评价

某县主要的自然灾害有冰雹、大风灾害、低温冷害、高温热害、干旱和雨涝。

冰雹:全县年降冰雹日数为 0.8～1.1 天,降雹期为 4—9 月份,主要集中在 6、7 月份,一日中降雹多在 14:00—20:00,降雹持续时间为 10 min 左右,雹粒直径最大 6—7 cm。因此某县发生冰雹频率取>80%,即发生冰雹危险性为高。

大风灾害:某县整体风速受地形影响较为紊乱,风速不大,虽有 1963 年曾经发生 28 m/s 的狂风,但极为罕见,因此某县发生大风灾害频率取≤20%,即发生大风灾害危险性为低。

低温冷害:根据某县资料记载,近几十年仅有少数几年发生霜冻,因此某县发生低温冷害频率取≤20%,即发生低温冷害危险性为低。

高温热害:某县历史上气象温记载,少有≥35 ℃的天气,因此某县的高温热害发生频率取≤20%,即发生高温热害危险性为低。

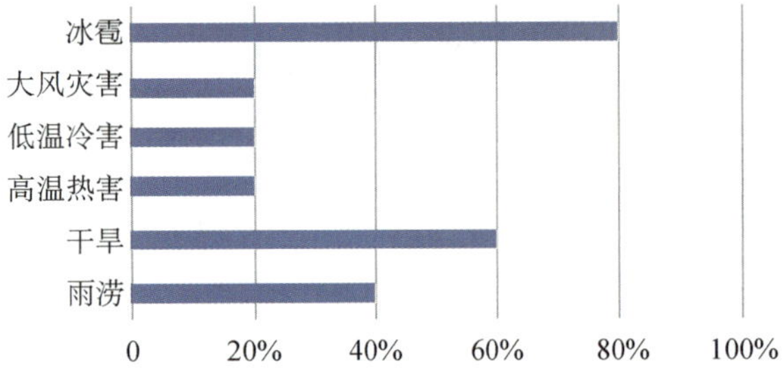

图 15-13 气象灾害发生频率图

干旱:1986—2003 年发生干旱灾害的年份占比 50%,因此某县的干旱灾害发生频率取 40%～60%,即发生干旱灾害危险性为中等。

雨涝:1986—2003 年发生洪涝灾害的年份占比 33%,因此某县的雨涝灾害发生频率取 20%～40%,即发生雨涝灾害危险性为较低(图 15-13)。

2) 集成评价

第一步:农业气候区修正

以坡度分级结果为基础,根据现状农业气候区分布,将温和半湿润区(温区)和温凉湿润区(凉区)的农业土地资源等级降 1 级作为农业土地资源等级。

第二步:耕地质量等级修正

通过耕地质量分级结果,将 11 等土地农业生产适宜性为升 1 级处理,12 等土地不变,13 等土地农业生产适宜性降 1 级处理。

第三步:水土资源判别

基于农业耕作条件和农业供水条件两项指标,确定农业生产功能指向的水土资源基础,进行矩阵判断修正。

第四步：地块集中连片度修正

将上步修正后结果为适宜和较适宜等级的图斑进行聚合操作，作为适宜和较适宜等级的连片度评价结果；对初判结果为一般适宜及以上等级图斑进行聚合操作，作为一般适宜级的连片度评价结果；对初判结果为较不适宜和不适宜等级的图斑，不进行该项修正。

第五步：确定农业生产适宜性等级

将农业生产条件等级为高、较高的定为适宜，等级为一般、较低的定为一般适宜，等级为低的划为不适宜。

县域内农业生产适宜区面积约 74.87 km^2，主要分布在沁河河谷地带——包括郑庄镇、端氏镇、嘉峰镇、固县乡。

一般适宜区面积约 603.46 km^2，主要分布在沁河流域的河谷地带和台地，少量散布在其他河谷地带（图 15-14）。

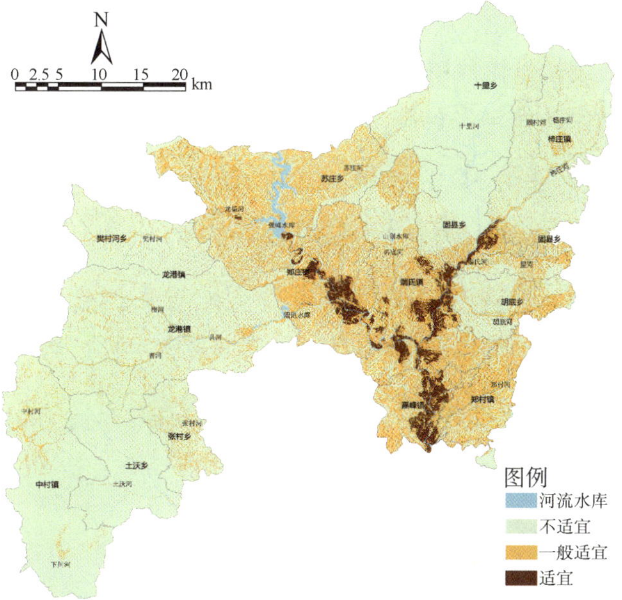

图 15-14　农业生产适宜性评价成果图

3）农业生产承载规模

（1）土地资源约束下农业生产承载规模

全县土地资源中农业生产适宜性等级高面积约 35.75 km^2，等级较高面积约 247.56 km^2，等级一般面积约 1 072.95 km^2，等级较低面积约 908.77 km^2。农业生产适宜性等级高区域主要分布在东部的沁河、端氏河河谷地带。

（2）水资源约束下农业生产承载规模

① 不同水资源利用率

2012—2017 年某县水资源总量平均为 2.64 亿 m^3；

按照现状水资源利用率20.8%计算，可利用水资源总量为0.55亿m^3；

按照我国平均水资源开发利用率25%计算，可利用水资源总量为0.66亿m^3；

按照40%国际公认的水资源利用程度的警示线，则可利用水资源总量为1.056亿m^3；

按照60%的水资源开发利用率，则可利用水资源总量为1.584亿m^3。

② 农田灌溉定额

根据《山西省用水定额》(DB14/T 1049.1—2015)农业生产实际情况，以代表性作物(小麦、玉米、谷子等)灌溉定额为基础，在不同种植结构、复种情况、灌溉方式(漫灌、管灌、滴灌、喷灌等)、农田灌溉水有效利用系数等情景下，分别确定农田综合灌溉定额($N_{综合}$)。

$$N_{综合}=\alpha_{小麦}\times\beta_{小麦}\times N_{小麦}+\alpha_{玉米}\times\beta_{玉米}\times N_{玉米}+\alpha_{谷子}\times\beta_{谷子}\times N_{谷子}+\alpha_{其他}\times\beta_{其他}\times N_{其他}$$

式中，α、β分别表示小麦、玉米、谷子等代表性作物的单季种植面积权重(单种代表性作物种植面积与所有代表性作物种植总面积的比值)、复种指数。

情景一：平水年(保证率50%的降水年份)

$$N_{综合}=0.3\times1\times110+0.3\times1\times100+0.3\times1\times90+0.1\times1\times90=99\ m^3/亩$$

情景二：中等干旱年(保证率75%的降水年份)

$$N_{综合}=0.3\times1\times135+0.3\times1\times130+0.3\times1\times120+0.1\times1\times120=127.5\ m^3/亩$$

③ 可承载的灌溉面积

不同情景下，灌溉可用水量($W_{农}$)和农田综合灌溉定额($N_{定额}$)的比值，即为相应条件下可承载的灌溉面积规模($M_{灌面}$)(表15-1)。

$$M_{灌面}=W_{农}\div N_{定额}$$

表15-1 不同水资源开发利用模式下可承载灌溉面积规模 单位：万亩

农灌情景模式 / 不同降水保证率	20.8%(保持近几年水资源利用率)		25%(我国平均水资源开发利用率)		40%(国际公认水资源利用警示线)		60%(我国北方高利用率)	
	农灌情景一(0.302 5)	农灌情景二(0.22)	农灌情景一(0.363)	农灌情景二(0.264)	农灌情景一(0.580 8)	农灌情景二(0.422 4)	农灌情景一(0.871 2)	农灌情景二(0.633 6)
平水年	30.56	22.22	36.67	26.67	58.67	42.67	88.00	64.00
中等干旱年	23.73	17.25	28.47	20.71	45.55	33.13	68.33	49.69

小结：根据不同水资源利用率、不同农业灌溉情景模式和不同降水保证率下的农田灌

溉定额计算，可以得出某县水资源最少可以支撑 17.25 万亩（合计 115 km^2）的农业生产；最多可以支撑 88 万亩（合计 586 km^2）的农业生产。

15.3.2.3 城镇建设适宜性评价与发展规模

开展城镇建设功能指向的土地资源、水资源、气候、环境、灾害、区位等单项评价，集成得到城镇建设适宜性，划分为适宜、一般适宜、不适宜三个等级。

地势越低平，水资源越丰富，水汽环境容量越高，人居环境条件越好，自然灾害风险越低，且地块规模和集中程度越高，地理及交通区位条件越好，城镇建设适宜性等级越高。

1）单项评价

（1）土地资源评价

坡度分级：基于数字地形图，按照计算栅格单元的坡度，按＜3°、3°～8°、8°～15°、15°～25°、≥25°生成坡度分级图（图 15-15）。

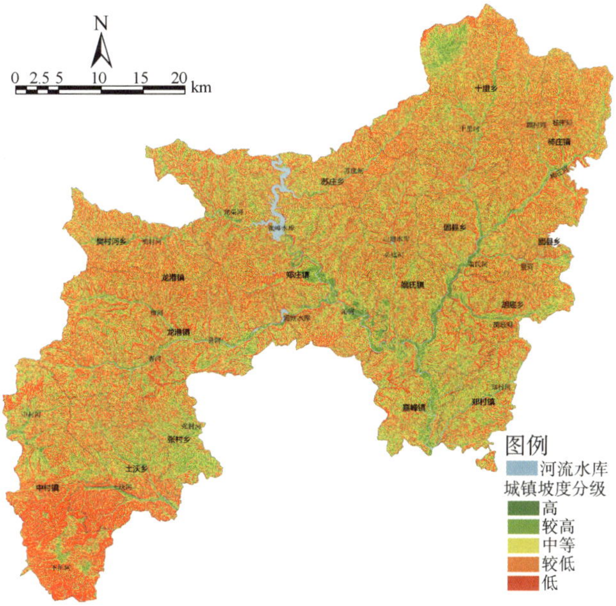

图 15-15 城镇建设适宜性评价坡度分级图

地形起伏度：针对某县山地为主的地形，进一步通过地形起伏度指标对城镇土地资源等级进行修正。邻域范围通常采用 20 公顷左右，基于评价栅格精度在 30 m×30 m 以内，因此评价采用 15 m×15 m 邻域，对于地形起伏度＞200 m 的区域，将评价结果降 2 级作为城镇土地资源等级，地形起伏度在 100～200 m 之间的，将评价结果降 1 级作为城镇土地资源等级（图 15-16、图 15-17）。

（2）水资源评价

对于现状供水结构中过境水源占比较大且仅通过本地水资源总量难以全面反映城镇供

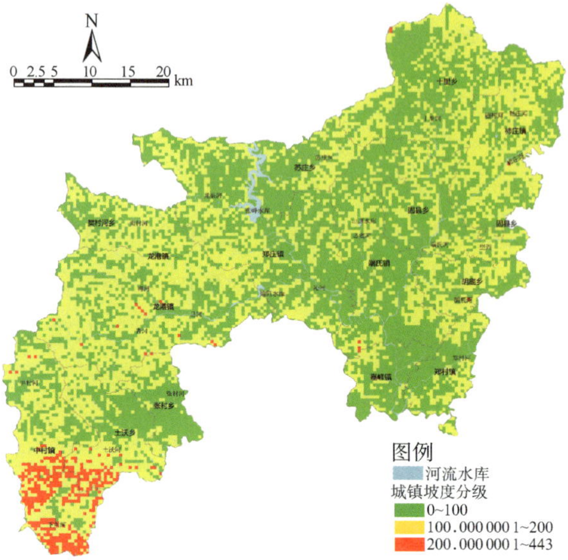

图 15-16　城镇建设适宜性评价地形起伏度示意图

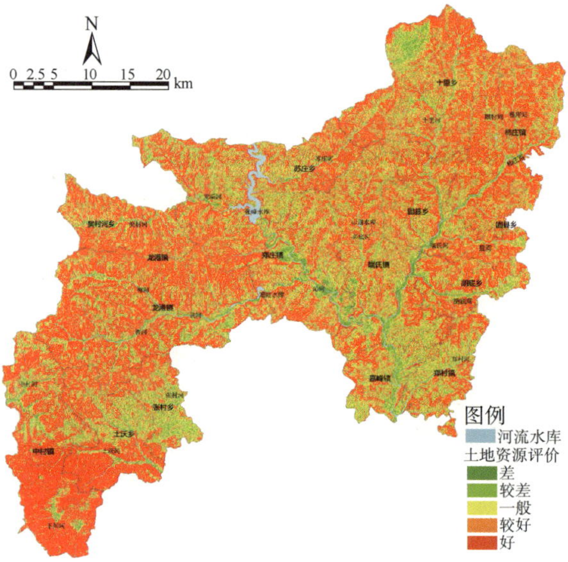

图 15-17　城镇建设适宜性评价地土地资源图

水条件的区域，可采用县级行政区用水总量控制指标模数计算，并采用小流域水资源总量控制指标模数进行修正。用水总量控制指标模数按≥25 万 m^3/km^2、13 万～25 万 m^3/km^2、8 万～13 万 m^3/km^2、3 万～8 万 m^3/km^2、<3 万 m^3/km^2 分为好、较好、一般、较差、差 5 个等级。

某县 2013—2017 年水资源总量模数分别为 13.170 3 万 m^3/km^2、9.693 7 万 m^3/km^2、7.327 3 万 m^3/km^2、11.977 4 万 m^3/km^2、9.301 9 万 m^3/km^2，近 5 年的某县水资源总量平

均值为 10.294 1 万 m^3/km^2，属于水资源总量一般地区(图 15-18)。

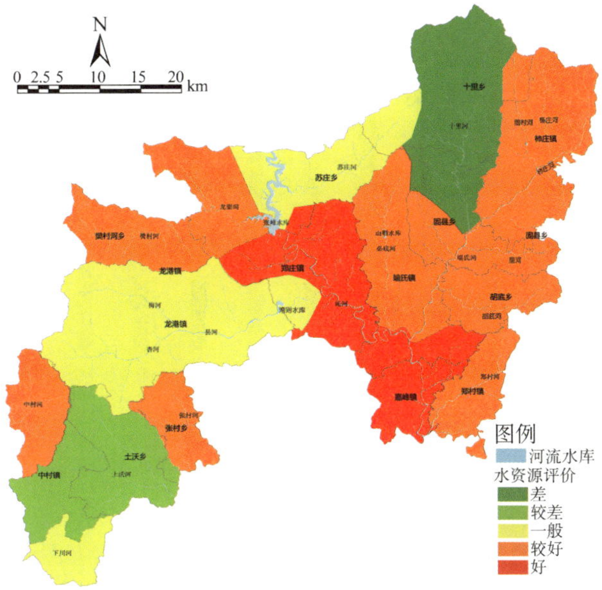

图 15-18　城镇建设适宜性评价水资源评价图

从某县内各支流流域的水资源控制指标模数，得出十里河等级最低——差，土沃河等级为较差等级，县河、下川河与苏庄河为一般等级，端氏河、必底河、郑村河、龙渠河、中村河、张村河为较好等级，沁河水系受张峰水库影响较大，整体等级高。

(3) 气候评价

通过分析某县 12 个月温湿指数，平均为 53，12 个月当中符合舒适度好的标准有 6 个月，主要是夏季和秋季；舒适度较好有 2 个月，分别为 3 月和 7 月份；舒适度一般的有 1 个月，为 11 月份；舒适度较差的有 3 个月，主要是冬季。因此某县整体舒适度属于好的等级(表 15-2、图 15-19)。

表 15-2　舒适度分级标准

分级标准	舒适度等级
60～65	7(很舒适)
56～60 或 65～70	6
50～56 或 70～75	5
45～50 或 75～80	4
40～45 或 80～85	3
32～40 或 85～90	2
<32 或>90	1(很不舒适)

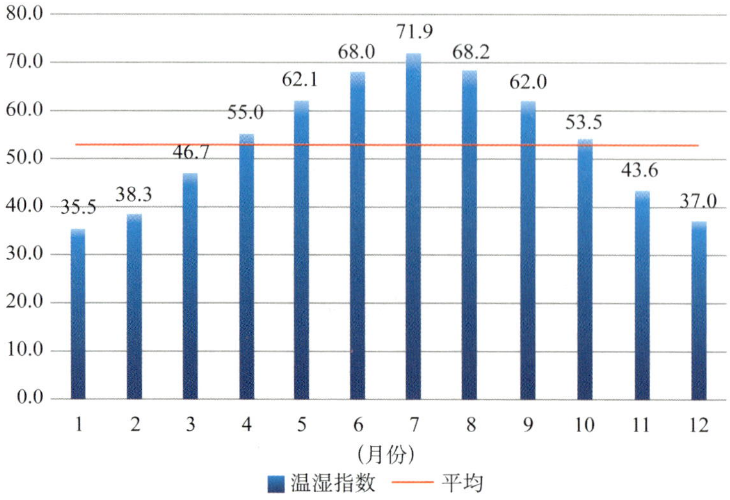

图 15-19 某县 2018 年温湿指数

(4) 环境评价

① 大气环境容量

某县属暖温带大陆性季风气候区，具备该种气候普遍特征。某县受山脉、河谷的影响，地面风向紊乱。冬半年为西北风，夏半年为偏南风。4 月、10 月处于季风交替，受地形影响，风向较乱。年内以冬季风速较大，4 月平均风速达到 3.1 m/s，1 月为 3.6 m/s，9 月最小仅为 1.6 m/s。历史最大风速 28 m/s，出现于 1963 年 1 月 20 日。

根据某县的地形地貌情况和已有气象资料：

大气环境容量较高地区为高程在 750 m 以下山谷地带(赋值 4)；

大气环境容量一般地区为高程在 750 m 以上、950 m 以下山腰地带(赋值 3)；

大气环境容量较低地区为高程在 1 500 m 以下、950 m 以上丘陵山区和少量河谷地带(赋值 2)；

大气环境容量高地区为县域其他高海拔地区(赋值 5)(图 15-20)。

② 水环境容量评价

$$[\text{水环境容量}]=[\text{评价单元年均水质目标浓度}]\times[\text{地表水资源量}]$$

对某县各小流域的环境容量进行评价：

环境容量等级高(赋值 5)，包括沁河流域；

环境容量等级一般(赋值 3)，包括必底河、郑村河、中村河流域；

环境容量等级较低(赋值 2)，包括县河、端氏河、苏庄河、龙渠河(樊村河)、张村河、土沃河、下川河流域；

环境容量等级低(赋值 1)，包括东峪河(十里河)流域(图 15-21)。

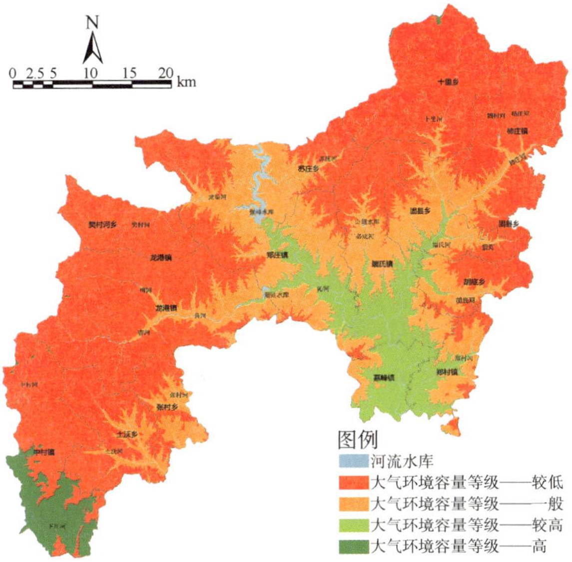

图 15-20 大气环境容量图

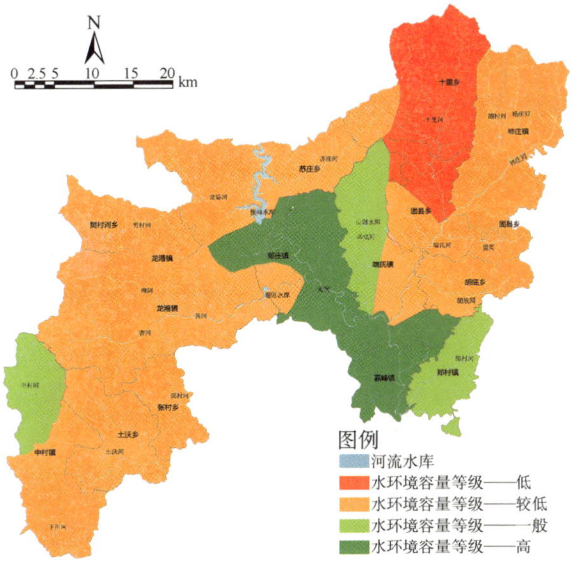

图 15-21 水环境容量图

（5）灾害评价

$$[\text{灾害危险性}]=\text{Max}([\text{地震危险性}],[\text{地质灾害易发性}])$$

地灾危险区域主要位于县域西部中高山与河谷交接地带，尤其是各类崩塌、滑坡、塌陷周边区域，如中村镇、土沃乡、张村乡以及龙港镇西部。县域其他地方结合各类崩塌、滑坡、塌陷点零星分布，地灾易发性等级中等。某县总体地灾比较少（图 15-22）。

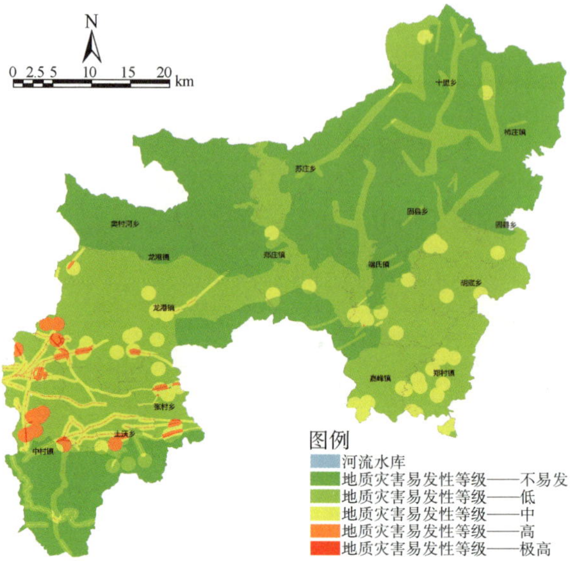

图 15-22　地质灾害危险性分析图

（6）区位评价

[区位优势度]＝f([区位条件],[交通网络密度])(图 15-23)

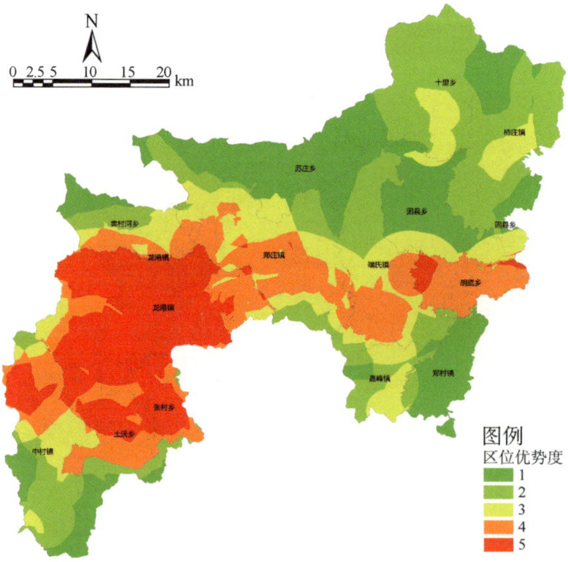

图 15-23　区位优势度示意图

2）集成评价

（1）水土资源基础判别

基于城镇建设条件和城镇供水条件，确定[水土资源基础]指标评价结果。

（2）地灾修正

对于地质灾害危险性评价结果为极高等级的，将初步评价结果调整为低等级；为高等级的，将初步评价结果下降两个级别；为较高等级的，将初步评价结果下降一个级别。

（3）环境容量修正

对于大气环境容量和水环境容量均为最低值的，将初步评价结果下降两个级别；将大气环境容量或水环境容量为最低值的，将初步评价结果下降一个级别。对于舒适度等级为很不舒适的，将初步评价结果下降一个级别。

（4）区位优势度修正

将区位优势度评价结果为最低值的，将初划城镇建设条件等级下降两个级别；对区位优势度评价结果为较差的，将初划城镇建设条件等级下降一个级别；对区位优势度评价结果为好的，将初划城镇建设条件结果为较低、一般和较高的分别上调一个级别。

（5）地块集中连片度修正

根据地块集中连片度进行修正，确定城镇建设条件等级。将修正后结果为适宜和较适宜等级的图斑进行聚合操作，作为适宜和较适宜等级的连片度评价结果；对修正后结果为一般适宜及以上等级图斑进行聚合操作，作为一般适宜等级的连片度评价结果；对修正后结果为较不适宜和不适宜的图斑，不进行该项修正。

地块集中度等级确定参照下表，平原地区聚合距离建议采用 50～100 m，山地丘陵区建议采用 20～50 m。

将城镇建设条件等级为高、较高的划为适宜，等级为一般、较低的划为一般适宜，等级为低的划为不适宜。

县域内城镇建设适宜区面积约 118.55 km^2，主要分布在沁河河谷地带——包括郑庄镇、端氏镇、嘉峰镇，以及胡底镇、柿庄镇、张村镇、中村镇等少量分布；一般适宜区面积约 926.64 km^2，主要分布在河谷地带和台地（图 15-24）。

3）城镇建设承载规模

（1）土地资源约束下城镇建设承载规模

从土地资源是否可作为城镇建设的角度，选取单项评价中城镇建设条件高至较低四级，按照乡镇单元统计其面积，作为土地资源约束下城镇建设的最大规模。

全县土地资源中城镇建设适宜性等级高面积约 60.49 km^2，等级较高面积约 306.60 km^2，等级一般面积约 639.44 km^2，等级较低面积约 741.38 km^2。城镇建设适宜性等级高区域主要分布在东部的沁河河谷地带、张村乡、中村镇的河谷区域。

（2）水资源约束下城镇建设承载规模

① 城镇人均需水量

根据城市居民生活用水量标准（GB/T 50331—2002）合理确定某县的城镇居民生活用水量，山西省城市居民生活用水量标准为 85～140 L/（人·d），2013—2017 年某县人均

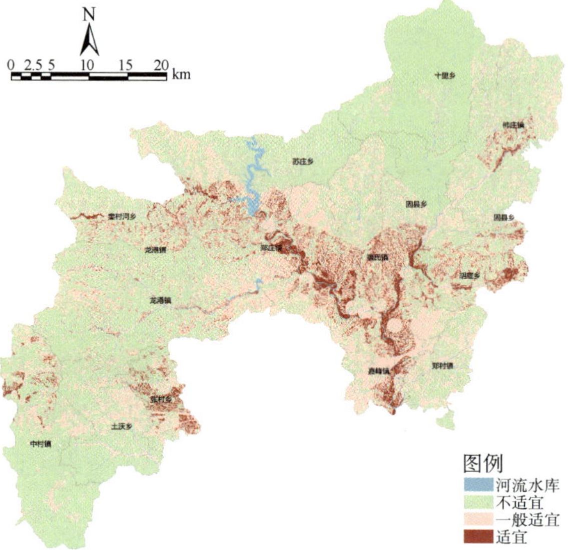

图 15-24　城镇建设适宜性评价图

城镇用水量为 104～116 L/(人·d)，因此某县的城镇居民生活用水量取 120 L/(人·d)。

$$W_{城镇人均}=\beta_{生活+工业}(W_{人均生活用水}+W_{人均工业用水})$$

根据《城市给水工程规划规范》(GB 50282—2016)，山西省某县的城市综合人均用水量指标为 0.15 万～0.40 万 m^3/(万人·d)，其中综合生活用水量指标为 110～200 L/(人·d)。

② 城镇可用水量

2012—2017 年某县城镇生活用水量平均为 351 万 m^3/年，工业用水量平均为 1 550 万 m^3/年，两者占年均总用水量 5 500 万 m^3 的 34.5%。未来城镇居民综合用水量比重采取两种情景模式，情景一：保持现状的比例 35%；情景二：提高节约集约用水效率，比例控制在 30%以内(表 15-3)。

表 15-3　不同情景模式下的城镇居民综合可用水量　　单位：亿 m^3

城镇综合用水情景＼水资源利用模式	20.8%(保持近几年水资源利用率)	25%(我国平均水资源开发利用率)	40%(国际公认水资源利用警示线)	60%(我国北方高利用率)
情景一：35%与现状持平	0.192 5	0.231	0.369 6	0.554 4
情景二：30%节约集约用水	0.165	0.198	0.316 8	0.475 2

③ 可承载城镇建设用地最大规模

采用评价区域城镇可用水量($W_{城镇}$)除以城镇人均需水量($W_{城镇人均}$)，得出评价区域内人口规模($W_{人口规模}$)(表 15-4)。

$$W_{人口规模}=W_{城镇}\div W_{城镇人均}$$

表 15-4 不同水资源开发利用模式下可承载城镇人口规模 单位:万人

城镇综合用水模式 / 用水方案	20.8%(保持近几年水资源利用率)		25%(我国平均水资源开发利用率)		40%(国际公认水资源利用警示线)		60%(我国北方高利用率)	
	情景一(0.192 5)	情景二(0.165)	情景一(0.231)	情景二(0.198)	情景一(0.369 6)	情景二(0.316 8)	情景一(0.554 4)	情景二(0.475 2)
高方案	13.18	11.30	15.82	13.56	25.32	21.70	37.97	32.55
低方案	35.16	30.14	42.19	36.16	67.51	57.86	101.26	86.79

以集约高效利用国土空间为基本原则,基于现状和节约集约发展要求,在不同发展阶段、经济技术水平和生产生活方式情景下,合理设定人均城镇建设用地($W_{人均城镇建设用地}$),本次评价按照国家新型城镇化要求确定人均城镇建设用地为 100 m^2/人,乘以评价区域内人口规模($W_{人口规模}$),得出水资源约束条件下城镇建设用地规模($S_{城镇建设用地规模}$)。

$$S_{城镇建设用地规模}=W_{人口规模}\times W_{人均城镇建设用地}$$

根据不同水资源利用率、不同用水情景模式和不同人均城镇综合用水量下计算,可以得出某县水资源最少可以支撑城镇人口 11.3 万人,最多可以支撑城镇人口 101 万人。按照人均城镇建设用地为 100 m^2/人计算,水资源可以支撑最大城镇建设用地规模为 101 km^2,支撑最小城镇建设用地规模为 11.3 km^2。

15.3.2.4 双评价分析及运用

1)分析资源环境禀赋

根据案例中评价结果可分析得到以下环境禀赋。

(1)农业生产功能指向的承载能力

农业生产功能指向承载能力高、较高的区域主要分布在沁河一级流域,其次是张村河流域、端氏河流域等沁河支流,这些区域与生态保护红线布局区域分置不同区域,因此受生态保护影响较少。

(2)城镇建设功能指向的承载能力

优势在于坡度较缓,劣势在于与农业生产同位置分布、耕地方面占用高于耕地质量平均水平的面积较多,除此之外生态保护等级较高(张峰水库汇水区)也在很大程度上限制了其发展的可能。

城镇建设承载力处于较高水平的面积相对于较低水平区域,其在坡度有明显的优势,但其也存在着自己的不足之处,其面积较小而且聚集程度不太高,不利于产业成片分布或产业园区的建立(图 15-25)。

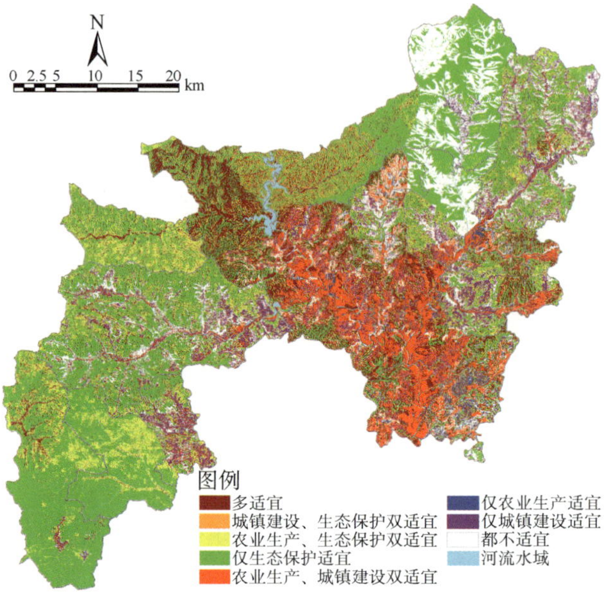

图 15-25　多适宜性评价图

2）风险识别应对

依据评价结果，综合分析资源环境开发利用现状的规模、结构、布局、质量、效率、效益及动态变化趋势，识别因生产生活利用方式不合理、资源过度开发和粗放利用引起的水平衡破坏、水土流失、生物多样性下降、湿地退化、自然岸线萎缩、地下水超采、地面沉降、水污染、土壤污染、大气污染等资源环境问题，预判未来变化趋势和存在风险。

（1）存在的风险

资源型开采引发的生态环境问题、人居环境品质降低、居住安全等问题。

资源型城市的发展本就依托矿产资源的开采，由于生产生活利用方式不合理、资源过度开发和粗放利用等问题，引发一系列隐患问题，其中最大的隐患是资源的枯竭、资源开采引起的水平衡破坏、水土流失、生物多样性下降、湿地退化、自然岸线萎缩、地下水超采、地面沉降、水污染、土壤污染、大气污染等资源环境问题等，如何为当地寻求一条可持续发展的路径、提高抗风险能力才是解决问题的根本。如提升资源综合利用效率、延长产业链条、培植新的产业类型，改变当地的产业结构等。

（2）风险应对（以生态保护风险应对为例）

耕地：建议农林水等复合利用；

商品林：建议规划好砍伐年限、树种选择及伐后树木补种等工作；

工矿等建设用地：建议工矿用地应逐步退出、现状建设用地除保留发展必要的地块外也应逐步减量，用以减少人类活动对生态系统的干扰，提高生态系统的稳定性。

3）“三区三线”划定预判

中观尺度的市县空间规划重点在明确区域内不同地域的主要功能，划定城镇、农业、生态空间和生态保护红线、永久基本农田保护红线、城镇开发边界（“三区三线”），明确开发保护格局，实施用途管制①。根据双评价结果，提出“三区三线”划定预判，给出合理的建议。双评价预判结论只是从生态视角进行的一个科学预判，最终的“三区三线”的结果还需要结合地区的整体战略，因地制宜，多视角研究，同时多部门、多相关利益方统筹权衡，最终得到相对科学合理的结果（图 15-26）。

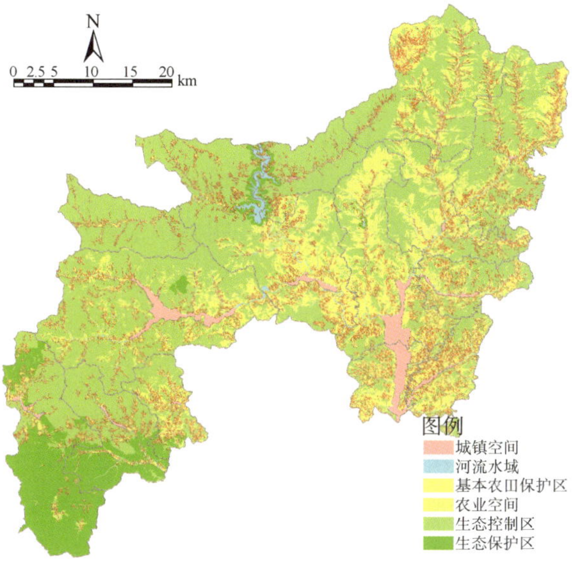

图 15-26 “三区三线”划定预判图

15.4 总结与思考

双评价是工具，不是目的，是认识自然本底的方法，是一项涉及多学科领域，多目标、多约束的复杂系统工程。双评价工作是科学布局“三区三线”的关键，“三线”划定中生态保护红线和永久基本农田的划定和管控要求相对比较明确，但对于城镇开发边界的划定和管控还在探讨过程中（传统的国土是有条件建设区、规划是发展备用地）。所以需要根据双评价进行预判划定，为“三区三线”的划定提供参考依据，为生态保护红线只增不减，基本农田总量指标锚定，城镇开发边界集约利用提供数据支撑。但是双评价工作过程中遇见的一些问题还有待思考：

① 郝庆，邓玲，封志明．国土空间规划中的承载力反思：概念、理论与实践［J］．自然资源学报，2019，34（10）：2073-2086．

（1）生态保护功能指向的省级向市县级传导问题。基础数据虽然可以直接使用省级评价结果，但在数据精度和地方差异方面都不能满足市县级的需求。对生态空间缺乏生态安全格局考虑，在沿用生态红线划定规程的算法基础上补充生态廊道的划定方法，无法真实体现斑块的结构性作用，总体上仍然是机械切割式地划定保护空间。

（2）双宜性和多宜性问题。双评价结果偏重出于粮食安全要求考虑的耕地保障，对大农业结构优化、品质提升尚缺乏充分的考虑。包括第三次全国国土调查耕地和基本农田和双评价中农业生产适宜性较高土地的差异性、农业生产适宜性和城镇建设适宜性高度重叠（双宜性、多宜性）土地如何利用、多宜性区域“三区三线”划定如何选择等问题则待细化研究。

（3）标准化与差异化问题。目前双评价技术指南试行办法的三类指向评价涉及的指标互不交叉，直接产生适宜性和承载规模两个结果，从流程上进行了实质性简化，便于对照最终评价结果，回溯开展资源环境要素禀赋分析，识别问题和风险，同时技术指南在简化制式计算的同时，大幅度强化了综合分析要求，明确了潜力分析和情景分析的框架和要点。但封闭和静态的思维是违背当代空间存在逻辑的。目前承载规模的评价仅限于水土两类相对稳定的资源，更多的社会学因子应不断完善并纳入评价系统。

16 移动定位大数据与国土空间规划

钮心毅*

16.1 大数据、移动定位大数据的概念

16.1.1 大数据

大数据(Big Data)是伴随着信息通信技术(Information and Communications Technology, ICT)发展而产生的,是指在短时间内无法用常规软件工具进行管理和处理的数据集。从严格意义上来说,传统数据与大数据还没有非常清晰的区分界限。一般认为,大数据应具有"大"而"高频"产生的两个显著特点,往往是从个体行为直接记录得到的。第一个特点是"大",也就是超过了一般办公软件管理、处理的上限。例如,办公软件电子表格 Excel 中一张表的行数上限是 1 048 576 行,如果一个数据集的记录数超过一张 Excel 表的存储能力,这个数量上就接近了大数据"大"的特征。第二个特点是"高频"。随着信息技术、通信技术发展,相应数据产生、更新频率大大提高。例如,某一个网站的访问记录量一日内可能达到几十万条,而且每日几十万的访问记录数还按此频率不断产生、更新,这是传统数据所不能达到的。以人口普查数据为例,如果将我国人口普查的原始数据汇集成一个数据集,那将是一个近 14 亿条记录的超大数据集,但是一般仍不将其列入大数据之列。这是因为全国人口普查的数据是每十年采集、更新一次,不符合大数据"高频"产生的特点。

16.1.2 移动定位大数据

移动定位大数据(Mobile Positioning Big Data)是带有地理位置标签的大数据,有时被称为位置大数据。随着信息通信技术的发展,尤其是移动通信和移动互联网等广泛使用,随身携带的移动设备产生了多种移动定位大数据。移动定位大数据包括来自移动互联网访问记录的基于位置服务(Location Based Service, LBS)数据,带 GPS 的出租车、公交车、卡车产生的浮动车数据,移动通信网络中产生的手机信令数据等种类。用于地铁、

---

* 钮心毅,同济大学建筑与城市规划学院教授,建成环境技术中心副主任。邮箱:niuxinyi@tongji.edu.cn。

公交车的智能公交卡如果能记录乘客刷卡时的站点位置，也能视作是移动定位大数据。

移动定位大数据一般记录了个体移动中的空间定位、对应的时间戳。尤其是手机等随身携带移动设备所产生的移动定位大数据，能够大致记录个体活动时空轨迹。由于这些设备广泛使用，移动定位大数据不仅能使我们看到城市中的个体时空活动，也能使得大规模获取较长时间序列的人群活动轨迹变成可能。城市中人群的活动时空特征不仅是国土空间规划的基础数据，也是评估建成环境的基础数据。移动定位大数据为国土空间规划提供了新的数据基础。

16.2 移动定位大数据应用于国土空间规划的理论基础

16.2.1 移动定位大数据与个体活动

移动定位大数据是一种大规模记录个体时空轨迹的数据集。从时空轨迹角度出发，各种移动定位大数据基本类似，但是在个体时空轨迹点产生方式、记录轨迹点的时间连续性上有所差异。例如，移动互联网 LBS 数据是用户在使用移动互联网服务、发出定位请求时记录下来的位置信息。不同 App 使用频率不同，对应定位的时空轨迹点数量也不同。地铁刷卡数据是由智能公交卡用户每一次地铁出行产生进站刷卡、出站刷卡 2 个轨迹点，一日往返通勤会产生 4 个轨迹点记录。手机信令数据则一般以至少 1 h 的间隔连续记录用户空间位置。在去除位置连续重复的信令后，4G 用户人均每日大概能记录到 150 个轨迹点。

从居民个体行为形成时空轨迹中，按照行为一般时空规律识别出个体行为的特征点，包括“居住、工作、游憩”等特征行为位置，这是规划设计中应用的基础数据处理方法。例如，用户一个月内在 60％日期夜间在同一位置留下了轨迹点，这个位置很有可能是这位用户当月的居住地；同样用户一个月内在 60％工作日日间在同一位置留下了轨迹点，这个位置很有可能是这位用户当月的工作地。类似规则也能测算用户休息日常去的游憩地。

16.2.2 移动定位大数据与城市功能

对个体用户来讲，从上述移动定位大数据识别出来的个人行为的“居住、工作、游憩”特征位置点，将上述特征位置点串联在一起的就是该用户当日“交通”出行轨迹（图 16-1）。当移动定位大数据样本量占了城市居民相当大比例后，汇总众多用户的“居住、工作、游憩”特征位置点就能获得城市“居住、工作、游憩”功能空间分布特征。同样，个体层面将上述各个特征位置点串联在一起“交通”出行轨迹，在总体上能反映城市“居住—

工作”“居住—游憩”等功能联系。移动定位大数据能用于测算城市居住、工作、游憩功能空间分布，也能用于测算“居住—工作”“居住—游憩”等功能联系。这是移动定位大数据在国土空间规划中应用基础。

在传统数据中，人口普查数据能很好地描述城市居住功能的空间分布，经济普查数据能很好地反映城市工作功能的空间分布，然而人口普查、经济普查数据是静态统计数据，无法测算城市“居住—工作”之间联系。使用移动定位大数据测算出了城市中“居住、工作、游憩”功能位置，也就能建立“居住—工作”“居住—游憩”城市功能之间联系。移动定位大数据在城市内部用于测算城市居住、工作、游憩功能空间分布，测算“居住—工作”“居住—游憩”的联系。移动定位大数据在上述方面弥补了传统数据的不足，具有独特的优势。

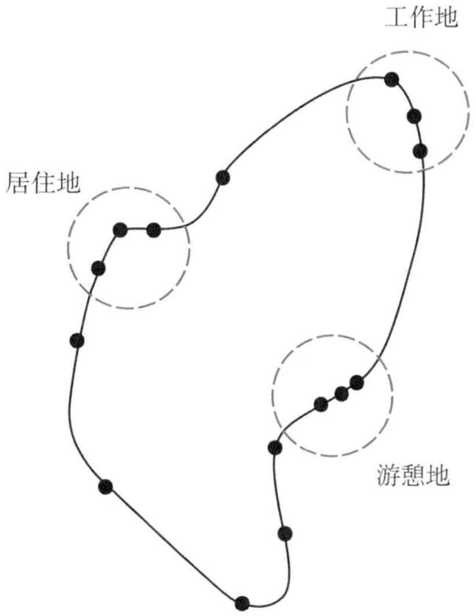

图 16-1 移动定位大数据中识别出“居住、工作、游憩”点

16.2.3 移动定位大数据与城市之间的人流联系

移动定位大数据也能用于区域城市群和城镇体系分析。移动定位大数据能测算城市之间人流联系，测算出人流联系的流量、流向。从移动定位大数据形成的时空轨迹中识别出居民的“常住地”城市、跨城出行的“目的地”城市。从个体上来讲，这是居民跨城出行的行为时空位置，从总体上来讲，这就是城市之间人员流动联系，具备了联系流量、流向(图 16-2)。进一步通过人群出行的时空特征及重复率，也能推算出在两个城市之间的跨城通勤等目的明确的出行，用于判断城市之间功能联系类型和特征。

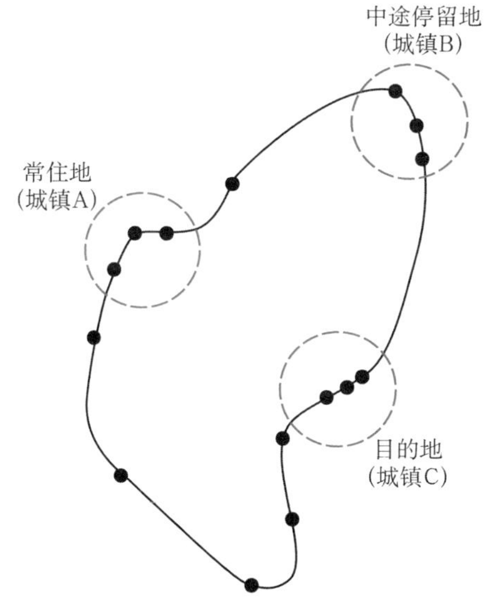

图 16-2 移动大数据识别出城市之间的联系

表示城市之间联系的数据(流向、流量)一直是规划研究所迫切需要的。传统数据难以解决城市之间联系的流向、流量。移动定位大数据提供的人流联系数据相当于城市之间全模式客运交通联系，能支持区域层面规划应用。

16.3 移动定位大数据的应用途径

16.3.1 联系出发的应用途径

联系出发应用途径是计算出“居住—工作”“居住—游憩”等特定功能之间联系的流量、流向特征。例如，使用从移动定位大数据中同时测算出用户的居住地、工作地，就能得到通勤联系，用于测算某个就业中心工作者的居住地来源分布。使用从移动定位大数据中同时测算出用户的居住地、游憩地，就能得到“居住—游憩”联系数据，用于测算某个商业中心游憩者的居住地来源分布。联系出发的应用途径是关注同一用户“居住”“工作”“游憩”等特定活动之间的联系。

传统调查或普查方法也能得出同一批用户“居住—工作”功能联系、“居住—游憩”功能联系。由于大规模普查工作量大、时间长，很难进行全市性计算。移动定位大数据有相对较高分辨率的空间定位精度、有较大用户样本数量而且地理空间上容易做到全覆盖，得到“居住—工作”功能联系、“居住—游憩”功能联系不再受地理范围制约，适用于不同尺度国土空间规划。

16.3.2 密度出发的应用途径

密度出发的应用途径是计算出居住、工作、游憩等特定功能的空间分布特征，并用居民特定活动的密度值表达。例如，使用从移动定位大数据中测算出用户的居住地，就能得到城市居住人口分布值，使用测算出的用户的工作地，就能得到城市就业岗位。密度出发的应用途径就是计算出特定单元内不同个体同一类活动的空间分布特征。

传统调查或普查方法得到居住人口密度、就业岗位密度都是基于街道、居委等特定空间单元，其应用场合会受到空间统计单元制约。例如，以街道单元统计的居住人口分布难以用于较小尺度的详细规划、城市设计层面。由于移动定位大数据有相对较高分辨率的空间定位精度，得到居住、就业、游憩等城市功能的密度也不再受到统计单元的制约，适用于不同尺度的国土空间规划。

16.4 联系出发的应用方向

移动定位大数据能够解决传统数据不能支持的功能联系测度，可以在国土空间规划中应用于区域城市群的空间结构、重大服务设施服务水平、城市功能结构与职住空间关系、公共活动中心的多中心体系分析等多个规划领域。相比于传统分析物质形态的土地利用现状、静态的人口普查数据等，移动定位大数据通过对人的活动、物的流动分析，能够有效解决传统方法所不能解决的问题。

16.4.1 职住空间关系

就业和居住是城市功能结构的重要组成部分，职住空间关系也是国土空间规划中的重要议题。职住空间关系是移动定位大数据在国土空间规划中最为普及的应用方向。国土空间规划中的职住空间关系分析使用了移动定位大数据中获取的“居住—工作”联系。手机信令数据用于识别“居住—工作”联系最为常见，公交刷卡和地铁刷卡数据可以通过测算乘客上、下车位置时间的重复性，推算通勤出发和到达站点，也能间接用于城市职住空间关系分析。

使用移动定位大数据对城市职住关系进行分析应用在不同尺度规划设计中。在国土空间总体规划层面，可以用于城市内部的职住关系分析，可以得到城市整体的职住空间特征和通勤距离，划分出紧密通勤范围（图 16-3），加深对城市空间结构的认识；或是分析市区与郊区的同城化程度；或是用于评价主城区与郊区新城的关系，对新城产城融合的建设成效进行评估。在详细规划层面，可以用在城市特定单元内（如典型就业区）的职住情况，分析特定区域的通勤模式。

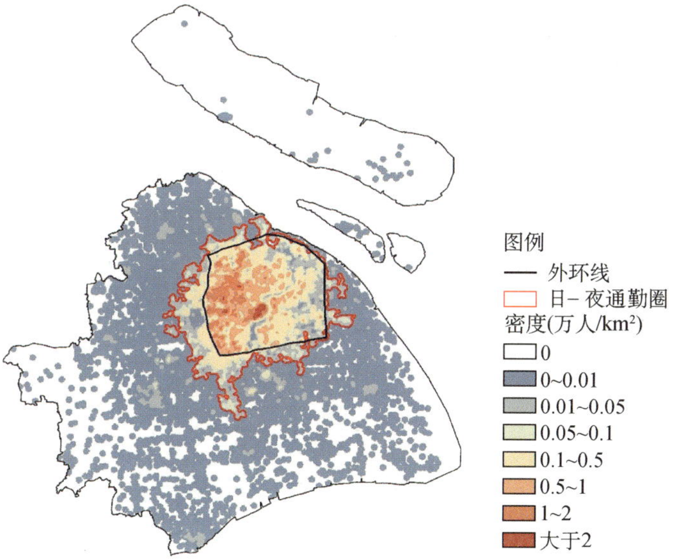

图 16-3 移动定位大数据测算的上海中心城区紧密通勤范围

使用移动定位大数据，居民的职住空间关系能通过职住比、通勤半径这两个简单的指标直接体现出来，通过两个指标的简单组合就能定量分析城市内部各个片区、单元居住、就业空间居住人数、就业岗位及其分离程度，从而分析城市职住平衡和职住空间关系状况。“职住比”是某个空间单元内(如街道行政边界、控规单元等)识别的就业岗位数量与居住人口比值(图 16-4)。使用移动定位大数据识别用户就业地、居住地,也能计算得到每一个通勤者的居住地、就业地之间直线距离,也可以称为“通勤半径”(图 16-5)。

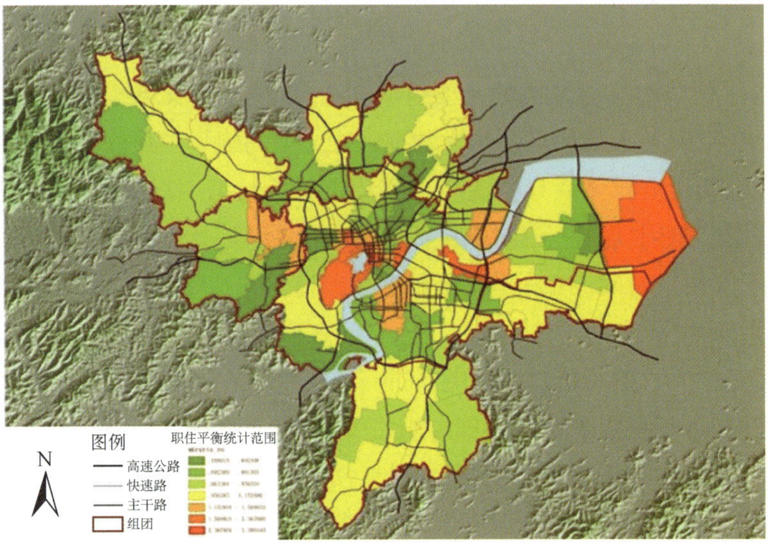

图 16-4 杭州中心城区各街道职住比

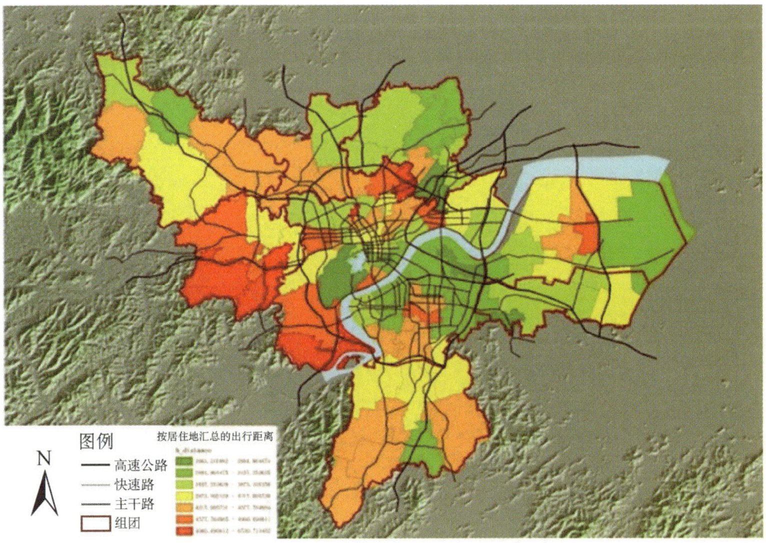

图 16-5 杭州中心城区各街道居住者平均通勤半径

例如,可以以街道为空间单元计算职住比、通勤距离,通过职住比、通勤距离的不同组合,识别出居住就业空间关系特征。职住比平衡且通勤半径较小,这是居住就业空间关系较好区域。职住比小且居住者通勤半径较大,往往是大型居住区集中,但缺乏就业岗位安排的区域(图 16-6)。职住比大且就业者通勤半径较大,往往是就业岗位集中,缺乏居住配套的区域。很多城市也存在职住比平衡、但就业者通勤半径大的区域,以及职住比平衡且居住者通勤半径大的区域。这些往往是各类土地使用比例较为平衡,但是实际居民的工作、居住并不就近平衡区域(图 16-7)。如果没有从移动定位大数据中获取的居住就业功能联系,传统方法则无法对上述区域的就业居住空间关系进行分析。

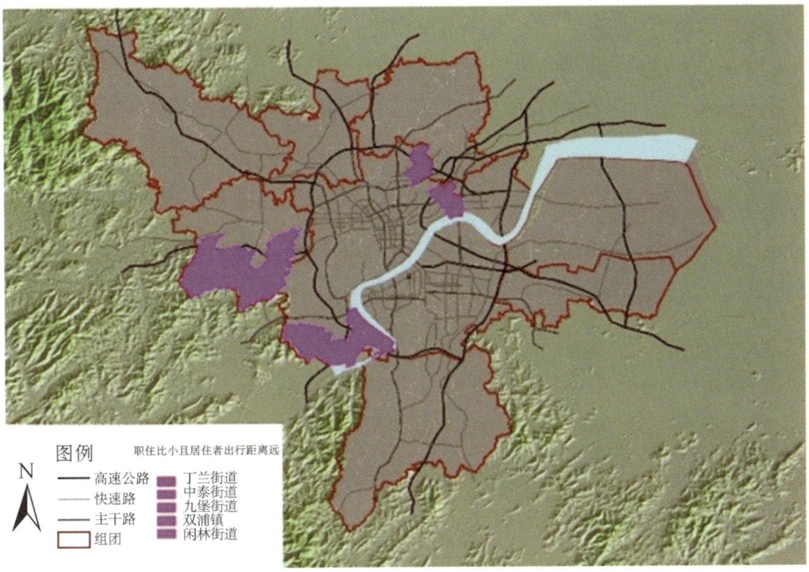

图 16-6 职住比小且居住者通勤半径较大的街道

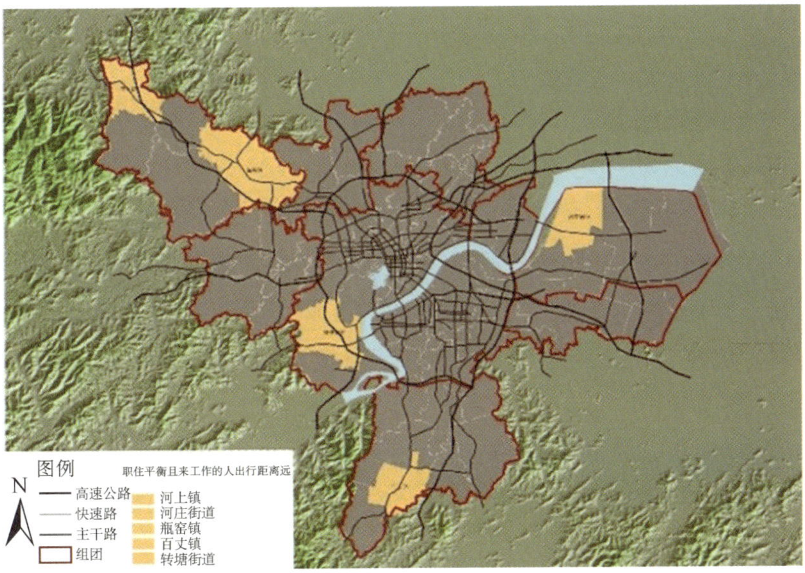

图 16-7 职住比平衡且就业者通勤半径较大的街道

当前，随着都市圈一体化，职住空间联系从城市内部扩展到相邻城市之间。由于我国不存在跨城市的交通出行调查，传统数据在这个方面无能为力。移动定位大数据则为研究分析这种跨城职住空间关系提供了很好的手段，反映出城市与区域功能结构新的变化。这已经在上海与近沪城市组成都市圈研究中得到应用（图 16-8）。

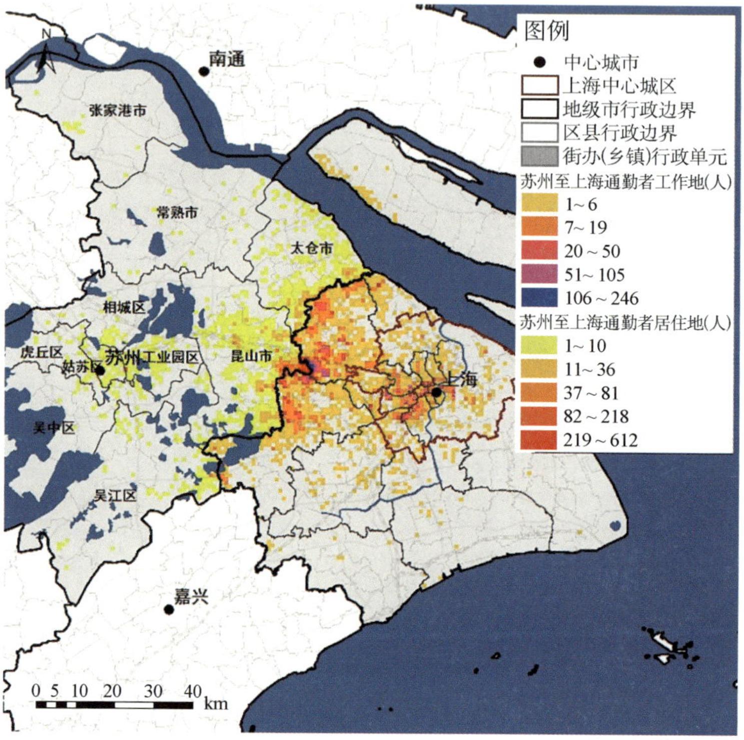

图 16-8 苏州至上海的跨城通勤

16.4.2 城市公共活动中心体系

合理布局多层次的公共中心体系是总体规划的重要内容之一，不同等级公共中心是以服务范围进行划分的，例如主中心服务全市、地区中心服务局部城区等。传统公共中心等级结构一般使用土地使用性质、建筑面积规模、业态等静态数据分析，对于消费者来源地、服务范围分析一般采用问卷方式，但样本有限且受主观因素影响，很难把握整体状况。

移动定位大数据中获取的“居住—游憩”联系，可以判断公共中心游憩者的来源地，从而判断出中心的腹地，进而对公共中心体系的服务绩效进行评价。利用这一方法划定势力范围的方法比传统的服务半径的方法更加有效，能够看到不同等级公共中心的服务情况。通过对城市多个中心服务范围比较（图 16-9），结合出行距离的分析，移动定位大数据可以进一步分析公共服务设施缺乏的区域，为新建副中心选址决策提供支持。

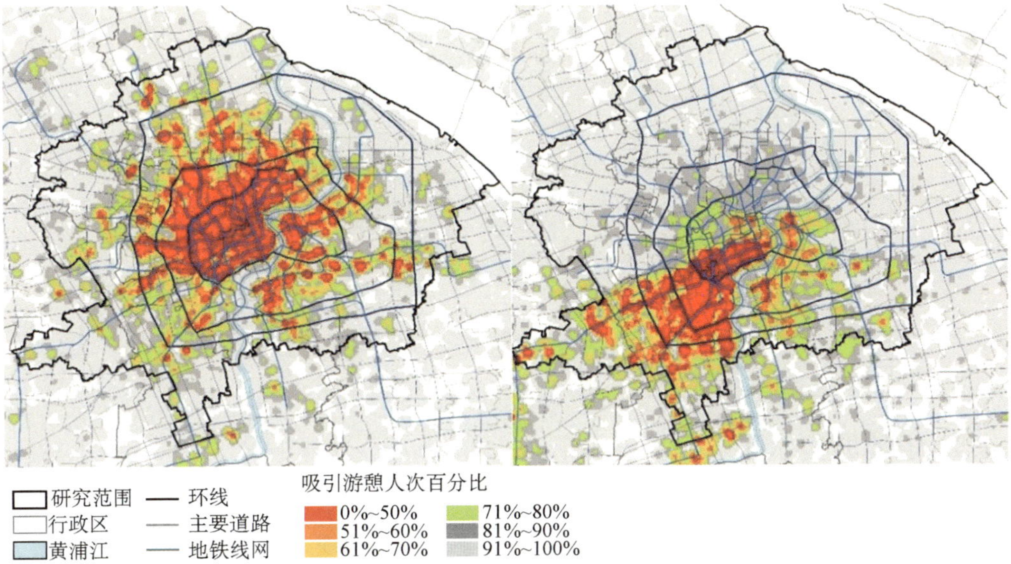

图 16-9　移动定位大数据识别上海公共中心的腹地

采用多个休息日移动定位大数据识别出游憩者，再识别出游憩者的居住地，得到“游憩—居住”功能联系。对游憩活动强度做局部空间相关分析，选出高值聚类区，从而识别出居民游憩活动密集区域，从中能确定现状各个公共中心的活动强度（图 16-10）。进一步依据移动定位大数据识别“居住—游憩”功能联系，还能得到各个中心的游憩者居住地来源的空间分布。由此能进一步获得各个活动中心的势力范围，进而对公共活动中心体系的服务绩效进行评价（图 16-11）。利用居住游憩联系划定势力范围的方法比传统的服务半径的分析方法更加有效。

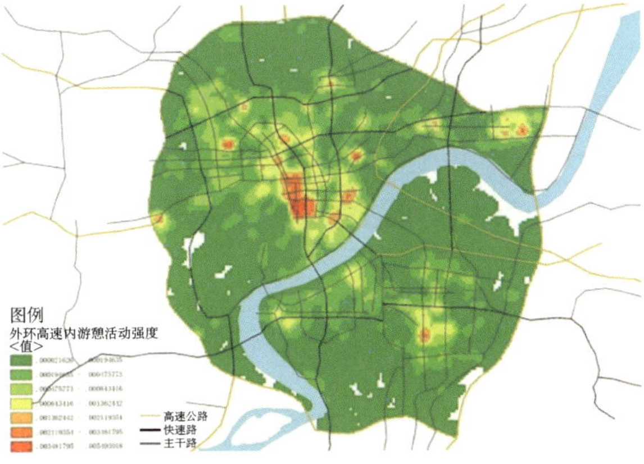

图 16-10　杭州中心城区内的居民游憩活动强度

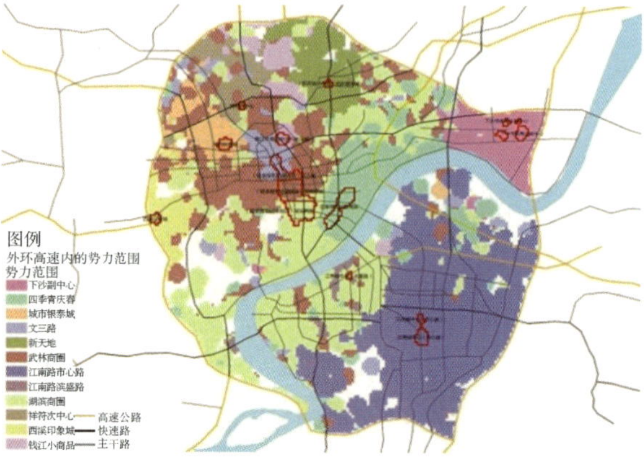

图 16-11　杭州中心城区内各中心势力范围

16.4.3　设施服务水平

公共设施、交通设施、绿地等合理布局配置是国土空间规划中的重要任务。大型公共设施如体育馆、大型公园、景区（图 16-12）等可以采用与公共中心体系相似的方法。通过获取设施使用者的活动轨迹，建立“设施—居住地”之间的出行联系，从功能联系角度对于设施服务范围进行评估。具体分析内容可以根据设施的服务特点决定。如对于城市公园的服务情况，移动定位大数据可以通过建立“游憩—居住”联系分析公园的服务范围与服务时间等特征，也可以对于公园绿地体系进行分析，评价公园绿地整体的供需关系是否满足城市居民的需求，为新建大型公园的选址与建设优先次序提出建议。

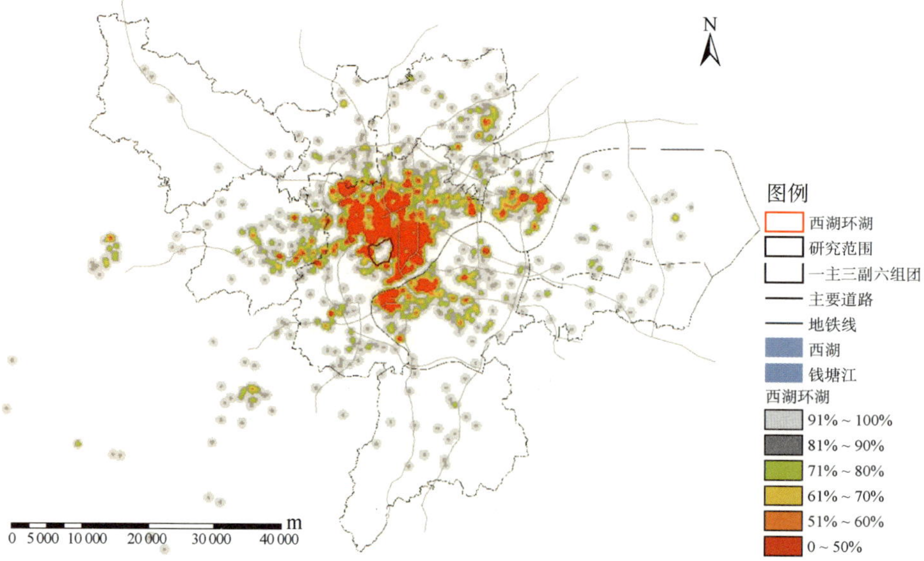

图 16-12　移动定位大数据测算的西湖景区服务范围

对于机场、火车站、枢纽站、地铁站点等为代表的交通设施，可以利用移动定位大数据记录连续活动轨迹的特点，使用与功能联系相似的方法，建立起“出发地—交通设施—目的地”的联系，在此基础上测算各种交通设施的服务范围，提供现有交通设施的服务情况。

16.4.4 区域城市关联

在城镇体系规划中，对城镇等级、职能、空间结构都需要有城镇之间联系数据支持。目前比较常用航空、铁路、公路客运班次来测算城市之间联系。但这些客运交通方式难以全面反映城市之间人流出行联系。

移动定位大数据中获取的城市之间人流联系，可以通过联系流量、流向两个维度来判断区域内城市之间的联系情况。综合流量流向，可以定量评价各个城市在城际出行网络中的中心性，由此，应用于城镇体系的等级结构规划能有效弥补传统的“规模—位序”方法的不足。

使用移动定位大数据获取的城市之间人流联系数据还能应用于城镇体系空间结构中，例如基于流量流向划分各个城市的势力范围，通过不同时间城市之间的人口流动识别全国城市群中心与城市等级，建立城市联系强度模型测算城市影响范围等各种应用方法。

16.5 从密度出发的应用方向

16.5.1 城市人口规模

人口规模是国土空间规划中的重要依据。移动定位大数据获取用户居住地空间分布，可以监测城市人口规模和分布变化。可以通过较长时间的手机信令数据记录分析该城市常住用户的居住分布特征，从而得到各地区常住用户的数量。虽然很难通过该数值精确得到常住地人口总数，但可以反映该城市人口的分布规模和变化趋势。

除了常住人口之外，移动定位大数据还可以用于分析传统人口调查方法无法记录的“短期驻留人口”。这部分人口是指在城市居住 6 个月以下短期停留人口。应用移动定位大数据的相关研究表明，在许多城市中短期驻留人口已经构成了一个相对稳定且不可忽略的空间荷载(约为常住人口的 10%～15%)，他们的活动对城市各类服务设施的承载压力和日常运行具有很强的扰动和压迫作用，是城市各项规划中不可忽略的一部分(图 16-13)。除此之外，移动定位大数据还可以探究分析城市人口分布和活动的动态特征，如昼夜分布特征等，以探讨建成环境与城市人口动态分布的关系等。

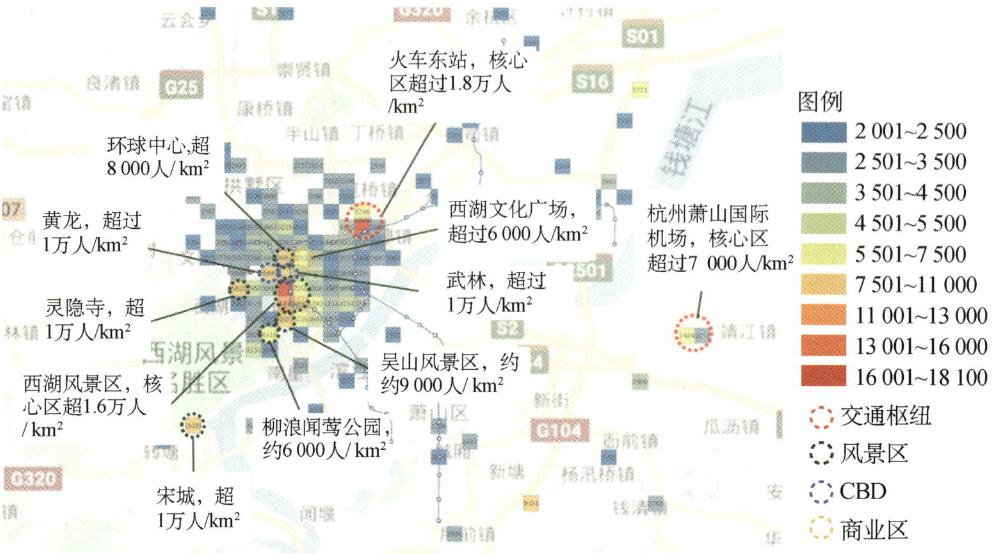

图 16-13 杭州市短期驻留人口高峰时段空间影响强度分析

16.5.2 街道活力分析

街道活力是规划设计理论与实践长期关注的议题。一般认为街道上的人群活动是街道活力来源，有活力的街道空间应保持密集、持续的人群活动。传统规划设计理论认为建成环境是影响街道活力的重要因素，如建筑功能多样、较高密度开发的建成环境能够有效地促进街道活力。在街道规划设计中，如果要分析街道活力，使用传统方法就需要实地观测来统计街道上人群活动情况。由于受到人力物力的限制，只能做若干时间截面、较小尺度空间的观测。

相比于传统观测方法，移动定位大数据可以全时段、大范围记录人群活动情况，从而避免了实地观测中的人力、物力限制。移动互联网 LBS 数据是一种移动定位大数据，在使用手机等移动设备操作 App 时记录用户位置。这种情况下，人们一般处于停驻或缓步慢行状态。因此 LBS 数据记录了人群在街道上的停留位置和停留时间，可以折算为街道人群活动强度（图 16-14）。与手机信令数据的定位原理不同，移动互联网 LBS 数据空间定位可以达到 10 m 级的 GPS 精度。以此为基础，移动互联网 LBS 数据可以用于支持较小空间尺度的规划设计。例如，用于街道全时段、全方位的活动强度特征测算。这一方法可以用于验证建成环境影响街道活动强度的因素，测算在不同时段、不同建成环境的街道活力，进而可以为街道更新设计提供优化方向。

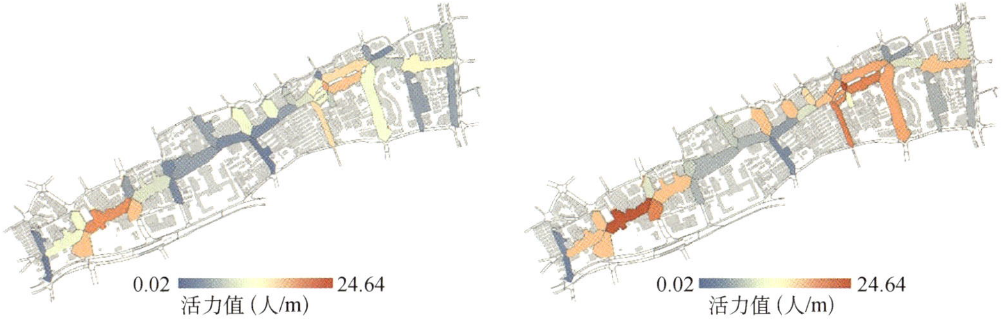

图 16-14 LBS 定位数据测算的南京西路街道活力

16.6 移动定位大数据的应用方法

16.6.1 要避免“黑箱”方式

由于国家对个人隐私和数据安全的法律规定,国土空间规划中很难直接接触到移动定位大数据。目前能够在国土空间规划应用的移动定位大数据均是运营商或互联网公司对原始数据进行初步加工后的数据产品。这些数据产品可以进一步用于密度出发、联系出发的应用。应该认识到这种保护数据安全、保护个人隐私的方式是当前应用移动定位大数据的先决条件。

首先,在国土空间规划应用中,虽然不能获取原始数据,但是必须充分了解数据的特性,包括定位原理、定位的时间连续性、定位的空间分辨率等。其次,数据产品提供方从原始数据到数据产品的计算规则、算法必须透明,必须能清楚地告知应用者。不合适的数据加工规则会导致后续的密度或联系计算结果失真,得出错误的结论。在规划设计中应用移动定位大数据,可以不直接接触原始数据,但是要对数据特性、数据初加工规则清楚了解,要避免“黑箱”式的数据应用方式。

16.6.2 数据的时间连续性、空间分辨率

手机信令、互联网 LBS、公交卡等移动定位大数据各有特点,各有适宜应用场合。从规划应用中的密度、联系两类需求出发,空间精度高,定位时间连续是两大标准。使用 GPS 或 Wi-Fi 定位的移动互联网 LBS 数据有空间精度上的优势,但是定位连续性略有欠缺;手机信令数据优势在于定位时间上的连续性,但是空间定位分辨率较低。就当前各种移动定位大数据而言,空间精度、时间连续,二者还不可兼得。

时间连续性好的移动定位大数据更适合于从联系出发的应用场合,空间精度高的移

动定位大数据适合于较小尺度的从密度出发的应用场合。要从不同规划应用要求出发，寻找适宜的数据源。

16.6.3 数据分析可靠性

应用移动定位大数据支持国土空间规划必须结合传统数据进行校核，提高数据分析可靠性。传统普查数据具有无可替代的优势，遵循了严格规则的抽样调查数据也是很好的数据源。相比之下，移动定位大数据测算个体活动、城市功能还只是一种有依据的推测，因此一定要对数据计算结果进行校核，通过与传统调查数据进行比对，提高数据分析可靠性。例如，采用移动定位大数据测算的居民出行距离往往会缺失短距离出行，结果会造成平均出行距离偏高，这是由于定位空间分辨率、时间连续性不足造成的。这可以通过调整计算参数取值进行校正。通过与交通调查数据对照，就能确定适宜的计算参数，校核大数据计算结果。

16.7 结语和展望

移动定位大数据是表示个体在建成环境中活动时空特征的轨迹数据，能从中获取居住、工作、游憩等活动的空间分布特征，也能获得城市居住、工作、游憩等功能之间联系的流向和流量特征，支持国土空间规划。从功能联系出发，能支持区域城市关联、职住空间关系、城市中心体系、设施服务水平等方向的规划设计；从城市活动的密度出发，能支持城市人口规模、街道活力分析等方向的规划设计。不同类型移动定位大数据由于其空间分辨率、时间连续性不同，适用于不同尺度的国土空间规划。与传统数据相比，移动定位大数据能够识别用户的居住地、工作地、游憩地，建立三者之间的空间联系，从而能够从功能联系的视角分析城市和城市群，将引导传统的规划分析由静态数据分析向流动空间联系分析转变，在规划日益强调“以人为本”、人地关系协调的当今具有重要意义。

将移动定位大数据用于国土空间规划，其优势在于能够从移动定位大数据中获取居民活动的时空轨迹，从而能从功能联系出发测算联系强度和联系范围，弥补了传统静态数据的不足。移动定位大数据可以作为国土空间规划的一种基础数据。移动定位大数据可以支持城市规划中多个方向的分析。在规划实践中，可以将其作为基础数据融入现有分析体系，并与传统分析方法相互配合、验证，关注传统数据无法涉及的议题，提升城市规划分析的科学性。

在当前的国土空间规划中，移动定位大数据已经能用于精准地进行现状分析、评价规划方案可行性、监测规划实施状况、评估规划实施成效。现有技术还不能将移动定位大数据直接用于支持规划预测。移动定位大数据是否能用于预测，这个问题实际上就是个体活动是否能够被预测。从现有移动互联网的应用来看，在导航等出行服务中移动定位大数据已经能用于预测今后若干小时的交通路况，在商业零售领域中大数据也能用于预测消费者的购物行为。经过长期数据积累，类似的技术也可能用于预测大规模居民个体活动的行为轨迹。移动定位大数据支持规划预测需要较长时间的数据积累和更好的技术支撑。

参考文献

[1] 丁亮，钮心毅，宋小冬. 利用手机数据识别上海中心城的通勤区[J]. 城市规划，2015，39(9)：100-106.

[2] 丁亮，钮心毅，宋小冬. 上海中心城区商业中心空间特征研究[J]. 城市规划学刊，2017(1)：63-70.

[3] 方家，刘颂，王德，等. 基于手机信令数据的上海城市公园供需服务分析[J]. 风景园林，2017(11)：35-40.

[4] 刘望保，石恩名. 基于ICT的中国城市间人口日常流动空间格局——以百度迁徙为例[J]. 地理学报，2016，71(10)：1667-1679.

[5] 龙瀛，张宇，崔承印. 利用公交刷卡数据分析北京职住关系和通勤出行[J]. 地理学报，2012，67(10)：1339-1352.

[6] 钮心毅，丁亮. 利用手机数据分析上海市域的职住空间关系——若干结论和讨论[J]. 上海城市规划，2015(2)：39-43.

[7] 钮心毅，丁亮，宋小冬. 基于职住空间关系分析上海郊区新城发展状况[J]. 城市规划，2017，41(8)：47-53.

[8] 钮心毅，朱娟，施澄. 手机信令数据支持城市总体规划实施评估的技术框架[J]. 城市建筑，2017(27)：16-20.

[9] 钮心毅，王垚，丁亮. 利用手机信令数据测度城镇体系的等级结构[J]. 规划师，2017，33(1)：50-56.

[10] 钮心毅，王垚，刘嘉伟，等. 基于跨城功能联系的上海都市圈空间结构研究[J]. 城市规划学刊，2018(5)：80-87.

[11] 钮心毅，吴莞姝，李萌. 基于LBS定位数据的建成环境对街道活力影响及其时空特征研究[J]. 国际城市规划，2019(1)，29-37.

[12] 钮心毅，谢琛. 手机信令数据识别职住地的时空因素及其影响[J]. 城市交通，2019，17(3)：19-29.

[13] 钮心毅，李萌. 移动定位大数据支持建成环境规划设计的途径和方法[J]. 西部人居环境学刊，2019，34(1)：31-37.

[14] 钮心毅，林诗佳，秦思娴，等. 移动定位大数据支持城市人口规模监测的技术途径[J]. 当代建筑，2020(12)：39-43.

[15] 钮心毅，李凯克. 跨城功能联系视角下的都市圈国土空间规划实施监测[J]. 资源科学，2021，43(2)：380-389.

[16] 田金玲，王德，谢栋灿，等. 上海市典型就业区的通勤特征分析与模式总结——张江、金桥和陆家嘴的案例比较[J]. 地理研究，2017，36(1)：134-148.

[17] 施澄，陈晨，钮心毅. 面向"实际服务人口"的特大城市空间规划响应——以杭州市为例[J]. 城市规

划学刊,2018(4):41-48.

[18] 许园园,塔娜,李响.基于地铁刷卡数据的城市通勤与就业中心吸引范围研究[J].人文地理,2017,32(3):93-101.

[19] 杨喜平,方志祥.移动定位大数据视角下的人群移动模式及城市空间结构研究进展[J].地理科学进展,2018.37(7):880-889.

[20] 张天然.基于手机信令数据的上海市域职住空间分析[J].城市交通,2016(1):15-23.

[21] 钟炜菁,王德,谢栋灿,等.上海市人口分布与空间活动的动态特征研究——基于手机信令数据的探索[J].地理研究,2017,36(5):972-984.

17 村庄建设用地减量规划技术

张 立 李雯骐 赵雪琪*

近年来，城乡建设用地的供需矛盾日益突出，城镇建设用地增量指标紧张、用地保障程度低。与此同时，农村空心化现象加剧，宅基地闲置、集体建设用地低效利用等问题突出。在指标化建设用地供地管理制度约束下，以及在城乡建设用地集约发展的思想指导下，增量提效、存量挖潜是获取未来城乡建设发展空间的必然方向，其中乡村地区是存量挖潜的重点地区，各地亦将推动村庄建设用地减量化作为破解建设用地供需矛盾的重要途径之一。本章基于对我国东部 A 省 Y 市 Q 镇①的研究成果展开论述，旨在探析村庄建设用地减量化工作的相关规划技术，为相关工作提供思路和启示。

17.1 背景

17.1.1 国家的相关政策沿革

2004 年以来，我国陆续出台了数项推进城乡建设用地置换的政策，并在试点范围内逐步展开。2004 年，《国务院关于深化改革严格土地管理的决定》明确土地节约集约利用是生态文明建设的根本之策，首次提出城乡建设用地增减挂钩政策。文件指出，“要按照控制总量、合理布局、节约用地、保护耕地的原则……鼓励农村建设用地整理，城镇建设用地增加要与农村建设用地减少相挂钩。”“建设用地要严格控制增量，积极盘活存量，把节约用地放在首位，重点在盘活存量上下功夫。”2008 年，《国务院关于促进节约集约用地的通知》提出，“依法盘活利用农村集体建设用地。按规划稳妥开展农村集体建设用地整理，改善农民生产生活条件。”同年，原国土资源部出台《城乡建设用地增减挂钩试点管理办法》，提出“通过建新拆旧和土地整理复垦等措施，在保证项目区内各类土地面积平衡的基础上，最终实现增加耕地有效面积”，为村庄建设用地整理提供了政策工具。

2014 年，原国土资源部发布《节约集约利用土地规定》，这是我国首部专门就土地节约集

---

* 张立，同济大学建筑与城市规划学院副教授，中国城市规划学会小城镇规划学术委员会秘书长，同济大学城市建设干部培训中心主任。邮箱：leonzsh@tongji.edu.cn。
李雯骐，同济大学建筑与城市规划学院博士研究生。
赵雪琪，同济大学建筑与城市规划学院科研助理。

① 对文中涉及的地名及参数进行了脱敏处理。

约利用进行规范和引导的部门规章;同年印发《国土资源部关于推进土地节约集约利用的指导意见》,正式提出"实施建设用地总量控制和减量化战略","努力实现全国新增建设用地规模逐步减少"。2015 年,中共中央、国务院印发《生态文明体制改革总体方案》,明确提出"完善资源总量管理和全面节约制度","实施建设用地总量控制和减量化管理,建立节约集约用地激励和约束机制,调整结构,盘活存量"。建设用地减量化管理上升至国家层面。

随着城镇化进程对土地资源的快速消耗,国家对节约集约利用土地越来越重视。在认识上,也从村镇建设用地整理转向对建设用地实施总量控制和减量化①。转方式、调结构,更加重视生态和资源环境承载力,逐步成为国家经济社会发展的新方向,土地利用方式也需要相应转变以适应新的发展要求。

17.1.2 A 省的相关政策沿革

2004 年,发布《A 省人民政府关于严格土地管理切实提高土地利用效率的通知》,提出"开展城市土地整理和村庄整治,努力盘活闲置厂房、仓储等用地,提高农村建设用地效率。"2008 年,出台《A 省人民政府关于切实推进节约集约利用土地的若干意见》,提出"严格控制新增建设用地总量","加强农村建设用地管理,挖掘农村建设用地潜力……加大村庄整治扶持力度,继续鼓励开展农村闲置宅基地、空闲地和废弃工矿用地复垦整理"。在国家政策的基础上,2009 年发布《A 省人民政府办公厅关于切实做好城乡建设用地增减挂钩工作的通知》,进一步强化了农村存量建设用地挖潜。

2013—2015 年,在全省深入开展旧住宅区、旧厂区、城中村改造和拆除违法建筑(简称"三改一拆")三年行动。2014 年 3 月,发布《A 省人民政府关于实施"空间换地"深化节约集约用地的意见》,要求"大力实施'空间换地',充分挖掘土地利用潜力","大力实施'台地产业、坡地村镇'的低丘缓坡综合开发模式","推动城乡用地空间调整。深入开展农村土地综合整治,……加快'空心村'、小散村集中连片整治,推动农村人口向中心村、中心镇集聚。探索建立农村宅基地退出机制,鼓励农民进城镇居住。"2016 年 12 月,发布《A 省国土资源厅关于进一步加强"三改一拆"拆后土地利用工作的通知》,提出合理安排拆后土地短期利用,统筹使用农村集体拆后土地,支持农村零星土地整治利用等。2018 年,发布《A 省人民政府办公厅关于做好低丘缓坡开发利用推进生态"坡地村镇"建设的若干意见》《A 省国土资源厅关于严格生态"坡地村镇"建设项目用地管理的通知》,一系列文件进一步完善了"坡地村镇"的建设用地路径。

A 省在加强国土资源节约集约使用、农村土地制度改革等方面出台了诸多政策支持,落实了最为严格的集约节约用地制度。2016 年 2 月,发布《A 省土地节约集约利用办法》,从规

① 谭明智. 严控与激励并存:土地增减挂钩的政策脉络及地方实施[J]. 中国社会科学,2014(7):125-142,207.

模管控、土地供应和回收、土地盘活利用等方面，全面推进土地节约集约利用。要求推进农村土地综合整治，开展农村空闲和低效用地整治，鼓励农村村民自愿腾退宅基地等。

2018 年 8 月，《A 省人民政府办公厅关于实施全域土地综合整治与生态修复工程的意见》提出，按照控制总量、优化增量、盘活存量、释放流量、实现减量的要求，对田水林路村进行全要素综合整治，建成农田集中连片、建设用地集中集聚、空间形态集约高效的美丽国土新格局；推进闲置浪费、低效利用建设用地整治。

A 省人多地少，建设用地不足的问题非常突出，故在全国较早地开展土地整治，盘活存量建设用地，不但创新了村庄建设用地开发方式，还提出“三改一拆”“台地产业、坡地村镇”的低丘缓坡综合开发模式等。同时，A 省积极推动全域综合整治，把村庄建设用地减量化纳入全域土地整治的范畴，推动土地节约集约利用全面推进，把减量化提升到新的高度。

17.1.3 Y 市的主要政策沿革

2008 年，A 省 Y 市人民政府发布的《Y 市人民政府关于切实推进节约集约利用土地的实施意见》提出，全力开展闲置土地、转而未供土地专项清理，合理开发利用山坡地，鼓励农村集体经济组织利用村级安置留地建设多层标准厂房。2011 年，Y 市再次获批新一轮首批全国农村改革试验区，先后开展包括了集体产权、农村金融、土地制度、农业经营体制等内容的改革试验。同年在全市范围内推动农房集聚工作，提出每个县（市、区）启动 1 至 2 个试点镇（功能区、街道）作为农房集聚性改造的试点。

2014 年，发布《Y 市人民政府关于推进节约集约用地加快城镇低效用地再开发试点工作的实施意见（试行）》，把纳入城镇范围的旧村庄作为整治的重点对象。2016 年，出台《Y 市区调整城镇土地使用税政策促进土地集约节约利用工作实施方案》；2018 年 11 月，出台《Y 市区调整城镇土地使用税差别化优惠政策促进土地集约节约利用实施方案》。两轮政策都把差别化的城镇土地使用税作为促进土地节约集约利用的重要政策工具。

作为 A 省人多地少和用地需求旺盛最典型的地区之一，Y 市较早推动农村低效建设用地整治，探索山坡地开发等，取得较好的效果。以土地使用税作为政策工具，激活了地方政府对村庄建设用地减量化工作的积极性。

17.1.4 Y 市推进村庄建设用地减量的作用

17.1.4.1 存量利用，破解城市发展用地不足的诉求

其一，Y 市通过自上而下获得新增建设用地指标有限。Y 市建设用地供给长期处于紧约束状态，人均建设用地 128 m^2，仅约为全省平均水平的一半。随着省域新增建设用地指标优先向省会城市和省域副中心城市倾斜，仅依赖自上而下的建设用地指标分配将

难以支撑 Y 市长期的城市建设发展，对于存量建设用地的盘活利用是破解 Y 市城镇建设发展瓶颈的重要途经。

其二，对城镇用地资源的使用已趋近饱和，工业开发强度大。Y 市整体的城镇建设用地已达到较高的用地效率水平，尤其全市的多个产业强镇的工业用地开发强度、亩均工业总产值都已远超市域、省域平均水平。由于建设用地空间的不足，已造成不少强镇的企业将部分制造与研发总部迁出 Y 市，对本地经济活力造成了极大的影响，制约了产业经济的进一步集聚，亟待通过建设用地（指标）的存量盘活为转型发展腾挪空间。

17.1.4.2 集约发展，提升国土资源配置效率

当前 Y 市土地资源使用有两个主要问题。一是用地破碎化程度高，Y 市是典型的镇村民营经济发展模式，建设用地破碎，农工用地混杂，农村居民点高度散乱，耕地碎片化等问题突出。二是农地规模化水平低，“七山二水一分田”的自然地貌，导致 Y 市农地资源较为匮乏，且农地空间分布较零散、集聚化程度低、规模化发展水平较差，2017 年底 Y 市农村土地流转率仅为 63.23%。

17.1.4.3 协同城镇化，激活乡村发展权益

Y 市的农村空心化问题严重，建设用地资源浪费。2017 年，其市辖区农村常住人口 34.7 万人，仅占农村户籍人口的 76%。受区位及生态灾害影响，局部地区人口外迁现象更为显著，村庄空心化问题严峻，农村大量宅基地空置。与此同时，Y 市的乡村土地效益尚未显现，集体经济发展水平低。Y 市大部分村民的经济来源为务农、房屋或土地出租、外出打工及个体经营等，农村集体经济发展水平较低，闲置现象较为突出，但是宅基地的退出机制和再开发机制尚未理顺，潜在的经济价值尚未实现。

17.2 村庄建设用地特征

17.2.1 村庄总体特征

Q 镇位于 Y 市中心城区西部，距离 Y 市中心城区约 15 km，处于 Y 市一小时交通圈内，属都市近郊型城镇。全镇现状常住人口约 5.5 万人，其中乡村地区常住人口约 2 万人，户籍人口约 3.5 万人，户均约 3.5 人。从经济发展水平来看，Q 镇是中等发达水平的工业强镇，镇域产业经济以传统劳动密集型工业为主导，服装、鞋类等轻制造业发展基础良好，建有一个省级经济开发区（轻工产业园区）。村庄总体呈现“民富村弱”特征，村庄集体经济普遍弱，且多以房屋出租等金融性收入为主，较少村庄能够发展出特色产业（种植经济作物、设施农业、休闲农业等）。而大部分村民的个体收入水平较高，主要收入来源包

括经商、务工、房屋出租等，2019 年人均收入达到 2.3 万元。从差异性来看，平原村尤其是镇区边的村庄，村内有一定规模的小型工业厂房入驻，还有少量的农家乐餐饮和商店，而山区村产业单一、集体经济薄弱，旅游产业尚处于初期培育阶段。镇内村民大多以从事农业生产为主，一定比例的村民选择外出经商或打工。

Q 镇镇域总面积 96.96 km^2，总建设用地 10.92 km^2。本次村庄减量化研究的工作范围为除城镇开发边界及邻近区域之外的 40 个行政村。40 个村庄中，户籍人口超过 1 000 人的共 11 个，超过 500 人的共 34 个，最大规模可达 2 360 人，最小规模仅 284 人。根据村庄所属区位的不同，大致可划分为 12 个城边村、15 个平原村和 13 个山区村。村庄人口分布总体从平原到山区村庄人口规模递减，外来流动人口明显集中于镇区、园区周边的村庄。平原村普遍有一定比例的外来就近务工人员居住在村内，人口流失情况较少；山区村普遍存在严重的人口流出现象，个别村庄的常住人口数量不足 10%，且留守人口老龄化程度高。

40 个村庄的平均规模 2.77 km^2，建设用地总计 4.73 km^2，其中乡村集体建设用地 3.61 km^2，占比 76%。减量化研究对象为 40 个村庄的村庄建设用地（农村宅基地、集体公益性用地、集体经营性用地）和独立的采矿用地，合计共 3.17 km^2，占研究范围内总集体建设用地的 88%（另 12%为城乡道路用地、特殊用地、市政设施用地、区域公用设施用地）。

17.2.2 村庄建设用地总体特征

Q 镇的村庄建设呈现较大的差异。平原村建筑密度较高，以 3～4 层、砖混结构为主，新旧建筑混杂；山区村建筑密度较低，以 1～2 层为主，兼有传统木屋和砖混建筑，少数村庄还保留了传统民居建筑。村庄户均建筑面积为 160～320 m^2，整体建设风貌不佳。各村的供水、供电等基础市政设施基本能够满足生活需要，但公共服务设施和公共活动场所较少（图 17-1）。

图 17-1 平原村（左）、山区村（右）建设风貌

Q 镇镇域人均村庄建设用地仅 92 m^2，远低于全国平均水平①，总体用地效率较高。

① 根据 2016 年发布的《全国土地整治规划（2016—2020 年）》，全国农村人口人均居民点用地达到 317 m^2。

人均宅基地面积约 82 m^2，户均宅基地面积约 284 m^2。村庄建设用地以宅基地为主，共 284 hm^2，约占村庄总建设用地的 89%；集体公益性建设用地共 5 hm^2，占村庄总建设用地的 2%；集体经营性建设用地共 12 hm^2，占村庄总建设用地的 4%；采矿用地共 15.5 hm^2，占村庄总建设用地的 5%。乡村经营性建设用地规模较小、占比不高，表明 Q 镇的乡村工业并不发达，工业企业的发展主要向镇区和园区集聚，村庄内零星分布的工业用地多为等级较低的小厂房。因此，针对宅基地的减量是重点。

从三类村庄的差异来看，城边村的人均村庄建设用地面积、人均及户均宅基地面积均为最大。而山区村土地资源约束突出，空间使用相较于城边村和平原村更为集约，人均和户均宅基地面积最小(图 17-2)。

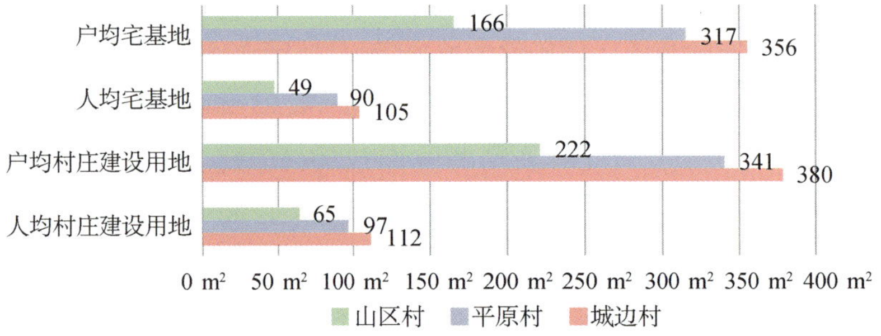

图 17-2 三类村庄的村庄建设用地人均与户均指标比较

从建设用地结构来看，平原村的集体经营性建设用地占比最高，大多为村庄内的工业用地，表明平原村内尚有一定比例的村级工业，且是镇内为数不多乡村工业的主要载体。城边村的公益性设施占比相对较高，多为行政办公用地，较小比例的经营性建设用地主要为零星分布在开发区周边村庄内的工业用地；山区村用地除采矿用地外，仍主要以居住功能为主，公共服务和经营性设施用地的占比都很小(图 17-3)。

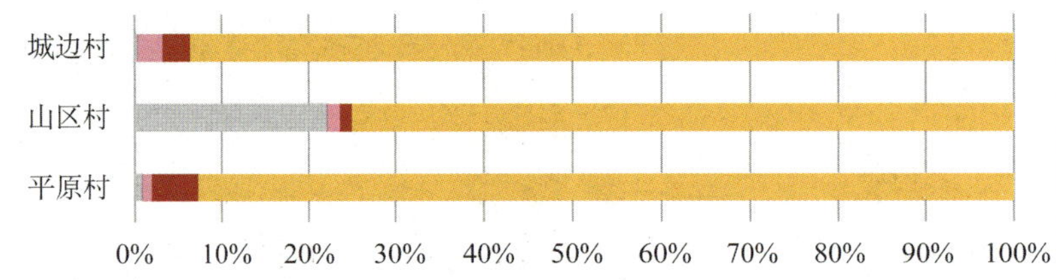

	平原村	山区村	城边村
采矿用地	0.76%	22.12%	0.22%
集体公益性建设用地	1.08%	1.54%	2.84%
集体经营性建设用地	5.36%	1.36%	3.28%
宅基地	92.79%	74.98%	93.67%

采矿用地 集体公益性建设用地 集体经营性建设用地 宅基地

图 17-3 三类村庄的村庄建设用地结构比较

17.2.3 零星村庄居民点特征

推动零星分布的小规模村庄居民点的逐步合并是村庄减量化工作中的重点内容之一。Q镇乡村地区规模小于20户的零星村庄居民点共444个,其中小于10户的居民点共192个,总面积合计2.9 hm^2;小于20户的居民点共252个,总面积合计约4.82 hm^2。从空间分布来看,零星村庄居民点大多集中在山区村庄,约占Q镇零星居民点总数的60%(表17-1)。

表 17-1 小于 20 户零星村庄居民点数量统计

	小于 10 户		大于 10 户,小于 20 户	
	数量(个)	面积(hm^2)	数量(个)	面积(hm^2)
城边村	9	0.43	12	0.60
平原村	69	1.17	87	2.64
山区村	114	0.76	153	1.58

17.2.4 已开展的农房集聚为主的村庄减量化实践

2011年,Q镇被列入Y市11个城乡统筹综合改革试点镇之一,并于同年6月作为试点开始推进农房集聚工作。农房集聚建设是依据"就地就近、提倡跨域、户为单位、鼓励连片"原则,农户自主自愿退出宅基地,按照规定的置换标准和方式,置换为政府统一集中建设的新房,农村旧房及宅基地由政府收回进行复垦。农房改造集聚建设不同于拆迁安置,而是按照依法自愿有偿的原则,选择性地退出农村进入城镇生活。Q镇第一批农房集聚点包含四个项目,总投资13.85亿元,总用地面积11.4 hm^2,总建筑面积31万m^2,公寓式住宅共计1 895套,其中1 443套用于农房置换,452套用于重点工程拆迁安置与三产置换。

截至2015年上半年,农房集聚项目建设累计完成投资额9.43亿元,累计回笼房款4.4亿元,共有2 283户家庭报名参与农房置换,实际参与集中建房置换的农户共818户。从实际效果来看,存在的主要问题是以农户零散退出为主,实际节约土地的效果差,农村减量土地的生态价值和经济价值都很难得到显现。农户选择退出的"自愿性"造成退出的宅基地"插花式"零散地分布在各个村中,较难形成一定规模的连片土地。据了解,Q镇一期农房改造项目退出的220亩(约14.7 hm^2)宅基地中能够连片达到10亩(约0.7 hm^2)以上的只有两处,合计30亩(约2 hm^2),其余都是零散地分布在镇域内,既很难达到复垦标准,复垦后也很容易成为周边农户的违章用地,土地的节约集约使用率远远达不到预期成效。因此，Q 镇镇政府除了投入 2 668 万元之外，还要在全镇范围内投入相当高的监督成本，即使这样也未必能制止复垦宅基地的违章使用，治理成本大大增加。对于政府来说，同时还承担着较高的投资亏损风险和财政风险。

从制度方面来审视，Y 市农房集聚改造工作没有促进整体利益增进，也没有真正起到减量效果，其原因在于，地方政府将农房集聚改造作为一个单独的政策推进而不是一套制度集合，缺乏包括奖励机制、考核机制等在内的相应制度安排，也就忽视了农房集聚改造背后的整体利益分配和空间成效。此外，政府对目标服务群体的定位有所偏差，虽然“允许农民以个体报名的形式参与”可以增进农民参与的自主性，但也产生了“参与农民零散分布，无法发挥减量土地的规模化效益”的弊端，反而造成了“城镇建设用地总量增加，村庄建设用地没有减少”的负面影响。

17.3 村庄建设用地减量化潜力评估

17.3.1 评估思路

村庄建设用地减量工作涉及农村土地信息调查、房屋质量调查等较为微观的具体工作，且配合不同的政策支持将会起到不同的减量化成效，是综合、复杂的实施过程。本节对 Q 镇的村庄减量规模做出总体概算，为判断村庄建设用地减量潜力空间提供研究支撑。总体思路为，以宅基地退出为主，测算实际可减量的建设用地面积。结合 Q 镇农村的实际用地情况，宅基地占比高达 94%，而村庄集体公益性建设用地和集体经营性建设量少。因此对安置用地需求的规模测算以住宅安置用地为主，对于少数有土地使用证和房屋产权证的经营性用地，以集中安置区的底商和配建指标的方式予以补偿，或以小微园的形式纳入镇区和园区的工业用地指标中，不另行测算补偿用地指标。

村庄建设用地减量化的潜力体现为，通过村庄建设用地减量再扣除集中安置用地使用后所剩余的实际节余建设用地指标，具体如式(17-1)。

$$S = S_0 \cdot X - S_1 \cdot X \cdot D \cdot C / R \tag{17-1}$$

式中　S 为实际建设用地减量面积；S_0 为现状村庄建设用地总面积；X 为村庄退出系数，反映村庄减量的实施比率；S_1 为现状村庄宅基地面积；D 为村庄房屋建筑面积占宅基地面积的比重，根据 Q 镇的实际情况，山区村取值为 0.8，平原村和城边村取值为 0.9；C 为安置用房的补偿系数，根据相关农村安置补偿政策，综合取值为 1，即“拆一补一”；R 为安置住房的容积率，结合相关研究和实践经验，综合取值为 2.0①。

① Y 市 Q 镇的原始报告是“拆一还三”，安置房容积率 2.8。考虑到减量规划技术的全国适用性和住建部对县乡高层建筑的建设约束，本节调减了相关指标。

由此得到 $S_{\%}=S/S_0$，即实际可减量面积占现状总建设用地面积的比重，反映出实际村庄建设用地减量化潜力。

针对采矿用地，根据其所在村庄的位置进行不同的减量化用地转换，位于镇(园)边村及平原村的工矿用地可转为建设用地，位于山区村的则进行复垦，纳入建设用地减量化指标。

17.3.2 分类型的村庄减量化评估判断

17.3.2.1 城边村：减量潜力较大，宜统筹推进整体改造

结合上述分析，城边村现状用地使用在三类村庄中属最为粗放，减量潜力最大，且宅基地分布相对集聚，零散用地相对较少。因此，对城边村的减量规划思路建议为，统筹推进城边村进行整体拆改，逐步引导村庄融入镇区、园区的建设，加快向城镇社区转变。对于近期无法纳入拆改的村庄，加快村庄治理向城镇管理水平看齐，严控新增建设活动，同时在镇区和园区合理安排建设空间，引导建设需求进镇进园。

城边村现状建设用地 98 hm^2，其中宅基地 92 hm^2，按照全部整体拆改来测算，即建设用地减量系数为 100%，扣减集中安置的土地占用后，得到村庄建设用地减量化结余指标约 56.6 hm^2，减量化潜力约为 57.7%。

17.3.2.2 平原村：减量潜力最小，优先整治零散工业用地及零星居民点

平原村的村庄人口密度最大，且外来流动人口数量较多，村民通过房屋出租获得金融性收入的比例更高，村民的务农收入也相对较为稳定，因此考虑村民搬迁的意愿相对更小，宅基地的退出比例相对更低，减量化动力基本为人口自然减少及宅基地自愿退出，逐步向连片用地和镇区、园区集中。与此同时，村内小加工厂较多，多为无证经营，且大多分散于农户家中存在一定安全隐患，可考虑全面整改(或迁移)。此外，平原村的村庄居民点布局分散程度较高，因此对于零星居民点的整理可作为平原村减量化的先行抓手，作为优先整治对象。

平原村现状村庄建设用地 154 hm^2，其中宅基地 144 hm^2。20 户以下零星居民点共 3.81 hm^2，集体经营性建设用地 8.33 hm^2，按照零散工业用地全部拆除、20 户以下宅基地迁并进镇以及其他宅基地 20%清退来测算，可减量的用地资源约 37.2 hm^2，扣减集中安置的土地占用后，得到村庄建设用地减量化节余指标约 24.2 hm^2，减量化潜力约为 15.7%。

17.3.2.3 山区村：有一定减量潜力，以下山安置为主、迁村并点为辅

山区村的人均建设用地非常低，但居民点分布零散，且房屋空置率普遍高达 60%，留守村民年龄较大，收入较低。建议针对零散居民点和有迁居意愿的农户居民点进行减量，以迁移下山为主，迁村并点为辅，搬迁撤并后的村庄原址因地制宜进行还田还林。对于连

片村庄予以优化提升，在现状基础上保留提升必要的公共服务设施和商业服务设施用地。

山区村现状村庄建设用地总量 50 hm^2，其中宅基地 48 hm^2，以将 60%比例的村庄居民点内居民安置下山来测算，可得到减量用地资源约 29.9 hm^2，扣减集中安置的土地占用后，得到村庄建设用地减量化节余指标共 18.4 hm^2，减量化潜力约为 36.8%。

17.3.2.4 采矿用地减量化

乡村地区采矿用地共 15.5 hm^2，其中位于城边村和平原村的采矿用地共 1.4 hm^2，位于山区的采矿用地共 14.1 hm^2。采矿用地根据其所在位置进行不同的减量化用地转换，位于城边村及平原村的工矿用地可转为建设用地，位于山区村的则实行减量后可进行复垦复绿，或结合相关产业发展进行生态修复。据此，可整理出 14.1 hm^2 建设用地。

17.3.2.5 减量化潜力的综合判断

综上，根据对各类村庄以及采矿建设用地减量规模的初步概算，可实施减量的村庄建设用地资源共约 179 hm^2，占现状村庄建设用地总面积的 56%。按照设计的拆补政策扣减约 66 hm^2 的集中安置用地面积后，可得到的实际减量化节余指标合计约 113 hm^2，约占现状建设用地总量的 36%，由此得到总体减量化潜力约 36%。由节余指标与减量用地面积之比来评估减量化的实施效率约为 63%，即减少 100 hm^2 的村庄建设用地可节约出 63 hm^2 的建设用地指标，减量化实施的指标效益较高①。

17.3.3 推进村庄减量化的主要阻力识别

17.3.3.1 城镇建设空间拓展缓慢，减量化动力不足

当前，Q 镇整体发展较为平稳，城镇建成空间扩张相对缓慢。其一体现在老镇区建设用地增长缓慢。从过去近 20 年的发展来看，产业园区之外的城镇建设向外扩张的规模总体不大，建设用地年均增长不到 1%。尤其随着 2002 年后轻工产业园区的建设，人口和城市功能进一步向园区集聚，新增建设用地指标亦向园区板块倾斜，造成镇区扩张的动力不足。

其二体现在产业园区内已有建设用地空间尚未完全充分使用。根据调研，当前园区范围内仍有大量已征未供的产业用地、居住用地及配套商业服务设施用地，规模约 58 hm^2，占园区总规划规模的 10%，成了存量国有用地。此外，还有约 105 hm^2 的未征土地，二者合计约占园区规划建设规模的 30%，在此基础上再扣除征地返还的村二产、村三产用地以及道路等基础市政设施用地，园区实际完成开发建设的用地规模尚且不到园区规划建设用地指标的 50%。因此，Q 镇在当前的产业发展态势下，对新增建设用地的需求较为保守，尚且没有

① 减量化的经济效益涉及节余指标的使用方式等，本章不做讨论。

指标压力来推动园区通过开展村庄减量的方式以获得新的用地指标。

其三体现在园区返还村指标难以落地。轻工业园区内因征用村集体土地而返还村集体的工业用地(指标)约 542 亩(约 36.1 hm^2)、村三产用地(指标)约 241 亩(约 16.1 hm^2),尚未落地。主要原因有两点,一是每个村获得的土地规模较小,各村之间难以协调把指标集中起来共同利用;二是村庄可利用建设用地少,不易找到可落地的空间。

17.3.3.2 不同类型村庄减量化的难点不同

三类村庄的问题各不相同。城边村虽有较高的改造意愿,但减量化成本较高。以征地返还政策为例,从村民所反映的情况来看,当前的补偿模式尚不具备激励性,在以村工业、村三产形式分配园区内建设用地进行补偿的模式下,每个村能够获得的土地规模小,且部分村由于集资能力弱而缺乏开发土地动力。

平原村庄外迁意愿不强,整体改造动力不足。村内闲置宅基地较少,且村民们的生活方式和依靠务农、务工及房屋出租等方式获得的收入较为稳定,对拆迁的整体诉求不高,更倾向于将村庄在原址统一规划,整理出更多的用地空间以发展乡村产业。

山区村普遍下山安置意愿强,但缺乏下山后的生活与就业保障。山区居民老龄化严重,就业能力弱,因而最为担忧下山安置后的就业和保障问题,如失去自留地难以保障家庭收入稳定,安置上楼导致水电、物业等生活成本上升。同时,村民对山上祖宅仍有一定的依恋情结,在已经实行下山安置政策的村庄中,仍有很多村民存在建新不拆旧的现象。

17.3.3.3 各类乡村普遍缺乏改造调剂的土地指标

新增建设用地自上而下分解,城乡建设用地增减挂钩形成建新指标要上交。乡村普遍面临“无地(指标)—不能集中改造—不能节约土地去置换”的非良性循环。

17.3.3.4 减量化政策的联动不足

从 Y 市层面来看,建设用地减量化的既有政策较为单一,尚且没能与农地流转、社会保障等一系列政策相匹配。地方政府各个部门之间的联动性较差,降低了增减挂钩政策的实施效果。政策的单一性也导致减量工作对村民激励不足,而过去因征地返还的产业建设用地指标难以落地,导致村集资开发土地缺乏动力。

17.4 村庄建设用地减量化的规划实施策略

17.4.1 多元目标设计减量化政策,明确实施策略

单一目标的减量化政策实施成本过高,减量化政策设计要实现多元目标,比如优化乡

村空间格局、促进村民有序集中，同步改善民生、提升乡村人居环境品质等。

首先要确定重点减量化对象。需要综合考虑现状因素、规划因素、村庄综合发展条件、村民意愿等，从而确定重点减量化对象。以Q镇为例，乡村地区零散居民点大量存在，且部分宅基地虽然满足各方面的防护规范，但仍受不利因素影响，居民满意度低。参考上海市的减量化实践经验，建议以高速公路、高速铁路、高压电力走廊（俗称“三高”），以及区域性设施、灾害防护、农业保护、生态保护、历史保护、环境治理和社会治理类型为减量化的实施重点（图17-4）。通过建设用地的减量和耕地复垦，既要解决民生问题，改善乡村人居环境，又要实现减量、优化乡村空间格局，逐步缩减零星自然村，促进村民居住有序集中。

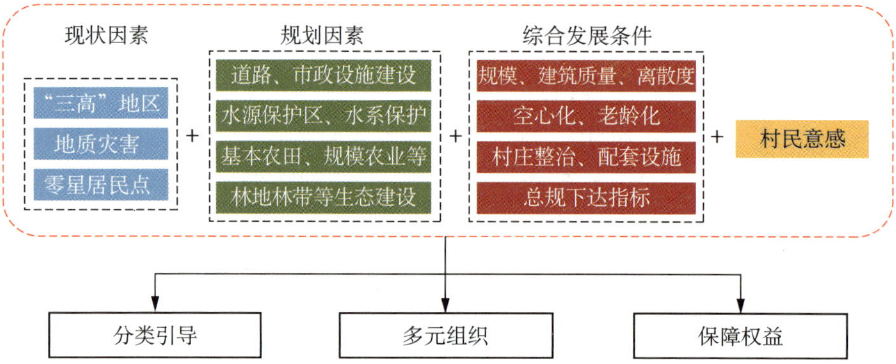

图17-4 减量化政策设计框架

17.4.2 统筹市域政策创新，创设空间指标，激活乡镇发展权

建立空间奖励指标机制，保障乡镇发展权。建议学习上海的减量化经验，建设用地审批的前置条件除了土地指标以外，增加空间指标，在法定的集中建设区内划定部分区域为“有条件集中建设区”，或在法定的集中建设用地指标内切分一定比例的“有条件建设区指标”，即在“有条件集中建设区（指标）”内，需要土地指标和空间指标的双重约束①。

将空间奖励政策作为促进县乡推进减量和环境综合整治，推动县乡级经济转型发展的重要手段和动力，即县乡在城镇开发边界外实施现状建设用地减量的，拆除复垦后，可按一定比例增加县乡的“有条件集中建设区（指标）”，优先用于镇村经济发展和民生改善。将“有条件集中建设区”和一般集中建设区一同纳入城镇开发边界内，统一管控。

① 郭旭，田莉．产权重构视角下的土地减量规划与实施——以上海新浜镇为例[J]．城市规划，2016，40(9)：22-31.

县乡的节余指标份额优先用于集中建设区，村的节余指标份额可用于“有条件集中建设区（指标）”。在指标分配上，可考虑“拆十还一”或“拆十还二”，即减少 10 hm^2 建设用地，奖励 1 hm^2 或 2 hm^2 的“有条件集中建设区（指标）”。

17.4.3 健全减量节余指标管理，合理分配土地权益

一是兼顾各级政府利益，在市、县（区）、乡（镇）、村四级主体，合理分配减量指标。建议减量化节余指标的 60%纳入市级土地指标交易平台，市、县两级政府遵循市场原则自由交易。节余指标的 40%支持镇村发展，其中 15%可用于城镇建设，主要用于镇（园）区建设和保障重点项目落地；10%作为调剂指标，优先保障村民居住、农村公共公益设施、零星分散的乡村文旅设施及农村新产业新业态等用地。剩余指标可支持乡村发展，开展新农村社区建设等。

二是推动指标市域流通。以 Q 镇来看，镇（园区）尚有较多的低效用地可供开发建设，乡村建新不拆旧现象较为普遍，农地征用留存指标缺乏落地途径，多数乡镇产业发展对减量化的诉求不强，缺乏实施减量化的动力。因此，考虑到土地开发需求和成本，减量化工作的推动必须基于县区级以上层面进行统筹，将减量化产生的多余指标由市或县区进行收购。建议可建立市级建设用地（减量）指标交易平台，由县区级政府统筹各街镇，将减量化所得节余用地指标在交易平台进行交易。激活村级增减挂钩节余指标、村民征地返还等闲散用地指标，增强乡村建设用地的发展和保障功能①。

17.4.4 注重效率，灵活使用建设用地流量指标

2014 年，原国土资源部印发《国土资源部关于推进土地节约集约利用的指导意见》，指出要“有序增加建设用地流量”，安排新增建设用地时同步减少原有存量建设用地，既保持建设用地总量不变又增加建设用地流量，逐步增加城乡建设用地增减挂钩、工矿废弃地复垦利用和城镇低效用地再开发等流量指标，统筹保障建设用地供给。因此，建设用地流量的供应，主要用于促进存量建设用地的布局优化，推动建设用地在城镇和农村内部、城乡之间合理流动。

在国家政策的指导下，各地纷纷探索了“以补充量定新增量、以压增量倒逼存量挖潜”的建设用地流量管理办法和机制②。如上海于 2014 年印发的《关于进一步提高本市土地

① 汪晖，陶然. 论土地发展权转移与交易的“浙江模式”——制度起源、操作模式及其重要含义[J]. 管理世界，2009(8)：39-52.

② 汪晖，王兰兰，陶然. 土地发展权转移与交易的中国地方试验——背景、模式、挑战与突破[J]. 城市规划，2011，35(7)：9-13，19.

节约集约利用水平的若干意见》中提出，以提高发展质量和效益为目标，以强化土地利用绩效挂钩和利益共享机制为核心，以盘活存量土地为重点，确定了规划土地管理“五量调控”思路，即“总量锁定、增量递减、存量优化、流量增效、质量提高”的基本策略。其中提到，在城乡建设用地增减挂钩机制的基础上，完善土地利用绩效综合调控机制，统筹国有土地与集体土地、新增空间与减量化、生态建设与空间补偿、自行盘活与土地征收、经营性开发与公益性建设、土地权益与市场价值等关系，建立兼顾国家、集体、个人的土地增值收益分配机制等。

要重视对建设用地流量使用的设计，打通流量指标在城乡建设用地资源中的流动，以流量促进发展，提升用地资源的使用效率。如何实现村庄建设用地流量的增效，包含两个方面的考虑：一是要提高流量指标使用的灵活性；二是考虑流量使用的价值，兼顾土地使用效率和综合社会效益。

17.4.5 规划引领，完善配套政策组合

重视规划引导，整合各类现有规划。统筹落实现有规划对减量化的工作要求，与各项规划充分衔接。在国土空间规划体系中建立由市—区(县)—街镇—专项规划层层传导落实的减量规划。以全域视角统筹乡村地区土地利用和空间布局，明确建设用地减量化重点区域，强化计划管理和调控，合理安排减量化项目的布局、规模和实施时序，以规划先行为导向推进村庄居民点的适度连片集中，提高减量化工作实施的效率。以 Q 镇为例，编制方式建议可单独编制《Q 镇乡村减量专项规划》或者在《Q 镇国土空间总体规划》中落实村庄减量规划内容。

系统化设计(市县级以上)公共政策，从依法治理的层面进行规范化管理，实现多重政策的围堵，助力乡镇政府实施减量化。尽管有空间奖励等政策作为动力，但具体减量工作执行过程中仍将遇到村民、企业主等的阻力，可学习上海针对减量化的“五违整治”(违法建设、违法用地、违法居住、违法经营、违法排污整治)政策经验。以 Q 镇为例，针对镇边村的“拆迁难”，可以从“违法出租”“违法搭建”的角度对其开展整治，让经济利益逐步降低，从而减轻减量工作阻力；针对镇边村的企业“搬迁难”，可以从“违法经营”“违法排污”的角度开展整治，从而促进减量工作加速实施。

做好减量潜力的前期摸底，以县或乡镇为单元，建立新增建设用地与存量集体建设用地减量化规模的关联挂钩机制，加强“以减定增，以增促减”，以城镇开发边界外现状建设用地减量化的力度和成效来配给新增建设用地计划规模，建议新增一般经营性用地，工业用地必须使用减量化产生的节余用地指标。

17.4.6 联动推进，发挥建设用地减量最大效益

一是减量工作与土地整治联动。将减量化工作与全域土地综合整治工作相结合①，在集中建设区外减量的同时，将周边土地纳入，进行综合整治，促进耕地集中连片，稳定新增耕地布局，逐步提高耕地质量；整体保护生态空间，改善地区生态环境。

二是三权分置与农地流转联动。适应新时代农业农村改革发展的客观要求，积极落实三权分置改革，切实维护进城落户农民在农村的合法权益。学习上海市小昆山镇经验，鼓励落户城镇与进城务工人员加速承包土地流转，培育家庭农场、农民专业合作社、农业产业化龙头企业等新型经营主体，提高农业规模化经营水平。

三是建设用地减量与小微孵化联动。村庄的家庭企业和小微企业用地多为宅基地或有历史遗留问题的用地，对村庄环境、居住空间有较大影响，且发展空间难以稳定保障。工业产业园区门槛较高，村级工业以低小散企业为主，难以达到入园门槛。当前效率、环保导向的产业政策倾向于外来大企业，不利于本地家庭企业和小微企业发展。要充分利用好村级减量化节余、村民征地返还等闲散用地指标，在集中园区建设标准厂房或小微园区，以更好地培育本土产业。

四是政府调控与市场调节联动。在减量化工作初始阶段，社会对减量化工作的认识和参与度（一般而言）不足，政府必须承担起推进和调控的主导作用，加大对建设用地减量化工作的宣传，强力推进减量化的成功试点，协调各部门，并调动社会力量的积极参与。待社会对减量化工作有了足够认识，减量化指标价值充分显化之后，建设用地减量化逐步转变为以市场机制为主、政府宏观调控为辅的推进机制。

---

① 刘静，闫玉玉．建设用地双控背景下的农村土地综合整治策略转型——以上海为例[J]．上海国土资源，2018，39(1)：22-26．